LA CIUDAD CONQUISTADA

Jordi Borja

Con la colaboración de
Majda Drnda, Mariela Iglesias, Mirela Fiori y Zaida Muxí

LA CIUDAD CONQUISTADA

Alianza Editorial

Esta obra ha sido publicada con la ayuda de la Dirección General del Libro,
Archivos y Bibliotecas del Ministerio de Educación y Cultura.

© Jordi Borja i Sebastiá, 2003
© Alianza Editorial, S. A., Madrid, 2003
Calle Juan Ignacio Luca de Tena, 15; 28027 Madrid; teléf. 91 393 88 88
www.alianzaeditorial.es
ISBN: 84-206-4177-4
Depósito legal: M. 43.811-2003
Fotocomposición e impresión: EFCA, S.A.
Parque Industrial «Las Monjas». 28850 Torrejón de Ardoz (Madrid)
Printed in Spain

ÍNDICE

LISTA DE BOXES

Capítulo 7

AUTORES DE LOS BOXES

Verena Andreatta, arquitecta, ex presidenta de Iplan Rio.

Tom Angotti, arquitecto urbanista, profesor en la Hunter College Department of Urban Affairs & Planning en Nueva York.

Laura Balbo, socióloga, ex ministra de Igualdad de Oportunidades (Italia).

Jaume Barnada, arquitecto, director de política de suelo y vivienda, Instituto Municipal de Urbanismo, Ayuntamiento de Barcelona.

Mireia Belil, geógrafa, directora de los Diálogos, Fórum de las Culturas 2004.

Anna Bofill, arquitecta.

Rosa Dumenjó, directora de la Fundación Maria Aurelia Capmany.

Mirela Fiori, arquitecta urbanista.

Manuel de Forn, ingeniero, director de SOCINTEC.

Manuel Herce, ingeniero urbanista, profesor de la ETSAB-UPC.

Bernard Huet, arquitecto, París.

Mariela Iglesias, socióloga.

Jesús Leal Maldonado, sociólogo, profesor de la Universidad Complutense de Madrid.

Maurizio Marcelloni, arquitecto urbanista, profesor de la Universidad de Roma.

Jordi Mas, arquitecto.

Ariella Masboungi, arquitecta urbanista, directora del programa Projet Urbain del Ministère de l'Équipement, Francia.

Regina Maria Meyer, arquitecta, profesora de Historia Urbana en la Universidad de São Paulo. Asesora de Viva o Centro, São Paulo.

Josep Maria Montaner, arquitecto, profesor de la ETSAB-UPC.

Francesc Muñoz, geógrafo, profesor de la Universidad Autónoma de Barcelona.

Oriol Nel·lo, geógrafo, diputado del Parlamento de Catalunya.

Akiko Okabe, arquitecta, Tokio.

Valérie Peugeot, politóloga, directora de VECAM.

Carmen Ribas, arquitecta urbanista.

Isabel Segura, historiadora.

Albert Serra, economista, profesor de ESADE.

Josep Serra, director de estudios de la Mancomunidad de Municipios del Área Metropolitana de Barcelona.

Nathan Starkman, ingeniero, ex director de la Agence Parisienne d'Urbanisme (APUR) y actualmente director de la Agencia de Lille.

Joan Subirats, economista y politólogo, profesor en la Universidad Autónoma de Barcelona.

PRESENTACIÓN

Justificación

El título del libro se inspira en Victor Serge, el autor de las *Memorias de un revolucionario*, obra que nos parece indispensable para entender los convulsos años que van desde finales del siglo XIX hasta la Segunda Guerra Mundial. Victor Serge vivió directamente muchos de los momentos históricos de la época, las luchas sociales en Francia y otros países europeos a principios de siglo, las rebeliones populares a finales de la Primera Guerra, la Revolución Rusa, la actividad de la Tercera Internacional en los años veinte y treinta... y también la Barcelona de la huelga general de 1917. Durante su estancia en Barcelona se vinculó a la CNT y especialmente a su líder, Salvador Seguí, el Noi del Sucre. El resultado fue una novela-documento, *El nacimiento de nuestra fuerza*, cuyo protagonista, Darío, no es otro que Seguí. En un momento dado, Darío y otros cenetistas contemplan la ciudad desde la montaña del Tibidabo y el Noi del Sucre, como pensando en voz alta, le dice a Serge algo así: «Esta ciudad que hemos construido los trabajadores nos ha sido arrebatada por la burguesía, pero algún día será nuestra...». Unos meses más tarde Victor Serge vive la revolución en Petrogrado y escribe otro reportaje novelado, *La ciudad conquistada*, cuyo título hemos recuperado para este libro. Quizás sería más exacto hablar de *Constructores y conquistadores de la ciudad*, o de *La larga marcha hacia la ciudad democrática*, o de *La ciudad del deseo*, es decir, explicitar el carácter dialéctico conflictivo del proceso urbano, la nunca acabada apropiación social de la ciudad por parte de los ciudadanos, la ciudad como aspiración y como horizonte de futuro que nos motiva para actuar en el presente. Entiendan pues el título de *Ciudad conquistada* como un deseo de ciudadanía, es decir, de ciudad igualitaria, libre y fraterna.

El contenido

El primer capítulo, introductorio, nos ha servido para exponer sucintamente las ideas que nos servirán de hilo conductor y que idealmente deberían guiarnos por los caminos de conquista de la ciudad. En el segundo capítulo presentamos la realidad múltiple de los territorios urbanos y de la sociedad urbanizada, las tres ciudades en las que todos vivimos. La ciudad de nuestro imaginario y de nuestra memoria, histórica, preindustrial, presente en nuestros centros y barrios. La ciudad metropolitana, de uso cotidiano, de deudas sociales acumuladas, herencia de la Revolución Industrial, una ciudad presente que ya es también pasado, pero no resuelto. Y la ciudad de la sociedad informacional, dispersa pero que pugna por construir nuevos ámbitos integradores, que percibimos mal, por su novedad y discontinuidad, pero en la que vivimos y que debemos hacer nuestra. El capítulo tres se refiere a la oferta de la ciudad y a la innovación urbanística, en una dimensión global y no como un mosaico de espacios desintegrados. Los dos capítulos siguientes se refieren al «hacer ciudad» y a «la ciudad como espacio público», y en ellos predomina la visión crítica y propositiva del urbanismo. Los que siguen son en cambio más sociológicos y políticos. En el sexto presentamos la ciudad con sus miedos y sus fracturas, pero también con los desafíos que nos plantea y las respuestas que se manifiestan. Y en el séptimo exponemos qué es o qué puede ser la ciudadanía en la globalización, qué innovación política requiere, qué horizonte de derechos debemos alcanzar. La ciudad conquistada no como objeto sino como objetivo. Y para ello apuntamos un conjunto de derechos ciudadanos que contribuyan a configurar la nueva ciudadanía en el mundo glocalizado.

Agradecimientos

Este libro es en parte heredero del anterior, *Espai públic, Ciutat i Ciutadanía* (publicado en el 2001 por la Diputació de Barcelona y en el 2003 objeto de una nueva versión editada en catalán por Edicions 62 y en castellano por Electa), escrito con la colaboración de Zaida Muxí, a la cual agradezco su amistosa colaboración en éste, especialmente importante en los capítulos 4 y 5. Como se hace constar en los créditos, junto con Zaida han colaborado en este libro Majda Drnda, Mirela Fiori y Mariela Iglesias. Durante meses el proceso de producción del texto ha estado presente en nuestro trabajo cotidiano en la oficina que compartimos en Barcelona, y sin ellas nunca lo habría terminado. Quizás habría sido mejor para los lectores.

Los boxes son obra de autores-amigos que han redactado notas que, como se hace constar en cada caso, se publican tal cual o por razones de espacio han sido resumidas por nosotros. Con muchos de ellos la colaboración es permanente o muy fluida desde hace años, como Mireia Belil, Francesc Muñoz, Jaume Barnada, Verena Andreatta, Manolo Herce, Josep Serra, Oriol Nel·lo, Ariella Masboungi, Maurizio Marcelloni, Tom Angotti, Josep Mª Montaner, Joan Subirats, Albert Serra, Manuel de Forn, Jordi Mas... en fin, prácticamente con todos. Encontrarán la relación al principio del libro. Otros amigos, como François Ascher (París), Joan Busquets, Michael Cohen (Nueva York) y algunos más, han contribuido decisivamente con sus trabajos y con el diálogo mantenido a lo largo de años a la orientación y a las ideas que contiene este libro.

No puedo citar ahora la lista de todos los amigos que a lo largo de cuarenta años me han estimulado a ocuparme de la ciudad y de sus gentes, desde el profesor de Geografía de la Sorbonne, Pierre George, que me inició en el descubrimiento profesional de la ciudad, o Manuel Castells, con el cual intercambiamos las primeras reflexiones «urbanas» en el París de los sesenta, y continuamos hasta ahora, hasta los compañeros de España y América Latina, un pie en los centros de estudio o en los gobiernos locales y otro pie en los movimientos populares, con lo cual hemos tejido unas redes de solidaridad que han resistido al tiempo y a los golpes de Estado.

Espero que si cito a Alfredo Rodríguez, el entrañable compañero chileno, y a la recientemente desaparecida, la querida Tona Mascareñas, los amigos y cómplices de nuestra informal internacional urbana y ciudadana se sientan representados.

Gracias finalmente a Alianza Editorial y en especial a Belén Urrutia por haberme solicitado este libro y, sobre todo, por la paciencia que ha tenido debido a mis constantes retrasos respecto a la fecha de entrega acordada.

J. B.

CAPÍTULO 1

LA CIUDAD, AVENTURA DE LIBERTAD

Ciudad, espacio público y ciudadanía

Este libro se articula en torno a tres conceptos: ciudad, espacio público y ciudadanía. Tres conceptos que pueden parecer casi redundantes, puesto que la ciudad es ante todo un espacio público, un lugar abierto y significante en el que confluyen todo tipo de flujos. Y la ciudadanía es, históricamente, el estatuto de la persona que habita la ciudad, una creación humana para que en ella vivan seres libres e iguales.

También se puede considerar que estos conceptos forman parte de sistemas teóricos distintos, o por lo menos que corresponden a disciplinas independientes. La ciudad es una realidad histórico-geográfica, sociocultural, incluso política, una concentración humana y diversa *(urbs)*, dotada de identidad o de pautas comunes y con vocación de autogobierno *(civitas, polis)*.

El espacio público es un concepto propio del urbanismo que a veces se confunde (erróneamente) con espacios verdes, equipamientos o sistema viario, pero que también es utilizado en filosofía política como lugar de representación y de expresión colectiva de la sociedad. Y la ciudadanía es un concepto propio del derecho público, que además se ha independizado de la ciudad a partir del siglo XVIII, para vincularse al Estado o a la nación, como entes que confieren y reconocen con exclusividad este estatuto. El concepto de ciudadanía se ha extendido a otros campos, y además de la ciudadanía civil y política, que es la propia en sentido estricto, se habla de ciudadanía social, administrativa, cultural, laboral, etc.

Es decir, que nos encontramos con conceptos que por una parte tienden a confundirse (o encapsularse los unos dentro de los otros) y por otra a confundirnos por su tendencia expansiva, siendo hoy considerados usualmente polisémicos.

La hipótesis subyacente a lo largo de todo el texto es considerar que estos tres conceptos están relacionados dialécticamente, que ninguno de ellos puede existir sin los otros dos y que nuestra vida depende en buena medida de esta relación. Los valores vinculados a la ciudad, de libertad y de cohesión social, de protección y desarrollo de los derechos individuales y de expresión y construcción de identidades colectivas, de democracia participativa y de igualdad básica entre sus habitantes, dependen de que el estatuto de ciudadanía sea una realidad material y no sólo un reconocimiento formal. Y también de que la ciudad funcione realmente como espacio público, en un sentido físico (centralidades, movilidad y accesibilidad socializadas, zonas social y funcionalmente diversificadas, lugares con atributos o significantes) y en un sentido político y cultural (expresión y representación colectivas, identidad, cohesión social e integración ciudadana).

Dialéctica de la ciudad actual

Esta concepción dialéctica de la ciudad y la ciudadanía nos conduce a no considerar como antagonismos insuperables aquellos que por su carácter antinómico y expresión conflictiva se nos presentan en el análisis urbano. Ejemplos de ello son:

a) La ciudadanía como estatuto que garantiza derechos individuales y como conjunto de derechos colectivos. La ciudad es históricamente reconocedora y protectora de los derechos del individuo, en todas sus dimensiones, desde el derecho a su privacidad (y deber de respetar la de los otros) hasta el derecho (y deber) de recibir asistencia (o darla) en caso de necesidad, desde el derecho a participar en la gestión de la ciudad hasta el derecho de refugiarse en ella. Pero no hay ciudadanos solos: los derechos individuales tienen una dimensión colectiva; sin derechos y deberes colectivos reales no hay ciudad [1].

b) La ciudad es una realidad político-administrativa que no coincide con la realidad territorial (aglomeración) ni funcional (área metropolitana) y tampoco muchas veces con la «sociedad urbana» (las exclusiones y las segregaciones dejan a un parte de la población «extramuros») ni con la imagen que tienen los ciudadanos de ella. Pero esta complejidad y esta polisemia han sido siempre propias de la ciudad. La ciudad tiene una dinámica específica que surge de las conflictividades que generan estas contradicciones. Conflictos entre instituciones, entre colectivos de población, y de las unas con los otros. Por ejemplo, en la medida que la ciudad posee, es, un espacio público, hay más ciudadanía, pero también más conflicto sobre el uso de este espacio.

c) La ciudad es un ente jurídico, una realidad social determinada por el derecho. No solo porque éste determina su «institucionalidad», sino también y sobre todo porque es inherente al estatuto de ciudadano, que supone participar en la constitución de las instituciones representativas y ser sujeto libre e igual de las políticas públicas. Pero al mismo tiempo presupone inevitablemente momentos de alegalidad, cuando no de ilegalidad, puesto que la resolución de los conflictos y la conquista de nuevos derechos o la construcción de nuevas instituciones que la dinámica urbana (territorial y social) impone no pueden realizarse siempre en el marco legal preexistente. Desde el ejercicio de nuevas competencias por parte de los gobiernos locales hasta el reconocimiento del estatuto de ciudadano a toda la población residente, los ejemplos de conflictividad al margen de los cauces estrictos de la legalidad son múltiples. La ciudad es a la vez «estado formal de derecho» y «derecho real a la transgresión» [2].

Sobre la muerte de la ciudad y su renacimiento [3]

¿La ciudad ha muerto? Ahora es la globalización la que la mata. Antes fue la metropolitanización que se desarrolló con la Revolución Industrial. Y antes fue la ciudad barroca, que se extendió fuera del recinto medieval. Periódicamente, cuando el cambio histórico parece acelerarse y es perceptible en las formas expansivas del desarrollo urbano, se decreta la muerte de la ciudad.

Entonces se asume, con pesar o con realismo «moderno», el «caos urbano». Se critica o se expresa con nostalgia la revalorización de las formas y de las relaciones sociales construidas por la historia. Se sustituye el urbanismo, que ciertamente demanda nuevos paradigmas, por la arquitectura o las infraestructuras, por productos propios del poder o del mercado. Y sin embargo la ciudad renace cada día, como la vida humana, y nos exige creatividad para inventar las formas deseables para la nueva escala territorial y para combinar la inserción en redes con la construcción de lugares (o recuperación de los existentes). Es preciso superar las visiones unilaterales que enfatizan la ciudad «competitiva» y la ciudad «dispersa» como la única posible en nuestra época. O, en un sentido opuesto, mitificar la ciudad «clásica» y la ciudad «comunidad», como si fuera posible y deseable el imposible retorno al pasado. No es aceptable tampoco instalarse en la cómoda posición de la consideración tan radicalmente negativa o positiva de la modernidad como un proceso ineluctable que necesariamente arrasa con este pasado.

Hoy la ciudad renace, también políticamente. Es un ámbito de confrontación de valores y de intereses, de formación de proyectos colectivos y de hegemonías, de reivindicación de poder frente al Estado.

La ciudad y el Estado: en y contra el Estado

¿La ciudad contra el Estado? También se ha podido decir «La República contra las ciudades»[4]. Y todo lo contrario: el Estado actual como «república de ciudades» o quizás, como expresa el nuevo federalismo, como democracia territorialmente plural de nuevas-viejas regiones que son hoy sistemas urbanos más o menos polarizados por una capital y/o fuertemente articulados por un conjunto de ciudades-centro. En todo caso se cuestiona la relación tradicional de subordinación de la ciudad al Estado y se propone un nuevo reparto de competencias y de recursos. No tanto una relación basada en la jerarquía y en la compartimentación de competencias como una relación de tipo contractual y cooperador. Con independencia de que los sujetos de esta relación sean los estados, la regiones (o «comunidades autónomas» en España, «estados» en países federales, *Länder* en Alemania, etc.) o las ciudades. O todos a la vez. En cualquier caso esta traslación político-jurídica del Estado soberano a la contractualidad supone una importante innovación legal. Es la concepción «soberanista» del *droit administratif* que necesariamente se quebranta. El nuevo derecho público que se precisa deberá tomar elementos no sólo propios del *self-government*, del federalismo cooperativo y de la democracia participativa, sino también del derecho privado, por ejemplo en lo que se refiere a la contractualización de las relaciones interinstitucionales o a la cooperación público-privada en el marco del planeamiento estratégico. La flexibilidad que hoy demanda el urbanismo operacional tiende a romper las rigideces que muchas veces tiene el ordenamiento jurídico administrativo.

Ciudad y ciudadanía: una conquista permanente

Si la mujer no nace si no se hace, como decía Simone de Beauvoir, al ciudadano le sucede algo parecido. Obviamente muchos nacen ciudadanos, pero otros no. Y a los que nacen teóricamente ciudadanos luego, o de inmediato, la vida, su ubicación en el territorio o en la organización social, su entorno familiar, su acceso a la educación y la cultura, su inserción en las relaciones políticas y en la actividad económica... les pueden llevar a una *capitis diminutio* de facto o incluso a no poder ejercer quizás nunca en tanto que ciudadanos. ¿El 50 por ciento de los habitantes de la mayoría de ciudades norteamericanas que nunca votan ejercen de ciudadanos? Algunas razones, objetivas, habrá que expliquen un comportamiento tan masivo y aparentemente tan anómalo o contrario a sus intereses. Por no hablar de los sin papeles, a los que el Estado y la ciudad actuales les niegan formalmente la ciudadanía para concederles únicamente el derecho a ser sobreexplotados. Sus hijos nacerán ya como no ciudadanos o con derechos reducidos.

La ciudadanía es una conquista cotidiana. Las dinámicas segregadoras, excluyentes, existen y se renuevan permanentemente. La vida social urbana nos exige conquistar constantemente nuevos derechos o hacer reales los derechos que poseemos formalemte. El ciudadano lo es en tanto que ejerce de ciudadano, en tanto que es un ciudadano activo, partícipe de la conflictividad urbana. No se trata de atribuir con un criterio elitista el estatuto de ciudadano a los militantes de los movimientos sociales, sino de enfatizar que un desarrollo pleno de la ciudadanía se adquiere por medio de una predisposición para la acción, la voluntad de ejercer las libertades urbanas, de asumir la dignidad de considerarse igual a los otros. Los hombres y mujeres habitantes de las ciudades poseen una vocación de ciudadanía.

La ciudad es una aventura de libertad[5]

Una aventura y una conquista de la humanidad, nunca plena del todo, nunca definitiva. El mito de la ciudad es prometeico, la conquista del fuego, de la independencia respecto a la naturaleza. La ciudad es el desafío a los dioses, la torre de Babel, la mezcla de lenguas y culturas, de oficios y de ideas. La «Babilonia», la «gran prostituta» de las Escrituras, la ira de los dioses, de los poderosos y de sus servidores, frente al escándalo de los que pretenden construir un espacio de libertad y de igualdad. La ciudad es el nacimiento de la historia, el olvido del olvido, el espacio que contiene el tiempo, la espera con esperanza. Con la ciudad nace la historia, la historia como hazaña de la libertad. Una libertad que hay que conquistar frente a unos dioses y a una naturaleza que no se resignan, que acechan siempre con fundamentalismos excluyentes y con cataclismos destructores. Una ciudad que se conquista colectiva e individualmente frente a los que se apropian privadamente de la ciudad o de sus zonas principales.

Las libertades urbanas

Las libertades urbanas son muchas veces más teóricas que reales y sus beneficiarios pueden ser los primeros en reducirlas o aniquilarlas para muchos de sus conciudadanos. El mito de la ciudad es el del progreso basado en el intercambio, pero las ciudades también son sede del poder y de la dominación. La ciudad es un territorio protegido y protector que, formalmente, hace iguales a sus ciudadanos, pero las realidades físicas y sociales expresan a su vez la exclusión y el desamparo de unos frente a los privilegios y al pleno disfrute de las libertades urbanas de otros. En todos los tiempos han existido ilotas, colectivos aparcados en los suburbios, sin papeles. Incluso normas formales o factuales que excluían a sectores de la población de avenidas, de barrios residenciales, de equipamientos de prestigio[6]. En todos los tiempos la ciudad como aventura de la libertad ha hecho del espacio urbano un lugar de conquista de derechos.

La ciudad y la idea de ciudad

La ciudad es —y es un tópico pero no por ello banal o falso— la realización humana más compleja, la producción cultural más significante que hemos recibido de la historia. Si lo que nos distingue del resto de los seres vivos es la capacidad de tener proyectos, la ciudad es la prueba más evidente de esta facultad humana. La ciudad nace del pensamiento, de la capacidad de imaginar un hábitat, no sólo una construcción para cobijarse, no sólo un templo o una fortaleza como manifestación del poder. Hacer la ciudad es ordenar un espacio de relación, es construir lugares significantes de la vida en común. La ciudad es pensar el futuro y luego actuar para realizarlo. Las ciudades son las ideas sobre las ciudades. Pero, hoy como ayer, una gran parte de la población del mundo vive en hábitats autoconstruidos, en los márgenes, en los intersticios, en las áreas abandonadas de las ciudades pensadas. Esta ciudad sin nombre de ciudad, que no aparece en los planos ni en los planes, responde también a una idea de ciudad por parte de sus autoconstructores. Una ciudad en proceso, frustrado muchas veces. Pero es también una prueba de que la conquista de la ciudad es también nostalgia de futuro, una conquista humana a medio hacer.[7]

La ciudad como lugar de la historia[8]

La ciudad es pasado apropiado por el presente y es la utopía como proyecto actual. Y es el espacio suma de tiempos. Así como no hay comunidad sin memoria, tampoco hay ciudad sin proyecto de futuro. Sin memoria y sin futuro la ciudad es un fantasma y una decadencia. La vida de la ciudad se manifiesta por medio del cambio, de la diferencia y del conflicto. La ciudad nace para unir a hombres y mujeres y para protegerlos, en una comunidad que se legitima negando aparentemente las diferencias. Pero al mismo tiempo la ciudad une sobre la base del intercambio, de bienes y de servicios, de protectores y de subordinados, de ideas y de sentimientos. El intercambio sólo es posible si hay heterogeneidad, pero las diferencias expresan y pueden multiplicar las desigualdades. Y éstas generan conflictos, para mantener privilegios o para reducirlos, para extender los mismos derechos a todos o para aumentar la riqueza, el poder o la distinción de las élites urbanas. El conflicto social es inherente a la ciudad precisamente porque los proyectos humanos son contradictorios, responden a demandas y valores diversos, a necesidades e intereses opuestos. No hay urbanismo sin conflicto, no hay ciudad sin vocación de cambio. La justicia urbana es el horizonte siempre presente en la vida de las ciudades.

El urbanismo no puede «terminar» la ciudad, aplicarle la receta del fin de la historia. Es más importante lo que suscita que lo que hace, el proceso que el modelo. Y este proceso es social y cultural, enmarcado en formas heredadas y constructoras de nuevas formas, relaciones y significados.

La ciudad es comercio, es intercambio

La ciudad vive cada día del intercambio, es la plaza, es el mercado. Intercambio de bienes y de informaciones. El intercambio supone paz y reglas, convivencia y pautas informales que regulen la vida colectiva. La ciudad es comercio y cultura, comercio de las ideas y cultura de la producción de servicios para los otros. Comercio y ciudad son tan indisolubles como campo y naturaleza. La ciudad existe como encuentro de flujos.

Los egipcios representaban la ciudad mediante un eje de coordenadas; su cruce era la ciudad. Este encuentro de flujos se completaba con una circunferencia, la ciudad como lugar, como comunidad cotidiana, concentración de población heterogénea, abierta al intercambio. Pero también como lugar del poder, del templo y del palacio, de las instituciones y de la dominación. Y de la revolución cuando el poder se hace insoportable. Pero mientras tanto la ciudad debe funcionar como lugar regulador de un intercambio de vocación universal. Lo cual supone más orden que caos. Otra paradoja: la ciudad como lugar del cambio es lugar de rupturas de marcos institucionales, legales, materiales, culturales. Ciudad de la excepción necesaria. Pero la ciudad de la regla es la ciudad del orden y del derecho, de la cohesión y de la tolerancia. La regla democrática es orden como esperanza de justicia urbana, es decir, como proceso de conquista de derechos ciudadanos.

La ciudad y el sentido. Ética y estética urbanas

La ciudad será tanto más incluyente cuanto más significante. La ciudad «lacónica», sin atributos, sin monumentalidad, sin lugares de representación de la sociedad a sí misma, es decir, sin espacios de expresión popular colectiva, tiende a la anomia y favorece la exclusión. La ciudad se hace con ejes de continuidad que proporcionen perspectivas unificadoras, con elementos monumentales polisémicos, con rupturas que marquen territorios y diferencias y con centralidades distribuidas en el territorio que iluminen cada zona de la ciudad, sin que por ello anulen del todo áreas de oscuridad y de refugio. La ciudad sin estética no es ética; el urbanismo es algo más que una suma de recetas funcionales; la arquitectura urbana es un plus a la construcción. El plus es el sentido, el simbolismo, el placer, la emoción, lo que suscita una reacción sensual. La ciudad del deseo es la ciudad que se hace deseable y que estimula nuestros sentidos.

Ser ciudadano es sentirse integrado física y simbólicamente en la ciudad como ente material y como sistema relacional, no sólo en lo funcional y en lo económico, ni sólo legalmente. Se es ciudadano si los otros te ven y te reconocen como ciudadano. La marginación física, el hábitat no cualificado, la ausencia de monumentalidad iluminante, la no atractividad para los otros generan situaciones de *capititis diminutio* urbana.

La ciudad como espacio público[9]

Por todo lo que antecede es lógico deducir que una de las líneas que recorrerán este texto es la reivindicación de la ciudad como espacio público. Negamos la consideración del espacio público como un suelo con un uso especializado, no se sabe si verde o gris, si es para circular o para estar, para vender o para comprar, cualificado únicamente por ser de «dominio público» aunque sea a la vez un espacio residual o vacío. Es la ciudad en su conjunto la que merece la consideración de espacio público. La responsabilidad principal del urbanismo es producir espacio público, espacio funcional polivalente que relacione todo con todo, que ordene las relaciones entre los elementos construidos y las múltiples formas de movilidad y de permanencia de las personas. Espacio público cualificado culturalmente para proporcionar continuidades y referencias, hitos urbanos y entornos protectores, cuya fuerza significante trascienda sus funciones aparentes. El espacio público concebido también como instrumento de redistribución social, de cohesión comunitaria, de autoestima colectiva. Y asumir también que el espacio público es espacio político, de formación y expresión de voluntades colectivas, el espacio de la representación pero también del conflicto. Mientras haya espacio público, hay esperanza de revolución, o de progreso.

Rambla de Barcelona: espacio público ciudadano, función integradora y emblemática, imagen internacional.

Urbanización no es ciudad [10]

Y sin embargo en este siglo en que la ciudad lo es todo, un siglo XXI que se nos presenta con dos tercios, o tres cuartos, de la población habitando en regiones urbanas o urbanizadas y que en Europa ha alcanzado un nivel de generalidad que nos permite hablar de Europa-ciudad; pues bien, en este siglo urbano la ciudad parece tender a disolverse. Urbanización no es ciudad, otro de los hilos conductores de este texto. Crece la población suburbana, en algunas regiones europeas el suelo urbanizado se multiplica por dos en veinticinco años sin que haya aumentado la población [11]. La ciudad «emergente» es «difusa», de bajas densidades y altas segregaciones, territorialmente despilfarradora, poco sostenible, y social y culturalmente dominada por tendencias perversas de guetización y dualización o exclusión. El territorio no se organiza en redes sustentadas por centralidades urbanas potentes e integradoras, sino que se fragmenta por funciones especializadas y por jerarquías sociales. Los centros comerciales, las gasolineras y sus anexos incluso, convertidos en nuevos monumentos del consumo; el desarrollo urbano disperso, los nuevos guetos o barrios cerrados, el dominio del libre mercado sobre unos poderes locales divididos y débiles; los comportamientos sociales proteccionistas guiados por los miedos al «otro» y por el afán de ser «alguien»; la privatización de lo que debería ser espacio público... todo ello lleva a la negación de la ciudad. El libre mercado todopoderoso no tiene capacidad integradora de la ciudadanía; al contrario: fractura los tejidos urbanos y sociales, es destructor de ciudad.

La vida de las ciudades

La ciudad, a pesar de todo, permanece y renace. En cada etapa histórica se ha decretado la muerte de la ciudad, cada cambio tecnoeconómico o sociopolítico en algunos momentos ha parecido conllevar la desaparición de la ciudad como concentración densa y diversa, polivalente y significante, dotada de capacidad de autogobierno y de integración sociocultural. Y siempre esta ciudad ha reaccionado, se ha transformado, pero ha continuado siendo ciudad. Existen dinámicas objetivas que refuerzan a la ciudad, exigencias de centralidad y de calidad de vida, economías de aglomeración y de consumo colectivo, requisitos de gobernabilidad y oportunidades de refugio. La crítica social o cultural a la urbanización es múltiple y poliédrica como la ciudad. Y arrastra consigo ganga con mineral rico, valores universales con intereses insolidarios. Los movimientos urbanos, vecinales o cívicos, pueden contener lo mejor y lo peor de las gentes. En unos casos plantean conflictos de justi-cia social urbana, pero en otros expresan intereses excluyentes e insolidarios (a veces xenófobos o racistas). La crítica urbanística tanto puede estar al ser-vicio de valores «passeistas», en sentido estricto «reaccionarios», como de búsqueda de nichos de mercado interesante (como algunas operaciones del llamado *new urbanism*, no por ello falto de interés). Pero también puede ex-presar el progreso de la mejor tradición urbanística, que vincula la vanguar-dia con la memoria, la funcionalidad con la justicia social, el proyecto con los entornos. La reacción política «descentralizadora», de autogobierno, de radicalización de la subsidiaridad a favor de los entes locales no está tampo-co exenta de ambigüedades, y puede expresar reacciones proteccionistas, de-fensoras de privilegios, o encerrarse en pequeños mundos temerosos de in-sertarse en procesos globales. Aunque nos parece ante todo una exigencia de gobiernos de proximidad, de democracia deliberativa y participativa, de identidades y de pertenencias frente a procesos globalizadores anónimos e inasibles, frente a la frigidez del mercado y de la democracia electoral. La ciudad es de naturaleza caliente.

El autogobierno ciudadano como cuestión actual

No es posible desvincular la reivindicación de ciudad del reforzamiento y la innovación de la gobernabilidad local, subestatal, de proximidad. La «glo-calización», es decir, la dialéctica entre los procesos globales y los locales, que se contraponen y se refuerzan mutuamente, es hoy no sólo admitida en teoría, sino fácilmente observable. Aunque a veces se utilicen fórmulas antiguas, la reivindicación de los ámbitos regionales o comarcales, la reva-lorización del municipalismo, el resurgimiento de nacionalidades integra-das en estados-nación decimonónicos son fenómenos profundamente mo-dernizadores. Y arrastran enormes ambigüedades, como ocurrió en el siglo XIX en los movimientos críticos con la Revolución Industrial. La exaltación de un pasado idealizado y de una identidad esencialista, el mantenimiento o restauración de instituciones arcaicas excluyentes y economías poco pro-ductivas, el encerramiento sobre ámbitos reducidos y defensivos que no se plantean posicionarse en el mundo exterior, que se percibe únicamente como peligro, la percepción del «otro» como una amenaza: todo ello es más que ambiguo. Pero hay otra cara de esta moneda: la gestión política de proximidad, las políticas públicas integradas, la innovación política partici-pativa, la reinvención de estructuras territoriales significativas que se posi-cionen en el mundo actual, la reconstrucción de identidades colectivas que nos hagan existir en la globalización homogeneizadora y generen cohesión social. Hoy, la innovación política es posible y necesaria en los ámbitos globales y en los locales o regionales. Especialmente en las ciudades y en las regiones entendidas como sistemas de ciudades fuertemente articuladas. El territorio hoy no es sólo un dato, es también el resultado de una estrategia, una construcción voluntaria. Y la ciudad actual o existe como proyecto político innovador, competitiva en lo global e integradora en lo local, o decae irremisiblemente víctima de sus contradicciones y de su progresiva marginación.

La ciudad y su conquista

Y volvemos al principio, la ciudad conquista si es conquistada. La ciudad como aventura iniciática a la que todos tenemos derecho. Y es el ejercicio de este derecho por parte de los ciudadanos establecidos y de los llegados de otros horizontes lo que hace a la ciudad viva en el presente, capaz de reconstruir pasados integradores y de proponer proyectos de futuro movilizadores. Hoy sin embargo se percibe la ciudad como lugar de crisis permanente, de acumulación de problemas sociales, de exclusión y de violencia. El lugar del miedo que privatiza en vez de socializar el teórico espacio público. De límites difusos y crecimientos confusos, en el que se superponen o se solapan instituciones diversas que configuran junglas administrativas incomprensibles para los ciudadanos. Para muchos, y en especial para los jóvenes, la ciudad representa muchas veces no tanto una aventura colectiva conquistadora como un territorio laberíntico multiplicador de futuros inciertos para el individuo. A lo largo de este texto pretendemos argumentar que no nos encontramos ante la crisis de «la ciudad», sino ante el desafío de «hacer ciudad». Un desafío no exclusivo de las instituciones o de los planificadores, de los políticos o de los urbanistas, de los movimientos sociales organizados o de los agentes económicos. Es un desafío intelectual que a todos nos concierne. Es una exigencia y una oportunidad para todos aquellos que entienden que la ciudadanía se asume mediante la conquista de la ciudad, una aventura iniciática que supone a la vez integración y transgresión. La ciudad conquistada por cada uno de nosotros es a la vez la integración en la ciudad existente y la trasgresión para construir la ciudad futura, la conquista de nuevos derechos y la construcción de un territorio-ciudad de ciudades articuladas.

Los derechos ciudadanos

«El aire de la ciudad nos hace libres» es una expresión de deseo, que tiene raíces muy reales en la historia, que ve en la ciudad un ámbito de posibilidades, pero que no corresponde a las realidades concretas que viven una parte muy importante de sus habitantes. Siempre ha sido así, pero siempre diferente. En cada época la ciudad ha sido un lugar de conquista de libertades y derechos, en cada época el lugar, los actores y los conflictos han sido distintos. La ciudad se transforma, su morfología, sus actividades, su población, sus comportamientos y sus demandas. Cada época debe definir su horizonte de derechos deseables, el nivel histórico de civilización. La ciudad es la gente, pero no toda la gente posee el estatus de ciudadanía, el estatuto de derechos y deberes que nos hacen ciudadanos iguales por lo menos formalmente. Atribuir la condición de ciudadano a todos los habitantes de la ciudad es el derecho más elemental a conquistar. Es preciso hoy redefinir los derechos ciudadanos. No son suficientes los derechos a elegir y ser elegido en el gobierno local, ni el derecho a la vivienda o a la educación. Se precisan derechos más complejos: a una participación política múltiple, al acceso universal a las tecnologías informáticas, al salario ciudadano, a la formación continuada. El derecho a la ciudad, que además de vivienda incluye entorno significante, accesibilidad y visibilidad, elementos de centralidad y monumentalidad, equipamientos y entornos cualificados, mixtura de poblaciones y actividades.

La ciudad nos hace libres si podemos acceder a las teóricas libertades urbanas. Para ello deben cumplirse condiciones mínimas de organización física e institucional. Las alamedas por donde transitaran hombres y mujeres libres e iguales que anunciaba Salvador Allende en su último mensaje son una metáfora, pero tambien una realidad física. Es deber de los responsables políticos, de los líderes sociales, de los planificadores y diseñadores urbanos garantizar la centralidad, accesibilidad y cualidad de los espacios públicos, de los ejes y plazas con más valor simbólico, para que sean lugar de expresión de la ciudadanía frente a las instituciones de poder. La ciudad es el lugar del cambio histórico, de su materialización, el lugar de la manifestación con o contra el poder, de conquista de derechos. Todas las revoluciones democráticas se vinculan a la conquista del espacio público ciudadano por parte de las mayorías populares.

CAPÍTULO 2

LA CIUDAD EN SUS TRES DIMENSIONES
O LA NUEVA REVOLUCIÓN URBANA

La ciudad, una perspectiva múltiple [1]

La ciudad permanece a lo largo de la historia como territorio delimitado y un lugar significante en el que se concentran poblaciones y actividades diversas. Y es también un punto de encuentro de flujos (de bienes, de servicios, de gentes, de ideas) que forman territorios o *hinterlands* de geometría variable. La ciudad ha sido siempre un fenómeno cambiante, tanto en su escala como en su estructura territorial, tanto en sus formas de gobierno u organización como en las culturas y en los comportamientos urbanos.

Otra cosa es que en nuestro imaginario cada uno tenga una visión aparentemente unívoca de ciudad. Aunque menos de lo que parece. Se identifica ciudad con una realidad histórica, física y simbólica —que generalmente coincide con el centro y algunos barrios que lo circundan. Y también con una realidad político-administrativa, el municipio. Ambos pueden coincidir, más o menos, pero están siempre corregidos por la subjetividad de cada persona. Además actualmente la realidad funcional del territorio y los trayectos de sus habitantes son intermunicipales y los límites territoriales físicos y simbólicos de las poblaciones de la aglomeración se confunden. Una parte de la ciudad, barrios marginales o zonas no residenciales, no es percibida, no es «vista» ni reconocida como ciudad. Para los habitantes de ciudades-municipios en la periferia de la ciudad «histórica-simbólica», los lugares de centralidad y de identificación suelen estar situados en esta ciudad inmediata.

Se habla de «ciudad real», la aglomeración metropolitana, para distinguirla de la ciudad «oficial», administrativa, que tiene sin embargo una realidad indudable, pues es el ámbito del autogobierno local y en el que se manifiesta casi siempre un sentimiento colectivo de pertenencia o de identidad. Prueba de ello son las reacciones que se suscitan cuando se plantea integrar un municipio en otro mayor, aunque no exista solución de continuidad entre ellos. Y podemos denominar ciudad «ideal» (en el sentido de subjetiva, pensada e interiorizada como comunidad, no en el sentido de modelo deseado o perfecto) a la de nuestro imaginario. Es la ciudad que nos transmite la historia y la cultura, la ciudad de la memoria y de la identidad, que no siempre coincide con las anteriores y tampoco es la misma para todos, sobre todo cuando las poblaciones urbanas son cada vez más diversas por su origen y por su forma de vivir la ciudad. Tres ciudades en una: oficial, real e ideal.

Y en esta ciudad, o mejor dicho en cada una de ellas, conviven tres tipos de ciudadanos. Los que residen, es decir, que por lo menos duermen en ella, pagan impuestos y votan. Los que trabajan o estudian en ella, o requieren de sus servicios ordinarios, es decir, que la usan cotidianamente o de manera muy intensa y regular. Y los usuarios intermitentes o eventuales, los que acuden para consumir, para acceder a determinados servicios, para asistir a un congreso, a una feria o a un espectáculo, los que van por ocio o por negocio, que pueden representar tanto una población flotante previsible, estacional o periódica a lo largo del año como en otras ocasiones resultar esporádica o aleatoria. Un ejemplo sería la que procede del turismo, que depende de factores cambiantes e incontrolables, como los cambios climáticos, la imagen de seguridad o la aparición de nuevas ofertas [2].

El análisis geográfico también nos lleva a distinguir tres dimensiones principales del fenómeno urbano. El territorio administrativo, el municipio o equivalente es una realidad inevitable, permanece como una importante unidad de gestión de las políticas públicas y es ámbito electoral, de organización y participación políticas, de recolección y agregación de la información. Una parte importante de las actividades interdependientes, de la movilidad de las personas, de la organización de los servicios y de las empresas, de las relaciones sociales y de la percepción simbólica corresponde al territorio municipal. La ciudad municipio principal es «centro» de la ciudad real o metropolitana. Y para los habitantes de los otros municipios metropolitanos su ciudad es también centro, el más inmediato. La segunda dimensión, la ciudad real o metropolitana, es una realidad física y funcional [3]. Actualmente los servicios públicos tienden a consolidar la aglomeración urbana y a darle carácter oficial mediante nuevos entes políticos que se superponen a los municipios y a veces alcanzan mayor protagonismo que éstos (Londres, Toronto). Incluso se implementan reformas territoriales que generalizan administrativamente los territorios supramunicipales, como en la reciente legislación británica, francesa e italiana [4].

En algunas ocasiones se logra la unificación de la ciudad real y la ciudad vivida, como en los transportes y la red viaria urbana, que definen territorios funcionalmente aglomerados y otros difusos o periféricos, o en las zonas logísticas e industriales, que proporcionan un empleo importante, o en las universidades y las grandes superficies comerciales y en algunos casos incluso los aeropuertos, que devienen nuevas centralidades dotadas además de atributos emblemáticos.

Hay una tercera escala territorial que va más allá de la vieja ciudad metropolitana, de la ciudad y sus periferias. Es la región urbana, la ciudad de ciudades, un sistema con vocación de construir una fuerte articulación en cuyo marco se puede dar una movilidad cotidiana significativa. Un territorio discontinuo territorialmente, con zonas de alta densidad y otras dispersas, con centralidades diversas [5]. En unos casos existe una centralidad indiscutible de la gran ciudad, como ocurre con Barcelona en Cataluña, mientras que la enorme fuerza de Madrid [6] en su región la aproxima más al modelo de aglomeración, de megaciudad, por lo menos tendencialmente. París es ambas cosas a la vez, gran ciudad con su centro y su periferia, formada por los cuatro departamentos que la rodean, y la gran región, L'Île de France, que incluye además otros cuatro departamentos. En otros casos el sistema es más equilibrado, sin que ello suponga un juicio de valor, como pueden ser los triángulos de Asturias (Oviedo, Gijón, Avilés) o del País Vasco (Bilbao-San Sebastián-Vitoria) o el eje urbano gallego (de Vigo a El Ferrol, con Pontevedra, Santiago y A Coruña). En Europa el Randstad holandés, el Rin-Ruhr alemán o la «terza Italia» del centro de la península son ejemplos muy visibles de esta escala urbana que se ha desarrollado en la segunda mitad del siglo XX.

El renacimiento político y cultural de nacionalidades y regiones, el reforzamiento de los niveles políticos intermedios en los estados unitarios y el auge de las tendencias federalizantes son una expresión de esta nueva escala urbana territorial, de la necesidad de definir políticas públicas para el espacio socioeconómico significativo hoy. Sea cual sea su expresión ideológica, el nuevo «regionalismo» es un fenómeno también extremadamente moderno.

Aunque algunas veces vive la contradicción entre la historia que lo legitima y cohesiona culturalmente (relativamente) y la dinámica territorial real (socioeconómica, que se expresa por la movilidad, los intercambios) que lo orienta en direcciones a veces distintas. En algunos casos el territorio de la «nacionalidad histórica» no coincide del todo con el ámbito socioeconómico significativo. Por ejemplo: en el País Vasco no parece que las relaciones con la zona francesa tiendan a ser más intensas que con La Rioja o Cantabria.

Esta tercera dimensión del territorio urbano no es un dato obvio, no hay una delimitación clara, es casi siempre de geometría variable, aunque las políticas y los mecanismos de cooperación deban delimitar territorios precisos en cada caso. Nos referimos al territorio como objetivo estratégico, como «proyecto». Es un territorio que cuenta con «promotores», agentes públicos y privados, más o menos concertados, de ámbito de ciudad o de región. En algunos casos puede explicitarse con un plan, una cooperación por programas, un *lobby* para determinados proyectos, una coordinación de actividades o servicios. En otros, es simplemente la expresión territorial de procesos económico-sociales en los que intervienen múltiples actores. El caso más simple es la región urbana o metropolitana resultante de la expresión de la ciudad metropolitana y de fusión de su segunda corona con ciudades con historia y centralidad propias. Entonces se produce una articulación de centralidades que constituyen una red densa, polarizada por una gran ciudad o, en algunos casos, por centros medio.

En otros casos se sitúa a una escala superior, por encima de las áreas metropolitanas y de las ciudades-región, y aparecen entonces las megaciudades y grandes regiones urbanas, que empiezan a estructurarse o por lo menos a definir proyectos comunes. Son las macrorregiones estratégicas y los «ejes» o «arcos», que en el caso de Europa son, además, casi siempre transfronterizos[7].

Las regiones urbanas pueden encontrar su marco político en los entes intermedios (provincia o departamento) o, más probablemente, en las «regiones» políticas. Las megalópolis o macrorregiones requieren un mínimo de planificación o coordinación de grandes proyectos y servicios, pero no una estructura política sustitutiva de los entes locales.

La primera vez que se utilizó el nombre de «megalópolis» fue a finales de los años cincuenta para referirse al fenómeno urbano del noreste de los Estados Unidos, de Boston a Washington, con centro en Nueva York, un eje de más de 1.000 km con 40 millones de habitantes[8]. La megalópolis era un concepto distinto del de área metropolitana, pues definía una realidad diferente, de mayor escala y excepcional, en tanto que el concepto de área metropolitana se generalizaba en la misma época y se aplicaba a múltiples situaciones.

Las dos macrorregiones metropolitanas japonesas (Tokio-Yokohama y Kioto-Osaka-Kobe)[9] tienen más elementos de regiones estratégicas que de simple región urbana-metropolitana, entendida como extensión de la ciudad metropolitana surgida de la Revolución Industrial. Y es aún más claramente una macrorregión el eje entre ambas que articula el tren bala. En Europa se han popularizado la «banana azul» (de Londres al norte de Italia, siguiendo los ejes del Rin y el Ródano), el arco atlántico (de Amberes a Lisboa) o el arco mediterráneo occidental, que son territorios estratégicos, que existirán más o menos, o quizás casi nada, según las políticas exitosas que se puedan articular a esta escala. El auge de los planes estratégicos es en algunos casos una respuesta a este nivel, como lo fue el primer plan de Barcelona, que ya definía un territorio multipolar como objetivo estratégico deseable que incluía Valencia, Zaragoza, Palma de Mallorca, Toulouse y Montpellier como red de ciudades soporte de esta macrorregión europea. A diferencia del ámbito metropolitano, que al requerir políticas y servicios públicos estatales genera estructuras políticas administrativas y fuertes conflictos (entre los municipios y la región o el nivel intermedio o entre un municipio periférico y el central), el ámbito macrorregional más bien suscita interés y atracción, pues su balance es de suma positiva (nada a perder, todo a ganar). Por ejemplo ciudades como Marsella o incluso Lyon manifestaron su interés en articularse con la macrorregión estratégica propuesta por el Plan de Barcelona.

Ante esta complejidad territorial se multiplican las propuestas y las experiencias para construir una nueva gobernabilidad[9 bis]. En estos nuevos marcos físicos y culturales citados conviene anteponer la definición de las demandas sociales y de los derechos ciudadanos a la ingeniería institucional. Nos interesan las formas de gobierno y los mecanismos participativos en la medida en que expresan o hacen posible la confrontación de posiciones ante las distintas dinámicas urbanas que se manifiestan en la realidad urbana. Lo cual es indispensable para dejar sin coartada al fácil surfismo que tienta tanto a los profesionales. Sobre la base de posiciones políticas claras y de valores fuertes y explícitos, que no hay que confundir con dogmas especulativos o normativos, se deben hacer propuestas sobre la ciudad. Es decir, «hacer ciudad» a partir de la consideración prioritaria de los derechos de la ciudadanía en nuestra época y no de una visión unilateral y subjetiva del caos o de la difusión urbana desestructurada. Como se apunta en distintos momentos en este texto, una visión dialéctica de los procesos urbanos nos parece más adecuada. En la ciudad actual se perciben tanto dinámicas «objetivas» contradictorias como conflictos sociales, culturales y políticos entre colectivos diversos.

A partir de estos supuestos abordamos la realidad territorial de la ciudad en tres dimensiones que se sitúan en una escala de mayor subjetividad que la expuesta anteriormente. Todos vivimos una ciudad a tres dimensiones.

Una primera dimensión es la ciudad que podemos denominar «clásica», renacentista, barroca o preindustrial, que ha forjado durante generaciones y hasta hoy el modelo «cultural» de ciudad. Es la ciudad que percibimos en su totalidad, en la medida en que posee límites claros.

Una segunda dimensión es la ciudad resultante de la Revolución Industrial, de los centros históricos renovados y expandidos (Haussmann) y de los ensanches (Cerdá), de la zonificación o *zoning* de la moderna planificación urbana y de los suburbios populares. Es la ciudad que la mayoría de la población usa y conoce por sus trayectos habituales, pero sólo percibe parcialmente.

Y la tercera es la nueva ciudad que se forja hoy ante nuestros ojos, de difícil percepción por sus límites difusos y variables, que engloba la ciudad grande o conurbación preexistente y un conjunto de núcleos de todos los tamaños y edades, así como zonas rurales o espacios naturales. Es la ciudad que aún no entendemos, es el principal desafío urbano [10].

La ciudad del pasado como presente.
La ciudad clásica y la ciudad moderna

La ciudad «histórica» existe, y a fuerza de ser exactos hay que considerar, y por lo tanto catalogar, como ciudad histórica el conjunto de la ciudad heredada, tanto la ciudad medieval o romana como la ciudad barroca (o colonial en América Latina), tanto la ciudad de los ensanches y avenidas del siglo XIX como la de los barrios obreros y las fábricas del XIX y XX. Tanta memoria histórica poseen los monumentos civiles o religiosos como los barrios populares, las estaciones de ferrocarril o los puertos como los edificios centrales emblemáticos firmados por arquitectos renombrados. Otra cosa es dilucidar qué se puede o se debe conservar, renovar, reconvertir para un nuevo uso o directamente derribar para fabricar un nuevo espacio urbano.

El equilibrio entre la memoria y el futuro, el buen camino que nos conduzca al mejor uso posible de los elementos urbanos no es fácil de encontrar ni de seguir, ni hay recetas exportables o independientes de la realidad en la que se aplicarán. Muchos intereses y prejuicios dificultan evitar tanto el museo como el abandono. No es fácil acertar en la reutilización de la herencia o aplicar la decisión necesaria en ciertos casos de hacer tabla rasa para dignificar la ciudad existente. Siempre se trata de opciones delicadas para las cuales no hay otro criterio que evitar cualquier fundamentalismo. No todo debe conservarse, y tampoco hay jerarquías inmutables, pero la herencia urbana merece ser considerada. Toda la ciudad es histórica, toda la ciudad es dinámica, todos los elementos de la ciudad heredada son susceptibles de permanecer o desaparecer, casi ninguno es sagrado. Hay que explicitar primero los valores y luego los objetivos urbanísticos. Y a partir de aquí evaluar las posibles opciones y sus impactos, para luego poder tomar decisiones bien justificadas.

Esta ciudad presente, pero que nos viene del pasado, es reducible principalmente a dos modelos: el «clásico» y el «moderno».

La ciudad «clásica», renacentista, barroca, que incluye y transforma la ciudad medieval, es la ciudad monumental, de los grandes edificios que dan identidad a la comunidad urbana. La ciudad del mercado y de la plaza, del ocio y del encuentro. Es la ciudad de la densidad y de la mezcla de usos y de poblaciones (por lo menos en el pasado), en la que el espacio público está siempre presente, el estar o el andar en la ciudad es el uso habitual. También es la ciudad del poder, religioso y político-militar, de los grandes edificios-fortaleza, que caen sobre el espacio público, del capitalismo mercantil (preindustrial), que hizo del intercambio el fundamento de la vida urbana. Esta ciudad fue *civitas* o *polis*, lugar de ciudadanía y lugar de poder, aunque unos fueran más ciudadanos que otros, ya que hasta el siglo XX la democracia fue, *de iure* o de facto, censitaria, según la propiedad, el nivel de educación y el rol patriarcal. Y en nuestra época los fenómenos migratorios han renovado formas de democracia censitaria.

Esta ciudad histórica es la que en nuestro imaginario identificamos casi siempre con ciudad *strictu sensu*, a la que atribuimos valor de centralidad, la que marca la diferencia, la identidad o la que por lo menos proporciona el emblema, la imagen de marca de la ciudad, la que aun ahora nos transmite más «sentido». La monumentalidad se convierte en elemento de integración ciudadana; la socialización del uso de la ciudad clásica es un requisito indispensable para la cohesión social y la gobernabilidad de la ciudad pasada y presente. La ciudad «histórica» está en nuestro imaginario, y también en la realidad física y funcional de la ciudad actual. El desafío hoy es saber encontrar su rol funcional y simbólico en el nuevo territorio urbano, que como dijimos va más allá de la ciudad metropolitana producida por la sociedad industrial.

La otra ciudad del pasado que hereda la ciudad actual es la ciudad «moderna», de la Revolución Industrial y de las nuevas infraestructuras ferroviarias y portuarias, de los ensanches y de las «nuevas» centralidades decimonónicas. También de los barrios obreros, algunos herederos a su vez de los suburbios de la ciudad medieval o clásica, otros de la reconversión de pueblos agrícolas vecinos de la urbe comercial y administrativa y aun otros subproducto de la implantación de las industrias. Y también de la marginalidad y de la autoconstrucción, de «Las hordas» (Blasco Ibáñez), de las «clases peligrosas» (Chevallier), que atemorizaba a los burgueses de *La educación sentimental* (Flaubert) y atraía a los aristócratas decadentes de *Vida Privada* (Sagarra), la ciudad que pierde su nombre (Candel), de las barracas contemporáneas del desarrollo de los ensanches (Bohigas). Esta «otra ciudad», pobre y marginal, que hoy asociamos más con el mundo latinoamericano, estaba muy presente hasta hace pocas décadas en las ciudades europeas, y aún no ha desaparecido; el «cuarto mundo urbano», más o menos escondido, está en los centros degradados, en las periferias no renovadas y en los intersticios de la ciudad o región metropolitana.

La ciudad «moderna» o metropolitana, hija de la Revolución Industrial, es también la ciudad que merced a la electricidad y a las nuevas técnicas constructivas edificó en altura. Las modernas zonas centrales, en parte mediante la reforma de la ciudad histórica emprendida por Haussmann en París y en parte mediante los nuevos ensanches, como el proyectado por Cerdà para Barcelona, se reservaron prioritariamente a los sectores medios y altos, aunque también existan zonas de mezcla social.

Es sobre todo la ciudad que se expandió hacia las periferias, que colonizó las zonas rurales de los bordes y que incorporó funcionalmente, en muchos casos también administrativamente, a los municipios del entorno. Los nuevos medios de comunicación, basados en el vapor y en la electricidad (tren, tranvía, metro), hicieron posible la expansión de la ciudad metropolitana. Esta ciudad llega a nuestros días con multitud de problemas no resueltos, con deudas sociales pendientes, con barrios y municipios periféricos que no tuvieron nunca centralidad y que el tiempo ha deteriorado. Periferias afectadas por obsoletas y nuevas infraestructuras viarias, ferroviarias, portuarias o aeroportuarias y por la crisis de la vieja industria. Territorios mal conectados entre sí, en los que en el «mejor» de los casos la autoconstrucción fue sustituida por conjuntos residenciales públicos o «sociales», de espacios públicos y equipamientos pobres y de una homogeneidad social que genera en muchos casos un círculo vicioso que hace la exclusión más fuerte que la cohesión comunitaria [11]. Son áreas que hoy sufren una acentuación del proceso marginalizador cuando se convierten en el refugio de una gran concentración de nuevos inmigrantes, sin papeles, sin trabajo estable, sin integración cultural, en muchos casos sin aceptación social.

Estas áreas del desarrollo metropolitano, con sus tramas urbanas pobres y fragmentadas expresadas por la miseria del espacio público y la mala calidad de los conjuntos de vivienda, han tenido históricamente gobiernos municipales débiles por la falta de recursos propios y por el escaso capital social e intelectual. A todo ello se ha añadido el coste que han pagado a la expansión de la ciudad central, que ha ido enviando a las «afueras» lo no deseado en términos de instalaciones logísticas, actividades molestas y colectivos sociales de bajos ingresos y en ciertos casos problemáticos[12].

Esta ciudad nos plantea por lo tanto un doble desafío que, en términos de la sociología propia de la sociedad industrial, podríamos simplificar en el que representa por una parte la ciudad «burguesa», cuya calidad y funcionalidad está amenazada por la congestión y la especialización terciaria, y por otra la ciudad «proletaria», cuya composición social está cada vez más caracterizada por la presencia de las clases medias urbanas que demandan que se haga ciudad de «calidad», es decir, dotada no sólo de áreas de vivienda de *standing* ciudadano, con espacios públicos, equipamientos y servicios básicos adecuados, sino también con elementos de centralidad, de monumentalidad, con actividades y servicios atractivos para el conjunto de la ciudad metropolitana y que le proporcionen visibilidad en ella.

Los desafíos que plantean los dos modelos históricos de ciudad, la «clásica» o histórica y la «moderna» o metropolitana, han sido el marco de las respuestas que ha dado la cultura urbana de la segunda mitad del siglo XX. Con independencia de las políticas urbanas llevadas a cabo, hay que reconocer que las respuestas existen, que sabemos cómo hay que tratar ambos modelos según los objetivos que se consideren deseables. El ejemplo del urbanismo de las ciudades españolas ofrece una síntesis de los principales conceptos e instrumentos que se pueden utilizar con éxito para responder a estos desafíos[13].

Pero hay una tercera ciudad que se configura ante nuestros ojos, compuesta por la movilidad que se da en los actuales territorios urbanos, la diversidad de espacios articulados en unos casos, fragmentados en otros, y las temporalidades urbanas coexistentes. La ciudad de la llamada «sociedad de la información» plantea nuevos desafíos para los cuales las respuestas son mucho más imprecisas y contradictorias. Y hay que reconocer que para esta tercera dimensión las respuestas, modestas o arrogantes, son por ahora muy insuficientes.

Apuntemos ahora únicamente un criterio de actuación que ampliamos más adelante: los proyectos urbanos potentes, con voluntad transformadora, estratégicos, deberían plantearse como intervenciones que tendrán efectos en las tres dimensiones citadas. Es decir, que, por ejemplo, un proyecto de nueva centralidad en la periferia de la ciudad central debería pensarse no sólo en relación a ésta, sino también como elemento polar de la gran región urbana. Y lo mismo si se trata de un proyecto en el centro histórico, éste debe asumir un rol regional. Los proyectos urbanos serán tanto más constructores de ciudad cuanto más interescalares sean, cuanto más se piensen como elementos transversales a las tres dimensiones urbanas.

La ciudad futura como presente.
El reto de hacer ciudad a tres dimensiones

La ciudad futura es la que se está haciendo hoy; ¿es la ciudad futura la ciudad global? No, la ciudad global no existe físicamente. A principios de los noventa Saskia Sassen [14] puso de moda un *ranking* de «ciudades globales» a partir de una élite muy restringida formada inicialmente por Nueva York, Londres y Tokio para luego ampliar la lista sin que los criterios estuvieran muy definidos. En su libro *Ciudades globales* establecía como característica de éstas no sólo ser lugares de control, sino lugares de la producción de:

... servicios especializados que necesitan las complejas organizaciones para poder controlar la dispersión de la red de factorías, oficinas y servicios [...] y [...] de innovaciones financieras y la creación de mercados, ambos centrales en la internacionalización y expansión de la industria financiera.

Su interpretación fue una afortunada operación mediática, aunque no corresponde del todo a la mayoría de las realidades urbanas actuales, en las que se mezclan elementos globalizados (funciones, actividades, grupos sociales o culturales, relaciones) con otros «localizados», es decir, autocentrados en la actividad económica o las relaciones sociales de ámbito local o regional.

Por su parte, la conceptualización de Manuel Castells sobre la «ciudad global» la sitúa en un nivel «no urbano», puesto que define esta ciudad como una red de elementos globalizados que pueden o no estar físicamente en determinadas áreas urbanas. La «galaxia Internet» o la ciudad virtual son conceptos útiles para el análisis del mundo actual, pero pertenecen a un nivel de análisis distinto del que se requiere para implementar políticas de «hacer ciudad» en los espacios físicos concretos, en las ciudades singulares.

Y sin embargo la ciudad de la «sociedad de la información» existe, no es una utopía, ni una e-topía (según el conocido libro de Mitchell), y desarrolla una nueva lógica de producción con su reflejo en las sociedades y sus espacios urbanos [15]. No es una ciudad virtual, aunque posea elementos de ésta, ni se confunde obviamente con la ciudad metropolitana, aunque en parte se superponga a ella. Esta ciudad futura que se construye hoy se desarrolla mediante dialécticas urbanas contrapuestas con algunos elementos comunes, como son:

a) La construcción progresiva de un territorio urbano basado en redes (físicas y virtuales) y caracterizado por la discontinuidad, por la diversidad de centralidades y de movilidades, por la multiplicidad de temporalidades en los usos de la ciudad, por la heterogeneidad de núcleos de población (ciudades de distinta talla e historia, municipios y entidades intermedias que se solapan, mezclas de poblaciones residentes y poblaciones usuarias) y por la alternancia entre zonas densas y zonas difusas.

b) El territorio de esta «ciudad de ciudades» es de geometría variable, no es solamente un dato (en realidad pueden hacerse mapas diversos según las dimensiones que se tengan en cuenta), sino también resultado de las estrategias públicas y privadas que se den en él.

c) Los sistemas de gobierno, de planificación, de gestión de los programas y de los servicios públicos no pueden organizarse o diseñarse según los modelos administrativos tradicionales, por lo cual aparecen nuevos conceptos e instrumentos, como la planificación estratégica, la contractualización de las relaciones interinstitucionales, la cooperación público-privada, la gestión social, la participación deliberativa, etc.

d) Nuevas fracturas y desigualdades sociales se añaden a las existentes: los colectivos sociales excluidos territorialmente debido a la fragmentación y a la privatización de los espacios urbanos y a la desigualdad ante la movilidad; la fractura «digital» entre las áreas bien conectadas telemáticamente (cable, especialmente) y entre los sectores sociales que disponen de los medios para usar las actuales TIC, tecnologías de información y comunicación, y el resto; los caídos de la vieja economía o los *out* respecto a las nuevas demandas del mercado; la exclusión de las poblaciones atraídas por el auge de las regiones urbanas «globalizadas» y que sufren múltiples discriminaciones (el efecto «llamada» no es producto de una legislación más o menos permisiva, sino de la atracción de los niveles de vida o de consumo que los medios de comunicación o la movilidad de las poblaciones difunden).

e) Las nuevas políticas urbanas que hay que inventar. Hacer ciudad en esta tercera dimensión es hoy un reto comparable al que supuso plantear la ciudad renacentista como expansión de los burgos medievales o el salto a la ciudad industrial y metropolitana respecto a la anterior. Se ha llegado a calificar este salto de «revolución urbana»[16].

Es un salto de escala que exige modelos nuevos, aunque en esta fase, como ocurre siempre en el inicio de un período de cambio, se tienden a reproducir, reutilizar o adaptar los viejos modelos, sean los de la ciudad densa o los de la ciudad jardín, los del *zoning* o los del hábitat rural, los rascacielos en el campo o los viejos núcleos renovados. En el siguiente capítulo expondremos los modos y los modelos de intervención sobre los espacios urbanos actuales.

Esta ciudad plantea nuevos desafíos de oferta competitiva para la actividad económica, de cohesión social, de gobernabilidad y de sostenibilidad. Pero previamente debemos saber cómo es la sociedad urbana, qué nuevos comportamientos se dan en la relación población-territorio para construir las respuestas adecuadas, que pueden apoyarse en unos comportamientos o aspiraciones de la colectividad y contrariar otros, pero que deben tener en cuenta todos[17].

Hacer ciudad en esta tercera dimensión urbana es seguramente el reto más difícil y novedoso, pero no implica dejar en segundo término las otras dos dimensiones. Los problemas heredados y no resueltos hay que abordarlos, por razones de justicia social y de funcionamiento del sistema urbano. Pero además en estas ciudades, la clásica y la industrial, se dan procesos de cambio que son también importantes oportunidades urbanas para el conjunto del sistema urbano regional.

El urbanismo debe afrontar el reto de «hacer ciudad» en esta tercera dimensión, y no podemos esperar a inventar y experimentar nuevos modelos. Ahora nos parece que debemos buscar fórmulas para que los proyectos urbanos de hoy, sean cuales sean su naturaleza y localización, tengan un impacto constructivo en las tres dimensiones citadas. Por su complejidad y diversidad de escalas, la ciudad es un todo, desde su dimensión arqueológica hasta la virtual, y los proyectos más interesantes, con más capacidad de transformación, son aquellos que tienen eficacia en las tres dimensiones, aunque se sitúen solamente en una de ellas.

La cultura del proyecto urbano hoy no se traduce en hacer productos urbanos, que son meras piezas desarticuladas, sino elementos de ciudad que construyen un puzle significativo.

Urbanización y sociedad urbana hoy

Mitificar el pasado es demasiadas veces el opio y el consuelo de los que buscan y encuentran un fácil eco popular, para justificar así el lamento sobre el presente. La ciudad del pasado no era casi nunca ni equilibrada territorialmente, ni cohesionada socialmente, ni integrada culturalmente, ni democrática políticamente. Tampoco nos consuela respecto al presente cuestionar esta mitificación. El hecho es que la ciudad-metrópolis-región urbana actual adolece de enormes desigualdades, disfunciones y despilfarros que por su escala y naturaleza merecen ser considerados específicos de la actual revolución urbana.

La literatura urbana actual, por lo menos la más crítica, coincide en tres líneas de análisis respecto a la llamada «nueva revolución urbana»: la fragmentación espacial, la desestructuración social y el debilitamiento del rol del Estado. Más adelante se tratarán más ampliamente estos temas. Solamente ahora queremos salir al paso de algunas simplificaciones, que proceden tanto del lado de la cultura crítica como de los análisis «surfistas», es decir, de las visiones unilaterales que sólo ven la dinámica más aparente y preconizan que hay que montarse en ella, en este caso la del mercado capitalista.

En primer lugar no hay una ciudad «emergente», difusa y discontinua como única realidad. Sí que hay una tendencia a la fragmentación del territorio, con zonas muy articuladas y otras marginadas, con áreas densas y polivalentes y otras de baja densidad y alta homogeneidad, con lugares fuertes y otros débiles. Es decir, la ciudad-región urbana es muy compleja y está sometida, como ya se dijo, a dinámicas contradictorias. La revalorización de la ciudad «densa», del ambiente urbano, de la mixtura social y funcional, de la interculturalidad... es la otra cara de la ciudad dispersa y segmentada.

Tampoco vale la confusión entre las muy reales dinámicas de segregación social en el espacio, de desestructuración de relaciones sociales construidas en la ciudad moderna, con la tesis de la inevitable dualización de la ciudad del siglo XXI. En las dos últimas décadas es cierto que son frecuentes los casos en Europa y más aun en Estados Unidos y América Latina de un aumento de la desigualdad social, un empobrecimiento de parte de los sectores medios y un aumento de los grupos de más altos y más bajos ingresos. Pero no sólo hay casos de signo contrario, sino que no hay ninguna evidencia empírica de que los sectores medios (que hoy incluyen a gran parte de los trabajadores asalariados no precarios) tiendan a desaparecer o a reducirse a un minoría [18].

Y por último, sobre el debilitamiento de la intervención del Estado, nos parece que no debe entenderse como un abandono de la ciudad al libre mercado sin más. Es cierto que la tendencia dominante en muchos casos es impulsar «la ciudad de los promotores» y que la cooperación «público-privada» ha servido en demasiadas ocasiones para favorecer intereses más privados que públicos. El debilitamiento del Estado tiene sin embargo manifestaciones diversas. Por una parte el planeamiento tradicional, más normativo pero menos operativo, ha sido sustituido a veces por el laxismo, aunque en otras ocasiones se han encontrado fórmulas interesantes aunque aún poco desarrolladas, como el planeamiento estratégico, el plan-programa-proyecto, etc. Por otra parte, la privatización de muchos servicios públicos y de programas de vivienda social no siempre se ha vinculado ni mucho menos a condiciones de reversibilidad y de control que garantizasen su universalidad y el cumplimiento de los objetivos de interés general. Lo cual no es necesariamente inherente a la concesión de la gestión de ciertos servicios o programas al sector privado o al tercer sector. No olvidemos además que para el 50 por ciento aproximadamente de la población mundial la vivienda y los servicios básicos no los ofrecen ni el Estado ni el mercado capitalista, sino que son resultado de un proceso de autoproducción.

En la urbanización actual sí que se dan sin embargo algunas características que plantean desafíos nuevos a las políticas urbanas, por lo menos por la escala en que se producen.

El rol organizador de la ciudad-centro (o en plural) sobre el territorio no es ni mucho menos completo. La ciudad-región es un mosaico de áreas globalizadas y articuladas con el exterior, otras en transición dudosa, otras abandonadas a su autosubsistencia, etc.

Hay un desfase entre la ciudad-territorio, la ciudad-población y la ciudad-gobierno. El gobierno local es múltiple y, con respecto a los roles que debería asumir, débil y confuso. Las administraciones son numerosas y se solapan. La población, diversa y segregada, oscila entre la vocación de apropiación particularista del espacio y la acción depredadora de un territorio que no siente suyo (población recién llegada o excluida, usuarios no habitantes). El territorio y la población se desbordan mutuamente. En unas áreas el territorio urbanizado no está estructurado por la población, como ocurre en la llamada ciudad emergente, en la cual la población residente particulariza su parcela o su «comunidad» y se aísla del conjunto. En otros casos la población no reconoce las demandas de sostenibilidad del territorio y convierte su instalación en él en una agresión al medio que puede acabar convirtiéndose en una herida de muerte[19].

Una paradoja de esta relación entre sociedad y urbanización es que por una parte actúa una lógica productivista que explota el territorio y genera altos costes sociales y por otra la organización de esta región urbana no viene dada en su conjunto por la organización de la producción, como sucedía en la sociedad urbana industrial. Los centros de producción, el trabajo asalariado, las culturas de clase no estructuran la nueva complejidad urbana, solamente fragmentos de ella. En la ciudad industrial las contradicciones se expresaban dentro de un sistema de relaciones simétricas (capital-trabajo, poder oligárquico-clases populares urbanas, centro-periferia). En la sociedad de las regiones urbanas, las dinámicas segregadoras y tribales, el peso de las exclusiones de una parte y de los poderes decisorios externos de otra conducen a formas conflictivas, dispersas y asimétricas, difíciles de encuadrar en procesos negociadores, que pueden derivar en expresiones de violencia anómica.

La cultura urbana nunca ha sido homogénea. En las ciudades han convivido, o coexistido, siempre formas culturales cosmopolitas con otras localistas e identitarias, con una base cultural, si no común, sí predominante, que se expresaba a través del «civismo» del espacio público, ampliamente compartido por la gran mayoría. En la actualidad el cosmopolitismo de una élite ha derivado en la cultura globalizada mediática y mercantilizada, estandarizada y aséptica. Esta cultura pseudocosmopolita es consumida a posteriori por una gran mayoría por medio de la televisión, la publicidad, la música, el deporte espectáculo, etc. Y la cultura popular e identitaria se ha revalorizado y radicalizado en su localismo diferenciador, de barrio o de ciudad. Pero se ha hecho más plural por la coexistencia de colectivos culturales diversos debido al peso de las distintas inmigraciones y también por la diferenciación cultural más marcada entre grupos de edad, género, orientación sexual, opciones ideológicas poco estructuradas o minoritarias, sectas y tribus, etc.[20].

Antes de indicar algunas respuestas posibles del urbanismo frente al actual mosaico urbano, conviene detenernos en los nuevos usos sociales de la ciudad, puesto que finalmente la ordenación de la vida urbana tiene como sujeto al conjunto humano, a las personas, no a las piedras ni los espacios vacíos.

El funcionamiento justo y eficaz del nuevo mundo urbano precisa la construcción de un sistema de relación entre actores urbanos estructurantes, reducir las exclusiones y promover pautas comunes básicas de convivencia. Esta política también requiere una gestión democrática de proximidad y una voluntad de «hacer ciudad como espacio público» a una nueva escala. No se producirá algo nuevo sin creatividad formal, y es preciso inventar un urbanismo distinto para esta nueva escala física y las nuevas relaciones sociales en estos espacios. Pero nada de esto se conseguirá si no se parte de una consideración objetiva de los actuales comportamientos sociales urbanos.

Comportamientos sociales urbanos.
La nueva autonomía del individuo urbano

«Los medios de transporte, de comunicación y de almacenamiento permiten el *just in time*, evitan en muchos casos la co-presencia o simultaneidad, alargan las distancias cotidianas posibles... En teoría se multiplican las posibilidades de elección en todos los aspectos de la vida urbana, en la localización de actividades y de trabajos, en las relaciones personales y en el lugar de residencia, en el ocio y en vida asociativa o política...»[21]

Veamos algunos aspectos novedosos de las actuales sociedades urbanas:

a) Se han generalizado *nuevos medios y formas de comunicación y consumo* que refuerzan la *autonomía individual*: el coche, el teléfono móvil, el ordenador personal, el *fastfood*, la congelación de alimentos, el microondas, la distribución a domicilio, el comercio abierto las 24 horas o hasta entrada la noche y los festivos, el comercio electrónico, la personalización de los productos y de los servicios, las bibliotecas y equipamientos culturales abiertos por la noche, las gasolineras (que integran bar, comercio, discotecas...), etc. Todo ello «libera» potencialmente al individuo del grupo familiar, vecinal, social, de una sola actividad al día, de un tiempo rígido y repetitivo, pero acentúa las desigualdades sociales, territoriales e individuales.

b) *La sociedad urbana* actual aparece así como más *individualizada y diversificada*. El cambio económico y sus efectos sociales sobre el trabajo y la composición de la población activa (precarización, trabajo a domicilio o a distancia, poblaciones inmigradas, desaparición o deslocalización de sectores industriales tradicionales, multiplicación de formas de exclusión, importancia de la tercera edad «no activa», etc.) han roto la imagen de la ciudad dividida y enfrentada pero organizada (el conflicto social cumple también una función integradora) en grandes grupos sociales relativamente homogéneos (las clases sociales de la sociedad industrial). Una de las paradojas de esta sociedad individualizada y fragmentada es que también es una sociedad masificada por un consumo estandarizado, según pautas globalizadas, que tiene su templo en los centros comerciales.

c) *La diversidad de la familia urbana* y su relación con la ciudad constituyen asimismo un hecho novedoso. La familia urbana también se ha diversificado, y el modelo biparental con hijos es uno entre otros y no necesariamente el mayoritario. En muchas ciudades europeas y americanas las familias monoparentales (en general madre con hijos) y las personas que viven solas son tan numerosas como las familias biparentales. Y existen otros modos de instalarse en la sociedad urbana, y por lo tanto otro tipo de demanda de vivienda: jubilados (solos o en pareja, y luego solos), grupos de jóvenes, personas que se instalan temporalmente por razón de estudios o trabajo, allegados entre colectivos inmigrados, etc. Esta diversidad familiar no sólo afecta al tipo de vivienda demandada, sino también a la relación con la ciudad y las políticas públicas locales. La autonomía individual se manifiesta en la vida familiar cotidiana de forma radical. Cada miembro de la familia puede ir por su cuenta. Por otra parte la rapidez de los cambios sociales, las rupturas de información y formación entre los grupos de edad y la consecutiva pérdida de los ritos que en el pasado marcaban los tránsitos desde la infancia hasta la edad madura han puesto en crisis los modos de reproducción cultural intergeneracional.

d) *Los tiempos y los espacios urbanos y la multiplicidad de movilidades.* El uso de los medios de transportes nos indica la diversidad de las temporalidades y espacialidades urbanas. Los desplazamientos «obligados» en la mayoría de ciudades europeas, es decir, residencia-trabajo-residencia [22], tienden a no representar más de un tercio del total. La población activa tiene una movilidad diversificada, trabaja en horarios distintos, combina actividades diferentes, usa el espacio urbano con otras finalidades (consumo, servicios, atención a los niños, ocio, relaciones sociales, etc.). La movilidad de la población no activa aún es menos programada y previsible. Los adolescentes y los jóvenes usan la ciudad en otros espacios y en otros tiempos que sus padres. Y lo mismo la población jubilada. La ciudad de cada uno de estos grupos es distinta.

Se han experimentado algunas políticas públicas a partir del estudio del presupuesto-tiempo de las mujeres (por ejemplo: modificación de los horarios de trabajo, comercio y servicios) [23]. O de la necesidad de ofrecer un transporte público «a la carta» para personas que viven en áreas poco cubiertas por el sistema estándar y para personas de movilidad reducida.

Para una parte importante de la población urbana la ciudad debe funcionar 24 horas al día. Y en algunos casos se inventan «calles 24 horas», como en Curitiba (Brasil).

Otros sectores de la población, por el contrario, viven relegados en espacios rígidos y en tiempos inmóviles: son los condenados por el círculo vicioso de la exclusión, en barrios marginales, sin trabajo fijo

o en desocupación permanente, segregados casi siempre culturalmente, a veces sin papeles.

e) En resumen, esta teórica multiplicidad de movilidades, de espacios y
de tiempos de la ciudadanía es tanto un factor de democratización
de la vida urbana para un parte de la población como causa de *nuevas desigualdades*. En la actual sociedad urbana se expresan desigualdades territoriales, sociales y culturales que combinadas rompen con
el mito de la integración ciudadana de los países desarrollados. La
movilidad social y la física por ejemplo se condicionan mutuamente:
a menos movilidad física, menos posibilidades de movilidad social
ascendente o incluso horizontal. Aparece un nuevo proletariado urbano heterogéneo, precarizado, mal pagado, ejército de reserva, a veces «ilegal» (los inmigrantes, los sin papeles), otras veces frustrado en
sus expectativas (los jóvenes «cualificados» que no pueden acceder al
nivel de vida de sus padres). En la ciudad opulenta la oferta de consumo es inaccesible a inmigrantes y a jubilados, a jóvenes y a desocupados. Bolsas de pobreza y de inmigración coexisten con áreas
«globalizadas» ostentosas.

La multiplicidad de relaciones sociales y de identidades. La cuestión barrial y la conflictividad urbana

La ciudad industrial ya rompió por lo menos en gran medida con las comunidades locales propias de la sociedad rural y que también existían en la ciudad «clásica». Sin embargo, una gran parte de la población urbana, las clases
trabajadoras o populares y las clases medias, mantenía unas relaciones sociales circunscritas en su mayoría al marco familiar, de trabajo y barrial, ámbitos que frecuentemente se solapaban. En la sociedad urbana actual las relaciones sociales se han distendido, se han multiplicado y en consecuencia
también se han hecho más débiles. Tanto es así que la literatura sociológica
ha recuperado conceptos como anomia, sociedad rota, crisis de la cohesión
social o fractura del tejido social.

Sin embargo, nos parece que hay que relativizar tanto la naturaleza de la
crisis de la sociedad urbana como su novedad. Es cierto que los progresos
de las autonomías individuales y la nueva escala del territorio urbano han
multiplicado las relaciones sociales de cada individuo y de cada miembro
de la familia, que se desvinculan en muchos casos del trabajo o del barrio.
A esto se añaden ahora las relaciones a distancia por medio del uso generalizado de los ordenadores y del correo electrónico, además del teléfono y

ahora de la web cam. La multiplicidad de relaciones sociales evidentemente provoca que éstas sean por separado más débiles y menos multifuncionales que en el pasado, lo cual no significa que el individuo esté necesariamente menos «integrado» o más aislado. Paralelamente a esta multiplicidad de relaciones se da una diversidad de pertenencias; el grupo familiar se ha debilitado o se ha reducido, la comunidad local a veces ha desaparecido prácticamente o es poco relevante para muchos de sus habitantes, pero los individuos pueden al mismo tiempo formar parte de diversas entidades o asociaciones, participar en grupos de ocio, deporte o culturales, tener amistades diversificadas que no tienen vínculos entre sí, etc. Este individuo-tipo puede estar territorialmente incluso más vinculado a un área distinta de la que vive, por su trabajo, su actividad social o política, su origen o sus amistades. La multiplicidad de pertenencias e identidades parece consustancial a la sociedad urbana actual.

El barrio en la actualidad

¿Significa esto que el barrio ha perdido toda significación? Una discutible conclusión a la que tiende una parte de la sociología y de la filosofía urbanas (aunque sea para lamentarlo) y que asumen alegremente a veces planificadores y arquitectos de la sociedad emergente. Como también es de dudoso valor la mitificación del barrio del pasado y la convicción de que es necesario mantenerlo o reconstruirlo a toda costa en la ciudad del siglo XXI. Creemos sin embargo que hay argumentos actuales en favor de la significación del barrio.

En primer lugar, tanto en las ciudades europeas como en las americanas, no solamente se mantienen los barrios como ámbito principal de la vida cotidiana de una parte importante de la población, sino que, para bien o para mal, en otros casos se «inventan», se crean barrios cerrados, *gated cities*, comunidades locales homogéneas.

En segundo lugar, la revalorización de la vida urbana ha dado lugar a una revalorización paralela del barrio como espacio público y de uso colectivo, con sus fiestas y sus tradiciones (a veces inventadas muy recientemente), su vida asociativa, las radios, revistas y televisiones barriales, la gestión cívica de equipamientos. También reaparece el barrio como espacio de convivencia y de solidaridad, de seguridad..., y se reclama cuando no es así. La atención a las personas mayores y solas, el apoyo mutuo entre familias de bajos ingresos, las redes de cooperación de base étnica, cultural o religiosa, etc., encuentran un marco adecuado en el nivel barrial.

Y en tercer lugar, el barrio es muchas veces un ámbito donde se expresan los proyectos y las demandas urbanísticas, los conflictos de valores e intereses. La escala barrial corresponde, más o menos, a la que requieren gran parte de los proyectos de hacer ciudad sobre la ciudad, de espacios públicos fuertes, que construyan lugares, y de nuevas centralidades. Es el ámbito de planes integrales de regeneración, renovación y reconversión urbanas. Y en muchos casos también es una escala adecuada para definir áreas de actuación en las periferias para hacer ciudad cualificada allí donde sólo hay mala urbanización. En este ámbito la vieja vida asociativa se reconvierte, para lo bueno y a veces para lo malo, en marco de manifestación colectiva de las demandas de sus habitantes.

Por lo tanto no debe sorprender que la revalorización política de lo local se exprese también mediante políticas de descentralización municipal y participación ciudadana [24]. En Francia se vota una ley denominada de proximidad que complementa la descentralización con «comités de barrio». En Nueva York, el 11 de septiembre ha generado una movilización participativa de los barrios. En Buenos Aires se constituyen articulaciones barriales, asambleas vecinales, como interlocutores del gobierno de la ciudad, que promueven proyectos alternativos y construyen lazos de cooperación y solidaridad [25].

Malestar y conflictividad urbana [26]

El malestar urbano tiene muchas causas que en otro capítulo tratamos, y no se puede atribuir a la especificidad de la vida urbana, a la forma de la ciudad, a su organización y a las políticas públicas locales. Es el malestar que pueden provocar las incertidumbres sobre el empleo, la movilidad social o la actividad económica, las dificultades para aceptar y convivir con colectivos inmigrados culturalmente distintos y que entran en competencia en el territorio y el trabajo, la inseguridad que genera la delincuencia organizada internacionalmente, por no citar las decisiones políticas y económicas que afectan a la vida de los ciudadanos pero que se toman muy lejos y desde centros muchas veces inaccesibles. El malestar ciudadano en estos casos es el malestar de la ciudad continente de problemas que no ha generado y que difícilmente puede resolver satisfactoriamente ella sola, con las competencias y los recursos de sus gobiernos locales y la voluntad de sus ciudadanos.

Pero hay un malestar más específicamente urbano, vinculado al funcionamiento de la ciudad, a las formas que toma el desarrollo urbano, a la gestión pública de las políticas urbanas. En este apartado exponemos los aspectos que nos parecen más significativos y relativamente novedosos de la conflictividad urbana.

La crisis de la cohesión social no es en sí misma causa de conflicto, y casi podría decirse lo contrario. La debilidad del tejido social, los colectivos poco integrados en los sistemas socioculturales y políticos, las áreas urbanas segregadas o marginales... todo ello conduce, como se dijo en un punto anterior, a formas de conflictividad asimétrica. Es decir, expresión de malestar con escasa capacidad de construir espacios de negociación y de generar interlocutores válidos, en el supuesto de que existan los que pueden dar respuesta. La conflictividad simétrica, en cambio, como la que puede darse entre un barrio consolidado y organizado y un ente político local competente, es una forma de crear cohesión social.

La realidad actual de los conflictos urbanos no corresponde exactamente a la construcción ideológica de los años sesenta y setenta, que si bien en parte era especulación mitificadora tenía una base real al establecer un cierto paralelismo entre el conflicto capital-trabajo y el que se daba en los barrios populares sobre el consumo colectivo (vivienda, equipamientos, renovaciones urbanas) entre la población residente y las actuaciones conjuntas de entes políticos y agentes privados. De lo dicho hasta ahora es fácil deducir la complejidad y ambivalencia de la actual conflictividad urbana. En las demandas y reacciones sociales se pueden expresar actitudes conservadoras de situaciones de privilegio y defensa legítima de los derechos de los residentes a no ser desplazados por proyectos especulativos. O pueden tener una base racista, xenófoba, excluyente respecto a sectores pobres o por el contrario responder a la reivindicación de un proyecto de barrio o de ciudad integrador y opuesto a operaciones fragmentadoras del tejido social.

Y por último es de resaltar que hay un desfase entre la realidad tridimensional de la ciudad, de los procesos urbanos que generan las contradicciones y exclusiones y los movimientos urbanos y asociaciones ciudadanas que en general se mueven entre el barrio y la ciudad tradicional, de ámbito municipal.

En esta sociedad urbana, socialmente muy compleja, en la que se expresan intereses muy diversificados y demandas individualizadas, en la que la multiplicidad de actores sociales se confronta a su vez con una multiplicidad de actores públicos, tan difícil resulta que emerjan propuestas de amplia base desde la sociedad civil como que las instituciones políticas generen mecanismos de representación eficaces. Es el problema pero también la oportunidad de innovación política que se plantea hoy en el ámbito local urbano y regional. Las experiencias de democracia participativa, deliberativa, digital, el planeamiento estratégico y concertado, la gestión cívica de programas y de equipamientos, etc., son fórmulas que se han desarrollado desde estos ámbitos[27].

BOX 2.1

La utopía urbana

J. B.

Una nueva utopía para las ciudades es lo que reclama Bruno Fortier en su presentación como nominado al gran premio de urbanismo francés. Fortier es arquitecto, autor de hermosos libros como *La metrópolis imaginaria* y *El amor por las ciudades* y urbanista de grandes proyectos en París, Nantes, Amiens, etc. Nos dice que ya no basta con rehacer la ciudad y sus centros, con hacer ciudad en las periferias mal urbanizadas procedentes de la ciudad industrial ni con integrar los polígonos de los sesenta resultantes de unas políticas de vivienda sin visión ciudadana. Es cierto, esto lo sabemos hacer, otra cosa es que haya voluntad política o competencia profesional para hacerlo bien. Pero hay un desafío mayor, más difícil por la novedad de su escala y la complejidad de los procesos en estos territorios indecisos que se han ido creando desde los setenta. Con optimismo los denominamos región metropolitana o «ciudad de ciudades», tema que Oriol Nel·lo analiza críticamente en su reciente libro (Edicions 62), o «ciudad digital», en las recientes y estimulantes obras de Miquel Barceló y Manuel Castells. Son zonas sin densidad demográfica ni social, sin diversidad en sus productos aislados (parques temáticos, barrios cerrados o áreas logísticas), que se comen la geografía viva y construyen culturas muertas. Es la ciudad sin sentido, o el sentido de la no-ciudad. Que contamina y pervierte la ciudad, a veces en áreas con vocación ciudadana consolidada (como se quiso perpetrar con el proyecto Barça 2000) o en zonas estratégicas que exigen precisamente imaginación cultural con sentido de lo público y no arrogancia ignorante con obsesión de lucro (véase Diagonal Mar). La reinvención de la ciudad allí donde se ha perdido es una labor política e intelectual, no un resultado mecánico del mercado más destructor que creador de nueva vida urbana. El período posterior a 1992 nos dejó un virus maligno: la ciudad-negocio, y no siempre se ha sabido resistir a la tentación de venderla por piezas al mejor postor. Aún estamos a tiempo de pensar primero, decidir democráticamente después y poner condiciones a los promotores luego. No teman, a la larga ganaremos todos si hacemos ciudad para todos.

BOX 2.2

El sistema urbano europeo: características básicas

Mireia Belil

El continente europeo es una de las regiones más urbanizadas del mundo, y su sistema de ciudades presenta una gran diversidad. El sistema urbano europeo se caracteriza por la existencia de unas pocas grandes metrópolis, una cuarentena de ciudades o áreas metropolitanas grandes y una infinidad de ciudades medianas y pequeñas, dispersas por un territorio rural muy urbanizado.

Se trata de un sistema urbano demográficamente bastante estable donde las ciudades grandes experimentan un nuevo crecimiento. Este sistema urbano encuentra algunas fuentes de inestabilidad en cuatro procesos diferenciados e íntimamente relacionados: la progresiva terciarización de las economías urbanas con las características de empleo y ciclos económicos típicas de este sector; la naturaleza y dimensión de las nuevas migraciones, que están cambiando la composición social y cultural de las grandes ciudades; el impacto y desarrollo de la llamada nueva economía y de las tecnologías de la información y la comunicación, que sugieren formas de organización territorial de geometría variable; y, finalmente, el impacto diferencial de las políticas europeas sobre el territorio.

La gran mayoría de políticas europeas tienen una gran influencia sobre el desarrollo urbano. En este aspecto es importante resaltar el impacto de la construcción de grandes infraestructuras, como el tren de alta velocidad o los puentes y túneles, sobre el posicionamiento relativo de diversas áreas urbanas europeas. Bastará de ejemplo la construcción del puente de Oresund entre Dinamarca y Suecia que ha permitido la consolidación de un área urbana de más de tres millones de habitantes alrededor de las ciudades de Malmö y Copenhague. El desarrollo del nuevo aeropuerto de Copenhague se entiende como el núcleo aeroportuario de esta gran región transfronteriza. La línea de alta velocidad que une las capitales de Londres, París y Bruselas ha influido poderosamente en la transformación y potenciación de la región metropolitana transfronteriza de Lille y su inserción en el área de influencia de Bruselas y París a partir de la consolidación de los ejes ferroviarios de alta velocidad.

El sistema urbano europeo está formado por distintos tipos de estructuras y morfologías urbanas entre las que podemos reconocer las estructuras reticulares policéntricas, los crecimientos en mancha de aceite o las redes de ciudades medianas con sus propios procesos de suburbialización. A pesar de estas diferencias se puede considerar que el sistema urbano europeo es relativamente estable, aunque en un futuro próximo podremos ver cómo algunas infraestructuras, algunas redes y nuevas funciones transformarán la posición relativa de algunas ciudades.

En general el desarrollo urbano europeo se ha basado en la priorización del crecimiento económico, el libre funcionamiento del mercado del suelo, un consumo extensivo de los recursos como si éstos fueran ilimitados y un creciente impacto de las políticas comunitarias con efectos territoriales. En este marco la mayoría de las ciudades europeas se plantea estrategias que les permitan ser más prósperas (competitivas), más accesibles, más solidarias, más innovadoras y formadas, más animadas y más sostenibles. Competitividad, cohesión social, innovación, calidad de los recursos humanos, calidad y atractividad del territorio... son factores comunes a la mayoría de las estrategias metropolitanas. La búsqueda de un desarrollo sostenible es uno de los elementos más innovadores de los nuevos procesos de planificación. El control de la expansión urbana sobre el territorio, intentando no ya evitar pero sí al menos canalizar esa expansión, la mezcla de funciones urbanas y grupos sociales, la gestión inteligente de los recursos del ecosistema urbano, la implantación de una movilidad más eficaz y compatible con el medio ambiente o la protección y desarrollo del patrimonio natural y cultural son algunas de las estrategias hacia una ciudad económica, medioambiental y socialmente sostenible, sólo posible si se concibe a escala metropolitana.

BOX 2.3

El caso francés: las aglomeraciones

J. B.

La reforma francesa se apoya en tres pilares:

- La ley de ordenación y desarrollo sostenible del territorio (1999).
- La ley de las aglomeraciones o de fortalecimiento y simplificación de la cooperación intermunicipal (1999).
- La ley de solidaridad y renovación urbana (2000).

El modelo territorial heredado

El nivel «local»: una veintena de regiones institucionalizadas en los años ochenta, municipios (36.000), departamentos (94). Las «colectividades locales» tienen todas el mismo rango, es decir, que no hay ninguna dependencia entre regiones, departamentos y municipios, sino una estricta división de competencias y recursos.

La «aglomerización»

La nueva legislación ha suscitado un proceso de «aglomerización» espectacular: las 16 aglomeraciones metropolitanas o «comunidades urbanas» de más de 500.000 habitantes y aglomeraciones en áreas de urbanización menos intensa, mínimo de 50.000 habitantes, denominadas «comunidades de aglomeración» (hay 120 instituidas). Dos años después de aprobadas las leyes más del 90 por ciento de la población francesa vive en el marco de las aglomeraciones.

La reforma política territorial en curso

Cuestiones a resolver en el proceso constitutivo de las aglomeraciones urbanas:

1. Perímetro. El «pequeño», ámbito que corresponde a la ciudad central y a su periferia inmediata. El «grande», ámbito que incluye la región urbana, áreas rurales o vacías e incluso centros secundarios. Si los dos tercios de los municipios, o la mitad de los consejos municipales que representan los dos tercios, aprueban el perímetro, los otros municipios comprendidos en el ámbito deben incorporarse a la aglomeración.
2. Competencias. *Obligatorias:* de ordenación o planificación territorial, de desarrollo económico, de vivienda y de integración urbana. *Opcionales:* creación y mantenimiento de la red viaria y de los parques de estacionamiento de interés común, saneamiento, agua, medio ambiente, creación y gestión de equipamientos culturales y deportivos de interés común. *Libres:* aquellas que el consejo de la aglomeración decida poner en común según el reglamento que éste haya aprobado.

La organización de la aglomeración

Autonomía y capacidad de autogobierno de la aglomeración. Se deja al acuerdo de los municipios implicados la elaboración de la norma que regula el consejo de aglomeración. Obligatoriedad de constituir un consejo de desarrollo de carácter participativo. La composición del consejo de desarrollo será definida por el consejo de aglomeración.

Financiación y fiscalidad de la aglomeración

La financiación básica es la tasa profesional urbana, a la que se pueden añadir otros ingresos que decidan los municipios. La disponibilidad de ingresos propios tiene una triple finalidad: financiar proyectos estructurantes de la aglomeración, redistribuir los ingresos públicos en el territorio y evitar la competencia entre municipios.

Fiscalidad flexible para permitir fórmulas de fiscalidad mixta y de compensación hacia los municipios. El Estado transfiere a la aglomeración una «dotación global de funcionamiento» calculada proporcionalmente con respecto a la población.

El proyecto de aglomeración y el contrato de aglomeración

El proyecto de aglomeración forma parte del proceso constitutivo de la aglomeración. Los municipios definen el perímetro, competencias, organización, financiación, las opciones estratégicas de desarrollo económico y social, las formas espaciales y los proyectos estructurantes territorializados de este desarrollo.

La formalización del proyecto se hará mediante el contrato de aglomeración, que es un documento que define *partners*, proyectos, financiamientos y operadores ejecutivos. Su expresión territorial integral es el esquema de coherencia.

BOX 2.4

La región urbana del «Gran Londres», el nuevo gobierno metropolitano
y la propuesta de gobierno descentralizado para las regiones inglesas

Francesc Muñoz

La región metropolitana de Londres constituye una de las áreas urbanas más integradas de la Europa actual en términos de relaciones funcionales sobre el territorio. La gran movilidad de la población y unos mercados laborales y de vivienda, que se plantean a escala metropolitana, definen el contexto territorial de la metrópolis londinense. Con siete millones de habitantes y casi tres millones de hogares, Londres es un ejemplo claro de las tendencias contradictorias que caracterizan a las regiones metropolitanas del mundo desarrollado. Así, a una dimensión global clara, que se manifiesta en sectores económicos como las telecomunicaciones, los servicios financieros o el turismo, se unen problemáticas como el crecimiento acelerado de la pobreza urbana, que ha dejado de ser patrimonio de niveles de renta concretos y de territorios específicos en la ciudad central para pasar a ser una característica de la economía urbana de la ciudad.

Desde la abolición del anterior gobierno metropolitano, el Greater London Council, en el año 1985, la política urbana se ha desarrollado en un medio caracterizado por la multiplicación de organismos y agencias, la mayoría de las veces sin una coordinación eficiente entre ellos. Fragmentación, solapamiento de funciones y contradicción en el ejercicio de éstas han venido siendo un resultado común en bastantes aspectos de unos gobiernos locales aquejados de una falta de estructura relacional entre sus organismos administrativos y los dedicados a la gestión.

Ante la constatación de que la mejor gestión de los servicios metropolitanos en áreas como transporte o política ambiental pasa necesariamente por la simplificación de los niveles administrativos e institucionales que operan sobre el territorio, se ha planteado un nuevo gobierno metropolitano para el «Gran Londres». La nueva Greater London Authority funciona desde el año 2000 y está articulada sobre la figura de un alcalde y una asamblea. Su aparición ha significado la creación de nuevos órganos administrativos y de gestión del territorio a escala metropolitana y el cambio del papel de otros ya existentes.

La nueva autoridad abarca el territorio de los 32 *boroughs* de Londres y la City Corporation, y si bien se reconoce la personalidad de cada *borough* y éstos se mantienen como autoridades responsables de la gestión de los servicios urbanos locales, lo cierto es que la nueva autoridad metropolitana se plantea con amplios poderes en el plano decisional. Unas atribuciones que se refieren a las áreas de mayor importancia estratégica, como transporte, planeamiento, regeneración y desarrollo económico, medio ambiente, planes de emergencia y servicios contra incendios, policía, salud pública y cultura.

Este proyecto de gobierno metropolitano para Londres forma parte de un programa mucho más amplio para simplificar y descentralizar la organización territorial y administrativa de todo el país. Así, se ha propuesto ampliar el proceso de creación de autoridades regionales al resto del país, planteándose la creación de ocho nuevas «asambleas» a modo de gobiernos regionales descentralizados. Se propone así una «asamblea regional» para cada una de las ocho regiones inglesas, además de la de Londres, con funciones diferentes de las de los otros organismos de gobierno local. Básicamente, tendrán como principal responsabilidad hasta el desarrollo de estrategias territoriales a escala regional, desde el planeamiento hasta el desarrollo económico pasando por la gestión de residuos o las políticas de vivienda y salud. En este cometido, se plantean como el organismo principal no sólo en lo que se refiere a su diseño, sino también a su seguimiento y eventual revisión. Además, contarán con funciones ejecutivas vinculadas a una necesaria responsabilidad sobre los recursos económicos, por un lado, y a una suficiente capacidad de gestión, por otro. El proceso deberá comenzar con una consulta previa a la población de cada región a modo de referéndum.

BOX 2.5

Las políticas recientes de descentralización administrativa en Italia

Francesc Muñoz

El sistema de organización administrativa del territorio italiano se caracteriza por la existencia de tres niveles competenciales con personalidad jurídica y administrativa propia: la región *(Regione)*, la provincia y las ciudades o municipios propiamente dichos *(Comuni)*. Si bien no existe autonomía legislativa para el nivel administrativo provincial, intermedio entre el municipio y la región, los márgenes competenciales son amplios y se detallan en el estatuto que cada provincia tiene. Unas competencias que se refieren a áreas como planificación territorial, transporte y medio ambiente, agricultura, formación profesional, turismo y deporte, seguridad o patrimonio y cultura.

Entre el nivel de la provincia y el de los *comuni* existe además la posibilidad reconocida de constituir agrupaciones de municipios en áreas caracterizadas por una homogeneidad histórica, socioeconómica o cultural, siempre que exista contigüidad territorial y la población no exceda los 80.000 habitantes. Un buen ejemplo de este tipo de actuaciones de descentralización administrativa es el del Circondario di Imola, en la provincia de Bolonia. Un ente que constituye el aglomerado urbano más importante después del municipio central. El Circondario desempeña así algunas funciones antes correspondientes a la provincia manteniendo atribuciones que permiten a las autoridades locales imolesas un margen considerable de autogestión por lo que se refiere a la planificación territorial tanto general como sectorial.

Las competencias que este tipo de entidades territoriales pueden asumir se refieren a tres ámbitos básicos, que son: medio ambiente y planificación territorial, política de formación y de empleo y, finalmente, gestión y promoción de la actividad productiva.

Sin embargo, aun contando con esta posibilidad de simplificación administrativa, lo cierto es que el sistema de atribuciones se caracteriza por el solapamiento entre los diferentes niveles competenciales. Un problema que se ha visto agravado por el desarrollo de tendencias territoriales de carácter claramente metropolitano. Así, las dinámicas económicas, demográficas y de movilidad de población actualmente en curso hacen que muchas cuestiones como la vialidad o el transporte metropolitano, los servicios sanitarios o la gestión ambiental se planteen a una escala difícil de afrontar desde el actual mapa administrativo, en el que región, provincia y municipio se contradicen en el ejercicio de las funciones de gestión y gobierno del territorio.

Es ésta una situación ante la cual la legislación italiana ha respondido reconociendo la realidad supramunicipal e implementando reformas por lo que hace a la estructura administrativa del territorio. En este contexto cabe considerar la propuesta de establecer «ciudades metropolitanas» a modo de sujetos jurídicos nuevos, consensuados con los diferentes municipios, integrantes y partícipes de las dinámicas metropolitanas y con capacidad para el diseño y la gestión de directrices políticas y estrategias de desarrollo territorial. La necesidad de mejorar la gestión de los grandes temas antes citados y de garantizar una eficiencia y calidad suficientes en los servicios ofrecidos a los ciudadanos, en términos de proximidad y estandarización, explica la creación de estos ámbitos supramunicipales para el gobierno metropolitano.

BOX 2.6

Tokio

Extraído y traducido por M. I. del texto original *Comparative Study of Randstad and Tokio. Towards spatial sustainability of city-regions* de Akiko Okabe.

La gran región metropolitana de Tokio, que actualmente se extiende a más de cuatro delegaciones, que son Tokio, Saitama, Kanagawa y Chiba, abarca un área de 100 km de diámetro con 30 millones de habitantes. Pese a tener una estructura original monocéntrica, Tokio, a partir de la mitad del siglo XIX, fue derivando sus funciones centrales hacia el oeste, desde la costa hacia arriba. Así se formaron subcentros alrededor de una línea ferroviaria circular tales como Shinjuku, Shibuya, Ikekuro, etc. Estos subcentros actualmente han sido incorporados en el núcleo histórico del distrito de Tokio y conjuntamente conforman un gran núcleo monocéntrico de la gran región metropolitana.

Por otra parte las ciudades locales adyacentes, tales como Saitama, Chiba, Hachijoji-Tama y Kawasaki-Yokohama, han sido incorporadas *a la gran región de Tokio*. Estas ciudades históricamente se desarrollaron independientemente de Tokio, pero durante el crecimiento económico de los sesenta y setenta se convirtieron en ciudades dormitorio de Tokio capital. Hoy en día poseen un rol estratégico para convertirse en nuevos núcleos de desarrollo económico a través de los cuales se potencie el crecimiento de la gran región de Tokio.

BOX 2.7

Áreas metropolitanas españolas

Extraído por M. I. del trabajo de Oriol Nel·lo «Las Áreas Metropolitanas», en Antonio Gil Olcina y Josefina Gómez Mendoza (eds.), *Geografía de España*, Barcelona, Ariel 2001, pp. 275-298.

Hoy las áreas metropolitanas españolas tienden a ser realidades supralocales (Nel·lo, 1997).

a)   En Madrid, pese a que el municipio central dispone de un extenso término ($605,8$ km^2), no sólo se han integrado funcionalmente los municipios de su antigua área metropolitana administrativa (la desaparecida Comisión de Planeamiento y Coordinación, 1.942 km²), sino que las dinámicas metropolitanas tienden a extenderse progresivamente sobre el conjunto del territorio provincial —178 municipios, 7.995 km²— y aun más allá, en dirección a Guadalajara y Toledo, de modo tal que la Comunidad Autónoma de Madrid en su conjunto deviene cada vez más una realidad metropolitana (Estébanez, 1991; Comunidad de Madrid, 1996).

b) En Barcelona, donde el municipio central es muy pequeño (97,6 km²), la integración del mercado laboral metropolitano también ha superado ampliamente los 27 municipios de la desaparecida Corporación Metropolitana de Barcelona, un espacio de 163 municipios y 3.236 km² que se extiende desde los límites de la provincia de Tarragona hasta los de Girona, y de las elevaciones de la cordillera prelitoral catalana hasta la costa mediterránea (Mancomunitat de Municipis de l'Àrea Metropolitana de Barcelona, 1995; Clusa y Roca Cladera, 1999).

c) En Valencia, los estudios disponibles coinciden en considerar que, en la actualidad, el ámbito metropolitano incluye, como mínimo, junto al municipio central (134,6 km²), la totalidad de la comarca de l'Horta, con 44 municipios y 628 km² (Roselló *et al.*, 1988; Salom, 1992; Generalitat Valenciana, 1995).

d) En Bilbao, cuyo municipio central es el más reducido (41,3 km²) de todos los que dan el nombre a una gran área metropolitana, el ámbito funcional estricto abarca la comarca entera del Bajo Nervión, a ambas orillas de la ría (25 municipios, 405 km²); sin embargo, algunos autores han señalado que las relaciones cotidianas tienden a extenderse para integrar cada vez más Vitoria —a apenas 60 km por autopista— y algunos municipios del levante cántabro (Gobierno Vasco, 1992; Juaristi, 2000).

e) En Sevilla, la Junta de Andalucía ha establecido una delimitación metropolitana que agrupa 22 municipios de los sectores norte y sur de la vega del Guadalquivir, Aljarafe y Guadaira, con una superficie total de 1.502 km², es decir, más de diez veces la del municipio central (que es de 141,3 km²) (Junta de Andalucía, 1996a).

f) En Málaga, que cuenta con 393 km², las autoridades regionales han definido asimismo un ámbito metropolitano que comprende diez municipios y abarca los núcleos turísticos de la Costa del Sol vecinos a la ciudad y se adentra por el valle del Gaudalhorce (con un total de 692 km²) (Junta de Andalucía, 1996b).

g) En Zaragoza, finalmente, la gran extensión del término municipal —1.063 km²— hace que no pueda hablarse propiamente de una realidad metropolitana supramunicipal en los mismos términos que en el resto de las ciudades; pese a ello, se está produciendo un notable incremento de las relaciones con los municipios vecinos situados en los ejes del Ebro, el Gállego y el Huerva (Sancho, 1989; Fernández de Alarcón, 1993).

BOX 2.8

Barcelona-Madrid: ámbitos comparativos

Josep Serra

Población y densidades 1986-2001

Ámbito	Territorio		Población		Crecimiento de población 1986-2001		Densidad de población 2001 (habs./km²)
	N.º de municipios	Superficie (km²)	1986	2001	Absoluto	Relativo (%)	
Barcelona..........................	1	97,6	1.701.812	1.503.884	–197.928	–11,6	15.409
Área Metropolitana de Barcelona (PEM) (1)	36	633,4	3.091.018	2.936.563	–154.455	–5,0	4.636
Madrid............................	1	606,4	3.058.182	2.938.723	–119.459	–3,9	4.846
Región Metropolitana de Barcelona (RMB) (2)....................	164	3.235,6	4.229.527	4.390.390	160.863	3,8	1.357
Área Metropolitana de Madrid (COPLACO) (3)........................	28	1.942,5	4.467.783	4.845.083	377.300	8,4	2.494
Provincia de Barcelona......................	311	7.718,5	4.614.364	4.805.927	191.563	4,2	623
Provincia de Madrid (= Comunidad Autónoma).............	179	8.027,9	4.780.572	5.423.384	642.812	13,4	676
Catalunya (= Comunidad Autónoma)..	946	31.895,3	5.978.638	6.343.110	364.472	6,1	199

FUENTES: 1986: Padrón de Habitantes, IDESCAT e INE; 2001: Censo de Población, INE. Elaboración: Servicio de Estudios Territoriales del Área Metropolitana de Barcelona.
(1) PEM: Plan Estratégico Metropolitano. Aprobado el 10.03.03. Su ámbito comprende los municipios que pertenecen a una o más de las tres entidades metropolitanas existentes.
(2) RMB: Coincide con el ámbito legalmente establecido para el planeamiento territorial (en curso de elaboración), así como (con pequeñas variaciones) para ciertos niveles de planificación y gestión del transporte público (ATM) y del abastecimiento de agua (ATLL).
(3) COPLACO: Ámbito establecido en su momento la planificación urbanística, actualmente vigente para la financiación estatal suplementaria a los municipios metropolitanos.

Barcelona y Madrid: un siglo de evolución paralela

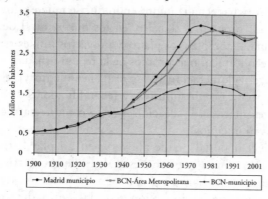

BOX **2.9**

Ciudades metropolitanas y gobernabilidad

J. B. y M. F.

La nueva realidad metropolitana

Es preciso hacer, en teoría por lo menos, la distinción entre la aglomeración (área metropolitana clásica, la ciudad central y su periferia inmediata, el continuo urbano, área de los desplazamientos cotidianos) y la región metropolitana (discontinua, estratégica, policéntrica).

Sin pretender normar las funciones que corresponden a los dos niveles teóricos expuestos, apuntamos unos criterios derivados de casos estudiados y de un cierta lógica de gestión:

Primer nivel (aglomeración strictu sensu): dominan los servicios comunes (agua, transportes, policía) y los proyectos sociales y de desarrollo urbano inmediatos y de mediana escala (vivienda, renovación urbana, renovación de áreas obsoletas, etc.) Es un ámbito de gestión local supramunicipal, no sólo intermunicipal.

Segundo nivel (la región metropolitana): ámbito de planeamiento más estratégico que regulador, que funcionará según una geometría variable pero que requiere un territorio estable de concertación. Hay que priorizar los grandes proyectos metropolitanos, principalmente de carácter infraestructural, los «esquemas de coherencia» o planes de sistemas básicos, las reglas destinadas a garantizar los equilibrios del desarrollo urbano.

En cualquier caso, los programas y proyectos deben encontrar la escala territorial adecuada, tanto en lo que se refiere a los proyectos urbanos y a los programas sociales, en los que el nivel de «aglomeración» predominará, como en los planes y proyectos infraestructurales y de desarrollo económico, más propios de la región urbana.

El nivel aglomeración requiere planeamiento y gestión, base fiscal común, políticas redistributivas y reequilibradoras y organización política representativa (de elección directa o indirecta y con presencia de todos los municipios).

El nivel regional puede apoyarse en un plan estratégico regional compartido con el gobierno estatal, es de geometría variable y puede ejecutarse mediante un catálogo de programas y proyectos y la coordinación de las inversiones de las entidades concertadas, que pueden ser de naturaleza diversa (Estado y municipios, consejos provinciales o equivalentes y entidades metropolitanas, consorcios, etcétera).

El nivel aglomeración o área metropolitana chica puede consolidarse mediante un proceso político-cultural con un plan estratégico sui géneris más orientado por la calidad de vida, la cohesión social, la sostenibilidad, el desarrollo de una diversidad de centralidades y la gobernabilidad democrática que por la competitividad y los grandes proyectos infraestructurales. Las grandes infraestructuras, si no están aún realizadas o programadas, deben estar integradas en el planeamiento estratégico regional o de gran escala.

La gobernabilidad

Esta nueva realidad metropolitana, de dimensiones diversas, no permite una solución única. Sin embargo, la articulación de las políticas públicas hace necesario definir un «territorio» concreto.

El territorio «vivido» no es el territorio «estratégico». Una estructuración política representativa, con capacidad de desarrollar políticas públicas integradas y redistributivas, probablemente debe apoyarse más en el territorio vivido presente que en el estratégico futuro.

El reto político es construir estructuras democráticas que correspondan a estos nuevos territorios.

Aglomeración: es necesario encontrar fórmulas de democracia representativa fuerte, complementada por múltiples formas de democracia deliberativa y participativa.

Región metropolitana: deberá completar los mecanismos de concertación y de contractualización interinstitucional propios del ámbito metropolitano de «gran escala» o estratégico con mecanismos participativos originales y en muchos casos ad hoc (para grandes proyectos específicos o determinadas campañas) y en otros estables, como los consejos de desarrollo de la ley francesa.

Para impulsar este proceso de planeamiento y gestión se requieren entidades públicas o mixtas específicas. El nivel aglomeración o área metropolitana tradicional requiere seguramente una entidad política representativa, basada en los gobiernos o consejos municipales o de elección directa, con capacidad de gestionar servicios comunes y con objetivos redistributivos. En cambio, el nivel regional supone crear un marco de concertación entre instituciones públicas de niveles distintos, mecanismos específicos y diversificados de cooperación público-privada y de participación y agencias operativas para proyectos o programas estratégicos. Por ejemplo:

Consejo metropolitano de aglomeración: entidad política local formada por el gobierno de la ciudad central (ciudad y delegaciones o distritos) y por las alcaldías metropolitanas. Asume las competencias de planeamiento urbano y de gestión de servicios urbanos sobre la base de un plan de desarrollo sostenible y de integración social. Gestiona los problemas y servicios sociales, culturales y de procesos económicos que acuerden los municipios.

Consorcio región metropolitana: si existe y el ámbito es adecuado, puede sustituirse o ser asumido por el departamento o provincia. También puede crearse ad hoc un consejo compuesto por representantes de los entes locales de la región metropolitana en el que participarán eventualmente representantes de las instituciones regionales o estatales. Tendría a su cargo la elaboración de un plan estratégico y el diseño de uno o varios consorcios o agencias con instituciones y organizaciones económicas, sociales, profesionales, culturales y universitarias, encargadas de su gestión, con un rol de coordinación de los planes inversores de las instituciones y de seguimiento de los programas y proyectos aprobados.

El Estado debería tener la capacidad de elaborar propuestas propias, concretas y transversales, basadas en valores y objetivos ampliamente consensuados y legitimados, en sus relaciones con las regiones, las áreas metropolitanas o las aglomeraciones.

En el caso de las áreas urbanas metropolitanas más extensas, discontinuas y policéntricas, parece razonable establecer una diversidad de contratos entre el Estado y los entes territoriales a partir de un tronco común concertado con la región o con la aglomeración según los casos.

Las políticas metropolitanas contractualizadas, precisamente por su ambición y porque en ellas hay invertidos recursos y objetivos de poblaciones diversas, y también porque la multiplicidad de *partners* puede conducir a una cierta difusión de responsabilidades, deben ser objeto de un seguimiento y de una evaluación periódica rigurosos.

El Estado debería ver en estos procesos de planificación integral y de programación contractualizada una oportunidad de reformar sus servicios haciéndolos más ligeros y operacionales, más impulsores y de apoyo técnico que de gestión directa o de tutela burocrática, más transversales que sectoriales; en definitiva, conectados políticamente con el territorio pero sin pretender ocuparlo administrativamente.

CAPÍTULO 3

LA CIUDAD COMO OFERTA
Y LA INNOVACIÓN URBANÍSTICA

La ciudad es una oferta. A sus ciudadanos, obviamente, pero también a sus usuarios de la metrópolis, de la región, de unos territorios de geometría variable que pueden ser en algunos aspectos el continente, el mundo. Y la ciudad es una oferta para atraer inversores, visitantes, congresistas. Para negociar con poderes políticos y económicos. ¿Para venderse? No exactamente. Para ofrecer una calidad que sirva a la vez a sus ciudadanos y a un intercambio favorable con otros territorios y poblaciones.

El buen marketing de una ciudad no sólo oferta su imagen, sino también su realidad urbana. Esto es lo que cuenta; por ello consideremos tres hipótesis para concebir la ciudad como oferta:

a) La ciudad es, o debe ser, una oferta global, no una serie de enclaves ofertados en medio de un paisaje banal excluido.

b) La ciudad es una realidad contradictoria y compleja. Contradictoria es la herencia (centros y periferias, por ejemplo) y contradictorias son las dinámicas en curso (densificación y dispersión, por ejemplo). Las políticas urbanas deben buscar compromisos positivos entre estas contradicciones mediante una intervención transformadora permanente sobre unas realidades territoriales múltiples, de gran complejidad social y cultural, con actividades muy diversas y funciones entrelazadas.

c) Las formas de intervención, los modos de gestión, las estrategias, las ideas y valores que están en la base son múltiples. Entre ellos, elementos a la moda como los planes estratégicos o el uso de los eventos. O tan antiguos como los espacios públicos o la participación ciudadana. O diferentes según las épocas pero con elementos comunes: la reconversión de áreas o infraestructuras obsoletas o la oferta cultural y lúdica.

Formas urbanas y modos de intervención en la ciudad[1]

La expresión física de la ciudad emergente expresa una realidad contradictoria: por un lado difusa, fragmentada, privatizada en las nuevas y extensas periferias, y por otro existen y sobreviven los centros históricos revalorizados, museificados y/o gentrificados y las nuevas centralidades, aunque más pensadas para el automóvil y el consumo que como espacio público libre y polivalente.

Heredamos tejidos urbanos obsoletos o reconvertidos con nuevas actividades y funciones que mantienen, a veces, la trama existente y una parte de la edificación, y otras hacen tabla rasa, optando preferentemente por un crecimiento vertical de edificios aislados y arrogantes, caricatura de Manhattan.

En los dos capítulos siguientes abordamos estos temas con más detalle; ahora nos limitaremos, en este capítulo con pretensiones generalistas, a sintetizar los aspectos más relevantes de las formas urbanas vigentes y los principales modos de intervención en la ciudad actual.

Las formas urbanas de la ciudad actual las caracterizamos por la mezcolanza de morfologías en espacios que contienen tiempos y usos diversos. Nos referimos tanto a las formas que toman las expansiones urbanas en áreas poco urbanizadas como a las que se dan en los procesos de cambio de la ciudad consolidada. Consideramos especialmente la diversidad de tramas y de tipologías constructivas heredadas del pasado y que se mantienen en la ciudad actual. Avancemos tres hipótesis base:

a) No existe un modelo formal dominante de ciudad del siglo XXI. Tanto la concentración que incluye mixtura y alta densidad como la dispersión y la segregación por composición social y por funciones caracterizan la ciudad actual, que puede ser a la vez ciudad densa y ciudad difusa. La ciudad clásica, con sus centros históricos y sus barrios que mezclan usos y poblaciones, coexiste con todo tipo de productos monofuncionales y aislados, de tramas y usos muy diversos (parques empresariales de rascacielos separados, zonas logísticas, conjuntos residenciales compactos en medio del campo, grandes *malls* o áreas comerciales, etc.).

b) Coexisten por lo tanto la integración o cohesión ciudadanas con la fragmentación del tejido urbano y social. La mixtura funcional y social y la segregación por usos y por grupos socioculturales se corresponden sólo en parte con la dicotomía anterior. En este caso intervienen factores como el diseño de los ejes viarios y el rol que se atribuye al transporte privado y al público, la orientación de las políticas públicas locales y las culturas cívicas dominantes.

c) Los fenómenos de privatización de la vida social urbana se multiplican (grandes centros comerciales y lúdicos o parques temáticos, barrios cerrados y homogéneos). Paralelamente, se revaloriza el espacio público como elemento de calidad de vida y de cohesión sociocultural.

De todo lo expuesto se deduce que no hay un modelo urbano dominante. No lo es, obviamente, el que pretende dar como respuesta la reconstrucción de un pasado mitificado. A pesar de algunas experiencias interesantes —otras en cambio de una cursilería consumista que da miedo—, no se puede considerar que la adopción de modelos propios de la ciudad clásica sea muy generalizable, sin menospreciar por ello el valor de algunos proyectos, de Krier al *New Urbanism*, o la importancia económica de las muy discutibles operaciones de la compañía Disney, en Manhattan, o «inventando» Celebration. Tampoco los modelos referenciales de la ciudad industrial son hoy extrapolables a la nueva escala de los territorios urbanos y a la complejidad de los procesos de cambio en ellos. No se discute la utilidad de referentes como Cerdà con el ensanche, Haussmann con las grandes perspectivas a su vez herederas a otra escala de la ciudad clásica, Sitte revisado por Lynch[2] y recuperado también por el *New Urbanism*[3] o Le Corbusier con su ciudad ordenada por la movilidad, por el ambiente «natural» vinculado al espacio cotidiano y por la construcción de gran escala y aislada de uso polivalente[4].

Los referentes citados pueden contribuir a fabricar respuestas adecuadas para proyectos de mediana escala, pero no nos proporcionan un modelo para la ordenación y el desarrollo de la ciudad futura. Y probablemente es bueno que no exista este modelo. Y son de temer los nuevos «pensadores», sean arquitectos o filósofos, que nos proponen el caos o una solución, «su solución» de validez general, tipo «la ciudad emergente» que hace de los nu-

dos de autopistas y de las gasolineras los nuevos centros y catedrales, o aceptan el valor de la no solución, excepto el de su obra, como Koolhaas. Hay
que asumir que los modelos para la ciudad-región, la llamada tercera ciudad, están dando sus primeros pasos[5].

No nos parece posible en todo caso hoy exponer ni proponer una clave
interpretativa única que explique el proceso actual de urbanización, ni un
modelo formal de validez general para el desarrollo urbano ni una tipología
constructiva hegemónica. Para responder a desafíos u objetivos similares las
respuestas formales pueden ser (en general deben ser) diversas. Las tendencias «objetivas» del mercado, las demandas sociales, las culturas urbanas, las
propiedades del lugar, las respuestas políticas se confrontan y dan lugar a
que en cada momento y en cada ciudad los órdenes de prioridades sean diferentes. El futuro de las ciudades, afortunadamente, es abierto, y su desarrollo no puede someterse mecánicamente a un modelo preestablecido.

A continuación resumimos en 21 puntos las modalidades de intervención, las estrategias territoriales y las orientaciones o culturas de planeación
y gestión que nos parecen más representativas o significativas del urbanismo
actual[6], y en algunos casos más innovadoras.

Aunque distinguimos entre los tres tipos de líneas de actuación, somos
conscientes de que modos e instrumentos de intervención, estrategias territoriales y orientaciones políticas o intelectuales del planeamiento y la gestión se solapan, y en cada tipo que exponemos se encuentran en un grado
mayor o menor los otros dos. Mantenemos la distinción para indicar la dimensión que nos parece principal en cada caso.

Modalidades o instrumentos de intervención

Planeamiento estratégico y renovación del planeamiento territorial.
Esquemas de coherencia

El planeamiento estratégico ha irrumpido en el urbanismo como respuesta a
la rigidez del planeamiento tradicional[7]. Los planes normativos, con escasa
capacidad de adaptarse rápidamente a cambios y oportunidades, habían
sido ya criticados en los años sesenta y setenta (por ejemplo por Peter Hall[8])
antes de que los arquitectos y urbanistas en los ochenta impusieran la hegemonía práctica de los proyectos. Sin embargo, la opción de «hacer ciudad» y
no dejar que un mercado desregulado agudizara disfunciones y desigualdades, así como la necesidad de crear un marco coherente para la cooperación
público-privada, requerirían «reinventar» la cultura del planeamiento. El plan

estratégico a veces puede convertirse en un proceso retórico y en un documento genérico y no vinculante para nadie; sin embargo, posee tres virtudes que justifican su éxito:

a)   Propone un escenario de futuro para la ciudad que debería ser no solamente una suma de objetivos económicos y sociales (como a veces sucede), sino también un esquema territorial deseable (lo que no es frecuente).

b)   Define un conjunto de actuaciones, proyectos, programas estructurados por prioridades o bloques o *clusters*, aunque a veces se trata simplemente de «líneas estratégicas» en las que cabe todo. Cada proyecto debe tener uno o varios actores, públicos o privados, que lo asuman o, por lo menos, un comité promotor que elabore la propuesta y actúe de *lobby*.

c)   El proceso participativo de elaboración e implementación del plan estratégico se considera por muchos de sus defensores su principal virtud. Es cierto que es una forma de crear un cierto consenso legitimador sobre los objetivos y los proyectos de las políticas urbanas, pero también se corre el riesgo de crear un consenso pasivo sobre generalidades entre élites, cuando no de legitimar únicamente algunas actuaciones de interés para alguno de los actores.

Los proyectos estratégicos son el encuentro de los objetivos con las oportunidades (Portas). La «verdad» práctica de los planes se realizará en los proyectos. Un método simple de articulación es imaginar un eje de coordenadas. Si colocamos en las abscisas los objetivos expresados por acciones que propone el plan y en el eje de ordenadas las oportunidades concretas en actuaciones, los puntos de intersección nos darán los proyectos estratégicos.

Los «esquemas de coherencia de la ordenación territorial» recién establecidos en Francia recogen las aportaciones positivas del planeamiento estratégico con dos ventajas añadidas: la territorialización de los proyectos y las condiciones mínimas que impone el sector público (por ejemplo, 20 por ciento de vivienda social en los proyectos de desarrollo urbano).

Planes integrales por áreas urbanas homogéneos con problemática común o desafíos que requieren respuestas interdependientes

La necesidad de intervenir en áreas complejas, de «hacer ciudad sobre la ciudad», ya se trate de centros históricos, de tejidos degradados o de procesos de cambio de uso de periferias incorporadas a la ciudad y afectadas por proyectos diversos, ha requerido una escala de planeamiento mayor y más innovadora que los planes parciales o especiales (dependientes de un plan general) y de contenidos más amplios que los propios del urbanismo *strictu sensu*. En Europa los proyectos Urban han propiciado esta forma de planeamiento que ha permitido definir «áreas de rehabilitación integral» (ejemplo: Pasajes-San Sebastián o Ciutat Vella de Barcelona). La escala del plan puede corresponder a todo un barrio o zona delimitable de una ciudad o también puede estar a caballo entre dos o más municipios. Los límites administrativos o los histórico-geográficos no son siempre los adecuados; en ciertos casos se impone una delimitación determinada por la naturaleza del desafío o de la respuesta (por ejemplo, reestructuración y nuevas centralidades en la periferia norte de París). El carácter integral de este planeamiento implica promover a la vez programas de vivienda y de renovación de infraestructuras básicas, de accesibilidad, de atracción de nuevas actividades, de seguridad ciudadana, de acción social y educativa, de cambio de imagen (marketing), de equipamientos de centralidad, etc.

Proyecto urbano u operaciones complejas[9]

El proyecto urbano popularizado por la cultura urbanística francesa (Masboungi[10]) nos parece equivalente al proyecto de escala intermedia (Busquets[11]) o al plan-proyecto o proyecto-programa (Portas[12]). Puede confundirse con el anterior (plan integral), aunque en este caso la escala es más homogénea (no necesariamente más reducida) y la dimensión urbanística más potente y concreta. El proyecto urbano es una actuación física transformadora, es decir, más de renovación o reconversión que de rehabilitación o regeneración, que sí son objetivos más frecuentes en los planes integrales antes citados. El proyecto urbano es a la vez una estrategia operacional que sabe adónde quiere ir a medio plazo y promueve una acción sobre el terreno en el inmediato, y también es la expresión de una determinada cultura urbana, de una idea de ciudad, es decir, de una manifestación de valores. Técnicamente destaca su carácter de punto de encuentro entre plan y proyecto, que permite un desarrollo escalonado y coherente de una política de transformación urbana, sea en la ciudad consolidada, sea en la ciudad dispersa. Tiende a ser un tipo de intervención común a las ciudades con proyectos urbanos más interesantes. Ejemplos: Bilbao (Abandoibarra en el marco del Plan Ría 2000), Barcelona (área Fórum 2004), París (Seine Rive Gauche), Londres (Docklands) y Lisboa (área Exposición universal).

Producto urbano con vocación de transformar los entornos,
o «el gran artefacto»

Se trata de otro tipo de intervención que en algunos casos puede confundirse con el anterior o cabe en él como las muñecas rusas. En estos casos tiene especial relevancia el rol del promotor, público o privado, que define un producto más o menos complejo, en general a partir de un uso específico y de un conjunto de edificios a él destinados. El promotor en muchos casos va unido a un arquitecto-urbanista que impone su «marca» al producto y que contribuye a conferirle un poder de atracción sobre otros promotores y para otras actividades y edificios previamente más o menos definidos. El artefacto inicial (Koolhaas en Lille, Calatrava en Valencia) se supone que «creará» un nuevo entorno, más que integrarse en él. Es, como se entiende fácilmente, un tipo de intervención deseada por promotores privados y por arquitectos divinos, en ambos casos más motivados por tener éxito mediático que por hacer ciudad.

El monumento constructor del proyecto o el edificio emblemático

«Ponga un Guggenheim en su ciudad y la venderá muy bien.» Aunque el caso reciente de Bilbao aparece como paradigma, el edificio emblemático es una vieja fórmula para «hacer o renovar» la ciudad o alguna de sus zonas. Aunque también puede confundirse con el «gran artefacto», hay normalmente una diferencia importante y, nos parece, paradójica. El edificio emblemático es una operación singular que no conlleva un proyecto complejo o un desarrollo inducido como los anteriores, sino que más bien puede formar parte de ellos (en el caso de Bilbao hay una operación compleja, Abandoibarra, que encontró en la iniciativa paralela del edificio de Ghery su emblema). Sin embargo, el carácter abierto del edificio emblemático puede convertirse en una ventaja, pues permite que entren en juego una mayor diversidad de actores y también orienta al sector público sobre las condiciones que puede fijar a los potenciales «desarrolladores». El gran artefacto, en cambio, que tiene como objetivo transformar el entorno pero con frecuencia ignora su historia y sus potencialidades, puede devenir un elemento exógeno.

Operaciones urbanas llave en mano o pret-à-porter

Parques temáticos de ocio y comercio o deportivos, parques empresariales y de servicios a las empresas, zonas logísticas, barrios cerrados, campus universitarios, «ciudades sanitarias», centros de convenciones, recintos feriales, etc., son ejemplos de operaciones debidas muchas veces a promotores privados pero que cada vez gustan más a los públicos, por facilidad de gestión o si consideran que la clave del éxito es atraer inversores y facilitarles su negocio y no tener que asumir ni costes de inversión ni de mantenimiento. Por lo menos ésta es la intención, aunque cuando la operación privada fracasa el sector público debe asumir estos costes a posteriori y aumentarlos. Por ejemplo, el proyecto inicial de los Docklands en Londres. Estas operaciones pueden formar parte en algunos casos de un planeamiento estratégico fuerte o de un proyecto urbano complejo de nueva centralidad o de eje de desarrollo y aportar así un elemento importante al «hacer ciudad». En otros casos son operaciones cerradas en sí mismas, con efectos especulativos por una parte y fragmentadores por otra sobre su entorno. El Estado o el gobierno local, si se muestran débiles ante los promotores de la operación, se convierten en cómplices de actuaciones desintegradoras de la sociedad y del tejido urbanos o por lo menos pierden la oportunidad de promover un desarrollo reequilibrador. En Barcelona encontramos dos ejemplos en el desarrollo del frente de mar: el positivo, Villa Olímpica y Frente marítimo, y el negativo, Diagonal Mar.

Proyectos minimalistas[13] *con vocación de acupuntura y metástasis*

El proyecto minimalista lo entendemos como un proyecto de pequeña escala pero con vocación reproductiva y, en algunos casos, experimental. Puede consistir en «construir un prototipo» o en iniciar una operación que podrá continuar luego por intervención de otros actores o los usuarios (por ejemplo la vivienda progresiva). Esta operación podrá ser imitada en otros puntos de la misma zona, en cuyo caso el efecto es de impacto a distancia. Son proyectos que se han aplicado más a programas de vivienda popular que a otras dimensiones del desarrollo urbano, aunque algunas experiencias de mejora del espacio público, el paisaje urbano y la imagen de la ciudad pueden también ser de este tipo (como el Barcelona *posa-t guapa,* el «échame una manita» de Ciudad de México o el programa de mejora de La Candelaria en Bogotá). Es una modalidad de intervención que puede constituir un marketing eficaz debido a que tiene alta visibilidad y convierte a los ciudadanos en actores de la mejora de la imagen de la ciudad.

Sobre las estrategias territoriales urbanas: del espacio público a los eventos

Distinguimos las estrategias, es decir, los objetivos que se quieren alcanzar en una parte del territorio o el tratamiento genérico que se le quiere dar, así como la línea de actuación que se propone, del tipo de instrumentación técnica que hemos expuesto en los puntos anteriores.

Espacio público y equipamientos estructurantes. Monumentalidad

El espacio público como estrategia urbana ha sido la carta de presentación de Barcelona en el debate sobre el urbanismo actual, pero es justo decir que antes muchas otras ciudades europeas habían adoptado esta estrategia [14]. Más recientemente también en América Latina se ha revalorizado el urbanismo de espacio público, como en Río (Rio-Cidade), en Bogotá (reconversión de calles como la 15, parques urbanos), en México (bulevares en el barrio del Hipódromo, accesibilidad y uso social intensivo del Zócalo) o en el centro cívico de Santiago de Chile. A ello debemos añadir los proyectos en ciudades con tradición de espacio público urbano como Buenos Aires (la costanera o la más discutible operación de Puerto Madero), Córdoba y los CPG (centros de participación y gestión de arquitectura vistosa en los barrios periféricos), Rosario y el río, Montevideo y la vieja zona portuaria, etc. La estrategia del espacio público parte de tres consideraciones:

a) La ciudad es espacio público, es el elemento ordenador; la ciudad empieza y se expresa mediante el espacio público.
b) El espacio público tiene un valor funcional (relacional), cultural (simbólico) y cívico-político (representación y expresión de la colectividad).
c) El espacio público tiene capacidad transformadora sobre sus entornos, el físico y el social, a los que puede cualificar o descualificar.

Los equipamientos y la monumentalidad, a partir de lo expuesto, no son simplemente elementos funcionales y monovalentes, sino creadores o cualificadores del espacio público al que pueden añadir pluses diversos: referentes físicos y simbólicos, elementos atractivos que proporcionan visibilidad y seguridad, mayor diversidad de usos, etc. Ello supone una visión no funcionalista del equipamiento, incluye otros usos además de los específicos, puede ser más importante lo que suscita que su función especializada y debe promover espacios de transición con los espacios privatizados. Y no debería ser únicamente la expresión del poder manifestado mediante la monumentalidad.

Nuevas centralidades

Las nuevas centralidades responden a dos tipos de estrategias territoriales:

a) La primera trata de descongestionar el centro (o centros) existente, en parte sustituyéndolo, mediante ejes que lo amplíen o la atribución de valores de centralidad a otras áreas de la ciudad consolidada. Es una estrategia inicialmente más propia del sector público, el cual articula determinadas operaciones fuertes (un espacio público de calidad, un edificio emblemático, un punto importante de intermodalidad de la comunicación urbana, etc.) con una normativa orientadora de las formas y de los usos del desarrollo. Pero en la medida en que el desarrollo posterior será obra en gran parte de agentes privados mediante las inversiones y los usos adecuados, deberá corresponder a los comportamientos sociales que pueden asumir más o menos los valores de la centralidad. Los ejemplos son numerosos. Madrid y Barcelona ofrecen ejemplos claros de centralidad mediante la prolongación de ejes potentes (la Castellana y la Diagonal), como París (Champs Élysées-Défense). En otros se trata de operaciones que suponen un salto en la centralidad, como ocurre en Londres (Docklands) o en São Paulo (saltos sucesivos en el pasado del centro a la Paulista, luego a Faria Lima, etc.).

b) La otra estrategia es cuando se trata de atribuir valor y funcionalidad de centralidad a áreas periféricas o a centros locales y regionales que se han integrado progresivamente en la aglomeración metropolitana y en la región urbana. A veces la operación es más aparente que real; en otras, es el propio dinamismo local de la periferia, con o sin la ciudad central, el que desarrolla esta estrategia (Sabadell o El Prat en Barcelona, Santo André en São Paulo). Pero lo más usual es que se trate de una política a escala regional (Madrid, París, Londres).

Infraestructuras y la construcción de la ciudad-región

Históricamente las ciudades las han hecho más las infraestructuras que los planes, es decir, las infraestructuras han orientado el desarrollo de la ciudad moderna mucho más que las normas urbanísticas. Ocurre con frecuencia en la ciudad que los factores y los actores decisivos no son siempre los que determinan las leyes o los manuales. Por ejemplo, la vivienda ha sido más fabricada por la gente que la iba a usar que por las empresas formales o el poder político. En la ciudad actual se aprecian dos estrategias claramente diferenciadas respecto a las infraestructuras en red, sean de servicios (como alumbrado, agua y saneamiento, telefonía, etc.), sean de comunicación física (red viaria, metro y tranvía, etc.):

a) En la ciudad consolidada es de apreciar cómo se han multiplicado experiencias de «uso urbano» de estas infraestructuras y medios de comunicación. En unos casos por su obsolescencia y el posible reúso: por ejemplo el Viaducto de la Bastille en París, la reconversión como espacio público o el equipamiento lúdico y cultural de vías o talleres de ferrocarril en Roma 2000, etc. En otros, mediante su adecuación al medio urbano: tranvía en muchas ciudades europeas, inserción ciudadana de vías «semirrápidas» priorizando la separación sobre la segregación u optando por su reconversión en bulevares, integración de las redes de servicios en un conducto único y subterráneo de servicios, dar cualidad de mobiliario urbano a elementos terrestres o aéreos como los de telefonía móvil. Las experiencias positivas no están tan generalizadas como sería posible y deseable, e incluso se continúan perpetrando los errores agresivos que la cultura urbanística parecía haber superado. Ejemplo de ello es la política viaria de São Paulo en los años noventa. Hoy ya no se puede decir que no se sepa cómo actuar para «ciudadanizar» las infraestructuras [15].

b) En la ciudad-región, más o menos difusa y policéntrica, en la que predominan la dispersión, la horizontalidad y formas de desarrollo por ejes longitudinales, las infraestructuras de servicios y de comunicación (redes viarias principalmente, pues predomina el uso del automóvil) son el principal elemento de organización del territorio. Pero constituyen una trama y una jerarquía tan desiguales como confusas [16] y crean un paisaje medio en el que las señales comunican más que los edificios [17], un «campo lacónico» de escaso sentido, un «no lugar», «espacios del anonimato» [18].

En este caso el rol de la infraestructura en la construcción de esta «tercera ciudad» es uno de los desafíos más interesantes que tiene planteados el urbanismo del siglo XXI.

Madrid, Las Tablas: espacio lacónico, urbanización difusa y favorecedora de la especulación del suelo en los desarrollos suburbanos.

Áreas en proceso de cambio de uso o en transición

Las áreas en proceso de cambio de uso son muy diversas: antiguas industrias, instalaciones portuarias, ferroviarias o militares obsoletas o que se relocalizan, zonas de hábitat disperso o semirrurales que se densifican, tejidos urbanos consolidados pero sin centralidad que reciben el impacto de un gran proyecto urbano, etc. Son las grandes oportunidades del urbanismo tanto en la ciudad consolidada como en la tercera ciudad o región metropolitana. Las respuestas son muy diversas: en unos casos se realizan operaciones complejas, con voluntad de «hacer ciudad», y en otros se opta por «productos urbanos» monofuncionales, desde los barrios cerrados hasta los parques temáticos. También las tramas y las tipologías arquitectónicas son diversas: podemos encontrar tanto rascacielos banales que en vez de espacio público crean vacío (o estacionamiento) en su entorno como nuevos e interesantes tipos de manzana (como la «abierta» de Portzamparc) que buscan combinar nuevas escalas y flexibilidad de producción con la calidad ciudadana, el *face to face* y los espacios de transición.

Madrid, Sanchinarro: operaciones inmobiliarias en las periferias difusas y confusas, espacio lacónico y fragmentación urbana.

Una conclusión general es posible. Las experiencias exitosas con relación al «hacer ciudad» en la ciudad consolidada, sean áreas centrales, tejidos urbanos con historia o ex periferias en proceso de inserción en la ciudad central o en el centro local, son numerosas. Como son numerosos los ejemplos de regeneración de centros históricos, de renovación urbana de tejidos degradados o de escasa cualidad, de reconversión mediante operaciones complejas de áreas marcadas por infraestructuras obsoletas.

En cambio, son mucho más pobres y discutibles los ejemplos en la región metropolitana, en la ciudad dispersa o emergente, que no es ni centro ni periferia, sino un «entreciudades» [19].

La revalorización del paisaje y la necesidad del desarrollo sostenible

El paisaje ha entrado con toda legitimidad en el urbanismo, no como un complemento sino como un elemento principal, a veces incluso ordenador.

En unos casos, en la ciudad más densa y consolidada, porque hay que abrir espacios respirables, introducir la belleza y la naturaleza en el cemento y la congestión, cualificar los espacios públicos y vividos. El paisaje urbano hoy es concebido como algo más que el verde, el rol de la calle, el mobiliario urbano, el monumento, el diseño de plazas y parques, las fachadas, las perspectivas... Es también el uso del espacio público, el ambiente urbano entendido como seguridad, animación y transmisión de significados, el uso (o reúso) del patrimonio y de la memoria, el lugar de la información y de la publicidad, etc.

El desafío del paisaje hoy es también, como en casos anteriores, la respuesta que puede darse a la región metropolitana, un factor cualificante de la tercera ciudad, de las periferias difusas, de los ejes longitudinales que se pierden en «espacios medios» [20] asignificantes.

La digitalización de las relaciones banaliza las relaciones a distancia, que es lo propio de esta tercera ciudad. Pero crecerá la demanda de relaciones de proximidad, de intercambio entre personas y actividades distintas, de valorización de los sentidos, el tacto, el olor, la voz y la piel en directo (Ascher). El paisaje de la tercera ciudad aún no existe, es decir, no existe como paisaje ciudadano. Pero su posibilidad sí, y además de responder a una demanda específica de cualidad del entorno, es también la posibilidad de contribuir a resolver otro problema, el del desarrollo sostenible [21].

La mixtura social como objetivo

En la cultura urbanística, especialmente europea, se valora la mixtura social, la mezcla de poblaciones y también de actividades y de usos del espacio. En algunos casos incluso las instituciones políticas intentan mediante normas generales y criterios de actuación en las iniciativas públicas imponer esta mixtura (véase la nueva ley francesa de solidaridad y renovación urbana, SRU [22], o los informes Rogers en Gran Bretaña [23]). Sin embargo, las tendencias a la segregación social, a la guetización de «comunidades» temerosas del otro y a la especialización de los «productos urbanos» por parte de los promotores son muy fuertes.

A la larga, la creación de zonas monofuncionales y de guetos sociales será generadora de insostenibilidad, de inseguridad y de exclusión social. La experiencia anterior resulta tan significativa como paradójica: los polígonos industriales que ocupan una importante mano de obra son casi siempre accesibles únicamente en coche, y los conjuntos de vivienda social en las periferias destinados a integrar sectores de bajos ingresos en la ciudad mediante una vivienda normalizada se convierten en lugares marcados por el círculo vicioso de la marginación.

Un desafío del urbanismo actual, al que deben responder más los poderes públicos que los profesionales y que depende más de los valores generales de la sociedad que de la cultura urbanística, es el de garantizar la mixtura y la polivalencia de los espacios urbanos, dotarles de centralidad y visibilidad, que sean espacio público de representación y de convivencia de sociedades urbanas hoy complejas y multiculturales.

✳ *La estrategia de los eventos y la «festivalización» del urbanismo*

La festivalización de la política urbana es el título de un libro [24] que analiza críticamente diversas experiencias de grandes ciudades. El uso urbanístico de los eventos no es una novedad. Desde la torre Eiffel o la estatua de la Libertad conmemorativas del centenario de sus respectivas revoluciones hasta las transformaciones urbanas con ocasión de las grandes exposiciones universales de finales del XIX y de todo el siglo XX, los ejemplos son numerosos. Así como el «buen uso» de las catástrofes: incendios en Nueva York o en San Sebastián, terremotos en San Francisco, etc. Barcelona, su historia urbana moderna, está marcada por los eventos y las insurrecciones: las exposiciones de 1888 y 1929, la semana trágica de 1909, los Juegos Olímpicos frustrados de 1936 (período también frustrado de transformación urbanística pero de explosión intelectual y social) y su realización en 1992 y ahora la «invención» de un evento en el 2004 con el (discutible) objetivo de «terminar» la ciudad, de río a río.

La estrategia de los eventos hoy ha alcanzado tal grado de generalización que lo que era excepción tiende a convertirse en regla y por lo tanto parece destinado a desvalorizarse. El evento se banaliza, la misma ciudad los multiplica, y todas las ciudades se apuntan y disputan eventos, compiten por conferencias internacionales, exposiciones y congresos profesionales, por acontecimientos deportivos o musicales, festivales y grandes exposiciones, por visitas del Papa o del último cosmonauta; los años o los meses o los días elegidos se solapan, las ofertas se estandarizan y su eficacia se diluye... ¿Tan necesarios son los eventos para promover proyectos urbanos ambiciosos? Probablemente sí, lo cual no quita que muchas veces fracasen, que la banalización les haga perder importancia y que su gestión y sus resultados, incluso cuando cumplen objetivos aparentes o inmediatos, sean discutibles. La relación coste-beneficio puede resultar negativa o generar procesos insostenibles o segregadores.

Las razones más frecuentes para justificar los eventos son:

— La competencia entre ciudades y territorios y la necesidad de atraer recursos (inversiones públicas para financiar obras de infraestructura, negocios privados, visitantes, etc.) requieren una oferta privada nueva, valorizada «globalmente». Los proyectos destinados al evento se justifican no sólo en sí mismos, sino por sus impactos en los entornos y por la dinámica que generan, es decir, por su valor estratégico.
— El evento es marketing, es un buen anuncio de la ciudad, una publicidad que ayuda a vender la «oferta» urbana y que además aumenta también la autoestima ciudadana y da prestigio a los responsables políticos (marketing de uso interno).
— La conveniencia de utilizar la «emergencia» para agilizar los procedimientos administrativos, para utilizar modos de gestión «excepcionales», para establecer formas novedosas de cooperación público-privada, para consensuar y acelerar proyectos deseados y no realizados.

Estos argumentos en muchos casos son válidos y hacen referencia a resultados interesantes. Pero no son siempre lo que parecen, y el balance no es entonces tan positivo:

— La competencia entre ciudades conduce unas veces al «*dumping* urbano», es decir, vender la oferta urbana muy barata, con altos costes sociales y ambientales. Otras veces lleva al despilfarro, a realizar operaciones aparatosas, *tape l'oeil*, que sirven principalmente a proyectos privados más o menos especulativos pero que se benefician de ayudas públicas y valorizan nuevas zonas de desarrollo. La obsesión por la competitividad lleva a olvidar que a la larga lo que cuenta es la productividad del conjunto del sistema urbano, su funcionalidad, la cohesión social y la gobernabilidad democrática.
— Las urgencias sirven para justificar operaciones que, con independencia del discurso, no forman parte de un «proyecto de ciudad» ni propician un desarrollo futuro más equilibrado. En bastantes casos, al contrario, buscan las áreas más fáciles, más centrales, más equipadas o que ya tienen un potencial de desarrollo propio. Como la propuesta de zona olímpica de Buenos Aires, candidata para los Juegos Olímpicos del 2004, que se ubicaba en la rica costanera norte. En otros casos se fabrican catedrales en el desierto, como el famoso Rio Centro, ya citado. Es decir, que a medio plazo el «evento» ha creado problemas (de amortización de la deuda, de gestión, de nuevas distorsiones del

territorio, etc.) y, lo que puede ser más grave, ha orientado los recursos públicos en una dirección que no responde a prioridades sociales menos vistosas pero más importantes para sectores amplios y necesitados de la población.

— El tipo de proyectos que caracterizan a los eventos requieren consensos amplios y fáciles de obtener, vistosidad (por la talla, el diseño, el nombre del arquitecto), un uso específico de inmediato y un «no se sabe para qué» luego... Por lo tanto son proyectos «neutros» en contenidos que en compensación tienden al exceso formal (Koolhaas, Calatrava). El evento, a su vez, tenderá al espectáculo mercantilista y a la neutralidad cultural, a pesar de que en muchos casos se justifique con criterios culturales o humanitarios.

Sobre las orientaciones culturales de la planeación y la gestión del urbanismo actual

A continuación exponemos sucintamente las ideas-fuerza y los debates que nos parecen más significativos.

El pensamiento estratégico o la gestión estratégica

De la cultura estratégica destacamos tres ideas especialmente:

— La combinación entre *objetivos*, lo que supone un plan básico o un escenario deseable y viable a medio plazo, y *oportunidades*, que a su vez requiere actores públicos promotores, con iniciativa, que sepan utilizarlas o «inventarlas», y también un tejido social receptivo.

— El carácter de vínculo necesario que adquieren la programación y la gestión como articulación entre plan y proyectos, lo cual a su vez requiere una diversidad de agentes económicos y técnicos.

— La elaboración e implementación del planeamiento y de la gestión desde la cultura estratégica como un proceso participativo, que no excluye el debate de ideas y el conflicto de intereses pero permite elucidar con una cierta claridad en qué cuestiones los actores intervinientes están de acuerdo y en cuáles no están de acuerdo, lo cual facilita mucho la operatividad de las propuestas y de los proyectos.

Sobre la delimitación de los territorios y las áreas de intervención

Una visión estratégica del territorio conlleva definir a la vez territorios de gran escala y geometría variable y áreas o puntos precisos, de talla también variable pero de pequeña o mediana escala, para realizar actuaciones inmediatas. La diversidad y variabilidad de ámbitos, que no siempre corresponden a una delimitación administrativa, se enfrentan a la cultura tradicional de las instituciones políticas. La articulación del planeamiento y la gestión por otra parte requiere una lógica de elaboración y ejecución interescalar que tampoco es fácil de asumir por los cuerpos profesionales.

En todos los casos conviene asumir que la delimitación de los territorios de actuación puede requerir un importante esfuerzo de innovación, pues no se pueden admitir acríticamente los límites municipales, o barriales, o morfológicos, etc. Hay que atender prioritariamente objetivos que se pretenden alcanzar y el tipo de intervención que se va a llevar a cabo, lo cual a su vez nos plantea la elección entre opciones distintas sobre la tipología de las áreas.

Distinguiremos, de forma muy simplificada, tres tipos de objetivos y de intervención pública, según las prioridades políticas.

En el modelo anglosajón (británico, norteamericano con gestión demócrata) se tiende a priorizar los objetivos de carácter económico (atracción de actividades, generación de empleo) y también de vivienda y educación. Se definen en consecuencia áreas de talla diversa que tengan las condiciones básicas para recibir los incentivos (fiscales, subsidios, préstamos) y algunas actuaciones públicas de carácter social o urbanístico de apoyo.

La política francesa «de la ciudad» ha priorizado las actuaciones de carácter social, en los barrios críticos, atendiendo sobre todo a indicadores de desempleo, marginación e inseguridad. Un indicador de esta opción es que el Ministerio delegado para la ciudad y la Delegación Interministerial dependen usualmente del Ministerio de Asuntos Sociales, tanto con gobiernos de izquierda como conservadores. Por lo tanto se han delimitado las áreas de intervención con criterios sociomorfológicos (las *cités*, los *grands ensembles*). Paralelamente, durante la década de los noventa es cuando se ponen en marcha los «grandes proyectos urbanos» (aunque algunos proceden de las décadas anteriores) en el marco de la cultura estratégica, como operaciones complejas en las que la dimensión urbanística, la piedra y el espacio público tienen un rol preponderante. La reciente legislación (ley SRU, solidaridad y renovación urbana), anteriormente citada, pretende unir ambos objetivos.

En el caso español, debido a que la competencia de estas prioridades políticas corresponde a los municipios y a las comunidades autónomas, no se puede hablar de un modelo único. Pero sí que en general predomina la prioridad urbanística, en cuanto al tipo de intervención, incluso cuando los objetivos principales son de carácter social, lo cual puede llevar a delimitaciones inadecuadas. Por ejemplo, se plantea una actuación urbanística que requiere una escala que permita construir nuevas relaciones entre poblaciones y espacios, pero se delimita un área de actuación reducida al colectivo social afectado por el estado de las viviendas, la marginación social y las dificultades de convivencia, como en el caso del barrio de La Mina en Barcelona[25].

En otros casos, cada vez más frecuentes, se delimitan áreas «vendibles» a los promotores privados como los *new projects* de Barcelona o se promueven operaciones públicas con una justificación cultural destinadas a valorizar los entornos y atraer operadores privados. En este caso, las áreas vienen de facto definidas por el producto urbano.

Las reformas políticas territoriales y las relaciones interinstitucionales

Las políticas públicas y los desafíos del territorio imponen nuevas estructuras político-administrativas, pero las inercias son muy fuertes y en general las reformas se paralizan antes de implementarse o producen una poco eficaz inflación institucional[26]. Ya hemos expuesto las reformas recientes en Francia e Inglaterra. En este capítulo solamente queremos destacar tres temas que nos parecen novedosos y cuyo debate está a la orden del día:

a) Sobre la creación de nuevas estructuras políticas locales y regionales. Cada país es un caso específico, por culturas políticas, organización territorial, recursos públicos, etc. Las regiones europeas (comunidades autónomas en España) o los estados en los países federales americanos soportan mal las estructuras metropolitanas fuertes, y no es fácil hacer coincidir éstas con el nivel intermedio (provincia, departamento o condado en Europa).

Sin embargo, las políticas públicas a nivel de aglomeración o área metropolitana requieren representación democrática, pues deben asumir competencias decisorias de carácter local y garantizar la redistribución del gasto público para reducir desequilibrios y desigualdades. El nivel de región metropolitana, en cambio, permite establecer fórmulas más flexibles y ad hoc de coordinación y cooperación institucional.

b) No hay una solución única ni un modelo generalizable. Anteriormente citamos los casos inglés y francés por su novedad y adaptabilidad a situaciones diversas. Pero ningún país o región puede permitirse el lujo de no innovar.

Cualquier solución requiere coherencia transversal, es decir, no se pueden crear estructuras metropolitanas que centralicen unas competencias y funciones y no descentralizar paralelamente otras a nivel inframunicipal (por lo menos en las grandes ciudades). Y no sería lógico que se pretendiera crear una estructura de región metropolitana que integrara lo que hemos denominado tercera ciudad sin la participación y el coprotagonismo del gobierno de la comunidad autónoma o equivalente (*Land* en Alemania, región en Francia, estado en México, etc.).

c) Las relaciones interinstitucionales son imprescindibles para elaborar y ejecutar las políticas públicas urbano-regionales. Se impone pasar de una cultura de relaciones jerárquicas y competencias compartimentadas o exclusivas a otra de relaciones contractuales y competencias compartidas y/o concurrentes, es decir, relaciones de cooperación y de coordinación que se apoyen en bases normativas que garanticen la continuidad de las políticas.

Nuevas formas de gestión de los programas y de los servicios urbanos

La gestión mediante organismos autónomos o formas empresariales por parte del sector público, la cooperación público-privada para la implementación de los programas y proyectos urbanos y la privatización de funciones y servicios públicos están a la orden del día. No nos parece necesario extendernos sobre un tema abundantemente tratado; solamente daremos algunas indicaciones sobre los límites de estas prácticas que en sí mismas no son ni buenas ni malas.

Las fórmulas empresariales, consorcios, empresas mixtas, organismos autónomos son eficaces por su mayor flexibilidad de gestión (por ejemplo para intervenir en el mercado) y por su adaptabilidad a las situaciones sobre las que se interviene, que difícilmente pueden estar previstas en todos sus aspectos por la normativa general. Sin embargo, la garantía del interés general requiere que estas formas de gestión sean transparentes, sometidas a un control democrático (aunque sea a posteriori) y que no abran una vía de desregulación de todo un sector de la gestión pública. En algunos casos ocurre aparentemente lo contrario: la participación de distintas instituciones según alguna de las fórmulas citadas y el afán de control político o burocrático por cada una de ellas, sin que ninguna posea un liderazgo claro, pueden tener efectos paralizantes.

La cooperación público-privada que tanto se reclama no es complicada; lo es mucho más la público-pública, expuesta en el punto anterior. Son agentes de naturaleza distinta y por lo tanto la cooperación puede establecerse sobre bases más claras. Los agentes privados están «predeterminados» por su interés particular; dicho de otro modo: saben lo que quieren, y sus interlocutores públicos también saben lo que aquéllos quieren. El problema puede estar en el sector público: debe saber lo que quiere, fijar condiciones mínimas que garanticen resultados favorables al interés colectivo, mediar entre distintas visiones de éste y entre distintos intereses privados con los cuales debe llegar a compromisos. Es mucho más difícil ejercer como un buen responsable político (o un funcionario o profesional integrado en el sector público) que actuar como propietario o promotor privado.

Las privatizaciones y las políticas urbanas. La cuestión no es fundamentalista: depende de las condiciones que se fijan en cada caso. Es decir, hay que determinar las formas de control social que se establecen y la capacidad de reversión si no se cumplen los criterios acordados para garantizar el interés general. Es necesario que los actores privados sean desarrolladores urbanos, pero muchas veces el sector público simplemente dimite de su función y cede, por ejemplo, un área de nuevo desarrollo sin condiciones que garanticen la mixtura social, la accesibilidad del espacio público o la reversión a la colectividad de los costes de infraestructura. Véanse las *gated cities* o los barrios cerrados en América o ciertas cesiones a cambio de no asumir coste de mantenimiento, como es el caso de Diagonal Mar en Barcelona [27] o Santa Fe en México [28].

Participación ciudadana y urbanismo reflexivo

¿Cómo no defender la necesidad de articular mecanismos múltiples de democracia local participativa o deliberativa, de cooperación social, de consenso sobre los proyectos urbanos, de solidaridad ciudadana, de civismo para hacer posible la convivencia, de colaboración activa para una gestión sostenible? El acuerdo es general, en teoría, en la retórica del discurso político, en las declaraciones reivindicativas de las entidades ciudadanas. En la práctica el malestar de los unos y de los otros es frecuente. Los responsables políticos no manifiestan en general una voluntad que vaya mucho más allá de la información ordinaria y de algunos momentos extraordinarios de consulta y debate. Los profesionales, la mayoría probablemente, viven la participación como una servidumbre molesta que solamente retrasa los procesos decisorios y en los que se manifiestan los intereses particulares. Y las entidades y colectivos ciudadanos se consideran sistemáticamente marginados y reaccionan ante ello reivindicando el derecho a una intervención decisoria sobre los proyectos y las actuaciones urbanísticas. Es fácil reducir el problema a la desconfianza de los políticos frente a los ciudadanos, al elitismo tecnocrático de los profesionales y en ocasiones a la «demagogia» de las entidades vecinales, que en algunos casos recubre así la defensa de intereses localistas o corporativos. Pero nos parece que la cuestión es bastante más compleja. A continuación expondremos los factores que nos parecen determinantes de esta complejidad y al mismo tiempo las razones para encontrar vías participativas reales.

a) La economía cognoscitiva y el urbanismo reflexivo [29]. La nueva economía, que se apoya en una tecnología genérica y en una demanda individualizada y que se ha definido como economía cognoscitiva, depende de las redes de información, de la densidad de las comunicaciones entre todos los agentes, de la cualificación de los recursos humanos y de la adecuación permanente a partir de la información sobre las demandas y de la flexibilidad de las ofertas. Uno de los factores decisivos de la oferta es precisamente la calidad de la oferta urbana. La ciudad actual se «siente obligada» a una transformación permanente, a una iniciativa constante para ser competitiva. Para ello no es suficiente la iniciativa de una élite política o empresarial. Es preciso que la mayoría de los agentes económicos, sociales o culturales se apunten a la cualificación de la oferta. Y por lo tanto se hagan cómplices o partícipes activos de las políticas urbanas.

b) Pero los intereses y los valores están muy diversificados entre multitud de grupos o colectivos, y las demandas aparecen cada vez más individualizadas, cuando no confrontadas, antagónicas. Los poderes públicos, incluso los locales, tienen dificultades crecientes de representar al conjunto de la sociedad o de mediar entre todos los grupos de interés. Las respuestas socioeconómicas aún provienen del fordismo y de la tradición del *welfare state*, es decir, ofertas masivas dirigidas a demandas homogéneas que hoy son muy insuficientes. La participación es una solución, pero también un problema. Cuando se habla de participación directa, o deliberativa, o consultiva... ¿de quién hablamos? Es fácil definir a la población votante, pero ¿quiénes, de entre los ciudadanos, deben o pueden participar en la elaboración o gestión de un programa social, de un proyecto urbano? Los residentes en la zona sin duda, los directamente afectados también. Y en cuanto a las entidades, ¿sólo las de la zona pueden participar? Sí, pero también las entidades ciudadanas con una visión global de la ciudad pueden legítimamente reclamar su presencia. ¿Y la población no residente pero que utiliza aquella zona, por su trabajo, por los servicios que ofrece, porque forma parte de sus trayectos o de sus relaciones sociales? ¿Y los que no residen pero tienen patrimonio, intereses, negocios o memoria allí? ¿Y los que quizás quisieran ir a vivir a la zona si hubiera una oferta adecuada? ¿Y los que siendo residentes no tienen voz, no se les escucha, por edad, o exclusión social, o nivel cultural? Definir el universo participativo es siempre muy difícil.

Y sin embargo la participación ciudadana, necesaria pero tan difícil de implementar, se desarrolla, las experiencias interesantes se multiplican y se inventan nuevos mecanismos: el presupuesto participativo, los consejos ciudadanos, la gestión cívica de los equipamientos, el proceso participativo en el planeamiento estratégico, las consultas ciudadanas, las comisiones mixtas para la elaboración y el seguimiento de los proyectos urbanos, los planes de desarrollo comunitario (para reforzar el tejido asociativo), las radios y televisiones locales o barriales que de facto son instrumentos de participación, las comisiones mixtas con el gobierno local para elaborar y hacer el seguimiento de programas sectoriales (sociales, de seguridad, culturales, educativos, etc.), la gestión y animación del espacio público por parte de entidades con apoyo municipal (o de patrocinadores), etc.

Se intentan caminos de superación entre las formas propias de la democracia representativa y la democracia directa. La utilización simultánea o sucesiva de muchos de los instrumentos citados permite abrir procesos de democracia deliberativa que permiten ir más allá de la mera consulta, favorecen intervenir o influir en el proceso previo a la decisión formal y abren el camino a la participación activa en el posterior proceso de gestión o ejecución [30].

Todos estos mecanismos son discutibles en algún aspecto, tienen sus límites y ambigüedades, pero también todos ellos en algunos o muchos casos han dado resultados interesantes. Es un campo del desarrollo democrático cuyo interés va mucho más allá del urbanismo reflexivo, proyecto por proyecto. Es una condición de la gobernabilidad democrática de la ciudad del siglo XXI.

*Respuesta a la complejidad: multidisciplinariedad, nuevos oficios
y diversidad de soluciones y métodos*

Debemos reconocer la complejidad del fenómeno urbano y no bloquearnos ante su complicación aparente, dice Ascher. Por lo tanto la primera tarea es empezar por deconstruir el fenómeno y reconstruirlo luego para entender progresivamente su funcionamiento. Ello supone la intervención de diversas disciplinas, y también la manifestación de los puntos de vista de los actores, los habitantes, las entidades sociales, etc. Nadie tiene el monopolio sobre la ciudad; ninguna profesión, ninguna institución, ningún colectivo social puede pretender representar exclusivamente el conocimiento y las aspiraciones de esta realidad múltiple y compleja, la creación más sofisticada de la humanidad.

Pero el urbanismo es también, sobre todo, una práctica de intervención sobre la ciudad. Y requiere representación política legítima y participación social, pero también profesionalidad, asumir la cultura urbanística acumulada y dar respuesta mediante los «oficios» adecuados a los nuevos desafíos y demandas.

La «interdisciplinariedad» de los años sesenta nos parece que ya no vale. Correspondía a un tipo de planeamiento que ya no se practica, en el que se acumulaban decenas de estudios de «diagnosis» (que daban trabajo a casi todas las disciplinas universitarias pero cuya utilidad posterior era mínima). Luego se elaboraban las propuestas de ordenación física (destinadas a planificar el futuro de los próximos veinte años), las normas jurídicas, los estudios económico-financieros... Más tarde se añadieron la memoria ambiental, la participativa a veces, el plan de comunicación, algunos planes-proyecto «preliminares» como muestra, etc. Hoy los tiempos no permiten estos plazos y a la complejidad de la realidad hay que dar respuestas simples (difíciles de elaborar, es cierto) que orienten la acción inmediata. Se tiende, como le dijo la Reina a Alicia, a elaborar primero la sentencia y luego a discutir el veredicto, es decir, a definir primero los objetivos y el tipo de actuaciones deseables y después a estudiar la viabilidad de cada una las prioridades sociales y funcionales, la coherencia del conjunto, etc.

La solución a la que se tiende entonces es a dar la batuta, incluso a componer la orquesta, con responsables políticos «decididores», gestores eficaces (versados en todos los aspectos del *management* y en especial en ingeniería financiera) y proyectistas (normalmente arquitectos e ingenieros). Al equipo se podrán añadir algunos expertos en comunicación, en acción social, en animación económica, ecología urbana, etc.

Estamos asistiendo a un período de formación de nuevos oficios del urbanismo y por lo tanto hay que ver las distintas experiencias profesionales de planificación y gestión como eso, como experiencias, no como modelos. Sí que nos parece que se pueden apuntar algunas conclusiones al respecto:

a) Ante todo hay que saber adónde se quiere ir, cuáles son los objetivos que se quiere alcanzar con un plan o un proyecto. Volviendo a *Alicia en el país de las maravillas*, recordar lo que le dijo el Gato: «si no sabes adónde quieres ir, no importa lo que hagas». Pero en urbanismo sí que importa: la calidad de vida de la gente depende de ello.

b) El urbanismo no es gestión financiera, ni de entrada arquitectura o ingeniería: actúa sobre el vacío, es el marco que condicionará la vida de las gentes, ordena las relaciones futuras entre elementos físicos, se basa en las dinámicas sociales y económicas, en las limitaciones que imponen el medio y los recursos, en los valores culturales, en las voluntades políticas, en las relaciones de fuerza entre los actores intervinientes. La gestión del urbanismo es ante todo política.

c) La gestión de los planes y de los proyectos es hoy también un oficio que exige una profesionalidad que no se adquiere en las aulas universitarias, sino más bien en la práctica administrativa o empresarial, en el ejercicio de la representación política o de liderazgo social o en la actividad profesional urbanística si se tiene ocasión de dirigir la elaboración de un plan o la ejecución de un proyecto. Ello no quiere decir que no sea necesario que los procesos formativos se abran a enseñanzas que asuman la complejidad de la intervención sobre la ciudad. Ahora esta formación se echa mucho en falta.

d) El urbanismo debe abrirse a nuevas profesiones. Por ejemplo en los últimos años ha adquirido importancia el paisajismo; ahora hay paisajistas urbanistas, como es normal que haya ingenieros, geógrafos o arquitectos urbanistas. También los ecólogos, los biólogos, los psicólogos sociales, los politólogos, los gestores culturales se añaden a la profesión, en la que ya estaban también juristas, economistas, sociólogos, demógrafos, gestores culturales, antropólogos, diseñadores, etc. La diversidad de problemáticas y de soluciones exige diversidad de perspectivas y de métodos.

e) El urbanismo se mide por la práctica, por sus resultados sobre el terreno. En la resolución final de sus propuestas las disciplinas de diseño formal tienen un rol decisivo. No hay urbanismo sin dibujo; que el urbanismo no sea arquitectura ni ingeniería no significa que los arquitectos e ingenieros no sean protagonistas principales de la propuesta final. Pero no son los únicos: sin gestión política, sin participación social, sin viabilidad económica y sin base jurídica tampoco habrá urbanismo.

Sobre algunos debates de ideas y de valores

A lo largo del texto se exponen los que nos parecen más significativos, en especial en relación al espacio público, a la forma de la ciudad, a la participación de los ciudadanos. Como recordatorio citamos ahora los debates que nos parece se deducen de los puntos anteriores.

La ciudad y su muerte. ¿La tercera ciudad es aún ciudad? Si la mitad, o casi, de la población de los Estados Unidos vive en estos espacios lacónicos (Ingersoll) que no son ni campo ni ciudad, ni centro ni periferia, ni barrio ni casas aisladas, que son los *suburbs* privatizados en su gestión, guetizados socialmente, fragmentados por autopistas que sustituyen al espacio público, sin hitos ni símbolos, sin autogobierno, sin diversidad ni densidad (como exponía Wirth y como reclama Sennett)... ¿esto es ciudad? La globalización financiera y la sociedad informacional para mal o para bien marcan nuestras vidas, pero no necesariamente matan o resucitan a las ciudades. La ciudad sobrevive, resucita en sus áreas consolidadas y en bastantes casos «ciudadaniza» los nuevos suburbios de la tercera ciudad (por ejemplo con nuevas centralidades que mezclan los centros comerciales y culturales con los edificios públicos y los equipamientos sociales y, sobre todo, con programas de vivienda).

La ciudad densa y la ciudad difusa. El maniqueísmo es la tentación que se ha de evitar en este tipo de debates. Dos cuestiones previas. Una: tanto la ciudad densa como la difusa existen, y la evaluación es contradictoria. En algunos casos la ciudad difusa parece un complemento adecuado de una región policéntrica (por ejemplo la «terza Italia» del centro-norte o la región del Véneto). En otros la ciudad densa acumula disfunciones y costes sociales (por ejemplo São Paulo). Dos: la ciudad densa de calidad (preferida y nos parece que con razón por la cultura europea) es ahora la propia principalmente de los sectores medios en lo económico y de los altos en lo cultural. Pero los sectores populares, trabajadores, inmigrados y excluidos viven en su mayoría en suburbios, en la ciudad difusa (excepto los que sobreviven en barrios antiguos degradados). El desafío urbanístico y social lo tenemos en la ciudad difusa, que más que despreciarla es la que nos debe interesar, la que pone a prueba nuestra competencia, nuestro compromiso profesional y social.

Historia o nueva modernidad. La reacción a la globalización ha radicalizado la necesidad de identificación territorial. Por otra parte las dinámicas urbanas tienden en muchos casos a arrasar el patrimonio arquitectónico y urbano heredados (en América más que en Europa, en China más que en América) y algunas vanguardias urbanísticas exaltan esta ruptura con el pasado. El riesgo es que la alternativa a este pseudomodernismo salvaje sea el conservacionismo a ultranza propio de arqueólogos o museificadores de la ciudad heredada. Actualmente las corrientes más avanzadas de la arqueología y de la museística han superado esta posición y consideran que toda la ciudad existente es historia y que el patrimonio heredado debe ser vivido y usado en el presente[31].

Sobre la gobernabilidad de los nuevos territorios y la viabilidad de los poderes locales. En los años sesenta y setenta se intentó la opción, en Europa principalmente, de reducir el nivel municipal en favor de estructuras intermedias (metropolitanas, comarcales, departamentales, luego regionales). El éxito fue muy limitado. El municipio, a pesar de sus dificultades para asumir nuevos roles que respondieran a los nuevos desafíos, demostró una gran capacidad de resistencia. En las últimas décadas se ha revalorizado la gestión política de proximidad a favor de los municipios (y la descentralización intramunicipal) y se ha complementado con la regionalización o federalización de los estados. Actualmente nos parece que se está buscando un camino intermedio que otorgue gobernabilidad democrática a estructuras supramunicipales adecuadas a las nuevas realidades territoriales (véanse las reformas territoriales en Francia e Inglaterra ya citadas).

Autonomías individuales y solidaridades ciudadanas. No se pueden discutir los cambios y los progresos de la autonomía individual de los ciudadanos, evidentemente si tienen los medios para ejercerla (no todos poseen automóvil o pueden usarlo, no todos tienen posibilidad de ejercer actividades diversificadas ni disfrutar del conjunto de libertades urbanas). Pero no parece lógico ni verificable que esta autonomía conduzca necesariamente a la anomia, a relaciones únicamente débiles y a distancia, a la insolidaridad respecto al otro y a la desintegración de las comunidades locales. Para bien y también para mal, los comportamientos comunitarios existen, a veces con más fuerza que antes, sea en defensa del territorio y de su identidad cultural o económica, sea como reivindicación social de vecinos o grupos étnicos. Incluso las manifestaciones insolidarias, como las racistas, son «comunitarias». Por otra parte ya hemos señalado que la vida urbana actual, marcada por la banalización de la tecnología genérica (informacional) y la multiplicación de las relaciones a distancia, tiende a valorar cada vez más las relaciones cara a cara, a buscar el sentido tanto a nivel simbólico como sensorial, el tacto, el ver al otro cara a cara, la expresión física, la gestualidad, los sabores y los olores... La vida urbana, con sus mezclas y sus densidades, con su privacidad posible y libertad de elección deseable, tiene larga historia por delante.

Conclusiones

La cultura urbanística de nuestros días ha experimentado respuestas en forma de planes, proyectos e intervenciones ad hoc y ha elaborado conceptos, estrategias e instrumentos para resolver con éxito la mayoría de desafíos y problemas que nos plantean las ciudades consolidadas, en sus áreas centrales, en sus tejidos urbanos de historia más o menos larga y compleja, en sus periferias inmediatas. Otra cosa es que luego exista la voluntad política, el «paquete tecnológico» y cultural capacitado en el lugar concreto, los recursos financieros, la capacidad de gestión pública y/o privada o el ambiente social propicio para que la respuesta sea adecuada y eficaz.

Sin embargo, la cultura urbanística del siglo XXI tiene sólo respuestas y conceptos dispersos para abordar la ciudad de múltiples dimensiones que hoy nos desafía, esta ciudad dispersa y discontinua, fragmentada en una pluralidad de núcleos y de formas. Ante la nueva ciudad emergente, parece no caer en el pasado mitificado ni en el presente caótico. Se trata más bien de construir, con el apoyo de la cultura urbanística acumulada y de la experimentación en situaciones reales, un urbanismo renovado. Sin olvidar que por una parte el urbanismo es ante todo una disciplina práctica, orientada hacia la acción y con el objetivo de responder a demandas sociales y a problemas de ordenación de la vida en común, pero por otra parte esta acción se nutre de ideas y de valores; para ir a alguna parte es preciso pensar, decidir y ponerse de acuerdo, pues si no, no se va a ninguna. Y si no lo hacemos en función de valores democráticos, solidarios, basados en los derechos humanos de todos, entonces no mereceremos ir a una ciudad mejor.

BOX 3.1

El proyecto urbano

Extraído y traducido por Mirela Fiori del texto «Are the "urban Projects" a French phenomenon?», de Ariella Masboungi.

Definición

El término francés «proyecto urbano» se refiere únicamente al concepto comúnmente utilizado en Francia, Italia y España. Para estos países latinos, el proyecto urbano abarca tanto el proyecto propiamente dicho como las estrategias de desarrollo urbano.

El proyecto urbano puede adoptar varias formas:

- Plan estratégico a gran escala.
- Programas de espacio público.
- Nuevos barrios y nuevas áreas centrales.
- Rehabilitación de barrios problemáticos, etc.

Los principales objetivos:

- Mejorar el uso del territorio, su calidad de vida, su funcionamiento y su vitalidad social, económica y cultural.
- Proveer acceso a la vivienda pública, servicios y espacios públicos.
- Preservar y hacer el mejor uso posible del entorno natural y construido.
- Garantizar el desarrollo sostenible mediante el uso cuidadoso de los recursos naturales y el correcto funcionamiento de los transportes y de los sistemas de distribución.
- Crear un paisaje y unos espacios públicos agradables, encargando proyectos de alta calidad.
- Un compromiso político fuerte suficiente para superar las dificultades físicas, funcionales y sociales presentes en cualquier área urbana.

La puesta en práctica del proyecto urbano

- El proyecto urbano debe presentar unos objetivos claros para que soporte un debate público.
- El proyecto debe contener un sueño —una imagen compuesta de ideas sencillas que inspiren a varios *partners* a ponerse en acción.
- El proyecto debe resolver los conflictos entre la permanencia de las estructuras que componen la ciudad y la flexibilidad requerida por una sociedad en constante evolución.

Intervención pública en el planeamiento urbano

El Estado aún posee importantes prerrogativas en cuanto al planeamiento y gestión de las ciudades:

Preservación del entorno natural y construido.

Solidaridad. El programa de «Políticas de Ciudad» del Estado tiene gran parte de la responsabilidad del financiamiento de vivienda pública a escala nacional y de las políticas de regeneración de barrios. La nueva ley de solidaridad y renovación urbana, SRU, establece que el 20 por ciento del parque de vivienda de los programas locales deberá corresponder a vivienda social dentro de dos décadas.

Apoyo en el proceso de planeamiento: el Estado limita la extensión del crecimiento urbano y promueve un proyecto urbano enfocado hacia la asignación futura del uso del suelo.

Reorganización del gobierno local: Francia tiene más de 36.000 autoridades locales en menos de 600.000 km^2. Muchas de las recientes leyes adoptan incentivos administrativos y financieros para inducir a las autoridades locales a agruparse en áreas urbanas o «aglomeraciones» más manejables.

Autoridad pública y representantes locales electos

El éxito del proyecto urbano depende entre otros factores de un fuerte apoyo político. El ejecutivo —el alcalde de la ciudad o el representante de la aglomeración— es el factor clave. Y, efectivamente, todas nuestras áreas urbanas con un proyecto urbano fuerte tienen unos ejecutivos ambiciosos y valientes con el apoyo de unos inversores potentes.

Gestión del proyecto: la autoridad pública como cliente

Esta práctica, específicamente francesa, empezó con los programas de las «Ville Nouvelle» y actualmente sigue con los programas de regeneración urbana a gran escala, como el Euroméditerranée en Marsella. El proyecto urbano algunas veces es estrictamente municipal, pero su misión no cambia: reunir profesionales competentes en un proyecto importante, negociar los diferentes roles entre los varios actores involucrados y garantizar toda la asistencia legal, técnica, de propiedad, operativa, financiera, etc., requerida para que el proyecto se realice.

BOX 3.2

New Urbanism: *nuevas (viejas) propuestas*

Zaida Muxí

En 1993 se reunieron un grupo de urbanistas para formar el Congreso para el *New Urbanism* (CNU), con sede en San Francisco. En sus propuestas defienden el acercamiento y revitalización de las comunidades, basándose en modelos de desarrollo anteriores a la Segunda Guerra Mundial, desde el planeamiento regional Patrick Geddes hasta las propuestas de ciudad jardín trasladadas al territorio americano por Raymon Unwin. Buscan integrar los componentes de la vida moderna —vivienda, trabajo, comercio y ocio— en vecindarios compactos, polifuncionales y de escala peatonal *(pedestrian-friendly)*, colocados en un marco regional mayor. Se presentan como alternativa a la suburbanización esparcida interminablemente sobre el territorio *(suburban sprawl)* estas áreas monofuncionales de baja densidad sólo accesibles o casi en automóvil. Los líderes fundadores fueron Andres Duany, Elisabeth Plater-Zyberg, Peter Calthorpe, Daniel Salomón, Stefano Polyzoides y Elisabeth Moule, y en el año 1999 contaban con 1.500 miembros.

«[..] *New Urbanism* tiene que probar a lo largo del tiempo que sus ideas son superiores tanto para la revitalización de viejas ciudades y pueblos como para construir nuevas comunidades. Si pueden responder a estos retos, el *New Urbanism* puede ser un camino dominante para las inversiones inmobiliarias y el planeamiento del próximo siglo.»[32]

Inicialmente denominado «planeamiento neo-tradicional», el *New Urbanism* ha sido reconocido a partir de proyectos como Seaside (Walton County, Florida 1981) y Kentlands (Gaithersburg, Marlyland, 1988) de Andres Duany y Elisabeth Plater-Zyberg y Laguna West (Sacramento County, California, 1990) de Calthorpe Associates. Los principios definidos por el *New Urbanism* no serían sólo aplicables a nuevas ciudades, sino que defienden su utilización en centros urbanos, afirmando que se debe dar prioridad al desarrollo urbano en áreas interiores de las ciudades que prefieren frente a la dispersión de nuevas ciudades suburbanas. Esto último se puede considerar más como declaración de intenciones que como una realidad, ya que hasta el año 1999 han construido mayoritariamente «ciudades» en áreas suburbanas, realizadas en su mayor parte como comunidades cerradas *(gated community)*. Su discurso escrito y gráfico es más apropiado y adaptable a una estrategia de marketing inmobiliario, dirigido a una clase media miedosa de la verdadera ciudad y sus diferencias; es más aplicable a la simulación de la realidad que a la complejidad propia de la ciudad. Si bien hay que destacar que su método de trabajo incluye la participación de los habitantes, es de gran validez cuando se enfrentan a las *edge cities*[33] americanas. Sin embargo, su mecánica no puede ser aplicada de la misma manera cuando se enfrentan a una ciudad consolidada, como es el caso del proyecto para la recuperación de una zona del antiguo Berlín Este, en la Oranienburgerstrasse. Un espacio limitado donde se recreará, a modo de parque temático, la idealización de la ciudad peatonal y de escala «humana».

El *New Urbanism* ha constituido sus principios básicos para poder ser aplicados en todos los lugares, resumidos en los trece puntos desarrollados por Andres Duany-Elisabeth Plater Zyberg:

— La comunidad tiene un centro identificable, normalmente un cuadrado de césped que a veces tiene una esquina ocupada por un edificio memorable.
— La mayoría de las viviendas han de situarse en un radio de 5 minutos andando hasta el centro, distancia aproximada de 2.000 pies (600 m).
— Variedad de viviendas, para albergar distintos grupos sociales —casas, casas en hileras y apartamentos—, ya sea por edad y por clase social.
— Existencia de tiendas y oficinas de diferentes tipos en los límites de la comunidad para cubrir las necesidades semanales de la población.

— Se permite una pequeña edificación auxiliar en la parte trasera de cada casa que podrá ser usada para alquilar o como lugar de trabajo (por ejemplo oficina o taller artesanal).

— Una escuela básica lo suficientemente cerca para que los niños vayan caminando.

— Pequeños espacios de juego cerca de cada casa —no más allá de una distancia de una décima de milla (160 m).

— Las calles de la comunidad son una red de conexión que ofrece una variedad de opciones de recorridos peatonales y vehiculares para ir a cada sitio, lo cual contribuye a dispersar el tráfico.

— Las calles son relativamente estrechas y sombreadas por filas de árboles. El resultado es un tráfico más lento, de modo que se crea un ambiente que favorece el trasladarse a pie o en bicicleta.

— Los edificios de los centros comunitarios están situados cerca de la calle, creando un fuerte sentido de lugar.

— Aparcamientos y puertas de garajes raramente se sitúan de cara a la calle y quedan relegados a la parte trasera, a la que se accede por pequeño pasajes.

— Ciertos lugares importantes al final de la calle o en el centro comunitario son reservados para edificios cívicos, lo que crea espacios para la reunión de la comunidad, para actividades educacionales, religiosas o culturales.

— La comunidad está organizada para autogobernarse. Una asociación debate y decide sobre cuestiones de mantenimiento, seguridad y cambios físicos.

Las propuestas del *New Urbanism* hacen explícito el deseo de «reconstruir una comunidad» segregada de la realidad más allá de sus límites y niegan cualquier modernización en el lenguaje arquitectónico, escondiendo la utilización de medios propios de la época bajo un barniz de tradición e invariabilidad. Se busca detener el tiempo, construir un decorado donde la vida transcurra sin alteraciones. El manifiesto pone en evidencia la dificultad de abordar las cuestiones complejas de la ciudad contemporánea. Llevando al extremo sus planteamientos, sería necesario atomizar la ciudad en pequeñas Arcadias independientes y autónomas.

BOX 3.3

Privatización del espacio público: Diagonal Mar, Barcelona

Zaida Muxí

Diagonal Mar es un proyecto inmobiliario para Barcelona cuya área residencial está conformada por un gran parque con ocho altas torres de viviendas agrupadas de dos en dos. Junto con un bloque más bajo, forman cuatro micromanzanas trapezoidales que se cierran sobre un interior ajardinado y con piscinas. El parque es público, pero los vendedores se encargan de desmentirlo, explicando al posible comprador que de público sólo tiene la apariencia.

De todas maneras, acabada la primera etapa de construcción del parque y el primer conjunto de dos torres (septiembre 2002), el parque es, sin duda, público. Aunque es evidente que en el diseño del espacio público ha existido presión o «propuestas» por parte de los promotores privados para que la gran extensión del parque (el tercero en superficie de Barcelona) se vea triturada en beneficio de la colocación de los cuatro núcleos residenciales, inmersos en el centro de un parque del que es difícil tener la percepción real de su escala. Además de separar las torres del parque por sucesiones de rejas y por calles semiprivadas, se abren de día pero de noche son de dominio de las torres. La exclusividad vivencial o psicológica del parque desde las torres es evidente.

Este conjunto está conformado también por un centro comercial —terminado—, un hotel y un centro de convenciones, los dos últimos en plena euforia constructiva para llegar acabados al 2004, la gran cita en el futuro próximo de la ciudad. Cada elemento está encerrado en su propia mecánica funcional, negando la relación urbana a través de la calle, a no ser como simple corredor viario.

Este proyecto marca un hito en el nuevo modelo urbano tardorracioanalista que se está aplicando a la ciudad de Barcelona y que consiste en un urbanismo parcial y fragmentario, hecho de objetos urbanos aislados, que es el que está conformando el límite este de la ciudad.

Este urbanismo fragmentario propone segregar y fragmentar la ciudad, privatizando el espacio público; se presenta como una solución a los peligros de la heterogeneidad urbana y ha sido ya impuesta con éxito en diferentes ciudades, como São Paulo, México o Buenos Aires, ya sea en la forma de bloques o en forma de viviendas aisladas, pero todo dentro de un recinto fuertemente vigilado.

De esta manera se pretende hacer ciudades «adormecidas» habitadas por clónicos, vivir en una fantástica escenografía de Disney —recuerden la película *El show de Truman*— donde todo está previsto, establecido y todos se conocen y son iguales. Pero un espacio de iguales no hace ciudad. Es una propuesta que niega la esencia misma de la ciudad, que se encuentra en la heterogeneidad: la ciudad es el lugar del encuentro casual y azaroso, del conocimiento del otro con la posibilidad del conflicto y la convivencia. Es además una concepción urbana ajena a la historia y espíritu de la ciudad mediterránea y europea, que fundamentalmente ha aportado a la tradición urbanística una manera de usar y disfrutar colectivamente el espacio urbano. Ya en la Italia de finales del siglo XVIII, visitada por Goethe y retratada en su libro *Viaje a Italia*, el derecho al uso público de todos los espacios abiertos de la ciudad era defendido por los ciudadanos, que ocupaban pórticos, galerías, entradas, patios, claustros e interiores de iglesias. Las ciudades mediterráneas se han configurado a través de la sabia combinación de espacios domésticos y edificios públicos, calles y plazas que dan acceso a espacios de transición gradual de lo público a lo privado, lugares ambiguos donde se tolera la presencia de extraños. De hecho el nombre de muchos elementos arquitectónicos y urbanos dedicados a las relaciones humanas son de origen latino: atrio, peristilo, patio, veranda, pórtico, vestíbulo, loggia, terrazas, belvedere, bulevar, incluyendo el café, ámbito por antonomasia de encuentro en la ciudad[34].

La aparición de este urbanismo en Barcelona resulta cuando menos llamativo en una ciudad orgullosa de sus calles, de su historia urbana y que fue modelo de recuperación de la vida urbana para muchas ciudades en las últimas décadas. Plantear la posibilidad de unas calles y unos parques privados es un contrasentido para la definición del espacio público por excelencia, que es la calle y la plaza.

BOX 3.4

La tienda de Prada en Nueva York

Josep Maria Montaner

En el número 575 de Broadway Avenue, compartiendo la planta baja y el subsuelo de la sede que Arata Isozaki remodeló para el Guggenheim del Soho, se sitúa la nueva tienda de Prada, obra de Rem Koolhaas. Desde la calle, especialmente subiendo desde el South Manhattan, lo que más destaca es el mural con una inmensa fotografía a color, pixelada, que con el tiempo podría cambiar y que al acercarse se descubre que está en el interior. Aún desde afuera, las torres suspendidas, con maniquíes y ropa colgada debajo, transmiten la información de que se trata de una tienda singular, sin necesidad de que el logo de Prada aparezca por ningún lado. Todo este espectáculo invita al transeúnte a entrar y a experimentar la tienda como si fuera un espacio público.

En el interior domina una especie de gran ola que baja desde el nivel de la calle hasta el nivel del sótano. Unas gradas sirven para sentarse y para mostrar zapatos y otros productos, y unos escalones permiten recorrer el itinerario hasta el nivel del sótano. En el otro extremo, la ola sube y posee un resorte que permite que dicha cara se despliegue y se convierta en un escenario: entonces la tienda se puede transformar en un teatro.

Este carácter de espacio público que se le quiere otorgar pretende inspirarse en los pasajes de las ciudades europeas del siglo XIX, descritos por Charles Baudelaire y Walter Benjamin como paraísos del *flaneur*. Potenciando el movimiento en el interior, en un extremo hay un gran ascensor de planta circular y cáscara de vidrio. En el sótano, la ropa a la venta se sitúa en unos *compacts* que se deslizan por guías, tal como sucede en las bibliotecas, y unas pantallas al lado de los *compacts* muestran dicha ropa vestida por modelos. En los probadores, una cámara permite que el espejo sea doble: el cliente se ve de cara y, al mismo tiempo, ve proyectada la imagen de su espalda filmada por la cámara.

De esta manera, una tienda inaugurada a finales del 2001, que ha costado unos 40 millones de dólares, se ha convertido en manifiesto de la arquitectura contemporánea, de sus seducciones pero también de sus servidumbres. Una tienda que quiere imitar los museos, bibliotecas y teatros, que quiere ser una especie de espacio público. ¿Pero qué tipo de espacio público es este que muestra objetos que valen cada uno miles de dólares y que ilustra sólo la atmósfera elitista en la que viven los ricos?

BOX 3.5

El complejo residencial de Santa Fe, México

J. B.

Ciudad de México ofrece una dualidad sorprendente. Por una parte, una vitalidad social urbana extraordinaria que se manifiesta en su enorme centro abigarrado, en sus mercados, en sus plazas, algunas de ellas lugares ciudadanos famosos (Zócalo, Coayacán), en sus barrios, que fueron pueblos y a veces «ciudades perdidas» [35], en sus patios de casa de vecindad. Por otra, la existencia de un urbanismo, público y privado, que parece empeñado en romper la ciudad a trozos, en aislar a las personas, segregar los grupos sociales, encerrar a cada uno en su gueto, desde los «corredores» de los años setenta hasta los barrios cerrados como el de Santa Fe. Los comportamientos sociales no son ajenos sin embargo a estas políticas urbanas, incluso a veces van más allá: barrios que no aceptan más viviendas, o espacios públicos abiertos, ambulantes, que ocupan y privatizan la calle en detrimento de otros usos, preferencia por los centros comerciales cerrados y excluyentes, etc.

México: gran plaza del Zócalo.

La década de los noventa pareció anunciar una recuperación del espacio público impulsada por la gestión del DF de Manuel Camacho Solís y que tuvo en la reanimación del centro su ejemplo más vistoso e interesante: el Zócalo como gran plaza cívico-política para todo tipo de manifestaciones, «échame una manita», exitosa campaña de regeneración de fachadas y edificios, organización de actividades culturales abiertas, regulación de la venta ambulante, etc. Esta experiencia se interrumpió en 1994, aunque se reinició con el gobierno del PRD y con el delegado del centro Jorge Legorreta a finales de los noventa.

Sin embargo, la realización más emblemática de la década de los noventa fue de signo contrario: el barrio de Santa Fe, sin espacios públicos, enfrentado a su entorno, que aparece como una ciudad amurallada para uso exclusivo de sus residentes acomodados y acobardados. Es el «refugio» (nombre por cierto usado por algunos complejos residenciales de alto nivel) del poder, donde viven por ejemplo los gobernantes que llegan al DF acompañando al presidente Fox.

México, Santa Fe: espacios monofuncionales sometidos a vigilancia.

BOX **3.6**

Las rondas de Barcelona y el nudo de la Trinidad

Manuel Herce

Las rondas de Barcelona

Las rondas de Barcelona (Ronda de Dalt y Ronda Litoral) constituyen el «ring» que circunvala la ciudad. Fueron construidas como articuladoras de la operación de transformación urbana llevada a cabo en la ciudad con motivo de los Juegos Olímpicos de 1992.

Más allá de su papel de distribuidoras de tráfico, las rondas han permitido plasmar un nuevo paradigma de vía rápida urbana que se reconcilia con el tejido que atraviesa y se convierte en sí misma en eje estructurante de la ciudad, que une barrios y centralidades.

Dicho paradigma ha optado por adecuar los parámetros tradicionales de proyectos de vías rápidas a los requerimientos del espacio que atraviesa. Los enlaces están en los cruces con las grandes arterias de la ciudad, diseñándose como plazas-puerta sobre ella y permitiendo una lectura cinética de aquélla al usuario de la vía. La rasante de la vía se

Barcelona, Ronda: la infraestructura viaria al servicio del «hacer ciudad» crea espacio público y sutura en vez de fracturar el tejido urbano.

ubica bajo la rasante de ciudad, procurando que la geometría de aquélla no afecte a la de las calles que quedan arriba. Y, fundamentalmente, el tratamiento de la propia ronda pretende remarcar sus características de calle, con arbolado, iluminación, uniformización de barandillas, muros, etc.

Las rondas devienen así en un gran espacio público (una moderna calle con función fundamental de tráfico y no una autopista que irrumpe en la ciudad), en un encadenamiento de plazas y espacios. E incluso, sobre ella, aprovechando dos niveles, se ubican plazas sobre losas y espacios de equipamientos colectivos que suturan los barrios que la vía separa. La variedad de lugares que ha creado, directa o indirectamente, ha permitido desde entonces muy diversas operaciones de creación de espacios urbanos en su entorno.

Autoría del proyecto: M. Herce y asociados.

El proyecto y obras fueron coordinados por el Instituto Municipal de Promoción Urbanística, dirigido por el arquitecto J. A. Acebillo. El planeamiento urbanístico de referencia fue obra de los arquitectos M. Ribas y L. Cantallops. En los equipos técnicos participaron dos docenas de ingenieros y arquitectos en estrecha colaboración, coordinados por GISA.

El nudo de la Trinidad, Barcelona

El nudo de la Trinidad es un enorme enlace de conexión de las rondas con tres autopistas periféricas que provienen de Gerona, el Vallés y el Maresme y desembocan en la ciudad. Como tal enlace, es la primera experiencia de transformación de los tradicionales «espaguetis» de ramales direccionales en un enorme espacio giratorio que aprovecha su interior como parque urbano equipado.

Siendo la gran puerta norte de la ciudad, su organización giratoria permite dirigir los tráficos hacia diversos sentidos; y de haberse mantenido en obra la titularidad del circuito, su tráfico podría incluso haberse gestionado de forma informatizada.

El nudo renuncia, en su diseño, a los ramales direccionales de enlace, en aras a su mejor comprensión por el usuario y a la revalorización de sus espacios centrales. La solución formal adecua su rasante para que el vecino barrio de la Trinidad desemboque por encima de la autopista en el espacio central, donde se ubica un gran parque protegido por taludes vegetados y masas forestales.

El aprovechamiento del espacio afectado por la conexión de autopistas (más de 10 ha), en difíciles soluciones formales de compatibilidad de usos urbanos y tráfico, es una experiencia importante que pretende devolver la condición de centralidad (plaza del automóvil) a los grandes enlaces urbanos. Su diseño apunta a profundizar en la creación de nuevos modelos de integración del espacio del automóvil en el sistema de espacios públicos, sin menoscabo de su función de circulación (por el nudo pasan más de 200.000 vehículos diariamente).

BOX 3.7

La ordenación territorial en regiones urbanas europeas

Mireia Belil

La década de los años noventa representa un cierto retorno a una planificación más holística, global e integrada, una planificación estratégica pero al mismo tiempo flexible, urbana y a la vez regional, territorial, pero también económica y social.

Las formas de pensar y hacer de la ordenación territorial evolucionan incluyendo nuevos paradigmas y nociones como la flexibilidad, la complejidad, la negociación, la coordinación... Las nuevas formas de planificación reflejan un cambio de objetivos, una modificación clara de los contenidos y una transformación del carácter de la ordenación territorial.

Las áreas urbanas europeas han tendido a desarrollar planes que no son ni un plan estratégico ni un plan de ordenación, sino una estrategia territorial de desarrollo centrada en la definición de grandes objetivos, la consolidación de prioridades y la estructuración de algunos elementos de gestión, entre ellos los planes territoriales o de desarrollo que defienden la implementación de los objetivos y prioridades y dan algunas indicaciones de cómo se ordenan los distintos espacios metropolitanos.

Se pasa de una concepción tradicional de la planificación, centrada en el poder público y en el territorio, a una estrategia que privilegia una dinámica de desarrollo integral y global a partir de la construcción de consenso alrededor de objetivos comunes y de proyectos.

Uno de los planes más esperanzadores en esta primera década de siglo es la *Estrategia de Desarrollo Espacial de Londres*, un instrumento de planificación competencia del alcalde. Esta estrategia debe establecer prioridades de acción y clarificar las direcciones de crecimiento de la ciudad a partir de un diseño estratégico de los usos del suelo y constituye el marco y el sistema de coherencia para el desarrollo de forma integrada de las políticas de transporte, desarrollo económico y medio ambiente. Por otro lado, las estrategias de los diferentes barrios deben integrarse y ser coherentes con esta visión. El tiempo permitirá juzgar la operatividad de dichos planteamientos.

La finalidad de cualquier planeamiento regional o metropolitano ya no se puede limitar a la mera organización del consumo futuro de nuevos espacios por la urbanización. La ordenación territorial y la planificación deben ser capaces de gestionar una multiplicidad de actores implicados, con lógicas de actuación diferenciadas, lógicas públicas de una diversidad creciente de organismos y autoridades y lógicas de mercado. El aumento continuo de la movilidad y de las distancias recorridas en un presupuesto-tiempo dado ha resultado en la multiplicación de territorios implicados, territorios no necesariamente contiguos.

La planificación estratégica territorial se centra en la consecución de una serie de objetivos que comparten la mayoría de grandes espacios urbanos pero que se concretan de muy diversas formas en políticas y estrategias territoriales. Entre éstos destaca la organización interna del espacio metropolitano para mejorar la competitividad económica. La mejora de la calidad de vida y del territorio, muy relacionada con el desarrollo sostenible, aparece en la definición básica de muchos planes ligada a la facilitación de la movilidad y de la accesibilidad interna y externa al territorio metropolitano. La mejora de la atracción del territorio, con la consideración de la oferta global para vivir, trabajar e invertir, se relaciona íntimamente con la calidad de vida y el desarrollo de infraestructuras. La mejora de la cohesión social en el ámbito metropolitano y la contrarrestación de los desequilibrios y tensiones derivados de los procesos de globalización, así como la promoción de la igualdad de oportunidades en todo el territorio, aparecen como novedades relevantes de las estrategias territoriales. El posicionamiento y la promoción internacional, dentro de áreas de actuación específicas como el arco mediterráneo, la región báltica, la región alpina..., son elementos de la planificación estratégica que se incorporan a la planificación territorial.

Estos objetivos se concretan con la creación de un mayor desarrollo económico en las áreas urbanas céntricas, la potenciación de los centros de negocios, educación y comercio, la mejora del transporte público y la red de transporte, la protección y ampliación de las terminales inter-

nacionales de transporte, la defensa y desarrollo de los recursos medio-
ambientales y la mejor utilización de las infraestructuras existentes.

Los nuevos enfoques en la ordenación del territorio y el urbanismo,
que se engloban dentro de un dimensión claramente estratégica, presentan diversas características, entre las que cabe destacar la integración
de las políticas sectoriales, la incorporación de la dimensión de sostenibilidad, la presencia de diferentes escalas territoriales de actuación/or-
denación o el desarrollo de sistemas de gobernabilidad. La planificación
y la gestión conviven en un mismo plano, produciéndose una coexistencia de la planificación (coherencia a largo plazo) y un enfoque claramente estratégico de la gestión urbana donde destacan el establecimiento de relaciones entre distintos niveles de gobierno, la colaboración
público-privada, los sistemas de información y la mayor transparencia
hacia los ciudadanos.

El planeamiento regional o metropolitano no es ni un lujo ni una
coerción. El desarrollo incontrolado perjudica el funcionamiento, la
atracción y la competitividad internacional de las áreas urbanas. En la
actualidad la gestión del territorio debe ser participativa e incluir a todos
los agentes (operadores económicos, agentes sociales...), dejando de lado
el planeamiento centralizado y autoritario. Un plan territorial debe
constituirse, cada vez más, como un marco de referencia, no como una
«imagen ideal» de la ciudad a largo plazo. Debe caracterizarse por una
actualización periódica (respuesta a cambios internos, externos...) y una
mayor amplitud del territorio que remite a un concepto de «ecosistema
metropolitano». Las transformaciones conceptuales e instrumentales han
de permitir la emergencia de nuevos enfoques. Actualmente, la ordenación territorial sigue buscando una gran funcionalidad, pero en un entorno más complejo y diverso a través de un esfuerzo por transformar las
prácticas a partir del conocimiento: no se renuncia a un proyecto racio-
nal en un mundo complejo, sino que se intentan evitar los modelos sim-
plistas.

La estrategia territorial propone un modelo u opción de desarrollo
que ofrece un camino, pero no soluciones cerradas. Tiene su soporte en
la creación y el refuerzo de la identidad de la región urbana a través de
su posicionamiento en un contexto internacional en el que se definen
los retos y las opciones para la estructuración y dinámicas territoriales y
en el que se ofrecen opciones para el desarrollo económico, social y la
calidad medioambiental. Las estrategias territoriales no olvidan los aspectos intangibles, desde la creación de identidades hasta la generación
de conocimientos y espacios culturales.

El proceso de construcción de la estrategia territorial, la visión global de la planificación, es tan o más importante que el resultado final: no se trata de construir un plan, sino una estrategia urbana aceptable, realizable por los distintos actores públicos y privados, y revisable en sus modalidades concretas.

Más que una ordenación que dibuja el territorio, se trata de crear un dispositivo informacional y de coordinación en el que tres elementos resultan esenciales: la capacidad —información y conocimientos técnicos—, la competencia —poder e instrumentos para actuar, la institución— y, finalmente, la democracia —que permita el debate y la participación.

BOX 3.8

Planificación estratégica territorial: un balance provisional

Manuel de Forn

La aparición y el auge de la planificación estratégica en la gestión local se deben a la necesidad de las ciudades y sus gobiernos de dar respuesta a una serie de retos y nuevas situaciones que convierten el territorio en un elemento básico de la competitividad. Se establece por tanto un nuevo marco en el que el buen funcionamiento de la ciudad ya no es sólo un campo de batalla entre diferentes opciones electorales, sino que se convierte en parte del activo de las actividades instaladas en su territorio y al mismo tiempo en el sistema básico para resolver las problemáticas sociales y la igualdad de oportunidades de los habitantes.

Aparece así la planificación estratégica entendida en realidad más como una forma de gestión que no solamente como una forma de planificación de la ciudad. Los agentes sociales (vecinos, sindicatos, empresarios, administraciones, asociaciones, etc.) pasan a ser sujetos activos de la transformación urbana. Su participación no es únicamente de consulta o deliberante, sino que toman parte en el proceso de toma de decisiones y son responsables directos o corresponsables de la financiación y/o ejecución de determinados proyectos que son estratégicos para el conjunto de la ciudad.

Esta participación activa de los agentes sociales obliga a pasar de una gestión pública *top down* a una gestión *bottom up*, donde no sólo participan en el proceso de decisión los empleados públicos y las empresas especializadas, sino también los consumidores, usuarios y beneficiarios del territorio.

La introducción tradicional de la planificación estratégica tiene como característica común la generación de un discurso genérico de metas u objetivos a partir de una cierta participación de agentes económicos y sociales pero enfrentado o, como mínimo, separado de la lógica del urbanismo, cuyos técnicos y agentes de decisión también tienen una visión estratégica del territorio. Ello conduce a una situación contradictoria: establecer un modelo consensuado de ciudad (que viene definida fundamentalmente por un territorio) sin incorporar decisivamente los mecanismos de actuación directa sobre el territorio. De otra parte muchas veces se concentra en consensos sobre ideas y no sobre proyectos, por lo que se reduce a un ejercicio no conflictivo de sentido común.

Un análisis del impacto real de los planes estratégicos desarrollados en los últimos diez-quince años no ofrece un panorama satisfactorio. Los proyectos de transformación real han obedecido, en muchos casos, a criterios y actuaciones externos a los planes que, como mucho, los han acompañado. Incluso en los casos de mayor incidencia real, como Barcelona, los sucesivos planes estratégicos han servido como elemento dinamizador y equilibrador, económica y socialmente, de los proyectos municipales en marcha, pero no como punta de lanza de las transformaciones de la ciudad.

Las nuevas metodologías parten de unas coordenadas de mayor operatividad: implicación territorial, basada en proyectos estructurantes, y disposición o elaboración de un plan estratégico municipal previo al de ciudad, de forma que la administración local ofrezca el entramado lógico que permita poner sobre la mesa y liderar de forma fructífera el debate sobre los temas que se deben y quieren discutir. El plan estratégico se convierte así en un doble proceso de toma de decisiones conjuntas y de concertación de algunas de las decisiones individuales en el que se hacen imprescindibles la intuición y la decisión de los líderes de las organizaciones representativas y que sean capaces de articular el territorio y la sociedad. No se trata, por el contrario, de debates estériles sobre temas interesantes pero intranscendentes para el desarrollo de cada organización individualizada y el del conjunto.

El segundo grupo de coordenadas se refiere a la gestión. Cada vez más se observa que la forma de gestión, su adecuación a la demanda y necesidades reales, es tanto o más estratégica que las propias infraestructuras. Del mismo modo, elaborar un plan estratégico sin abordar la gestión de la ciudad (no del plan) es hoy impracticable. Una ciudad de calidad exige una gestión de calidad. Ello quiere decir que los instrumentos de gestión de las infraestructuras pasan a un primer plano estratégico junto con la fiabilidad y proactividad de los gobiernos locales. Un plan estratégico que funcione precisa una administración promotora, relacional y con voluntad estratégica.

Para terminar: los temas emergentes en los planes estratégicos son los siguientes:

— Atención creciente a la calidad de vida, a la densidad como base de la sostenibilidad y a la cualificación del espacio urbano.
— Desarrollo de regiones metropolitanas a partir de ciudades ya existentes.
— Refuerzo de la inteligencia de la ciudad.
— Desarrollo de *clusters* e infraestructuras de apoyo a las actividades económicas.
— Administración relacional.
— Convivencia en la multiculturalidad.
— Desarrollo de las vocaciones propias de la ciudad.
— El conocimiento como eje del desarrollo de la ciudad.
— La democracia urbana, un objetivo aún más necesario en la etapa de la globalización.

BOX 3.9

El Borne

J. B.

El debate sobre el Borne, antiguo mercado central de Barcelona, es un buen ejemplo de la complejidad a la hora de abordar la intervención urbanística en un centro histórico y la confrontación entre usos y valores contradictorios. Una zona que perdió su principal elemento de actividad a finales de los sesenta y que se recupera lentamente como lugar de comercio cultural y de vida nocturna. El proyecto de ubicar en el Borne la «gran biblioteca» parecía destinado a dar a la zona el impulso decisivo para devolverle la centralidad perdida. Y así lo consideró una parte de los vecinos (o propietarios) al oponerse al abandono del proyecto cuando los sectores profesionales y culturales lo cuestionaron al considerar la importancia de los restos arqueológicos que existían en el subsuelo, que permiten «reinventar» la ciudad de principios del siglo XVIII. Las tres administraciones (Estado, Generalitat de Catalunya y Ayuntamiento de Barcelona) promotoras del proyecto en un primer tiempo encontraron una solución de aparente compromiso: hacer la biblioteca encima de la ciudad preindustrial, protegida por un suelo de vidrio, y además mantener la arquitectura de hierro del Borne, una obra de ingeniería interesante del siglo XIX. En fin, un camello, es decir un caballo dibujado por una comisión. Felizmente se abandonó la idea, y la biblioteca se hará en el área de la estación ferroviaria cercana, la más antigua y destinada a desaparecer como tal. Y con la ciudad del XVIII y la estructura del XIX se armará un museo ligero, interactivo y transparente, con actividades culturales y comerciales en el entorno, es decir, con calidad de espacio público.

CAPÍTULO 4

LA CIUDAD ES EL ESPACIO PÚBLICO

La ciudad es el espacio público

Ya hemos señalado que los egipcios representaban la ciudad con un círculo y una cruz. El círculo era el lugar, es decir, la comunidad de personas, la organización política y la identidad cultural. La cruz simbolizaba los flujos, o sea, el intercambio de bienes, servicios e informaciones, las movilidades, las relaciones con el exterior. En el espacio público se realiza la síntesis de lugares y flujos. Y la ciudad es el espacio público, lugar de la cohesión social y de los intercambios.

> Si un lugar puede definirse como espacio de identidad, relacional e histórico, un espacio que no pueda definirse ni como espacio de identidad ni como relacional ni como histórico definirá un no lugar... un mundo así prometido a la individualidad solitaria, a lo efímero, al pasaje... [1]

Decir que la ciudad es la gente es ya un tópico, una expresión atribuida entre otros a Sófocles, Shakespeare y Goethe. Y en este caso gente no sólo quiere decir tamaño y densidad, es decir, una concentración más o menos grande de personas, sino que también diversidad, heterogeneidad, relación entre individuos y colectivos diferentes. Aristóteles, en su texto *La Política*, ya defendía que la ciudad debe estar compuesta por diferentes clases de personas, que no existe la ciudad si la población se asemeja mucho, como explica Sennet[2].

Louis Wirth[3], en su texto clásico *Urbanismo como forma de vida*, sostenía que: «La ciudad se caracteriza por la heterogeneidad social». La filosofía y la sociología urbana coinciden en señalar que la ciudad es el lugar donde se concentran y conviven las diferencias de origen, de aptitudes, de actividades, admitiendo también que esta diversidad favorece lo imprevisible, introduce desorden y posibilita la innovación[4]. La diversidad, con la condición de un mínimo de pautas comunes —civismo— que posibilitan la convivencia, hace posible el intercambio. Y tanto el civismo como el intercambio —de productos, servicios e ideas— necesitan, se desarrollan y se expresan en el espacio público.

Según Habermas[5], la ciudad es especialmente el espacio público donde el poder se hace visible, donde la sociedad se fotografía, donde el simbolismo colectivo se materializa. O como decía Henri Lefebvre[6], en su libro *Le droit à la Ville:* «La ciudad es la sociedad inscrita en el suelo...». La ciudad es un escenario, un espacio público que cuanto más abierto sea a todos, más expresará la democratización política y social. En consecuencia, las dinámicas privatizadoras del espacio urbano, sobre las que algunos autores citados nos advierten, socavan la concepción de la ciudad como ámbito de la ciudadanía. Ciudadanía que implica el reconocimiento de los ciudadanos como sujetos activos e iguales de la comunidad política, a los que se reconoce el derecho y la posibilidad real de acceder a la diversidad de las ofertas urbanas. La ciudad y su espacio público son el lugar de la representación y expresión de la sociedad, tanto de dominados como de dominantes. El espacio público, como dice Pietro Barcellona, es también donde la sociedad desigual y contradictoria puede expresar sus conflictos.

En la ciudad posmoderna y de los flujos, el lugar y su referencia a la comunidad son sustituidos por el espacio del consumo.

> No hay ya espacios creados por una comunidad [...] sino itinerarios individuales, imprevisibles, aleatorios, trazados por el hiperconsumo, que son propiedad del individuo y no de la sociedad.
>   [...] el individuo moderno no se ha puesto en movimiento en busca de un *lugar* distinto a aquel al que pertenece. Ya no hay *lugares*: con la destrucción del espacio de la *polis* se ha perdido para siempre un orden político, ético y social[7].

El sujeto ciudadano «nace» («las personas nacen libres e iguales», proclamaban las revoluciones americana y francesa a finales del siglo XVIII) y también se «hace»: ejerciendo o reclamando sus derechos de libertad e igualdad.

> «Ayer, en la manifestación de desempleados, atravesando la ciudad, me sentí, por primera vez en muchos años, un ciudadano», declaraba un manifestante en París en mayo de 1997. Precisamente es la expresión del conflicto la que permite sentirse ciudadano, y la ciudad como lugar de representación es también espacio del cambio político y de la trasgresión.
>
> En el tiempo del consumo, todas las reivindicaciones, los deseos son negociables, porque un conflicto que señala objetivos reales y materiales siempre es negociable [...]
>
> Para el individuo metropolitano la producción de sentido parte de aquí: cuando el consumo se convierte en una propiedad exclusiva suya con la que comunica, realiza su estatus, escoge sus ciudadanías. Pero sólo por un momento[8].

En el espacio público como escenario de representación la sociedad adquiere visibilidad. A partir del ágora o la plaza de las manifestaciones políticas multitudinarias del siglo XX se puede relatar y comprender la historia de una ciudad. Estampas gloriosas y trágicas, antiguas y modernas, se suceden

Barcelona: manifestación antiglobalización. La ciudad como espacio político.

en los espacios públicos de las ciudades. Es suficiente con recordar lugares y momentos históricos como las manifestaciones en París iniciadas en la República o en la Bastille, las plazas de las Tres Culturas en México o Tiananmen en Pekín. O la reacción en Barcelona y otras ciudades de España ante la arrogancia del entonces ministro Manuel Fraga en los años setenta cuando dijo que «la calle es mía». O los «cacerolazos», el «que se vayan todos» (Buenos Aires) de las ciudades latinoamericanas en las que el descontento popular toma las calles. También el espacio público se hace ciudadano cuando deviene lugar de expresión a través de la fiesta de las diferencias y de las elecciones, como los desfiles del día del orgullo gay que toman las calles de Nueva York y San Francisco entre otras o la expresión popular de los carnavales de Río de Janeiro o Venecia. Fiestas, reclamos o protestas, en tanto que manifestaciones de ciudadanía, sólo son posibles en el espacio público.

El espacio público en la modernidad

El espacio público como concepto jurídico es un espacio sometido a una regulación específica por parte de la administración pública, propietaria o que posee la facultad de dominio sobre el suelo y que garantiza la accesibilidad a todos y fija las condiciones de utilización y de instalación de actividades. El espacio público moderno resulta de la separación formal (legal) entre la propiedad privada urbana (expresada en el catastro y vinculada generalmente al derecho a edificar) y la propiedad pública (o dominio público por subrogación normativa o por adquisición de derechos por medio de la cesión).

El espacio público, o su calificación como tal, supone reservar este suelo libre de construcción permanente para el uso comunitario o destinado a equipamientos colectivos de interés general (equipamientos sociales y culturales) o infraestructuras de movilidad. Asimismo puede destinarse a usos efímeros de carácter cultural o comercial, a la instalación de referencias simbólicas monumentales y a espacios de reserva para usos intermitentes o excepcionales.

Desde una dimensión sociocultural, el espacio público es un lugar de relación y de identificación, de contacto entre las personas, de animación urbana y a veces de expresión comunitaria. El espacio público es el espacio referencial muchas veces heredado; en consecuencia, toda la ciudad existente, y por lo tanto heredada, es toda ella ciudad histórica.

En la ciudad tradicional, histórica [...] la memoria urbana es bastante fácil de definir. Es la imagen que permite a los ciudadanos identificarse con su pasado y presente como una entidad cultural, política y social. Los espacios privilegiados de los monumentos como marcas en el tejido de la ciudad...[9]

La dinámica propia de la ciudad y los comportamientos de la gente pueden crear espacios públicos que jurídicamente no lo son, o que no estaban previstos como tales, abiertos o cerrados, de paso o a los que hay que ir expresamente. Una fábrica, un depósito abandonado o un espacio intersticial entre edificaciones puede devenir espacio público. Lo son casi siempre los accesos a estaciones y puntos intermodales de transporte, los entornos de algunos grandes equipamientos (hospitales, universidades, etc.) y a veces las reservas de suelo para una obra pública o de protección ecológica. En cualquier caso lo que define la naturaleza del espacio público es el uso y no el estatuto jurídico.

Lo que no funciona es el intento de marcaje de nuevos espacios instrumentales a los que se intenta dar una nueva simbología por medio de la privatización de espacios públicos [...]; es decir, la idea de crear unos espacios que reproducen funciones de centralidad urbana, que tratan de reconstruir, y reconstruyen, a veces con bastante éxito la densidad de la vida urbana pero que privatizan y, a la vez que privatizan, sesgan definitivamente los usos y la percepción de este espacio porque está dominado por la función comercial. No hay nada de malo en la función comercial, una función tan legítima como cualquier otra en la sociedad. Pero la cuestión es la estructuración simbólica sobre la base de la predominancia excesiva de esta función [10].

En ocasiones los procedimientos jurídicos burocráticos han llevado a considerar que el espacio público ideal es el que está prácticamente vacío, donde no se puede hacer nada. Y la excesiva protección impide el uso, por ejemplo cuando con las mejores intenciones se peatonalizan radicalmente núcleos centrados o se prohíbe todo tipo de actividades o servicios comerciales en plazas o parques.

En otras ocasiones, el funcionalismo predominante en el que se basa el urbanismo moderno descalificó pronto el espacio público al asignarle usos específicos. En unos casos se lo confundió con la vialidad o con retales verdes. En otros se lo sometió a las necesidades del «orden público» (es decir, espacios apropiados para la intervención de la policía o el ejército). En casos más afortunados se priorizó la monumentalidad, el «embellecimiento urbano», o se lo vinculó a la actividad comercial. En los menos afortunados se utilizó como mecanismo de segregación social, bien para excluir, bien para concentrar (por medio, por ejemplo, de la accesibilidad o de la falta de ella).

El espacio público supone pues dominio público, uso social colectivo y multifuncionalidad. Se caracteriza físicamente por su accesibilidad, lo que lo convierte en un factor de centralidad. La calidad del espacio público se podrá evaluar sobre todo por la intensidad y la calidad de las relaciones sociales que facilita, por su capacidad para generar mixturas de grupos y comportamientos, por su cualidad de estimular la identificación simbólica, la expresión y la integración cultural. Por ello, es necesario que el espacio público se piense como obra de cualificación del entorno y de calidad intrínseca, como son la continuidad en el espacio urbano y su facultad ordenadora, la generosidad de sus formas, de su diseño y de sus materiales y la adaptabilidad a usos diversos a través del tiempo [11].

Madrid, Atocha: una infraestructrua de calidad ciudadana y polivalente.

Sobre los efectos perversos del funcionalismo

El urbanismo contemporáneo, heredero del movimiento moderno, fue reconstructor de ciudades después de la Segunda Guerra Mundial. Se orientó hacia un funcionalismo eficiente, dotado de un instrumental separador más que integrador (la zonificación, los modelos), justificado por urgencias sociales (vivienda, equipamientos básicos) y acentuado por la compartimentación de las administraciones públicas y de los cuerpos profesionales (por ejemplo el dominio de los ingenieros en la planificación de los transportes, sin el complemento de otras disciplinas). El resultado ha sido casi siempre la aplicación de políticas sectoriales en lugar de realizar actuaciones que articulen la diversidad y la complejidad de las demandas urbanas. Así resultaron las grandes operaciones de vivienda en las que cada operación se destinaba a un segmento social determinado y la prioridad era asignada casi siempre a la vialidad como ordenamiento y como inversión. De esta manera el espacio público pasó a ser un elemento residual.

Pese a todo, el movimiento moderno no era tan simplista como el urbanismo funcionalista del capitalismo desarrollista desde los cincuenta hasta hoy. Su preocupación por la vivienda masiva, la higiene social y el paisaje urbano y la importancia acordada a las comunicaciones expresaban una visión productivista, no especulativa de la ciudad, y un interés por las condiciones de vida de las poblaciones trabajadoras. Sus propuestas urbanas podían ser interesantes también por su complejidad, por la capacidad de integrar objetivos sociales, ambientalistas y estéticos. Ejemplos de ello serían el Plan Macià (o Le Corbusier) para Barcelona en 1932, contemporáneo del Regional Planning y al que siguieron la casa-bloc y la municipalización del suelo urbano.

Pero el urbanismo funcionalista que ha predominado en España y en Europa entre los sesenta y setenta y en América Latina en las últimas décadas ha tenido que pagar el precio de sus limitaciones y el de los usos perversos que se ha hecho de él. La combinación del monofuncionalismo de los programas y de sectorización de las políticas públicas con las dinámicas del mercado en ciudades clasistas, agravadas por las rentas de posición, cada vez mas polarizadas, de los «instalados» respecto a los «allegados» (inmigrados), ha dado lugar a situaciones urbanas insoportables. Grupos residenciales que se degradan rápidamente por su mala calidad, por la falta de inserción urbana, por su anomia sociocultural, por la pobreza de los equipamientos. Áreas centrales congestionadas y especializadas que pierden su rol integrador en beneficio de funciones administrativas. Barrios históricos despedazados y desarticulados por actuaciones viarias poco respetuosas con los entornos y con la calidad de la vida cotidiana de los residentes. Diseminación en el territorio metropolitano de centros comerciales, campus universitarios e industrias que ordenan la vida de la población activa según la tríada sarcástica del 68: *Métro, boulot, dodo* (Metro, trabajo, dormir). Procesos de desvalorización-valorización inmobiliaria que provocan el desplazamiento de los antiguos pobladores de áreas degradadas y casi siempre céntricas, ahora «recuperadas» por los sectores altos, con la consiguiente pérdida del derecho a la centralidad y a la accesibilidad para los mas desfavorecidos socialmente. Es decir, intervenciones que potencian el círculo vicioso de la marginación física y social.

¿Réquiem para la ciudad?

Como hemos dicho en capítulos anteriores, la ciudad actual, la ciudad de la tercera revolución, está hecha de superposiciones, de múltiples situaciones. Por otro lado, la ciudad que hemos forjado en nuestro imaginario y consolidado como un valor y una conquista es un producto físico, político y culturalmente complejo, europeo y mediterráneo, americano y asiático, caracterizado como concentración de población y de actividades. Un lugar que propicia la mezcla social y funcional, con capacidad de autogobierno y que es ámbito de identificación simbólica y de participación cívica. Ciudad como lugar de encuentro, de intercambio. Ciudad como cultura y comercio. Ciudad de lugares y no únicamente espacio de flujos.

Parece entonces difícil renunciar a estas bondades urbanas. Es este conjunto de valorizaciones la raíz de una «contraacción» respecto al discurso de «la muerte de la ciudad». Se recuperan los centros urbanos y se atribuye valor de centralidad a viejos barrios populares. Aunque, como efecto perverso, en muchas de estas intervenciones se produce una nueva especialización (cultural, turística, comercial) de los centros urbanos y una «gentrificación» de residentes y usuarios. Pero una política urbana activa y permanente y una gestión descentralizada pueden limitar estos procesos y mantener áreas de carácter popular.

El siglo XX ha sido calificado no solamente como el siglo de las ciudades, sino también como el de su muerte. Desde que así lo escribiera Jane Jacobs[12] y más recientemente Françoise Choay[13]. Han aparecido infinidad de libros sobre esta muerte anunciada[14]. Pero, a pesar de todo, vemos cómo las luces vuelven a la ciudad (*Turn up the lights*, portada de *The Economist*, 1995), precisamente por el éxito de las políticas basadas en el espacio público. Es la consideración de la ciudad como espacio público la que revive la esperanza de la ciudad como lugar.

Bogotá: dos caras de la misma moneda. El olvido del espacio público, tanto en la periferia popular como en las áreas centrales terciarias y de residencia media y alta, casas bajas en el primer caso, edificios altos en el segundo, separados por vías monopolizadas por el tráfico y el acceso a los edificios.

Volvemos entonces a la pregunta recurrente. ¿Ha muerto la ciudad? ¿Está en crisis? ¿La ciudad de la calle y de la plaza, del espacio público y cívico, la ciudad abierta, de mezclas y contactos, es un residuo del pasado objeto de melancolía de urbanitas maduros?

Existe una respuesta colectiva que se presenta regularmente en la historia de la ciudad y del urbanismo cuando las formas del crecimiento urbano o la evolución de la ciudad existente dan prioridad a la edificación y/o a la vialidad, cuando los espacios se especializan debido a la segregación social o a la zonificación funcional, cuando la ciudad pierde cualidad de autorrepresentación. Es una reacción social y cultural de retorno al espacio público que a menudo mezcla el «passeisme» [15] y la modernidad, la mitificación del pasado y una propuesta de síntesis para el futuro, demanda local y valores universales. Pese a sus limitaciones, es una reacción oportuna y necesaria para evitar el desastre urbano que supone confundir ciudad con urbanización.

Otra manera de minimizar y enfrentarnos a la pregunta sobre la muerte de las ciudades es argumentar que en la historia de las ciudades se han vivido cambios por lo menos tan aparatosos como los actuales. A veces aún mayores; por ejemplo el tránsito de la ciudad amurallada a los ensanches modernos, o a la ciudad metropolitana, con sus suburbios y su estructura política plurimunicipal, estimulada por el desarrollo del transporte masivo y del uso del automóvil. Incluso podría aducirse que estamos simplemente presenciando una nueva fase del crecimiento metropolitano [16].

Por otra parte, es inevitable reconocer su razón a los historiadores cuando critican el simplismo de reducir la historia urbana a tres grandes etapas o edades. La primera, la de la ciudad concentrada, separada de su entorno. La segunda, la de la ciudad metropolitana, ciudad más periferia. Y la tercera, que es la ciudad actual, la de la ciudad a «repensar» en la globalización. La ciudad-región, la ciudad-red, multipolar o policéntrica, inserta en sistemas urbanos macrorregionales, ejes continentales y flujos globales. Sin embargo, esta distinción es útil a los urbanistas ya que permite focalizar la atención en las nuevas dinámicas, no como una maldición fatal o como la expresión objetiva de la modernidad, sino como un desafío al que se debe responder. Descubrir los elementos de continuidad posibles respecto al pasado y distinguir lo necesario de lo excesivo o evitable en los nuevos procesos son condiciones para enfrentarnos a este reto junto con la propuesta de nuevos modelos y proyectos que formulen respuestas integradoras.

Creemos, por lo tanto, que hace falta analizar las nuevas dinámicas urbanas y elaborar respuestas a los desafíos que nos planteamos desde la perspectiva del espacio público y de la relación entre su configuración y el ejercicio de la ciudadanía, entendida como el estatuto igualitario que permita ejercer un conjunto de derechos y deberes cívicos, políticos y sociales.

El espacio público nos interesa principalmente por dos razones. En primer lugar porque es donde se manifiesta, con mayor fuerza y mayor frecuencia, la crisis de «ciudad» y de «urbanidad». Por lo tanto, es un punto sensible para actuar si se pretende impulsar políticas de «hacer ciudad en la ciudad».

En segundo lugar, porque las nuevas realidades urbanas, especialmente las que se dan en los márgenes de la ciudad existente, plantean unos retos novedosos al espacio público: la movilidad individual generalizada, la multiplicación y la especialización de las «nuevas centralidades» y la fuerza de las distancias que parecen imponerse a los intentos de dar continuidad formal y simbólica a los espacios públicos. La dialéctica movilidades-centralidades es una cuestión clave del urbanismo moderno, y la concepción de los espacios públicos es, a su vez, un factor decisivo, aunque no sea el único, en el tipo de respuesta que es necesario dar.

Los movimientos ciudadanos y la crítica urbana en la construcción de la ciudad

En los años sesenta y setenta la conflictividad urbana irrumpió con fuerza en la vida política y social de la mayoría de los países de Europa y América. Los movimientos sociales de los sectores populares y medios emergieron en la política local democrática con sus críticas y reivindicaciones urbanas. Las movilizaciones ciudadanas y de barrio tienen antecedentes en la mayoría de las ciudades europeas y se expresaban en la lucha por la vivienda, por el precio de los transportes, por los servicios urbanos básicos, por plazas y jardines, por centros culturales y equipamientos sociales y deportivos. También se oponían a las expropiaciones, la corrupción, el autoritarismo y la opacidad de las decisiones de la política urbana. Estos movimientos sociales urbanos surgieron aún en contextos dictatoriales, como en la España de los años setenta, y a menudo paralizaron actuaciones y proyectos, pudiendo negociar compromisos que satisfacían algunas de las reivindicaciones urbanas sobre vivienda, expulsiones, accesos, equipamientos o transporte. Fue a partir de estas situaciones cuando el «usuario», el ciudadano, se convirtió en interlocutor real para los proyectos urbanos y arquitectónicos, dejando de constituir una población abstracta. En algunos casos se llegaban a negociar programas de vivienda pública, servicios y espacio público para calificar áreas marginales o con deficiencias.

> El espacio público de la calle nunca ha sido pre-otorgado [...] ha sido siempre el resultado de una demanda social, negociación y conquista... [17]

A las reacciones de carácter social se añadieron otras de carácter cultural y político. Los herederos del movimiento moderno y otros profesionales e intelectuales del urbanismo, de la arquitectura y de otras disciplinas se unieron por una preocupación cultural, social y estética respecto a la ciudad y levantaron su voz contra los excesos del urbanismo desarrollista y funcionalista. En ciertas ocasiones prevaleció la revalorización formal de la ciudad existente o la mitificación culturalista de la ciudad histórica. Otras veces, se reforzó la defensa del ambiente urbano y se reivindicó el desarrollo de un urbanismo «austero» frente al despilfarro. La crítica social acompañaba, por descontado, muchos de estos reclamos.

La crítica política a este urbanismo de la zonificación y del desarrollismo recogía algunas o muchas de las críticas sociales y culturales, que apoyadas en estos movimientos aportaron un plus contra el autoritarismo tecnocrático o corrupto, contra el sometimiento de las políticas públicas a grupos de intereses privados y a favor de la transparencia y la participación ciudadana, la revalorización de la gestión política local y la descentralización. En esta crítica política coincidieron los movimientos sociales urbanos, las posiciones críticas de carácter ideológico o cultural y las fuerzas políticas más democráticas o progresistas, aunque también hay que decir que las direcciones políticas partidarias tardaron en «descubrir» el potencial político de las problemáticas urbanas.

La influencia de la crítica ciudadana sobre el urbanismo ha dejado siempre un saldo positivo en la ciudad. En los últimos diez años estas reivindicaciones y propuestas han actuado como impulso de la revalorización de los centros históricos, han apostado por la superación de un urbanismo concebido como vivienda más vialidad y han fomentado la incorporación de objetivos de cohesión y de calificación ambiental. La importancia acordada a los espacios públicos como elemento ordenador y constructor de la ciudad fue muchas veces concebida antes por estos movimientos críticos ciudadanos que por otros colectivos, incluidos quienes debían proyectarlos.

Sin embargo, a veces las reacciones barriales son contrarias a los cambios y transformaciones. Se olvida que «el barrio» forma parte de un todo, que los otros usuarios, aquellos que trabajan, consumen o lo atraviesan, también tienen interés y derecho a esta parte de la ciudad. En otros casos, el «conservacionismo» proviene de ciertos sectores de la cultura urbana que consideran intocable cada piedra y cada forma que tenga una edad respetable. Pero, hay que recordar que no hay preservación urbana sin intervención transformadora que contrarreste las dinámicas degenerativas.

Por otra parte, los proyectos desarrollistas de los años sesenta y setenta constituyen la raíz de cierta desconfianza de los movimientos urbanos más críticos hacia los grandes proyectos urbanos. Estas experiencias nefastas contaminadas de corrupciones, especulaciones e impactos depredadores sobre el medio ambiente urbano se tradujeron en pérdida de espacios públicos, despilfarro, proyectos fragmentados y excluyentes. En todo caso, la transparencia, la información y la apertura de los gestores hacia el debate permanente deben ayudar a generar legitimidad y alternativas, ya que no siempre lo *small is beautiful*. Y los grandes proyectos no sólo son necesarios, sino que requieren amplio consenso social.

Hoy en día el conflicto urbano se expresa tanto en los centros como en las periferias. Las tomas okupas [18] en los corazones de las ciudades europeas plantean nuevas estrategias para viejos temas y renuevan las preguntas sobre la propiedad y el uso colectivo de los espacios, allí donde todo parecía ya consolidado. En las periferias de las grandes ciudades latinoamericanas también aparecen nuevas dinámicas de ocupación del territorio en forma de asentamientos que con la organización y la autogestión tratan de construir ciudad y no sólo viviendas precarias.

Entre las contribuciones más importantes de los movimientos ciudadanos de los últimos treinta años a la gestión de la ciudad y al urbanismo de este final de siglo, citaremos tres:

— La revalorización del «lugar», del espacio público, del ambiente urbano, de la calidad de vida, de la dialéctica barrio-ciudad y del policentrismo de la ciudad moderna.
— La exigencia de la democracia ciudadana, de la concertación y de la participación en los planes y proyectos, de programas integrados, la gestión de proximidad y la recuperación del protagonismo de los gobiernos locales en la política urbana.
— Y, como consecuencia de lo anteriormente dicho, o tal vez como premisa, la recreación del concepto de ciudadano como sujeto de la política urbana, el cual «se hace» ciudadano interviniendo en la construcción y gestión de la ciudad. El marginal se integra, el usuario ejerce derechos, el residente modela su entorno. Todos adquieren autoestima y dignidad aceptando y respondiendo a los desafíos que les plantean las dinámicas y las políticas urbanas. La ciudadanía se conquista en el espacio público.

El urbanismo del espacio público

El urbanismo del siglo XIX formalizó la distinción jurídica entre espacio privado y espacio público, regulando los usos edificatorios, públicos y privados con el fin de garantizar los espacios públicos y la diversidad de funciones y de usos colectivos que allí se podrían desarrollar. A finales del siglo la necesidad de intervenir sobre la ciudad industrial, ya sea para renovarla o para extenderla, dio lugar a políticas urbanas activas para hacer espacio público. Dos figuras del urbanismo de la segunda mitad del XIX, Haussmann y Cerdà, uno reestructurando el viejo París y el otro diseñando la Barcelona moderna del Ensanche, ordenaron la ciudad alrededor de los espacios públicos, elemento principal tanto del sistema de avenidas, plazas y monumentos de Haussmann como de la trama cuadriculada de Cerdà. Es así como la tradición urbanística que heredamos no hace del espacio público un elemento especializado y refugio de peatones en un tejido urbano concebido como suma de edificios y vías para vehículos, sino que lo identifica y lo concibe como la forma misma de la ciudad y, por lo tanto, está presente en toda ella.

Luego, a lo largo del siglo XX, la combinación de diversos factores, tales como la dinámica de la propiedad privada, la prioridad pública y privada a los programas inmobiliarios, la ocupación exclusiva del espacio «circulatorio» por parte del automóvil, la oferta comercial cerrada, la inseguridad ciudadana, etc., condujo a la crisis del espacio público urbano. En consecuencia, para «salvar» o recuperar el espacio público se reforzó la tendencia a convertirlo en un elemento especializado, un «equipamiento» más de la ciudad. Es así como comenzaron a extenderse los espacios segregados y monovalentes [19]. Un espacio para niños, otro para perros, otro para aparcar, otro «monumental», etc. Con esto el espacio público pierde sus dos funciones «fundacionales», de las cuales derivan todas sus potencialidades:

1. Dar forma y sentido al conjunto de la ciudad, garantizar trayectos y elementos de continuidad y resaltar las diferencias entre edificios, manzanas y áreas urbanas.

2. Ordenar las relaciones entre edificios, equipamientos, monumentos, solares, vías, espacios de transición y espacios abiertos en cada área de la ciudad.

Es decir, funciones que se sitúan en dos escalas diferentes.

Comprender las diferentes lógicas urbanas para la creación de tejidos compatibles con las disposiciones corrientes de las ciudades, y con lo que sabemos de la práctica, que se pueden relacionar [...] es decir, susceptibles de acoger las formas arquitectónicas heredadas del movimiento moderno, [...] también aquellas que no entran en lo que consideramos cultura arquitectónica[20].

Evidentemente el espacio público se materializa en avenidas y calles, plazas y parques, equipamientos abiertos o cerrados. Pero su funcionalidad urbanística es ordenadora de flujos, es relacional.

La recuperación de la cultura del espacio público es hoy una respuesta no solamente a los déficits de espacio y equipamientos de uso colectivo, sino también a la concepción «especializada» del espacio público. Esta concepción ha sido reforzada en los últimos años por un «urbanismo de productos» que reduce el concepto de proyecto urbano, que antes que producto construido debe definir los entornos y las condiciones de la edificación. La arquitectura urbana puede ser muy interesante, pero no es lo mismo que el urbanismo y el proyecto urbano. El urbanismo de productos, vinculado a estrategias de competitividad y a una cierta sumisión a la iniciativa privada, a menudo contribuye a la fragmentación y a la segregación urbana[21]. Pero orientado por los poderes públicos, podría convertirse en un factor de construcción de una lógica de ciudad que partiendo de la fragmentación fuera capaz de reducirla en lugar de acentuarla, como generalmente sucede[22].

Esta tendencia al urbanismo de productos se justifica no sólo por el negocio privado. También para reducir el riesgo, tanto el riesgo de la inversión como el del encuentro con el otro, el riesgo de la diferencia y la heterogeneidad. La seguridad pasa a ser el único horizonte deseado y se vuelve sinónimo de homogeneidad, transformando la ciudad en una maqueta, en un no lugar.

Desde la moda de una cultura urbanística débil o pobre las ciudades del cambio de siglo, incluyendo las más recientes inversiones en la construcción de edificios para centros comerciales suburbanos y parques temáticos, *downtown festival market* y espacios temáticos, se puede identificar una continua búsqueda de entretenimiento de masas sin riesgo, que minimicen el contacto entre ricos y pobres, entre blancos y negros, a la vez que se maximizan los beneficios financieros de los promotores.

De acuerdo con Herbet Muschamp[23], esta clase de negocios urbanos busca reinscribir la seguridad de los valores de la clase media en el centro urbano. Un cierto híbrido, una ética urbano-suburbano que fusione la seguridad del suburbio y la estandarización con la congestión urbana, ofreciendo a la clase media un agradable espacio público donde la gente pueda disfrutar sin tener miedo. Pero esta clase de negocios urbanos fuerza a la ciudad a convertirse en una fortaleza invisible donde ricos y pobres continúan polarizados pero la distancia es menos obvia[24].

Existe otra concepción de la ciudad que asume y aprueba el caos metropolitano y de la ciudad sin lugar. Así la ciudad «genérica» de Koolhaas fabrica piezas dispersas en el territorio, exalta la anomia y presupone que del caos saldrá el mejor orden posible. Se trata de un pensamiento urbanístico funcional para los negocios privados, los políticos con prisas y los arquitectos gestuales.

La ciudad genérica es la ciudad liberada de la esclavitud del centro, de la camisa de fuerza de la identidad. Tiene el sentido de hoy y surge de las reflexiones de las necesidades de hoy. Es la ciudad sin historia.

La serenidad de la ciudad genérica se cumple a través de la evacuación de la esfera pública [...] En las programaciones urbanas ahora encontramos sólo lugar para los movimientos necesarios, esencialmente aquellos del automóvil [...]

Su principal atractivo es la anomia.

La calle ha muerto... [25].

La ciudad como lugar productor de ciudadanía, ámbito de ejercicio de ésta, no es la ciudad genérica con tendencia a la anomia, privatizada por los miedos y la insolidaridad, orientada socialmente por los valores individualistas y «familiaristas» [26] (es decir, buscar solamente la compañía y la proximidad de los «idénticos»), fragmentada a la vez por las estructuras físicas y administrativas del territorio y por localismos corporativos de guetos de todo tipo, sin referencias físicas y simbólicas comunes y con sentido para el conjunto de sus habitantes.

Por mucho que se pretenda justificar la ciudad genérica, la ciudad caos, la ciudad emergente en las periferias o la telépolis por la gran heterogeneidad de la sociedad postindustrial, por la dinámica propia del mercado o por el impacto determinante de las nuevas tecnologías de comunicación, el hecho es que estos factores pueden ser útiles o regulables con finalidades muy diversas, pueden actuar en direcciones muy opuestas, según los valores y objetivos de las políticas públicas.

En este sentido, la ciudad del espacio público pretende construir tejidos urbanos con vocación igualitaria y abierta, con elementos referenciales productores de sentido, con diversidad de centralidades y con capacidad de articular piezas y funciones diferentes. En los espacios públicos se tiene que producir un equilibrio de funciones entre lo público y lo privado. Desde lo público se deciden la densidad, los usos y el diseño urbano. Y lo privado los desarrolla, cede suelo y construye. En esta concepción importa más la calle que la casa.

La ciudad es la gente en la calle

¿Qué es un puente?, preguntaba el falsamente ingenuo Julio Cortázar. Y se respondía: una persona atravesando el puente. ¿Qué es una ciudad? Un lugar con mucha gente que interactúa cara a cara. Un espacio público, abierto y protegido. Un lugar como hecho material y social, productor de sentido. Una concentración de puntos de encuentros. En la ciudad lo primero son las calles y plazas, los espacios colectivos, y sólo después vendrán los edificios y las vías, que son los espacios circulatorios.

El espacio público define la calidad de la ciudad, porque indica la calidad de vida de la gente y la calidad de la ciudadanía de sus habitantes. Allan Jacobs, en su excelente libro *Greats streets*[27], analiza las ciudades a partir de la calidad —estética y cultural, funcional y social, simbólica y moderna— de sus calles. Entre los diez primeros ejemplos del libro se incluyen dos avenidas de Barcelona, las Ramblas y el Paseo de Gracia. Sin embargo, un barcelonés no puede olvidar que en los años sesenta el llamado urbanismo desarrollista estuvo a punto de hacer desaparecer estos paseos urbanos en beneficio de las vías rápidas de circulación, a lo que la ciudadanía resistió. Luego las tendencias de los años ochenta nos llevaron nuevamente a la cultura de la cuadrícula y a Cerdà, quien escribió: «en la ciudad las calles no son únicamente carreteras».

Hoy, la calle se encuentra nuevamente en alza y es objeto de un recuerdo romántico al considerarse un anacronismo. Se admite con demasiada facilidad su inevitable sustitución por vías más o menos rápidas y por edificios altos y aislados. O bien es víctima de una sobreprotección, y se la segrega de la circulación mecánica, se convierte en paseo acotado. Y a la vez pierde su papel de lugar de paso, de trayecto, de elemento de continuidad y de relación entre las piezas urbanas. Es así como deviene un producto, uno más.

Nuevamente hemos de señalar que fue Idelfons Cerdà quien recordó que la complejidad de la calle se tiene que considerar en una dimensión que vaya mucho más allá de su componente circulatorio:

> por qué medios la calle, sin dejar de ser vía pública urbana, sin perjuicio de los servicios que como tal debe prestar, puede y debe atender a otros que de ella exigen, los vecinos por un lado y los transeúntes por otro, respondiendo a la vez a las exigencias de la locomoción y al organismo social y urbano [...] la calle, sin perder su carácter de «carretera», está destinada a prestar, y realmente presta, una serie interminable de servicios a cual más importante al vecindario estante [...] En cuanto a la amplitud del conjunto de fajas y zonas destinadas al movimiento pedestre, después de meditar muy detenidamente sobre esta cuestión, resulta que por ningún concepto debe ser menor de la concedida al movimiento ecuestre y

rodado [...] Esas superficies que en cada encrucijada quedan vacías y al parecer sin objeto, después de dejar plenamente atendidas las exigencias de circulación, ofrecen a los vendedores callejeros de comestibles y otros artículos de uso común y frecuente, puestos a propósito para atender su utilísima industria[28].

Separar no es segregar. En la ciudad, para hacer ciudad, no conviene aislar las calles. Puede haber áreas y calles peatonales, pero no deben contribuir a la marginalidad o al «museísmo» urbano. Las calles tienen que ser accesibles también para los vehículos y son precisas vías anchas para atravesar la ciudad. Pero otras pueden priorizar su función de paseo o bulevar, lugar de estar o de pasar lenta, tranquilamente. Las calles han de encontrar formas no rígidas de separación de las funciones, como pueden ser los escalones, el mobiliario urbano, las hileras de árboles, etc.[29]. Las vías segregadas, como las rondas en Barcelona, el bulevar periférico en París o las autopistas en Nueva York, no sólo tienen que ser la excepción, sino que es necesario hacerlas lo más urbanas posible. Es decir, insertas e integradas en el tejido urbano por su función y por su diseño.

Un adecuado tratamiento de las calles y vías urbanas supone tener criterios para distinguir y tratar de forma diferente calles ordinarias, pasajes, ca-

Bogotá, Avenida Jiménez: la recuperación de la calle como espacio público de cualidad, un proyecto excelente del arquitecto Rogelio Salmona.

lles mayores o ramblas, bulevares o avenidas, autovías urbanas o autopistas... Siempre es necesario garantizar la polivalencia de uso como espacio público y su accesibilidad articulándola con la red viaria de la ciudad, lo cual también es válido para las plazas, los entornos o espacios de transición vinculados a grandes equipamientos y parques urbanos.

En cuanto a las infraestructuras, éstas generalmente han sido consideradas agresiones inevitables al espacio público ciudadano o no han estado tratadas para otros usos que el específico de su función: redes de servicios (energía, agua, teléfono, etc.), infraestructuras y sistemas de transporte colectivo (desde las estaciones hasta las paradas da autobús). Es interesante ver el tratamiento y la reconversión de áreas ferroviarias, puertos, canales y viaductos, cuarteles e industrias obsoletas que se realizan actualmente [30]. Este tipo de intervenciones se deben extender también a los accidentes topográficos. Es necesario ver en estos elementos oportunidades y no obstáculos para el desarrollo de la ciudad y de la calidad de vida [31].

Por lo tanto, la cultura del espacio público nos lleva a considerar que todos los elementos que conforman el espacio físico urbano se pueden y se deben tratar con un uso polivalente y positivo, sacando ventajas y rendimientos en beneficio del espacio público.

Espacio público y la forma de la ciudad

El hecho de que el espacio público sea el elemento determinante de la forma de la ciudad ya es razón suficiente para atribuirle el rol ordenador del urbanismo y en primer lugar de la trama urbana.

La relación de la calle con la mezcla de usos ha dado lugar a la manzana o isla. Ésta caracteriza la forma urbana de muchas ciudades europeas y americanas, y en el caso de ciudades que han podido planificar su desarrollo ha dado lugar a formas regulares como la cuadrícula. La trama cuadriculada es un ejemplo especialmente afortunado de mezclas de funciones y de usos, ya que permite la combinación de diferentes modos de circulación, de los peatones a los vehículos rápidos, crea espacios públicos de trayecto y de encuentro, donde se pueden instalar actividades efímeras o permanentes, establece una relación dinámica entre la calle y el espacio edificado y posibilita diferentes formas de espacios de transición, como explanadas, patios, manzana abierta, pasajes, terrazas, porches y otros.

La trama urbana y el espacio público se condicionan mutuamente y tienen que responder por tanto a concepciones compatibles. Obviamente otras formas distintas de la cuadrícula y la manzana son posibles y convenientes, siempre que se evalúen los efectos que estas formas, por ejemplo los polígonos, los edificios altos discontinuos, etc., tendrán sobre el sistema de espacios públicos y se corrijan o reduzcan los eventuales efectos perversos que puedan provocar.

Otros elementos de la forma urbana que condicionan los espacios públicos son los grandes ejes, las grandes plazas y los parques urbanos, que a menudo son productos de la historia urbana pero también de decisiones urbanísticas relativamente recientes que no siempre tienen en cuenta los impactos sobre la trama y los espacios públicos del entorno. Es decir, que pueden tanto unir como separar, ser un importante elemento de animación urbana como crear desierto a su alrededor o ser ellos mismos un desierto. Los monumentos que generalmente se hallan situados en estos espacios son elementos de referencia, que marcan diferencias o atribuyen identidad, es decir, significantes, pero su exceso lleva también a banalizar su significado.

También es necesario citar las grandes piezas especializadas, como son los centros comerciales, las universidades y grandes equipamientos culturales, las áreas deportivas, los templos religiosos, las nuevas estaciones ferroviarias y otros. Estos equipamientos pueden generar espacio público nuevo o animar el que existe o todo lo contrario, es decir, vaciarlo, introducir rupturas o soluciones de continuidad a la red urbana que debiliten el sistema de espacios públicos[32]. En el punto anterior ya nos hemos referido a las infraestructuras de comunicación (vías rápidas, ferrocarriles), y la experiencia reciente demuestra que en vez de agresión al espacio público pueden ser un elemento cualificado de éste (la ronda de Barcelona, el tranvía en muchas ciudades europeas, etc.).

Las grandes operaciones homogéneas de vivienda a menudo suman tres impactos negativos: homogeneización social, segregación urbana y debilidad del espacio público.

Otro «producto urbano» son los parques de oficinas, empresariales o de centros administrativos, que, a pesar de las posibilidades que podrían ofrecer, muy frecuentemente niegan el espacio público ciudadano. Son necesarias normativas que introduzcan diversidad en los usos con viviendas, reservando las plantas bajas para bares y restaurantes, comercios y equipamientos culturales. Una perversión reciente del urbanismo es la introducción de edificios altos y aislados en tramas equilibradas, como la cuadrícula, en nombre de la creación de espacio público cuando se trata de aparcamientos o de espacios exclusivos, a veces enrejados, que introducen rupturas en el espacio público preexistente. Por no hablar de los famosos parques temáticos, discutibles en ámbitos metropolitanos y aberrantes en áreas urbanas densas.

Estrasburgo: el tranvía como elemento de transporte que cualifica el espacio público.

Una consideración especial merecen, finalmente, los espacios de transición, es decir, aquellos que se sitúan entre privados y públicos, o los generados por el impacto o el vacío de un equipamiento o una infraestructura sobre su entorno, o espacios residuales producidos por las formas del desarrollo urbano. Si vemos estos espacios como oportunidad, nos daremos cuenta de que en la ciudad actual las posibilidades de crear espacios públicos calificados son inmensas, bien como espacios públicos permanentes, bien como oportunidad para el urbanismo «efímero».

El siglo XIX fue un siglo de destrucción-construcción de la ciudad como espacio público. Con perspectiva histórica podemos concluir que nos dejó en herencia una cierta síntesis entre Haussmann y Cerdà, que por momentos pareció que podría haber sido asumida y superada por el movimiento moderno para hacer la ciudad a otra escala. ¿Podríamos concluir entonces que el siglo XX nos ha dejado una síntesis entre Sitte y Le Corbusier? ¿Acaso no se han acumulado las dicotomías entre el «passeismo» de Leon Krier y el príncipe de Gales y la ciudad genérica de Rem Koolhaas y la arquitectura de «productos»? ¿Hemos resuelto ya la ciudad del siglo XX para poder confrontarnos con los nuevos retos de la ciudad del siglo XXI? Parece evidente que hoy, más que de síntesis, podemos hablar de una dialéctica de contrarios, entre dinámicas sociales y territoriales y entre culturas urbanísticas.

Es decir, hay que asumir los desafíos de la ciudad de la sociedad de la información, dispersa e informacional, más regional que metropolitana, en tensión entre la desestructuración y la policentralidad, que hoy se extiende sobre las ruinas de la ciudad moderna y por las periferias. Asumir los desafíos con intención de dar respuestas y con la modestia de darlas con incertidumbre, con audacia para experimentar y con humildad para admitir los errores.

La presión de la dispersión, la segregación y la segmentación del área urbana que se presenta como un magma indefinido nos obliga a redefinir los espacios públicos urbanos en las áreas de nuevos crecimientos. Es decir, recuperar la dimensión simbólica para identificar los espacios urbanos como referencias ciudadanas, hacer de los espacios de conexión o nodales lugares con sentido, hitos cívicos, atribuir a las áreas de nueva centralidad características del lugar central (monumentalidad, multifuncionalidad, intercambio, lugares de encuentro y de expresión). También es necesario mantener o hacer viviendas en las áreas con vocación terciaria, no excluir a la industria de las zonas residenciales, limitar y penalizar las operaciones que formalicen guetos para garantizar la polivalencia, la mezcla y la visibilidad de cada zona de la ciudad. A su vez estos valores y objetivos orientadores de las políticas urbanas deberían ser asumidos por los agentes sociales y económicos, públicos y privados, de manera que se garantizara el máximo de articulación entre los «productores de ciudad» [33].

BOX 4.1

La ciudad emocional

J. B.

«No me importa quién haga las leyes de un pueblo si yo puedo escribir sus baladas», citaba Borges. No hay duda de que las normas legales son tan importantes como excesivas, expresan tanto el poder de los fuertes como la oportunidad de justicia para los débiles. Pero la vida ciudadana no se rige sólo por normas formales, sino también por pautas implícitas, por valores y por sentimientos más o menos compartidos. Esta dimensión emocional se expresa en la ciudad, por medio de la toponimia, de los monumentos, de los colores, de las formas en general, del paisaje urbano. No debe sorprendernos que la arquitectura de la ciudad despierte interés, pasión y polémica, pues los ciudadanos intuyen que su estado de ánimo va a depender un poco de ello. Y tampoco es un capricho que los poderes de cada época hayan querido marcar el territorio con símbolos de su autoridad. Y así heredamos nombres de calles y plazas, monumentos y estatuas, edificios-fortaleza y tantos elementos urbanos que nombran el poder: militares y políticos, iglesia y hacendados (incluso negreros como Antonio López), etc. Ya sé que en épocas recientes se suprimieron y recuperaron algunos nombres, se olvidaron algunos obeliscos y se multiplicaron espacios y edificios públicos con vocación democrática. La Barcelona de Cerdá lo facilitaba, la trama ortogonal contribuye al orden y a la igualdad en la ciudad. La ciudad se hizo más hospitalaria y significante, calles y plazas más protectoras, fachadas y monumentos más amables, el paisaje urbano más acogedor. La economía capitalista es insensible, la democracia formal frígida, la ciudad nos transmite calidez y cordialidad. Los debates actuales sobre los rascacielos y las explanadas de cemento (12 ha la «plaza» del 2004), sobre la plaza de las Glorias y el futuro del Poble Nou expresan mucho más de lo que se dice. Es el temor difuso a una ciudad inhóspita, hecha de elementos fríos y de espacios deslavazados, a una ciudad que destruya memorias y no genere emociones.

BOX 4.2

Equipamientos culturales y espacio público

J. B. y Z. M.

El espacio público ciudadano no es un espacio residual entre calles y edificios. Tampoco es un espacio vacío considerado público simplemente por razones jurídicas. Ni es un espacio «especializado», al que se ha de ir, como quien va a un museo o a un espectáculo. Aun así, los equipamientos culturales tienen la capacidad potencial de ser espacios públicos, capacidad que dependerá de la relación que establezcan con el tejido urbano, de su apertura y de la creación de espacios de transición para que sean espacios públicos ciudadanos. La relación espacial que establecen los equipamientos culturales urbanos con sus entornos físicos y sociales es una oportunidad para mejorar áreas urbanas, y en este sentido un equipamiento cultural debe ser multifuncional, debe cumplir su tarea específica pero también debe potenciar su uso y el uso del área circundante como espacio público.

En un encuentro celebrado en París (La Villete, 1996) se expusieron un conjunto de operaciones y su impacto sobre el entorno. Un conjunto bastante significativo, pues comprendía, además de París (La Villete y Pompidou), Londres, Johannesburgo, Dublín, Montreal, San Francisco, Nueva York, Leipzig, Liubliana, Marsella, Estrasburgo, Túnez, Vitoria, Barcelona, etc.

A pesar de la heterogeneidad de estos equipamientos y de la diferencia de contextos ciudadanos en los que se inscriben, aparecen elementos comunes interesantes, sobre todo teniendo en cuenta que se seleccionaron solamente experiencias exitosas.

Localización. El entorno degradado o periférico no representa en ningún caso un obstáculo insuperable, incluso en las ciudades o zonas más difíciles. Ejemplo de ello son los casos de Johannesburgo, de Marsella o de Ciutat Vella en Barcelona. En general no resulta difícil garantizar la accesibilidad, así como la seguridad del interior y del entorno inmediato. Ahora bien, cuanto más pobre o deteriorado sea el entorno, más fuerte y de mejor calidad tiene que ser la arquitectura, como factor de atracción, de identidad y de prestigio (por ejemplo el Centro Pompidou en París, MACBA en Barcelona o CPC —centros de participación cívica— de Córdoba, Argentina, entre otros).

Multifuncionalidad. Cuanto más diversificada es la operación, más posibilidades de éxito. La oferta cultural convencional (museo, exposi-

Londres, perspectiva de la Tate Modern: una reconversión afortunada (Herzog y de Meuron) de una central eléctrica en equipamiento cultural que cualifica el entorno.

ciones, espectáculos, etc.) casi siempre va unida a espacios interactivos y de creatividad, a centros de formación, a talleres y comercios, etc. En algunos casos se integran servicios de carácter social o administrativo. En otros se realizan operaciones paralelas de oficinas y viviendas. O de servicios de comunicación y transportes. O equipamientos turísticos, hoteles, restaurantes, etc. Es importante la existencia de espacios de transición, abiertos al entorno (es decir, sin controles de acceso ni elementos formales disuasorios) pero articulados (contigüidad, mantenimiento) con el equipamiento cultural.

Públicos objetivo. En casi todas las operaciones se encuentran en proporciones diversas públicos distintos: el del entorno social inmediato, el destinatario de la oferta principal (por ejemplo estudiantes, como en el caso de la Universidad Pompeu Fabra en Ciutat Vella, en Barcelona), el del conjunto de la ciudad o región o el turístico. Según cuál sea el tipo de público que predomine, el impacto sobre el entorno será distinto, pero siempre es un factor de animación de la vida urbana.

Gestión. La gestión y el financiamiento son —salvo raras excepciones— públicos o mixtos. El sector público (local o estatal) desempeña casi siempre un rol motor indispensable. Pero también son cada vez más frecuentes las fórmulas de partenariado, así como distintos mecanismos para facilitar la participación ciudadana, en especial de los colectivos sociales interesados o hacia los cuales se practica una política de integración.

Impacto sobre el entorno. Es obviamente muy variable. Pero casi siempre se aprecian impactos positivos de imagen de la zona, de rehabilitación urbana, de mejora de los servicios públicos y de la seguridad, de aparición o modernización de actividades económicas (comerciales especialmente), de sensibilización de una parte de la población residente a la oferta cultural, de autoestima. En algunos casos hay un impacto significativo sobre el empleo, pero es menos frecuente. Hay otros impactos más discutibles o contradictorios, como la «gentrificación» (la zona se pone de moda y es ocupada parcialmente por sectores de altos o medianos recursos, desplazando a la anterior población) o la terciarización más moderna que progresivamente hace perder al área su carácter residencial popular característico.

Seguridad ciudadana. Poco a poco se ha ido superando la idea de que la única garantía de proporcionar seguridad es hacer de estos equipamientos un búnker con aparcamiento incluido. Las experiencias más exitosas han demostrado, por el contrario, que una concepción más abierta y participativa no solamente crea una mayor seguridad en el interior, sino que expande seguridad en los entornos inmediatos, en la medida en que vigoriza el uso de los espacios públicos, estimula actividades comerciales y facilita una mayor relación de los habitantes de la zona con el equipamiento. Lo cual no quiere decir que se pueda prescindir de medidas y de cuerpos de seguridad. Pero sí que la mejor manera de crear ambientes seguros es generar procesos de complicidad con los colectivos del entorno. Los espacios de transición, antes citados, son casi siempre el test de la seguridad.

Imagen de la zona y de la ciudad. Como conclusión podemos decir que no es suficiente con colocar un buen equipamiento cultural para posibilitar un espacio público rico, diverso y múltiple. Las relaciones y posibilidades de uso son facilitadas o negadas desde los proyectos arquitectónicos. Los edificios «autistas», cerrados en sí mismos, le roban energía y vida a la ciudad a cambio de una imagen. La tendencia creciente a los objetos o «productos urbanos» va en detrimento de la calidad del espacio público y por tanto de la ciudad.

Los elementos impactantes, sin raíces ni relación con el entorno, no podrán perdurar más allá de lo que dure la novedad. Esta tendencia considera la arquitectura y el urbanismo bienes de consumo que, como tales, no buscan su perdurabilidad ni su uso real, sino simplemente la imagen mediática.

Tomando dos ejemplos concretos, podemos citar en positivo el ejemplo del Museo Guggenheim de Bilbao, que no sólo conforma un hito urbano de indudable efecto, sino que la resolución de las relaciones de diferentes escalas, desde la visión rápida y lejana de los automovilistas hasta la relación con el acercamiento peatonal, favorece la utilización de su entorno y de los espacios intermedios como extensión urbana sobre la ría recalificando un área intersticial de la ciudad, un espacio con potencialidad de centro urbano.

No sucede lo mismo con el Museo de Bellas Artes de Castellón, una hermosa caja «fuerte» que ha sido una oportunidad perdida para potenciar y crear un espacio público de relación cívica. El proyecto apuesta por dos elementos de relación urbano-arquitectónica. Uno de ellos, el acceso, está bien resuelto a través de un patio cuadrado en la esquina del solar, con amplias aperturas a las calles que lo convierten en potencial plaza pública. Aquí se aprecia toda la fuerza del proyecto, el volumen estricto de las salas de exposiciones, la palabra «Museo», que en forma de escultura minimalista conforma parte del límite de este espacio y relaciona espacial y visualmente la calle con el interior del edificio. El otro elemento de relación urbana es la configuración espacial de una calle peatonal entre el museo y una biblioteca preexistente. La resolución de este espacio lo ha dejado simplemente como espacio vacío, ya que la respuesta del museo es una pared ciega enfrentada al muro de límite del recinto bibliotecario. Lo que podría haber sido un espacio peatonal que viviera a partir de la sinergia creada por ambos edificios culturales es un espacio para la fotografía. La plantación de palmeras, la utilización de empedrado de granito y la repetición del mecanismo cromático inspirado en las búsquedas minimalistas ya ensayadas en el atrio no son suficientes para crear un espacio público con capacidad de generar vida ciudadana.

La apropiación de los equipamientos y espacios no siempre es inmediata, y la gente ha de habituarse a los nuevos componentes de su cotidianeidad, como ha pasado en Barcelona con la Plaça dels Angels y el

MACBA. En este caso un edificio que resultaba extraño ha sido ganado gracias a la transparencia de su fachada, que genera una especie de continuidad espacial reforzada por la gestión del museo, que permite el uso de sus plataformas como espacio público.

Barcelona, MACBA: edificio emblemático (Richard Meier), regeneración centro histórico a partir del equipamiento cultural.

BOX 4.3

Uso del espacio en el área metropolitana de Barcelona

Extraído y traducido por M. I. del trabajo de Oriol Nel·lo
«Ús de l'espai», de la Encuesta Metropolitana de Barcelona, 2002.

Dispersión, integración y especialización son las tendencias dominantes en la articulación del territorio de la provincia de Barcelona integrado en las dinámicas metropolitanas, según el análisis que permite la nueva edición de la Encuesta Metropolitana.

La población de la región metropolitana de Barcelona se ha caracterizado por su carácter concentrado y por una movilidad residencial reducida (que se explica por la rigidez del mercado de la vivienda y la importancia de las redes de relación y solidaridad familiar y vecinal). Sin embargo, esta característica tiende a modificarse. La población del ámbito barcelonés tiene cada vez mayor tendencia a cambiar de residencia y a hacerlo a mayor distancia de su domicilio inicial. Los protagonistas de estas modificaciones son en su mayoría personas jóvenes, con niveles de ingresos y estudios superiores a la media, y fluyen sobre todo del centro al entorno metropolitano y de los municipios más densos y poblados a los más pequeños y de mayor dispersión. Son migraciones intrametropolitanas que transforman decisivamente la distribución de la población sobre el territorio metropolitano. En esta situación Barcelona se queda con un saldo migratorio negativo (por cada uno que entra se van cuatro), mientras que en la primera corona los movimientos se compensan, y la segunda con un saldo muy positivo compensa las pérdidas de la ciudad central. Esta descentralización va acompañada de un proceso de dispersión de la población, ya que los municipios con menos de 50.000 habitantes son los receptores del 60 por ciento de los cambios de residencia. El motor de estos desplazamientos intrametropolitanos está asociado al mercado de la vivienda.

Por otro lado, durante el siglo XX la actividad económica de la región metropolitana también se ha caracterizado por la concentración sobre el territorio y el predominio de la industria. Hoy hay mayor dispersión tanto en los lugares de trabajo como en los de residencia de quienes los ocupan, y el peso de la industria ha caído por debajo del 30 por ciento. Esto hace que el entorno metropolitano aumente su peso relativo sobre la ciudad central y que la terciarización se encuentre más avanzada en Barcelona ciudad que en su entorno inmediato, mientras que la ocupación industrial resiste mejor en la segunda corona.

Así como las tendencias dominantes en la estructuración de la población son la descentralización y la dispersión, también caracterizan la nueva disposición de los lugares de trabajo sobre el territorio metropolitano. La ocupación radicada en la ciudad de Barcelona continúa perdiendo peso relativo respecto a la localizada en el resto de la región (del 45 al 41 por ciento): la primera corona aumentó su participación del 22,8 al 23,8 por ciento, y la segunda pasó del 32,3 al 35,1 por ciento.

La dispersión de la población y de los lugares de trabajo sobre el territorio conlleva la expansión de las redes de relación metropolitanas y una interrelación cada vez más estrecha del espacio. Así aparece una especialización de funciones de cada área y cada municipio en relación al conjunto de la gran ciudad metropolitana. Esta creciente integración del espacio metropolitano implica un uso extensivo por parte de los ciudadanos, hasta el punto de que sólo uno de dos de quienes trabajan lo hacen en el municipio de residencia. Pese a esto, se debe destacar que Barcelona ciudad, centro económico del área, tiene un peso relativo muy superior sobre el conjunto de los lugares de trabajo del área al que le correspondería en relación a la población residente (41 por ciento de lugares de trabajo, 31 por ciento de trabajadores residentes): en la primera corona se da el proceso inverso (31 y 23,8 por ciento respectivamente), y la segunda refleja un equilibrio. Es decir, los ciudadanos trabajan cada vez más fuera del propio municipio.

En definitiva, con la dispersión, integración y especialización, los ciudadanos realizan sobre un ámbito más amplio, supramunicipal, funciones que antes estaban acotadas a un territorio más reducido.

Empujados por el mercado inmobiliario, por cambios en los requerimientos de la producción y por las mejoras de infraestructuras y tecnológicas, los ciudadanos conciben cada vez más el territorio metropolitano como un ámbito de mercado integrado pero bastante autocontenido todavía, por lo menos en lo que respecta a la elección del lugar de residencia y a la movilidad laboral.

BOX 4.4

La auditoría urbana

Mireia Belil

La auditoría urbana tiene su origen en la preocupación generalizada por conocer en profundidad las diferencias entre la calidad de vida que gozan o sufren los habitantes de distintas ciudades de Europa.

La necesidad de medir, comparar, controlar y evaluar la evolución de la vida en las ciudades es una preocupación que ha hecho correr muchos ríos de tinta. Existe una demanda creciente de evaluaciones de la calidad de vida en las ciudades europeas; tal demanda proviene tanto de quienes toman decisiones políticas como de diferentes agentes involucrados en la problemática urbana. La Unión Europea, a través de la Dirección General REGIO, lanzó la primera iniciativa europea de recogida y análisis de información sobre ciudades para la evaluación de la calidad de vida. Para respaldar acciones futuras y afinar la puntería en cuanto a prioridades, se necesita información global homogénea sobre el conjunto de ciudades de los estados miembros. La auditoría urbana ha intentado crear un instrumento para la evaluación y el diagnóstico de la calidad de vida en las ciudades a partir de información comparable de ciudades, aglomeraciones y barrios. El conocimiento de las zonas urbanas europeas es un factor esencial para mejorar la gobernabilidad de las ciudades y su posicionamiento relativo en el sistema urbano europeo y evaluar la evolución de su cohesión social.

La auditoría urbana recoge por primera vez indicadores de la «calidad de vida» en 58 de las mayores ciudades europeas. Estos indicadores están dirigidos a las propias ciudades, sus dirigentes, altos técnicos y políticos de la Comisión, y a todos aquellos que intervienen en el ámbito urbano.

Gracias a los datos recopilados, y tras su depuración y mejora, se podrán perfilar las políticas comunitarias de ayuda a las ciudades, así como autoevaluar la evolución y posicionamiento de un núcleo urbano determinado. Algunos indicadores muestran resultados elocuentes que expresan las características básicas del sistema urbano europeo:

— La proporción de la tercera edad aumenta en mayor grado en las ciudades estudiadas que en el ámbito nacional. La proporción de jóvenes ha descendido.
— La proporción de extranjeros aumenta. Sólo la tercera parte de ellos es de origen comunitario.
— Aumentan las personas aisladas y los hogares monoparentales.
— En la mayoría de las ciudades el desempleo está por encima de la tasa nacional.
— El índice de pobreza arroja una media del 23 por ciento de los habitantes que viven con menos de la mitad de la renta media nacional.
— Las tasas de mortalidad infantil disminuyen, pero siguen por encima de las tasas nacionales.
— El índice de delincuencia es mucho más alto en las ciudades que a escala nacional.
— La crisis del empleo en el sector industrial se ve casi compensada por el aumento de éste en el sector servicios. El empleo femenino aumenta considerablemente.
— En la mayoría de las ciudades, el PIB es más alto que la media nacional.
— La participación electoral es relativamente escasa y está disminuyendo. Aumenta el número de mujeres elegidas.

— Sólo el 22 por ciento de los desplazamientos está relacionado con el trabajo. El uso del transporte público es escaso y disminuye.

— Aumenta la contaminación de origen automovilístico (O_3) y disminuye la producida por la actividad industrial (SO_2). Decrece el consumo de agua en los núcleos urbanos.

— Los habitantes van diez veces más al cine que a los conciertos.

— Las diferencias entre barrios de una misma ciudad suelen ser mayores que entre las propias ciudades estudiadas, y muestran problemas de cohesión interna importantes, lo que cuestiona las decisiones tomadas únicamente en función de las medias.

La auditoría urbana se realizó entre mayo de 1998 y septiembre de 1999. Los indicadores se refieren a los aspectos socioeconómicos, de medio ambiente, docentes y educativos, de ciudadanía, de cultura y de tiempo libre.

En la actualidad se está realizando una extensión de la auditoría urbana sobre la situación económica y social de las áreas urbanas de la UE, realizada en 2000, de modo que incluya también ciudades con un número de habitantes inferior.

Para más información, véase la web de la auditoría urbana (Urban Audit): http://europa.eu.int/comm/regional_policy/urban2/urban/audit/.

BOX 4.5

Desequilibrio territorial e insostenibilidad

Sintetizado por M. F. del texto de Jesús Leal Maldonado *Desequilibrio territorial e insostenibilidad: la Ampliación de la Castellana.*

No se caracteriza Madrid por ser una ciudad equilibrada. Sus desequilibrios son el resultado de un largo proceso histórico en el que se han desarrollado dos extremos paralelos, desde el Ensanche, con su ordenación geométrica, hasta los arrabales de Tetuán y Vallecas, con un desarrollo espontáneo e irregular, así como desde el norte, definido por el plan de 1943 como la cabeza de la ciudad, con los espacios velazqueños y los edificios de piedra, hasta el sur, definido por ese mismo plan como los pies de la ciudad, con los paisajes alcarreños y los edificios de ladrillo. Actualmente es una de las ciudades europeas más segregadas, con una diferenciación nítida entre sus espacios residen-

Madrid, Puerta de Europa: un monumento al mal gusto de la ostentación empresarial.

ciales que se manifiesta en la desigual composición social de sus habitantes y en la distancia de los niveles de renta existentes entre el norte y el sur.

Este desequilibrio queda recogido en el que pretende constituirse en nuevo símbolo de la ciudad: las torres de KIO de la Plaza de Castilla, cuyo único atractivo es su inclinación. Pero amenaza con renovarse otra vez a partir del proyecto de urbanización de la estación de Chamartín, rebautizado con el nombre de Ampliación de la Castellana.

El proyecto Chamartín nace en 1992 con un encargo de RENFE para una zona de 62 ha constituida en su mayoría por espacios ferroviarios de poco uso y por zonas circundantes de escaso aprovechamiento que podían ser revalorizadas urbanísticamente a partir de los efectos generados por la propia estación. La estrategia de RENFE era aprovechar una parte de su patrimonio de suelo que por el crecimiento urbano y por la nueva organización del transporte ferroviario pasaba a tener un atractivo de centralidad que replanteaba su función previa y empujaba a recibir otras funciones urbanas.

El proyecto inicial de urbanización de la estación de Chamartín y sus aledaños es reconsiderado posteriormente con una ampliación notable de la zona. La superficie incluida en el proyecto se multiplica por cinco a base de incorporar nuevos espacios, una parte de ellos ocupados con otros usos, incluso con viviendas. En el nuevo proyecto presentado por Bofill se actúa sobre una zona de 320 ha. La operación de la estación de Chamartín se reconvierte en la operación de «Ampliación de la Castellana», imitando, con más de treinta años de diferencia, el modelo parisino de prolongación de los Champs Élysées hasta la Défense, pero sin la perspectiva lineal de éste, que constituye su máximo atractivo. La propuesta tuvo una acogida positiva entre los actuales regidores de la ciudad, que le dieron su aprobación, probablemente concernidos por la búsqueda de elementos de grandiosidad distintiva que pudieran reforzar la imagen de una ciudad más bien pobre en símbolos de identidad como es Madrid.

El proyecto resultante supondría la edificación de 3,3 millones de m², con 20.000 viviendas de lujo (a un precio medio del metro cuadrado que puede rondar 4.800 euros) y más de millón y medio de metros cuadrados de espacio productivo, capaces de concentrar cerca de 180.000 puestos de trabajo de oficina.

Tres son las cuestiones que se plantean al enfrentarse con un proyecto de esta envergadura. La primera es la de sus efectos sobre la estructura de la ciudad. La segunda es la de sus repercusiones sobre el mercado inmobiliario, y en concreto sobre su propia estrategia territorial, que exige una distribución adecuada de los recursos existentes y la promoción de un equilibrio social y residencial del que Madrid tiene serias deficiencias. Finalmente, la tercera tiene que ver con la calidad urbana de los espacios resultantes, tanto de los espacios residenciales como de los espacios de oficina.

La operación trata de prolongar el eje de la Castellana más allá de sus límites actuales, propiciando un cambio considerable en la estructura urbana madrileña al establecer un nuevo impulso lineal frente a unas tendencias de crecimiento concéntrico.

La nueva centralidad periférica del espacio de oficinas de Madrid que implica este proyecto es tanto más inquietante cuanto que todo indica que la lógica de localización de las oficinas está cambiando para seguir pautas propias de las ciudades de Estados Unidos, donde se desarrollan las ciudades periféricas (*edge city*) con una concentración de oficinas situadas en los extremos de la aglomeración urbana.

El segundo problema que suscita el proyecto va más allá que la imagen urbana y afecta seriamente a la propia estructura funcional de la

Madrid, zona empresarial: el terciario como forma de hacer ciudad segregada en la periferia.

ciudad. Actualmente el crecimiento inmobiliario y poblacional se produce mayoritariamente en el sur de la ciudad. El proyecto supone un desarrollo del espacio productivo justo en el lugar opuesto al de mayor expansión residencial, incidiendo en el aumento de los desplazamientos de una parte notable de la población metropolitana.

Hay que tener en cuenta que en la actualidad, en torno al emblemático eje de la Castellana, en los siete primeros distritos que constituyen la denominada «Almendra» madrileña, se localizan una parte importante de los puestos de trabajo de la Comunidad, hasta el punto de que por cada trabajador residente en esa zona de un millón de habitantes existen dos puestos de trabajo, lo que supone el 43 por ciento del total de los puestos de trabajo de la región. En contraste con esta situación, en el sur los puestos de trabajo no llegan a cubrir la mitad de los trabajadores existentes (sin contar a los parados), lo que provoca movimientos masivos diarios de población hacia las zonas de mayor concentración de actividades, que se traducen en problemas de tráfico difíciles de resolver. El 27 por ciento de los trabajadores del sur se desplazan diariamente para trabajar en la «Almendra».

El resultado será un aumento del tiempo de transporte y del coste de acceso al trabajo, contradiciendo los principios más elementales de un urbanismo sostenible y contribuyendo a incrementar una distribución desigual de los empleos en una de las ciudades europeas con mayores índices de segregación social. Diferenciación que supone a largo plazo un aumento de las tensiones sociales, una mayor insolidaridad y un incremento de la inseguridad.

Habría sido deseable que en este caso se hubieran propuesto actuar en zonas deprimidas que se trataba de revalorizar. Para ello se contaba en Madrid con los polígonos industriales de Méndez Álvaro y Legazpi y con una serie de estaciones en desuso en el distrito de Arganzuela, o algo más allá, con los grandes espacios que los cuarteles dejan libre en el suroeste de la ciudad. Pero por desgracia la consideración de la integración social, de la sostenibilidad urbana y de la mejora de las condiciones de vida de todos los madrileños no tiene capacidad para contrarrestar la voracidad del nuevo urbanismo privatizado, en el que las pautas vienen marcadas por la rentabilidad de las operaciones propuestas por las grandes inmobiliarias con los operadores financieros que las sostienen.

Con este proyecto Madrid podrá contar con una ampliación de su oferta de espacio de gestión y de oficinas que le permita competir con sus ciudades rivales españolas y europeas, al reforzar su atractivo empresarial, pero tendrá que sufrir un mayor desequilibrio y un empeoramiento de la calidad de vida de buena parte de sus ciudadanos, a los que les tocará pagar el coste de esa forma desequilibrada de desarrollar la ciudad.

De cualquier manera, la envergadura del proyecto exigía un debate ciudadano a diversos niveles. Pero se ha hurtado la participación ciudadana, sin que haya habido un concurso ni una exposición pública del proyecto con suficiente difusión para suscitar sugerencias. Parece que ya no existe otro debate que el de la rentabilidad ni otros actores urbanos que las grandes empresas, que se convierten en los únicos interlocutores de la administración en lo que respecta al desarrollo urbanístico de la ciudad.

BOX 4.6

París, Bastille-Bois de Vincennes: una línea de ferrocarril
reconvertida en paseo verde

Nathan Starkman

La línea de ferrocarril de la Bastilla fue cerrada en 1969, después de la apertura de la línea A de la Red Regional Exprés (RER). Ello ha puesto sobre el tapete la cuestión del futuro de esta larga y estrecha infraestructura que atraviesa el este de París de forma sucesiva con viaductos, sobre terraplenes, a nivel de suelo y en túneles o en trinchera.

A comienzos de los años ochenta, el Atélier Parisien de Urbanisme (APUR), encargado de los estudios por la ciudad de París, propone crear un paseo original en el lugar de la línea férrea y arreglar sus alrededores.

La ciudad de París rescata entonces la infraestructura y en 1987 el Consejo de París aprueba el proyecto de reconversión sobre la base de los siguientes objetivos:

— Asociar el arreglo del paseo con la renovación de la parte en viaducto del antiguo trabajo ferroviario y la reutilización de los espacios bajo las bóvedas.
— Mejorar el medio ambiente y las relaciones con los barrios colindantes y desarrollar ciertos espacios alrededor del paseo.
— Aportar los elementos de unidad (mobiliario, plantaciones, tratamientos de suelos...) subrayando la continuidad del trayecto.
— Instalar una ciclovía donde el espacio lo permita.

La realización de la obra de este proyecto se ha escalonado entre 1994 y 1999.

Este paseo de la Bastilla al Bois de Vincennes (Philippe Mathieux, arquitecto; Jacques Vergely, paisajista) constituye hoy un espacio de recreo que ofrece cuatro kilómetros de ambientes asombrosos de gran contraste entre la ciudad y los paisajes.

En las proximidades de la Plaza de la Bastilla y de la nueva Ópera, el recorrido se desarrolla en más de mil metros sobre el antiguo viaducto de las vías férreas. Dominando la ciudad desde una altura de ocho metros, el paseo discurre por una calle central acentuada por jardines cerrados y plantados de tilos los cuales acompañan el ritmo de la arquitectura del viaducto. Las escaleras de acceso han sido instaladas en los estribos de los puentes que atraviesan las calles y en las instalaciones de servicios contiguas. El viaducto ha sido completamente rehabilitado (Patrick Berger, arquitecto) y sus 59 bóvedas forman el «Viaducto de las Artes», conjunto de locales para artesanos que se benefician de alquileres asequibles.

Más allá del viaducto, un antiguo terraplén, de 400 metros de largo, ha sido reemplazado por un edificio de la misma altura asegurando así la continuidad del paseo. Este edificio acoge las superficies comerciales. En cada uno de los extremos se sitúan los edificios de viviendas, más altos, que facilitan el paso del paseo a través de las aberturas.

El itinerario reencuentra rápidamente el nivel de la ciudad para atravesar cerca de 600 metros de jardín a lo largo de un paseo público, del nuevo barrio de Reuilly creado sobre la antigua estación de mercancías.

Al este de Reuilly el paseo, acompañado de una bici senda a lo largo de aproximadamente un kilómetro, a través de una sucesión de túneles acondicionados y de zanjas cuyos vacíos han sido transformados en jardines. El paseo reencuentra rápidamente el nivel de las calles, en un espacio protegido, para acabar en el bosque de Vicennes, uno de los dos grandes pulmones verdes de París.

Este original equipamiento asociando paseo, artesanía y comercio es hoy muy frecuentado; está en camino de convertirse en el mayor centro de animación del este de París.

BOX 4.7

París, los Champs-Élysées: la rehabilitación de una avenida prestigiosa

Bernard Huet

La avenida de los Champs-Élysées es sin duda una de las vías urbanas más prestigiosas del mundo; es igualmente un lugar tradicional de grandes manifestaciones oficiales o festivas y un paseo para los parisinos. No obstante, a finales de los años ochenta su reputación estaba empañada por el paso del tiempo y el intenso uso cotidiano. A la invasión de los coches aparcados se unía la anarquía de las terrazas y los cafés y la del mobiliario urbano, como también las restauraciones sucesivas del suelo.

Para detener este proceso de degradación el alcalde de París creó en 1989 la Misión Campos Elíseos (Mission Champs-Élysées), dirigida por Pierre-Yves Ligen. El plan de puesta en valor de la avenida, definida por la Misión, apunta a la vez sobre el espacio público, sobre las construcciones y sobre las actividades. Para transformar el espacio de la avenida (70 metros de ancho en un kilómetro de largo), el plan propone:

— La supresión del estacionamiento en las alamedas (autorizado desde 1939, de la rotonda de los Champs-Élysées a la Place de l'Étoile), asociado a la construcción de un estacionamiento subterráneo.
— El ensanche de 7 a 21,5 metros de cada una de las aceras y la plantación de una segunda hilera de árboles que devuelva a la avenida su configuración original.
— La refacción del revestimiento de las aceras.
— La reorganización y mejora del mobiliario urbano.

Para preservar la calidad de las fachadas construidas y la animación, se han avanzado algunas medidas más:

— La definición de una nueva reglamentación concerniente a la publicidad, los rótulos, las vitrinas y escaparates y los colores de las persianas.
— La elaboración de normas para mantener o fomentar actividades que redunden en la tradición y en el prestigio de la avenida (cines, hoteles...).
— La protección como monumentos históricos de la mayoría de las construcciones, testimonio de la memoria de los Champs-Élysées.

Este plan fue puesto en marcha a partir del año 1990.

El proyecto de nuevo tratamiento del suelo (Bernard Huet, arquitecto), elegido tras una consulta, fue realizado entre 1992 y 1994. El nuevo diseño marca la unidad y la continuidad de la composición. Las aceras han sido organizadas en dos partes que se distinguen por la naturaleza del empedrado y por el color del granito: por una parte la alameda peatonal, ordenada con dos hileras de árboles, y por otra el espacio comprendido entre los árboles y los edificios, dividido a su vez entre el paso de los vehículos de seguridad y la zona de extensión de las terrazas cubiertas de los cafés. La distribución del pavimento integra los árboles existentes, las salidas y las ventilaciones del metro, el mobiliario urbano y las salidas de emergencia de los estacionamientos, todo lo cual se adapta también a la geometría variable de los cruces.

Las farolas diseñadas por Hittorf han sido conservadas y redistribuidas. Las grandes lámparas, los bancos y los semáforos han sido reemplazados por una nueva gama de mobiliario urbano diseñada por Jean-Michel Wilmotte.

La rehabilitación de los Champs-Élysées es parte de un proyecto particularmente ambicioso de actuación pública llevado a cabo en los años ochenta y noventa a lo largo del gran eje histórico del oeste de París: el arreglo del Gran Louvre, con la valoración de los jardines del Carrusel y de las Tullerías, la restauración del Arco del Triunfo, la cobertura de la avenida de Neully y la construcción del Gran Arco de la Défense.

París, Champs Élysées: el proyecto de Bernard Huet ha hecho de la avenida de los negocios un gran espacio ciudadano, polivalente y multicultural.

BOX 4.8

Nueva York: espacio público en la ciudad

Tom Angotti

La ciudad de Nueva York tiene menos espacio público por persona que todas las ciudades grandes de los Estados Unidos, a pesar de lo cual se está eliminando paulatinamente el poco espacio público que existe. El ex alcalde de Nueva York Rudoph Giuliani, ferviente defensor de la magia del mercado libre y la privatización, ha impulsado este proceso con varias iniciativas.

En 1999 el alcalde quiso vender más de 125 jardines populares a las inmobiliarias, pero gracias a una lucha de los usuarios de los barrios se salvaron los jardines cuando dos organizaciones no gubernamentales (ONG) los compraron. El gobierno está proyectando la construcción del decimoquinto campo de golf en terrenos públicos y sigue otorgando otras concesiones comerciales como restaurantes, estadios y otros centros privados de ocio en los parques. El parque público ahora está diseñado para restringir la estancia en él y promover el máximo movimiento de personas. Por ejemplo, en el muy galardonado Bryant Park en la calle 42 de Manhattan hay un restaurante y un café, muchas sillas movibles y pocas permanentes y vigilancia constante con cámaras escondidas y agentes de policía.

El espacio público más extenso y usado en Nueva York es la calle. La densidad de uso de las veredas en las zonas comerciales y en los barrios residenciales es testimonio de una calidad de vida pública que no existe en las otras ciudades norteamericanas, donde predomina el uso del automóvil privado y hay poco transporte público. Pero se está perdiendo este espacio. Cada año aumenta el uso del automóvil y los camiones. El director de Planificación Urbana de Nueva York acaba de proponer un aumento de los estacionamientos para coches. El aumento del tráfico sigue empeorando la calidad del aire en los espacios públicos. Gracias a las luchas de los grupos ambientales y los habitantes de los barrios, se están trazando algunas vías ciclistas y están mejorando las condiciones para los peatones, pero en general la prioridad oficial es para el uso del coche.

En la última década se han creado en las zonas comerciales organizaciones de propietarios con carácter jurídico *(Business Improvement Districts: BIDs)*, o Distrito de Promoción de Negocios, que se encargan de mantener el orden y la limpieza. En estas zonas los BID se han apropiado del espacio público y lo han convertido en centros comerciales donde el acceso está controlado y limitado según las necesidades de los comerciantes.

BOX 4.9

Roma: las estaciones

Maurizio Marcelloni

Las estaciones italianas cambiarán de apariencia y la Estación Termini de Roma representa la primera etapa de un proyecto de recalificación que abarcará otras grandes estaciones del país.

La estación es frecuentada cada día por 400.000 personas, 150 millones de personas al año.

El proyecto de reestructuración ha sido realizado sobre una superficie de 225.000 m², con un coste de 1 billón 650 euros. Termini ha cambiado mucho. La gran galería engomada que une las dos calles que la flanquean, vía Marsala y vía Giolitti, ha sido transformada por grandes paneles luminosos con los horarios de llegada y partida de los trenes y con ayuda del prado verde y con los grandes naranjos. Un foro para las compras de 12.000 m² con centenares de tiendas, y el ala Mazzoniana de 7.000 m² como puerta de bienvenida para los peregrinos del Jubileo transportada a su esplendor originario: revestida de mármol policromado, como quiso su diseñador Angiolo Mazzoni en el año 1925, inaugurada por Pío IX, es el símbolo más fuerte del renacimiento de la estación de Termini: una de las páginas más importantes de la arquitectura italiana de los años treinta les ha sido restituida a los romanos y albergará un museo en colaboración con el Ministerio de Bienes Culturales.

En cuanto al transporte, la obra más importante es el ACS, el sistema electrónico de control de gestión de tráfico ferroviario, que aumenta la capacidad de la estación de 580 a 800 trenes diarios, (como si se hubiesen construido diez *vías* más).

Se ha duplicado el número de taquillas, siendo además cien los puntos de venta, incluidas las máquinas electrónicas, que evitan las esperas. Han aumentado también los puntos de información para el público, con 240 monitores y nuevos tableros electrónicos actualizados en tiempo real.

De la estación partirá la *navetta* «Leonardo Express», que unirá sin paradas Termini-Aeropuerto Fumicino y que está en servicio desde el 31 de enero del 2000 con una frecuencia de 30 minutos.

En cuanto a la seguridad, se han colocado cámaras de circuito cerrado conectadas con la central de operaciones. Además, 400 policías y otros 40 guardias privados de seguridad garantizan la seguridad de los ciudadanos. El servicio le ha sido confiado a la POLFER, con 200 agentes, a los que se unen 40 carabineros y 20 guardias de Finanzas y Vigilancia Urbana. La vigilancia privada se sitúa en los puntos de unión con el metropolitano y las *vías*. Además, en las instalaciones antiincendio y en las subidas de gas, un estrecho control será posible gracias a las telecámaras y *tabelloni a led*.

La estación Tiburtina se convertirá en el principal nodo de intercambio ferroviario de Roma; confluirán en ella el tren de alta velocidad, el pendular, el tren metropolitano y la línea B del Metro.

La nueva estación, que estará lista en el 2003, cambia el paisaje urbano y reduce la separación entre los barrios producida por las vías. Será la primera estación elevada de Italia. Hasta ahora se ha construido la base sobre la que se apoyará el edificio, un coloso de acero y cemento de 176 metros por 45. Los trabajos, una vez terminados, albergarán taquillas, salas de espera y de negocios para los pasajeros. Además, una calle cubierta unirá los dos lados del barrio. También en el proyecto de ferrocarriles y ciudad *(Ferrovie e Comune)* está el nuevo recorrido de la ronda de circunvalación este, que rodeará la estación gracias a un nuevo puente al norte permitiendo la transformación en bulevar urbano del tramo que hoy atraviesa el barrio. El puente tendrá una longitud de 60 metros y costará 1 billón 200 euros. Para el proyecto se llamará a grandes arquitectos, como Santiago Calatrava o Renzo Piano.

También en el 2003 estará terminado el parque de diez hectáreas vecino a la estación. En el 2005 serán derribados los viejos elevados en la plaza de la actual estación y ésta se convertirá en un espacio para la práctica comercial, centros de la administración y servicios.

CAPÍTULO 5

DE LA URBANIZACIÓN A LA CIUDAD

La ciudad, entre la destrucción y la reconstrucción

Las diferentes presiones sobre la ciudad actual producen un triple proceso negativo: disolución, fragmentación y privatización.

Disolución de la trama urbana, por la difusión de la urbanización desigual y dispersa y el debilitamiento o especialización de los centros.

Fragmentación del tejido urbano y social, por extremar algunos supuestos funcionalistas que se expresan en la combinación de un capitalismo desreglado con la lógica sectorial de las administraciones públicas y producen la multiplicación de elementos dispersos y monovalentes en un territorio cortado por vías de comunicación:

> los no lugares ya no se interpretan como recipientes existenciales permanentes, sino que son entendidos como enormes focos de acontecimientos [...] no lugares definidos por la sobreabundancia y el exceso. Son siempre espacios relacionados con el transporte rápido, el consumo y el ocio [1].

Y privatización del espacio urbano, materializado en la generalización de guetos según clases sociales —desde los condominios de lujo hasta las favelas o asentamientos populares en sus diferentes versiones— y la sustitución de las calles, las plazas y los mercados por centros comerciales. El urbanismo de productos sometido al mercado, la obsesión por la competitividad y por el negocio inmobiliario, las demandas segmentadas de los grupos sociales orientadas por la diferenciación y la seguridad, la alianza entre grupos financieros-inmobiliarios, grandes estudios profesionales y autoridades políticas exasperan las dinámicas centrífugas de las ciudades. Es así como vemos aparecer pseudociudades a partir de parques temáticos y empresariales, o de barrios cerrados, siempre con infraestructuras al servicio del vehículo privado e individual. El nuevo paisaje se compone, entonces, de zonas de oficinas y, más allá, áreas segregadas de viviendas sin empleo, con plazas y monumentos enrejados, con calles sin gente. Además observamos con preocupación el surgimiento de comunidades conservadoras en las zonas de gueto, también en barrios de la ciudad hecha y equipada, cuyos miedos e intereses se resisten a los cambios y a las mezclas. Es el espacio público el que paga la factura de los «productos urbanos». Es el espacio público el que se resiente y, con él, toda la ciudad:

> [...] transformar el espacio público de la calle en un espacio comercial privatizado [...] tiene claros costos sociales en términos de acceso democrático y responsabilidad pública [...] la domesticación del espacio a través de la especialización y de privatización genera crecientes exclusiones sociales y acrecienta las desigualdades [2].

La tentación de dejar el desarrollo urbano a la supuesta libre competencia y a los valores económicos inmediatos del mercado es abrir un proceso degenerativo de la ciudad. El espacio público es «productivo» en términos sociales, culturales y cívicos. También, en una dimensión política, a mediano plazo, genera gobernabilidad y, en términos económicos, promueve la atracción y creación de nuevas actividades.

Los tres procesos mencionados (dispersión, fragmentación y privatización) se refuerzan mutuamente contribuyendo a la práctica desaparición del espacio público como espacio de ciudadanía [3]. Acentúan las desigualdades y la marginación, reducen la capacidad de integración cultural y la gobernabilidad del territorio, negando, finalmente, los valores universalistas vinculados con la entidad «ciudad». Es obvio que estas tendencias se contraponen al complejo «producto ciudad» (distinto de la «ciudad de productos» específicos), caracterizado por la densidad de relaciones sociales y por la mezcla de poblaciones y de actividades.

Sin embargo, contrapuestas a estas dinámicas desestructuradoras de la ciudad, actúan otras fuerzas y tendencias (re)constructoras. Frente a los factores económicos y técnicos, especialmente los progresos en el mundo del transporte y de las comunicaciones, que favorecen la dispersión, existen otros factores de signo contrario:

— La persistencia del capital fijo polivalente y el tejido de pymes y de empresas de servicios a las empresas.
— Los recursos humanos cualificados y centros de formación y de I+D.
— La imagen de la ciudad y la oferta cultural y lúdica que atrae cada vez más a los agentes económicos y a los profesionales (para invertir, trabajar o residir).
— La multiplicidad de oportunidades de trabajo (aunque a veces sean teóricas) y la posibilidad de «sobrevivir» en los medios urbanos densos.
— La diversidad de equipamientos y servicios y el ambiente urbano que demandan amplios sectores medios y la atención de los servicios educativos, sanitarios y sociales para sectores medios y bajos.

De esta manera, el «retorno» a la ciudad se verifica en muchas regiones urbanas. Colectivos que parecían irreversiblemente instalados en los suburbios prefieren la ciudad tanto a la hora de decidir su inversión como a la de elegir su trabajo o fijar su residencia. Paralelamente, los crecientes y diversificados movimientos migratorios tienden a concentrarse en las áreas urbanas densas por las mayores posibilidades de supervivencia.

Desde una dimensión más cultural y política, la ciudad, mito o realidad, aparece como el lugar de las oportunidades, de las iniciativas y de las libertades individuales y colectivas; el lugar de la privacidad y de la intimidad, pero también el de la participación política, la rebelión social y el autogobierno; de la innovación y del cambio. La ciudad es el continente de la historia, el tiempo concentrado en el espacio, la condensación del pasado y la memoria, es decir, el lugar desde donde se «inventan» los proyectos de futuro que dan sentido al presente. La ciudad es un patrimonio colectivo en el que tramas, edificios y monumentos se combinan con recuerdos, sentimientos y momentos comunitarios. La ciudad es, sobre todo, espacio público, y no parece que los que allí viven puedan renunciar a ella sin perder vínculos sociales y valores culturales, sin empobrecerse.

Finalmente, en este escenario de dinámicas contradictorias[4] deben ser las políticas urbanas (que implican a los responsables políticos, a los profesionales e intelectuales, a los agentes económicos y a los movimientos sociales) las que impulsen unas dinámicas y reduzcan la influencia de otras. Por eso los valores culturales y los objetivos políticos devienen la cuestión decisiva de nuestros presentes y nuestros futuros urbanos. Debemos plantearnos antes que nada cuáles son los valores que orientan nuestra acción, hacia dónde queremos ir y qué modelos de vida urbana proponemos a la ciudadanía [5].

Desafíos urbanos en el siglo XXI

La mundialización de la economía —que junto con la revolución informacional y la desaparición de los bloques geopolíticos configura la globalización— ha provocado una redistribución de cartas entre los territorios. Las ciudades y las regiones tienen una nueva oportunidad para una inserción competitiva o para quedarse en una relativa marginación. Esta oportunidad también se refleja en el interior de cada región o ciudad, o sea, que puede darse la misma situación: que predomine una dinámica integradora o fragmentadora, que crezca la cohesión o la exclusión. O, lo que es frecuente, que unas áreas participen activamente de los procesos globales y otras queden excluidas, aunque sufran sus efectos.

> Simultáneamente provoca un agravamiento de la exclusión social de grandes sectores de la población con su secuela de marginalización, violencia y desestructuración de pautas de convivencia. Esto se manifiesta en la emergencia de una ciudad escindida entre el denominado sector formal (centro y barrios) y el sector informal (extensas áreas periféricas anémicas y sin carácter, y las villas de emergencia) [6].

¿Cuál es hoy el espacio económico más significativo? Obviamente ya no es el del Estado-nación, cuyos márgenes para hacer políticas autónomas que marquen la especificidad del «territorio nacional» son cada día más reducidos. Actualmente las empresas no pueden determinar su competitividad sin un entorno favorable. Y las sinergias que determinan hoy la productividad y la capacidad de innovación se producen en la ciudad, o, mejor dicho, en el sistema urbano-regional, más o menos polarizado por una gran ciudad (aunque no siempre), que, a su vez, forma parte de un sistema de ciudades que pueden constituir un eje o una macrorregión.

Hoy se revaloriza la ciudad-región como espacio económico más significativo, pero al ser un espacio de geometría variable y de límites difusos está sometido a fuertes tensiones por los desequilibrios territoriales y sociales que en él se producen. Es más un espacio que un territorio, situación que plantea problemas de cohesión social, de identidad cultural y de gobernabilidad.

Un desafío de la globalización es desarrollar estrategias que configuren el espacio de la ciudad-región como territorio. La política urbana no hereda un territorio y debe enfrentarse a las dinámicas dispersas o sectoriales, que lo desestructuran en vez de construirlo.

Tanto las ciudades y regiones como sus administraciones públicas y sus agentes económicos y sociales son conscientes de que tienen que jugar sus cartas y cazar sus oportunidades. Es la hora de pasar a una política económica local y regional de oportunidad, no a un urbanismo oportunista. El urbanismo estratégico define escenarios deseables y objetivos coherentes, expresa valores de interés general. Pero sobre estas bases genera o aprovecha oportunidades, lo cual supone una gestión ágil y flexible[7].

La política urbana ya no puede apoyarse únicamente en las fórmulas normativas del planeamiento tradicional, que no facilitan ni las actuaciones que exigen iniciativas rápidas y flexibles ni la concertación de actores[8]. Pero entrar en la vía fácil de la desregulación de los usos del territorio, la privatización incondicional de los servicios públicos (otra cosa es la gestión empresarial de algunos de ellos) y la dimisión total ante el mercado para responder a demandas sociales básicas (como la vivienda) produce innumerables efectos perversos que atacan directamente los valores democráticos que ha forjado nuestra historia urbana y cuestionan la eficacia económica de nuestras ciudades.

El urbanismo necesario y posible debe actuar sobre una ciudad en parte difusa, sobre un territorio urbano-regional fragmentado, pero no vacío ni mucho menos. Es una tarea complicada y costosa, pero es preciso tomar decisiones rápidas, actuar eficazmente a corto y medio plazo, con efectos duraderos en el largo plazo.

Es el momento de estar alerta a las oportunidades para realizar los «grandes proyectos urbanos» que permitan una adaptación competitiva a las nuevas exigencias de la globalización, sin que generen más efectos perversos que soluciones. Es decir, que contribuyan a la vez a la cohesión social y a la funcionalidad integral del sistema urbano.

Como dice el urbanista portugués Nuno Portas[9], hay que cruzar siempre, en un sistema ideal de coordenadas, los objetivos con las oportunidades. Los objetivos son las respuestas que las instituciones y los agentes económicos, sociales y culturales dan de una forma concertada a los desafíos de su entorno y a sus demandas internas. Las oportunidades aparecen o se inventan, proceden de iniciativas públicas o privadas, endógenas o exógenas. Pero si los objetivos no están claros, las oportunidades no se aprovecharán positivamente. Los objetivos orientan las oportunidades y, a veces, contribuyen a inventarlas. Pero estos objetivos sólo adquieren consistencia, coherencia y legitimidad si forman parte de un todo, de un proyecto integral de ciudad o de región, concertado socialmente, liderado democráticamente y validado culturalmente.

El auge actual del planeamiento estratégico, la revalorización de los gobiernos locales y regionales y la recuperación de los valores culturales o morales para orientar las políticas urbanas expresan la necesidad de una política urbana con objetivos. La nueva política urbana es una estrategia que construye su territorio regional, es decir, define y delimita nuevos ámbitos espaciales sobre los cuales las instituciones públicas y los actores económicos y sociales deben actuar conjuntamente (por ejemplo: los grandes ejes y las macrorregiones europeas) pero también y sobre todo deben responder a los desafíos más próximos: hacer ciudad sobre la región metropolitana difusa y/o policéntrica y hacer ciudad sobre la ciudad cohesionándola con su periferia inmediata incluida.

De las áreas metropolitanas a la ciudad metropolitana (plurimunicipal)

La evolución de muchas de las grandes ciudades europeas y americanas parece condenar a reliquias del pasado la imagen de la ciudad como espacio público, como lugar o sistema de lugares significativos, como heterogeneidad y como encuentro. La segregación social y funcional, los centros especializados y las áreas fragmentadas son desafíos presentes en la ciudad a los que hay que agregar otros dos, cuya resolución es básica, como son la movilidad y la seguridad [10]. Pero afrontar exclusivamente estos retos por vías directas y sectoriales puede conducir a empeorar los problemas antes que a resolverlos.

El modelo de urbanización de baja densidad en consonancia con las pautas sociales de las clases medias agorafóbicas, que dan prioridad al automóvil y a tipologías de vivienda como los condominios, acentúa la segmentación urbana [11]. Los desarrollos urbanos guetizados que se generan aumentan las distancias, la congestión se multiplica y los servicios e infraestructuras se encarecen [12].

Barcelona, ciudad caracterizada por su densidad de población —15.332 hab./km², fruto de un proceso de concentración secular de agrupación poblacional y de actividades y servicios—, se ha visto afectada por estos movimientos de población propios de las grandes ciudades. Entre los años 1972 y 1992 se ha doblado el consumo del suelo por habitante en la región metropolitana de Barcelona, mostrando el rápido proceso de transformación de la forma tradicional de urbanización en el ámbito barcelonés [13]. Y la tendencia se ha acentuado en los últimos años (véase el box 5.6).

Este modelo de consumo de territorio alcanza cotas extremas en California, donde entre 1970 y 1990 la población del área metropolitana de Los

Ángeles creció un 45 por ciento, al tiempo que la ocupación del suelo se elevó en un 200 por ciento. También, en el resultado de un estudio sobre 22 ciudades francesas se muestra este proceso claramente: entre 1950 y 1975 la población urbana se duplicó y la superficie aumentó un 25 por ciento, mientras que entre 1975 y 1990 ha ocurrido lo contrario: la población aumentó sólo un 25 por ciento y sin embargo se ha doblado la superficie urbanizada [14].

Un modelo al límite del absurdo es el del São Paulo «de los noventa», que quedará como una de las mayores aberraciones urbanas del siglo XX [15]. Más autovías urbanas, que equivalen a peor circulación y a menos ciudad, y mayor presencia policial en las áreas de clases medias y altas, que genera más inseguridad en los espacios públicos y en las zonas suburbanas populares menos protegidas.

Éste es un modelo de crecimiento que aumenta las congestiones de tráfico, requiere grandes inversiones públicas en infraestructuras y conduce a la pérdida de los espacios públicos de uso colectivo interno [16].

Las ciudades europeas resisten mejor los embates de la disolución urbana debido a la consistencia de sus tejidos urbanos heredados y a un tejido social menos segregado. Pero las dinámicas de la denominada ciudad emergente en las periferias y de degradación o de especialización de los centros expresan una crisis de la ciudad como espacio público [17].

La ciudad metropolitana, sin embargo, no está condenada a negar la ciudad, sino que puede multiplicarla. El reto real es establecer una dialéctica positiva entre centralidades y movilidad y hacer del espacio público el hilo de Ariadna que nos conduzca por lugares productores de sentido.

El derecho a la centralidad accesible y simbólica, a sentirse orgullosos del lugar en el que se vive y a ser reconocidos por los otros, a la visibilidad y a la identidad, y además a disponer de equipamientos y espacios públicos cercanos, es una condición de ciudadanía. También es un derecho de ciudadanía el de la movilidad, ya que supone información e intercambio, oportunidades de formación y de ocupación, posibilidades de acceder a las ofertas urbanas y apropiarse de la ciudad como un conjunto de libertades. Si los derechos de centralidad y de movilidad no son universales, la ciudad no es democrática.

Es decir, si existe una tendencia a la diferenciación social horizontal, y si la diversidad de funciones y de ofertas está distribuida desigualmente por un territorio extenso, las distintas clases de movilidad y la accesibilidad de cada punto limitan y ponen en peligro el ejercicio de la ciudadanía.

«En la ciudad hay zonas iluminadas y zonas oscuras. Un gobierno democrático de la ciudad se ha de comprometer a encender algunas luces en todas las zonas oscuras», dijo quien fuera alcalde de Barcelona, Pasqual Maragall, en el balance de su primer año de mandato en 1984. El derecho a la movilidad se ha de complementar con el derecho a la visibilidad.

Movilidad y accesibilidad no dependen únicamente de sistemas de transporte adecuados a las demandas heterogéneas, aunque se trate de una condición *sine qua non*. También dependen de la diversidad y de la distribución de centralidades, de la calidad urbana y de las ofertas de servicios de las zonas menos densas o atractivas, de la existencia en ellas de algunos elementos que les proporcionan personalidad e interés.

Tampoco se trata únicamente de que los habitantes de las zonas oscuras se puedan mover por el conjunto del territorio metropolitano, sino «de iluminar» estas zonas para que sean visibles y atractivas al resto de la ciudadanía. A todas las partes de la ciudad metropolitana les corresponde una cuota de centralidad, de monumentalidad, de equipamientos y actividades atractivas y de calidad.

Asumir y construir una ciudad de ciudades es el desafío. Ciudades policéntricas y plurimunicipales, en las que el espacio público sea física y simbólicamente un elemento articulador del tejido urbano regional o metropolitano y brinde cohesión a las áreas densas.

Existen casos en los que una gran ciudad polariza la construcción de un territorio regional y estratégico que va más allá de la ciudad metropolitana. En otros no es tan así, como en la denominada «terza Italia» y en algunas regiones francesas y alemanas. Sin embargo, lo que encontramos siempre es que las unidades territoriales fuertes lo son por la fortaleza de su «sistema de ciudades» [18]. El espacio simplemente urbanizado no es ciudad. El territorio articulado exige ciudades, lugares con capacidad de ser centralidades integradoras y polivalentes, constituidos por tejidos urbanos heterogéneos social y funcionalmente.

Finalmente podemos decir que hacer ciudad es, antes que nada, reconocer el derecho a la ciudad para todos. Ante los procesos disolutorios de la urbanización periférica, la degradación de los centros heredados y la eclosión de pseudocentralidades monofuncionales, reivindicar el valor ciudad es optar por un urbanismo de integración y no exclusión que optimice las «libertades urbanas» [19].

¿Cuáles son los espacios desde donde se puede responder a los desafíos decisivos específicamente urbanos para «hacer ciudad sobre la ciudad» y hacer efectivo el derecho a la ciudad?

La respuesta es: los centros y los tejidos urbanos. Y la movilidad y accesibilidad de ellos y entre ellos. Y, sobre todo, la calidad del espacio público.

Hacer ciudad y centralidades

Los centros urbanos son los lugares polisémicos por excelencia: atractivos para el exterior, integradores para el interior, multifuncionales y simbólicos. Son la «diferencia» más relevante de cada ciudad, la parte de ésta que puede proporcionar más «sentido» a la vida urbana. Excepto cuando se especializan y se homogeneizan hasta que todos se parecen o se deterioran y se convierten en áreas marginales. Los unos porque de día se congestionan y de noche se vacían; los otros porque reciben el doble estigma de la pobreza y de la inseguridad.

Hoy «el centro» son «los centros», la historia urbana ha producido diversos centros: histórico, moderno o del siglo XIX, «nuevas centralidades», etc. No hay centros. Aunque en el imaginario ciudadano hay algunos lugares, pocos son los centro-centro.

En la ciudad metropolitana el centro-centro, que tiende a ser el territorio de la ciudad-municipio principal, se articula generalmente con un sistema regional de ciudades que constituyen un tejido denso de flujos y lugares dando lugar, a veces, a la ya mencionada «ciudad de ciudades». En esta ciudad metropolitana sus habitantes tienen, por lo menos, dos centros: el de su barrio o municipio periférico y el centro.

Para hacer ciudad sobre la ciudad hay que hacer centros sobre los centros y también crear nuevas centralidades y ejes articuladores que den la continuidad física y simbólica, estableciendo buenos compromisos entre el tejido histórico y el nuevo y favoreciendo la mezcla social y funcional en todas las áreas.

El binomio congestión-degradación es frecuente en los centros urbanos. La congestión se debe tanto a la especialización terciaria de algunas de las zonas como a la inadecuación de algunas de sus tramas a las funciones presentes o a la utilización intensiva del automóvil. La cuestión es que no sean ni monofuncionales, por ejemplo sólo administrativos, ni que se pretenda que sirvan para todo, sino que tengan algunas funciones predominantes, como la comercial, cultural, turística, etc., incluyendo siempre la residencial. No pueden estar saturados de actividades y automóviles y han de ser fácilmente accesibles por transporte subterráneo y con aparcamientos estratégicos.

La degradación se reduce por medio de estrategias que combinen apertura de algunos ejes y espacios públicos [20] con acupuntura múltiple en los puntos más críticos que introduzca actuaciones de renovación de bloques de viviendas; espacios públicos y equipamientos culturales o educativos. Pero no deberían perder su condición de refugio y aventura y mantener, por lo tanto, áreas marginales en su seno.

Los centros antiguos adquieren entonces otra dimensión en la que la dialéctica negativa congestión-degradación puede ser sustituida por la dialéctica conservación-transformación. La acción permanente de transformación es la clave para la conservación de los centros antiguos. Cuando se debate sobre lo que se debe conservar: el conjunto de la trama, las manzanas de casas, los edificios aislados, etc., es necesario encontrar soluciones de compromiso, que serán diferentes en cada caso.

La cuestión conceptual a debatir será la del patrimonio histórico, la de la memoria colectiva, la monumentalidad y el sentido que transmiten. También habrá que tener en cuenta la importancia de la animación urbana diurna y nocturna, la existencia de vivienda y la condición de que la calle y la plaza sean lugares de encuentro de todo tipo de gente y no simples vías de paso, asumiendo que serán lugares conflictivos pero también integrados.

La historia urbana que los ciudadanos asumen depende, al menos en parte, de las decisiones que se toman, casi siempre de manera poco democrática, sobre edificios, monumentos, toponimias, planos y guías turísticas, etc. Y la integración de los habitantes de la aglomeración metropolitana depende, en buena parte, del uso que pueden hacer de los centros con historia. No nos hemos preguntado nunca: ¿Por qué a menudo se transmite un sentido militarista de la historia, por qué se mitifican ciertos estilos burgueses o aristocráticos y se destruye la memoria popular, por qué hay barrios enteros que no figuran nunca en los mapas, aun en aquellos editados por los gobiernos municipales? Por no hablar de la «invisibilidad» de las periferias y de los entornos metropolitanos, excepto en los mapas para automovilistas. No se puede olvidar que en la ciudad metropolitana hay «centros» en la periferia, es decir, en la región urbana, y si no los hay, debe haberlos.

En cuanto a los nuevos centros, ¿qué finalidad tienen? Son necesarios para desarrollar nuevas funciones y para estructurar la ciudad metropolitana. Y contribuyen a desconcentrar y conservar los centros antiguos. Se deben potenciar o inventar allí donde la ciudad se encuentra con su periferia y aprovechar zonas obsoletas que la evolución urbana necesita reapropiar: áreas industriales desactivadas, terrenos militares, antiguas estaciones o puertos, etc.

Las ciudades, pequeñas o medianas, de las regiones metropolitanas ofrecen, a su vez, un importante potencial de nueva y vieja centralidad. En ambos casos, como siempre, hay que apostar por su accesibilidad, por su multifuncionalidad y por su monumentalidad.

Las nuevas centralidades no acompañan necesariamente todas las dinámicas urbanas, sino que requieren una fuerte acción pública para contrarrestar los efectos perversos de éstas, en especial la segregación funcional y social. Hay que escoger, evidentemente, y esta acción pública se ha de apoyar en potencialidades objetivas de las áreas elegidas, en operaciones efectuadas mediante la cooperación pública y privada. El desarrollo posterior de esta acción se deberá en gran parte al mercado. Pero las nuevas centralidades reequilibradoras social y territorialmente, polivalentes, estructurantes del territorio y abiertas a la evolución y a la diversidad, no se realizarán sin proyectos públicos fuertes que marquen el lugar e impongan compromisos a los agentes económicos.

> En el caso de los barrios cerrados del área metropolitana, se estaría construyendo un modelo de ciudad fragmentada, de manzanas, donde no se reconstruiría el ámbito de la sociabilidad y lo colectivo, que sí tiene la ciudad tradicional, y [...] no solamente en términos de morfología urbana sino de tejido social [...] el riesgo de establecer nuevas reglas de juego entre el Estado y la sociedad civil y fundamentalmente por parte del sector privado y del sector inmobiliario, es que se reproduzca una manera de hacer ciudad, que aísla, que segrega y genera lugares de ricos y de pobres[21].

Dependerá de los entes públicos y de la ciudad que éstos quieran construir que sus políticas no favorezcan la segregación y fragmentación social y espacial. A partir de la decisión política se podrá incorporar en los procesos de decisión y en los proyectos a los diferentes actores sociales, económicos y productivos. Las decisiones básicas e imprescindibles no pueden quedar en manos del mercado. El mercado por sí solo no cohesiona la ciudad, más bien desestructura.

Los tejidos urbanos

Heredamos unas tramas, construimos otras, algunas se degradan con el uso, otras se adaptan a nuevas utilidades. Fuera de los círculos de especialistas, no se analiza ni se debate por qué ocurre todo esto. Los responsables políticos y los funcionarios toman decisiones sectoriales sobre áreas residenciales o actividades económicas, sobre circulación o diseño de vías y espacios públicos, provocando divisiones entre lugares relacionados, sin conocer o sin preocuparse de los efectos sobre el tejido urbano y los usos sociales que facilitan o obstaculizan con sus actuaciones; y a menudo, sin haber puesto un pie en los lugares afectados.

Los ciudadanos viven la trama urbana como un hecho «natural» y, llevados a situaciones críticas, como puede ser una vía rápida que los peatones han de atravesar con cierto riesgo, expresan su opinión con los pies, no con la cabeza: utilizando más o menos los espacios urbanos. Cada uno tiene su trama subjetiva, es decir, concibe la forma de la ciudad según sus trayectos cotidianos[22].

En una obra ya clásica, *The Image of the City*, Kevin Lynch nos ha enseñado que la ciudad alienada es, en primer lugar, un espacio en el que la gente es incapaz de construir mentalmente mapas en tanto que el espacio público urbano representa su propia posición con relación a la totalidad urbana en la que se encuentran [...] Así pues, en la ciudad tradicional la desalineación implica la recuperación práctica del sentido de la orientación, así como la construcción de un conjunto articulado que pueda retener la memoria y del que cada sujeto de manera individual pueda diseñar sus mapas...[23]

Pero, a pesar de su importancia, no hay casi nunca debate ciudadano sobre formas y tramas urbanas. Algunas cuestiones que nos parecen relevantes para este debate son:

La continuidad y la diferencia de la trama urbana. La continuidad formal, expresada a través de la cuadrícula de los ensanches y los grandes ejes, por ejemplo, es un factor importante de integración ciudadana. Por otro lado, es conveniente que cada zona de la ciudad tenga elementos diferenciales, bien como resultado de la trama heredada, bien por la producción presente de morfologías específicas.

Las formas que tome el tejido urbano por medio de ejes viarios, espacios públicos, actuaciones constructivas, lugares con alguna dimensión de centralidad han de tener en cuenta el compromiso necesario entre continuidad y diferenciación, ya que ni la integración ha de confundirse con homogeneidad ni la diferenciación es sinónimo de fractura. El territorio necesita ejes que expliciten su continuidad e hitos que marquen los lugares.

El debate sobre homogeneidad o heterogeneidad social no puede partir de fundamentalismos. Ni de lo inevitable o de la conveniencia de áreas socialmente homogéneas, es decir, de la segregación clasista del territorio. Ni del axioma de que todos los barrios han de optimizar la mixtura social. Por un lado, porque la realidad de cada ciudad, su historia urbana, ha generado unas áreas mixtas y otras más homogéneas que no se pueden cambiar radicalmente o a corto plazo. Y, en segundo lugar, porque si bien las administraciones públicas pueden impulsar actuaciones que introduzcan elementos de heterogeneidad social, estas políticas tienen sus límites. Aun así, hay un valor público que es el que creemos que ha de tener prioridad: la heterogeneidad, la mezcla, la presencia de colectivos sociales diferentes en cada zona de la ciudad que facilitan tanto el funcionamiento urbano (ocupación, movilidad, equipamientos, etc.) como la integración sociocultural. Esta heterogeneidad se consigue por medio de la introducción de áreas de residencia diversificada y por el uso de los espacios urbanos. Pero a menudo se hace lo contrario, bien porque los promotores privados imponen objetivos lucrativos y valores clasistas o bien porque en otros casos las políticas públicas con vocación «social» mantienen o crean guetos de baja calidad [24].

Por eso las políticas urbanas que favorezcan la mezcla, la heterogeneidad cultural, social y funcional harán de la recuperación urbana una realidad ciudadana y no un simulacro esteticista de la ciudad, como ocurre tan frecuentemente cuando las políticas urbanas responden al negocio privado y al miedo público o son fruto de una operación turística museística.

El renacimiento contemporáneo del centro hace que la heterogeneidad sea prácticamente imposible. No se trata solamente de matar la calle, sino de matar la multitud, eliminar la mezcla democrática [...] el nuevo centro está diseñado para asegurar un perfecto continuo de trabajo, consumo y recreación de la clase media, aislados de las desagradables calles de la ciudad [...]

Ciudades de todas las medidas corren para aplicar y aprovechar una fórmula que reúna conjuntamente desarrollo, homogeneidad social y percepción de seguridad [25].

La trama urbana ha de poder adaptarse a usos diversos y favorecer la multifuncionalidad. La ciudad no soporta bien la zonificación rígida. La mezcla de funciones es posible y deseable si se le sabe sacar partido. Un área urbana que permite la flexibilidad de usos es la que mejor se adapta a la evolución de la ciudad y se puede mantener correctamente durante mucho tiempo. Ejemplos no faltan: el ensanche de Barcelona ideado por Cerdà, las cuadrículas latinoamericanas, como la de Buenos Aires, los barrios para trabajadores de calidad en Viena o Ámsterdam o el desarrollo planificado de Estocolmo.

La monumentalidad y la identidad de cada tejido urbano constituyen una exigencia social. Cuanto más problemática o deficitaria sea una zona, más hay que invertir en la calidad del espacio público, en su diseño, en sus materiales y en su mobiliario. La estética forma parte de la ética del urbanismo [26].

La animación urbana es otro factor fundamental, ya que garantiza la seguridad. La vitalidad del ambiente urbano aporta atracción y capacidad de integración. La seguridad urbana depende sobre todo de la intensidad de usos del espacio público, es decir, de la presencia de gente en la calle. «La diversidad de usos equilibra el territorio desde el género.» [27] La polivalencia del espacio público supone indudablemente su adecuación a diferentes grupos, especialmente al uso femenino, a los grupos de edad, a colectividades culturales o étnicas diversas [28] para hacer de la ciudad un lugar conquistable por todos.

La prueba del urbanismo es el espacio público

Todos tienen el derecho a disponer o acceder fácilmente a un área con elementos de centralidad, a vivir en un barrio bien visto y bien considerado por el resto de los ciudadanos, a poder invitar a comer en su casa sin tener que avergonzarse de nada[29].

La bondad del urbanismo actual se verifica en la calidad del espacio público.

«Nosotros también tenemos derecho a la belleza», decía una anciana de una favela de Santo André (São Paulo, Brasil).

Derecho a la belleza, y hasta derecho al lujo, porque no hay nunca despilfarro, sino justicias cuando se da riqueza a los pobres. Por lo tanto, antes que nada, el espacio público es un desafío y una oportunidad para la justicia urbana. El espacio público es un desafío global a la política urbana: un reto urbanístico, político y sociocultural referido a toda la ciudad.

Urbanístico: el espacio público no es el espacio residual entre lo que se ha construido y el espacio viario. Hay que considerarlo el elemento ordenador del urbanismo, sea cual sea la escala del proyecto urbano. El espacio público puede organizar un territorio capaz de soportar diversos usos y funciones, evoluciones, con capacidad de crear lugares. El espacio público debe ser un espacio de la continuidad y de la diferenciación, ordenador del barrio, articulador de la ciudad, estructurador de la región urbana. Dependiendo de cómo se diseñen, o mejor dicho de cómo se conciban, las grandes operaciones urbanas, el espacio público, incluyendo las infraestructuras y los equipamientos, puede ser un importante mecanismo de redistribución e integración social. Estos grandes proyectos urbanos pueden ser creadores de centralidades donde antes no había nada, facilitando más movilidades, favoreciendo la visualización y la aceptación ciudadana de barrios olvidados o mal considerados en la medida en que se tengan en cuenta estos objetivos múltiples y no únicamente los específicos u originarios. Para los gobiernos locales, el espacio público es el examen que han de aprobar para ser considerados «constructores de ciudad».

El reto político se expresa en la capacidad del espacio público para facilitar el acceso de todos a la participación y la movilización políticas. Pero también es el reconocimiento como ciudadano, es la protección frente a la agresividad del entorno, incluyendo la institucional. Es que el espacio público es el espacio de representación colectiva, de la vida comunitaria, del encuentro y del intercambio cotidianos. Nada queda al margen de este desafío: bloques de viviendas, centros comerciales, escuelas, equipamientos culturales o sociales, ejes viarios, por no nombrar calles y galerías, plazas y parques. Todas estas realizaciones son susceptibles de un tratamiento urbanístico que genere espacios de transición, que complementen los espacios públicos y a la vez den a la ciudadanía una realidad cotidiana de expresión colectiva y de libertad y seguridad individual.

Pero hay otra dimensión política del espacio público, aquella de los momentos comunitarios fuertes, de legitimación o de confrontación, de las grandes manifestaciones ciudadanas o sociales. La ciudad exige grandes plazas y avenidas, especialmente en sus áreas centrales (y, también, en otra escala, en sus barrios), en las cuales puedan tener lugar grandes concentraciones urbanas. Estos actos de expresión política tienen su lugar preferente ante los edificios o los monumentos que simbolizan el poder. En consecuencia, es esencialmente antidemocrático que por medio de la prohibición de acceso o el diseño urbano se impida este tipo de manifestaciones. Al contrario, habría que ampliar el espacio público hasta el interior de los edificios políticos y administrativos que representan o ejercen poder sobre la gente, como mínimo, hasta la planta baja.

El espacio público ha de garantizar la expresión de los colectivos sociales, la organización y la acción de sectores que se movilizan y la transformación de las relaciones y de los usos que se dan en los mismos espacios y que expresan la fuerza de los diferentes grupos. El espacio público como lugar de ejercicio de los derechos es un medio de acceso a la ciudadanía para todos aquellos que sufren algún tipo de marginación o relegación. Es la autoestima del manifestante en paro que expresa un sueño de ocupante de la ciudad, que es alguien en ella y no está solo.

El espacio público es un espacio *sociocultural:* la monumentalidad del espacio público expresa y cumple diversas funciones, como referente urbanístico, como lugar de las manifestaciones de la historia y de la voluntad del poder, como símbolo de identidad colectiva. Es uno de los mejores indicadores de los valores urbanos predominantes. ¿Por qué se nos imponen grandes edificios públicos como fortalezas religiosas o políticas o inaccesibles al público a pesar de su supuesto papel representativo, como es el caso de algunos palacios y parques? ¿Por qué las avenidas más populares se coronan con monumentos o son bautizadas con nombres que glorifican gestas militares antipopulares? ¿Por qué se ornamentan y se designan como culturalmente válidas ciertas zonas de la ciudad y no otras abandonadas o desvalorizadas? ¿Por qué se sacrifican avenidas y bulevares al automóvil y espacios colectivos animados o abiertos a los parques temáticos excluyentes? ¿Por qué se menosprecia el valor cultural de los edificios y tramas que representan la historia industrial y obrera, por no hablar de los fragmentos rurales y agrícolas? El desafío sociocultural demanda dar calidad al espacio público, entender la monumentalidad no solamente como la colocación de elementos aislados, sino como una relación física y simbólica entre ellos y con los entornos, un plus calificador de los espacios y de las edificaciones que ha de proporcionar sentido a la cotidianeidad de los habitantes y usuarios de la ciudad. El espacio público ha de cumplir una función integradora compleja, combinando una función universalizadora con una función comunitaria o de grupo; por lo tanto, la socialización es un proceso dialéctico que requiere tanto las relaciones entre todos y en todas direcciones como la integración en grupos de referencia de edad, de cultura y de clase.

La gestión democrática de la ciudad consiste precisamente en socializar la centralidad de calidad y, como dijo Oriol Bohigas, «monumentalizar las periferias» descalificadas y hacer accesibles a todos los centros [30]. El espacio público no es solamente un indicador de calidad urbana, sino un instrumento privilegiado de la política urbanística para hacer ciudad sobre la ciudad y para calificar las periferias, para mantener y renovar los antiguos centros y producir nuevas centralidades, para suturar los tejidos urbanos y dar un valor ciudadano a las infraestructuras.

Una excelente exposición, «La reconquista de Europa» [31], mostró como el espacio público urbano hoy renueva y cualifica las ciudades europeas. Probablemente Barcelona es un caso exitoso y más acabado o conocido que otros, pero no es, ni mucho menos, el único. En Europa, en América del Norte y en Sudamérica encontramos muchos ejemplos positivos de los últimos veinte años. Pero también en todos lados encontramos casos negativos.

La dimensión cultural del espacio público no se limita a la monumentalidad y a los espacios no construidos, sino al conjunto de los edificios, equipamientos e infraestructuras de la ciudad. Las formas siempre transmiten valores, y, por lo tanto, como ya hemos dicho, la estética es también una ética. Nada justifica que no exista una preocupación y un debate públicos sobre el diseño, el color, los materiales de los edificios públicos, de estaciones o autovías urbanas, de hospitales, etc. Y de las operaciones inmobiliarias privadas (viviendas, oficinas, comercio), puesto que su exterior configura el espacio público, y su interior de facto lo es también en algunos casos. Menospreciar el espacio público, su calidad, su belleza, su adecuación a los gustos y las aspiraciones de los diferentes sectores de población más allá de su función específica es simplemente dejar a un lado a la gente y contribuir a los procesos de exclusión. Desde las administraciones se debe asumir como una de las fuentes de su legitimidad la promoción de una política de ciudad que produzca espacios públicos ciudadanos. No son por lo tanto admisibles

Bilbao, metro de Norman Foster: una infraestructura que se convierte en elemento emblemático, atractivo e integrador, tanto en lo funcional como en lo simbólico.

grandes proyectos urbanos que no integren objetivos sociales y ambientales que amplíen la ciudadanía en cantidad y calidad.

Los «nuevos productos urbanos» no pueden legitimarse únicamente por criterios de diseño arquitectónico, de competitividad o de competencia burocrática. Lo cual no elimina la inclusión en estas operaciones de promociones inmobiliarias o comerciales que además de viabilizar económicamente la operación pueden contribuir a la regeneración del tejido socioeconómico y urbano del entorno.

La producción del espacio público

El espacio público es antes que nada una determinación político-jurídica, pero también es un producto del uso social. Existen espacios de propiedad pública inaccesibles o prohibidos y otros que sin ser jurídicamente públicos son de uso colectivo intenso. Parecería razonable plantearse cómo se pueden socializar (por el uso) los primeros y convertir en públicos (por el derecho) los segundos.

Son numerosos los ejemplos en los que el espacio público es reconsiderado desde ámbitos públicos o privados que antes no lo tenían en cuenta. Áreas comerciales que reproducen calles y plazas que ya no son espacios cerrados y excluyentes. Estaciones y hospitales que son también equipamientos multifuncionales. Equipamientos universitarios y culturales que han dejado atrás la concepción de campus separados y palacios-fortaleza para convertirse en animadores y articuladores de áreas urbanas que generan espacios de transición con el entorno.

Es obvio que la administración pública tiene un papel principal debido a la misma naturaleza de estos espacios. Si bien el gobierno local es el más indicado para definir y programar los espacios públicos, en muchos casos tendrá que concertar sus iniciativas con otras administraciones, bien por su competencia legal o la propiedad del suelo, bien por la necesidad de cofi-

Madrid, plaza frente al Museo Reina Sofía: uso del espacio público como estrategia de remodelación urbana.

nanciar los proyectos. Ejemplos de ello son los proyectos sobre grandes infraestructuras o la reversión a la municipalidad del suelo de zonas militares, portuarias, etc. En estos casos es recomendable establecer mecanismos o entidades de cooperación insterinstitucionales para desarrollar programas y proyectos de espacios públicos articuladores de la ciudad metropolitana y reequilibradores de sus territorios.

Por otra parte, la necesidad de adaptar los programas a realidades sociales heterogéneas y a situaciones a veces microlocales, que exigen intervenciones oportunas y a la vez integradoras de demandas diversas, requiere de una programación y una gestión descentralizadas de los proyectos de espacios públicos, sobre todo para aquellos de pequeña y mediana escala.

También existen cada vez más iniciativas privadas o mixtas que asumen diversos aspectos del espacio público, la producción, la gestión, el patrocinio, el mantenimiento, la vigilancia, etc., lo cual hace necesario que la administración pública establezca unas normas de uso adecuadas para evitar una privatización excluyente de los espacios públicos.

Los programas de espacios públicos, en bastantes ocasiones, forman parte de programas urbanos que incluyen otros objetivos y diversidad de actores con finalidades más específicas e inmediatas. Nos referimos a los proyectos de desarrollo urbano: infraestructuras, urbanización básica, construcción de inmuebles, etc. En consecuencia, el programa de espacios públicos debe ser muy fuerte desde su inicio y ser defendido durante todo su desarrollo, ya que a lo largo del proceso aparecerán numerosos problemas, como por ejemplo los condicionantes constructivos o de circulación, a menudo discutibles y sectoriales, que van reduciendo o desvalorizando los espacios públicos. Por lo tanto se debe tener claro el objetivo al insertar programas de espacios públicos en los grandes proyectos urbanos, incluyendo las infraestructuras de transporte para que contribuyan a su calidad, multifuncionalidad y capacidad de evolución.

Con relación a esto, la sostenibilidad y el uso social futuro de los espacios públicos son dos cuestiones que se han de plantear desde su concepción, lo cual implica tener en cuenta sectores profesionales, culturales y sociales. Y promover el debate ciudadano y la autonomía intelectual.

Entre las estrategias existentes para desarrollar «la producción de espacios públicos» expondremos tres tipos: la regeneración, la reconversión y la producción *ex novo*. Estos tipos de intervención se solapan y se mezclan. En la mayoría de los casos, aunque predomine un tipo, se realizan actuaciones propias de los otros: por ejemplo la regeneración implica casi siempre algunas actuaciones de reconversión o de producción *ex novo*.

La regeneración de espacios públicos cubre diferentes tipos de actuaciones como:

— La recuperación de los centros históricos degradados por medio de la apertura de calles y plazas, la animación lúdica y comercial en espacios abiertos, como ferias, exposiciones, fiestas, equipamientos universitarios y culturales, el uso peatonal de algunas calles y la mejora de las calles existentes, un conjunto de medidas para crear una imagen de más seguridad, etc.

— La reconversión de las vías urbanas que en las últimas décadas hayan quedado monopolizadas por la circulación en avenidas, paseos, bulevares, jardines y terrazas. O su peatonalización, curiosa operación que cuando se plantea encuentra la oposición de comerciantes y a veces de vecinos y que luego resulta casi siempre exitosa.

— La mejora de calles y plazas en los barrios de bajo nivel de urbanización, a menudo antiguas periferias, mediante ajardinamiento, mobiliario urbano, iluminación, equipamientos socioculturales, actuaciones sobre los entornos, etc., de manera que se conviertan en verdaderos espacios públicos de uso colectivo y proporcionen calidad de ciudad a estos barrios.

La reconversión es la conversión en espacios y equipamientos públicos de áreas que hasta ahora han sido infraestructuras de comunicaciones (puertos, estaciones, playas de maniobras), industrias desactivadas, cuarteles, etc., que por sus condiciones materiales o de localización se pueden considerar obsoletas o de usos alternativos más positivos para la ciudad. Este modo de actuar supone una negociación política entre agentes públicos o privados, y hay que tener en cuenta que a veces los agentes públicos actúan con una escasa visión del interés público ciudadano, pudiendo combinar la arrogancia administrativa con el afán especulativo. La exigencia de revertir estos espacios obsoletos de la ciudad, sin otros costos que el desmantelamiento y traslado, parece una demanda lógica de los gobiernos locales, sobre todo cuando los propietarios externos son entes públicos.

La producción de espacios públicos *ex novo* no solamente ha de formar parte principal de toda operación de desarrollo urbano, sino que ha de ser, como ya hemos dicho, el elemento ordenador, tanto por lo que respecta a la articulación con el resto de la ciudad metropolitana como por lo que atañe a la ordenación interna. Pero hay más oportunidades de producir espacio público, como:

— Considerar espacios públicos, y no espacios vacíos, los espacios naturales —forestales, frentes de agua, reservas ecológicas— o agrícolas en regiones urbanas para definir usos compatibles con su sostenibilidad.

— Utilizar las áreas vacantes para entretejer la trama urbana periférica mediante parques equipados y accesibles, nudos de comunicaciones con vocación de atraer elementos de centralidad, etc.

— Utilizar las nuevas infraestructuras de comunicaciones, como los anillos de circunvalación y los intercambiadores, para generar espacios públicos y «suturar» barrios en lugar de fragmentarlos.

— Abrir nuevos ejes en la ciudad con el fin de dotarla de más monumentalidad, desarrollar y articular sus centralidades y generar espacios públicos, o sea, lugares fuertes.

— Considerar espacios públicos de calidad las infraestructuras y equipamientos «especializados», como estaciones, aeropuertos, centros comerciales, conjuntos de oficinas, zonas universitarias, complejos hospitalarios, etc.

En resumen, producir espacio público no es fabricar un equipamiento o un lugar especializado, sino crear paisaje urbano significante.

Sobre la respuesta social al desafío urbano

¿Cómo se puede responder desde la ciudadanía a estos retos urbanos? ¿Cómo se pueden plantear las respuestas en el marco de las políticas urbanas?

La concepción de los proyectos urbanos no tendría que ser nunca funcionalista *strictu sensu*, ni tendría que tener objetivos solamente a corto plazo. Los proyectos urbanos, sea cual sea su escala, especialmente los considerados de grande o mediana escala, se han de plantear siempre como un compromiso entre objetivos diversos: funcionamiento urbano, promoción económica, redistribución social, mejora ambiental, integración cultural, etc. Siempre han de establecerse previsiones sobre los impactos estimados y no queridos para reducirlos al mínimo. Es necesario no olvidar que cada proyecto puede ser mucho más importante por lo que suscita que por lo que es en primera instancia.

La participación ciudadana no es una exigencia retórica, ni una formalidad informativa, sino un debate político y cultural en el cual han de poder intervenir muchos actores, residentes presentes y futuros, usuarios por razones de trabajo, de ocio y ocasionales o de paso. Nadie es propietario exclusivo de ningún trozo de territorio. Ni la municipalidad, ni el promotor, ni los vecinos. El debate ciudadano ha de estar orientado por objetivos de política urbana explícitos, pero es necesario hacer emerger los valores culturales y los intereses sociales implícitos. Se han de presentar las propuestas técnicas y financieras, así como los impactos previsibles, con la máxima claridad, lo cual parece obvio pero a menudo no se hace. Todas las personas han de tener su oportunidad. La que exige proporcionar medios de expresión y relación a quienes no los tienen, por edad, género o marginación social o cultural.

Las administraciones públicas y en especial el gobierno local no pueden renunciar a un rol regulador e impulsor de la transformación y de la cohesión de los tejidos urbanos. Su papel no es imponer sin debate su imperio en aquellas funciones limitadas que tiene en exclusiva ni seguir obstinadamente las dinámicas del mercado. Ni tampoco condenarse a no decidirse escuchando a unos y otros sin tomar partido. El gobierno local ha de tener un proyecto político y intelectual para la ciudad a partir del cual debatir las diferentes propuestas e intereses.

Los espacios públicos requieren un debate público y la participación ciudadana a lo largo del proceso de concepción, producción y gestión.

¿Participación de quién? La lista podría ser interminable. También se podría simplificar respondiendo «participación de quienes se manifiesten como interesados». Algunos colectivos sociales nos parece que requieren una atención especial y, por lo tanto, es necesario hacer emerger sus aspiraciones. Las mujeres, en primer lugar, con sus demandas de accesibilidad o de iluminación, como también respecto a su horario laboral, y tantos otros aspectos que se escapan a los «responsables masculinos». Los jóvenes, que no son necesariamente «los vecinos». La gente mayor y los niños, a los cuales pocas veces se les pide opinión, y pocos se fijan en ellos o los defienden. Las minorías étnicas, culturales o sexuales que sufren algún tipo de exclusión.

Es necesario que los profesionales asuman una responsabilidad especial en la concepción y diseño de los espacios públicos. No es suficiente con responder a la demanda del «cliente», ya sea la administración pública, un organismo autónomo o una empresa privada. Es necesario hacer todo lo que sea posible para que se expresen todos estos intereses, para producir y difundir una cultura de espacios públicos que permita hacer propuestas y también cuestionar o combatir aquellas demandas o exigencias sociales no siempre generosas, con los otros o con uno mismo. Más que cualquier otro programa urbano, un proyecto de espacio público se ha de apoyar en valores éticos, de libertad, tolerancia y solidaridad.

El espacio público es un desafío presente, y no se trata de una cuestión técnica ni de un debate de urbanistas; es un debate de valores culturales: convivencia o insolidaridad, justicia social o desigualdad, igualdad cívica o anomia.

El derecho al espacio público es en última instancia el derecho a ejercer como ciudadano que tienen todos los que viven y que quieren vivir en las ciudades.

BOX 5.1

Hacer ciudad sobre la ciudad

J. B.

No hacer jamás un proyecto para resolver un problema, sino para resolver dos, tres, varios problemas a la vez. Por ejemplo, una ronda o vía perimetral en la ciudad central sirve para la circulación individual y colectiva, recalifica las periferias urbanas, genera centralidades en su entorno, soporta equipamientos y espacios públicos, posee valor cultural... o es así como habría de ser. Si lo concebimos como un elemento de centralidad, el diseño se verá condicionado por ello: más separación que segregación, estética y señalización ciudadana, entradas y salidas permanentes e integradas en el entorno, monumentalización, articulación con proyectos de nuevas centralidades, etc.

Otro ejemplo: la actuación en un centro degradado no puede limitarse a una simple sustitución (por ejemplo vivienda popular por área turística «museificada»), sino que debe ser una operación compleja e integral que mantenga un nivel de polivalencia en este centro, donde es

París, Grand Bibliothèque: la arquitectura de qualité de Perrault genera un entorno duro e inhóspito, no integra ni cualifica el tejido urbano.

posible combinar equipamientos culturales o universitarios, vivienda diversificada y elementos de interés turístico.

Diseñar primero el espacio público y articular ejes de continuidad física y simbólica entre los nuevos proyectos y la ciudad existente. Por ejemplo, la Défense no sería parte de París si no estuviese en el eje Louvre y Champs-Élysées y no culminara en el Arco del Triunfo. No pasa lo mismo con la Grande Bibliothèque, ya que los grandes proyectos de arquitectura urbana si no resuelven bien su relación con los entornos no pueden considerarse exitosos.

Vivienda, siempre vivienda. Las áreas urbanas sin vivienda no son ciudad, expresan la alienación urbana. Es necesario mantener la vivienda en las áreas centrales e incorporar como mínimo entre un 30 y un 50 por ciento de viviendas en todos los grandes proyectos urbanos aunque se presenten como áreas de nueva centralidad, parque empresarial, de servicios, etc. Las operaciones de viviendas han de evitar la homogeneidad social. Proponer únicamente proyectos de viviendas de vocación social para estamentos sociales bajos se convierte en una medida antisocial. La mezcla social supone más ocupación, más equipamiento, más integración en la ciudad, más diversidad y más visibilidad del lugar.

Actuar en los márgenes por su capacidad de sutura, en los antiguos barrios populares por su historia, en los ejes circulatorios por su posición estratégica, en las áreas obsoletas recuperables, ya sean industriales, militares, ferroviarias, portuarias, etc., sobre la base de «grandes proyectos urbanos» que formen parte de una estrategia o de un proyecto-ciudad coherente y deseable, compartido por consenso social y cooperación público-privada. Los proyectos urbanos estratégicos deben definir un área de intervención mucho mayor de lo que requiera el proyecto inicial que sirva de arranque.

Respetar la historia, la trama existente, la tradición cultural del urbanismo de cada lugar. Por ejemplo, en ciudades con una cuadrícula potente, como Buenos Aires, no se puede impunemente desarrollar proyectos basados en enormes torres aisladas rodeadas de estacionamientos y rejas. Otras ciudades han de jugar con sus elementos físicos, como Río de Janeiro, con el aterro y los morros, o con sus elementos socioculturales, como São Paulo y la composición «étnica» de los barrios. En otras ciudades posiblemente sea necesario inventar la historia en el presente debido a su desarrollo acelerado y deformado, como pasa en Bogotá, pero siempre hay que buscar los elementos positivos que ayudan, como la sierra en la que se apoya la ciudad, las «carreras», las zonas de baja densidad en las que se pueden generar espacios públicos, la excelente tradición arquitectónica, entre otros.

El sector público ha de ser promotor, no simplemente controlador, regulador y operador subsidiario. No hay grandes proyectos urbanos, de reconversión o *ex novo*, sin un programa público potente que abra paso, que impulse operaciones ancla y que establezca certidumbres y condiciones para los agentes privados. El mercado solo no hace la ciudad, la destruye primero y después se destruye a sí mismo, genera monopolios y rentas de privilegio, es decir, elementos rígidos y paralizadores. El sector público por otro lado puede desarrollar la ciudad utilizando el mercado, pero no siguiéndolo de manera sumisa.

Hacer ciudad es hacer comercio y hacer cultura, términos histórica y etimológicamente vinculados. Es decir, la ciudad es el lugar de los intercambios y de las identidades. La calidad del espacio público es el valor esencial de la ciudad, y en él se expresan, en el sentido más amplio y ambicioso, comercio y cultura. Y el espacio central, el más accesible y visible, el de todos, es el que debe tener mayor calidad. El lujo del espacio público no es lujo, sino inversión económica y justicia social.

BOX 5.2

Requisitos para el éxito urbano

J. B.

Entre los requisitos que los principales autores consideran necesarios para la productividad y competitividad de las áreas urbanas, nos encontramos con:

a) Ciudad en red, accesible, abierta: articulación del territorio urbano-regional mediante un buen sistema de infraestructuras de transportes, comunicaciones y servicios básicos (agua, energía, saneamiento, etc.). Accesibilidad externa e inserción en sistemas globales de comunicación. Diversidad de centralidades. Acceso universal a las TIC.

b) Infraestructura en tecnología productiva que dé sustento a un tejido económico regional sobre todo de pequeñas y medianas empresas, pues sólo una fracción de la actividad económica está globalizada. La inversión en esta infraestructura sólo puede ser rentable si apunta también a la economía local o regional, que es la generadora de empleo. Empresas globales localizadas y locales globalizadas.

«No hay que temer a la globalización», siempre que se priorice la demanda interna, lo cual requiere invertir en el binomio capital fijo/empleo, como dicen O. Lafontaine y C. Muller[32].

c) Recursos humanos calificados en una gran diversidad de sectores y niveles. Formación continuada, articulación universidades-empresas, inversión flexible y mixta en I+D, etc. Espíritu empresarial y capacidad de adaptación a los cambios de los entornos.

d) Densidad de actividades económicas que genere un entorno favorable para el desarrollo y la atracción tanto de nuevas actividades como de las tradicionales.

e) Diversidad de actividades y poblaciones: heterogeneidad funcional, social y económica. Ampliación del ecosistema urbano.

f) Calidad de la oferta urbana e imagen positiva de la ciudad. Centralidades atractivas. Ofertas culturales y lúdicas. Seguridad urbana. Calidad ambiental.

g) Instituciones políticas representativas con eficiencia y transparencia en los procedimientos administrativos. Programas públicos fiables que reduzcan los márgenes de incertidumbre.

h) Cohesión social. Reducción progresiva de las desigualdades sociales. Reglas tácitas y pautas de comportamiento que garanticen una relativa seguridad en las relaciones económicas y sociales. Civismo.

i) Cualificación del capital humano y social: promoción del desarrollo de redes sociales a través del fortalecimiento y el apoyo a asociaciones civiles, organismos no gubernamentales, grupos autogestionados, etc., que cohesionen el entramado social y fomenten la participación colectiva.

j) Políticas públicas de proyección exterior e interior. Acciones que conciban la ciudad como un producto complejo en múltiples relaciones, que permitan su desarrollo tanto hacia sí misma como con respecto al entorno, buscando una eficaz combinación entre lo local y lo global.

k) Sostenibilidad del desarrollo que permita hacer previsiones a medio y largo plazo. Estructura física del espacio urbano-regional que reduzca los desequilibrios y los despilfarros y que asegure a la vez capacidad de integración y de evolución[33].

Como se percibe fácilmente, estos requerimientos van más allá de los clásicos de las economías de la aglomeración y de las sinergias (que continúan siendo muy importantes) y son mucho más integrales que aquellos que consideran la inserción en la globalización con un reduccionismo informacional-financiero. Estos requisitos por otra parte exigen una política urbana potente que no se puede basar exclusivamente en el planeamiento territorial clásico, pero tampoco en las actuaciones puntuales o en los programas sectoriales.

BOX 5.3

Dialécticas urbanas

J. B.

Las dialécticas urbanas se desarrollan a través de una confrontación de valores, voluntades políticas, intereses económicos y demandas sociales. Nuestras conclusiones se diferencian de las de otros autores con los que compartimos gran parte de sus análisis, como Ascher, Castells, Nel·lo, Indovina, Harvey, Godard, Mitchell, etc. (que tampoco coinciden del todo entre ellos), en que enfatizamos más, nos parece, las dimensiones contradictorias de los actuales procesos urbanos, metapolitanos, como diría Ascher. Es cierto que en muchos casos parece dominar la tendencia a la ciudad difusa, al desarrollo urbano mediante los productos que selecciona el mercado, a la acentuación de la desigualdad social, al abandono del espacio público, a la conversión del ciudadano en cliente (comprador de bienes o de servicios)... Pero no sólo sabemos que tendencia no es destino, que no hay una fatalidad unidireccional inmanente a la evolución social, sino que además podemos observar el carácter contradictorio objetivamente, conflictivo subjetivamente, de los procesos urbanos en curso. No se trata tanto del conflicto social simétrico y estructural propio de la sociedad industrial como de contradicciones transversales al conjunto de los grupos sociales, aunque los valores e intereses pueden tener peso relativamente distinto en cada uno de ellos.

Las políticas urbanas dominantes pueden favorecer la cohesión social y la integración cultural, pero muchas veces, por su debilidad o su vinculación a los agentes económicos capitalistas y a los grupos sociales privilegiados, facilitan las dinámicas dualizadoras. En este caso el territorio aparece como el espacio de la «lucha de clases» del siglo XXI.

BOX 5.4

Randstad

Extraído y traducido por M. I. del texto original *Comparative Study of Randstad and Tokio. Towards spatial sustainability of city-regions,* de Akiko Okabe.

La región denominada Randstad en los Países Bajos está conformada por cuatro ciudades principales que se localizan en los bordes de un corazón verde con una extensión de 20 km: Ámsterdam (capital del estado-nación), La Haya (sede del gobierno), Rotterdam (la ciudad portuaria) y Utrecht (centro de convenciones y servicios en el área central del país).

Entre ellas forman un sistema urbano policéntrico (ciudades localizadas cerca, ausencia de un liderazgo claro de ciudad cabecera y ciudades con independencia administrativa e histórica y espacialmente distintivas). Si bien ninguna de estas ciudades llega a un millón de habitantes, en conjunto suman 6 millones. Actualmente su localización privilegiada en el corazón de Europa y la existencia de un área verde central constituyen dos de sus mayores fuertes para poder competir con ciudades como Londres o París. El acceso a las funciones urbanas es similar al que puede haber en una gran metrópolis, con la ventaja de una mayor flexibilidad.

BOX 5.5

Buenos Aires. El abandono de la ciudad: del barrio a la ciudad cerrada

Z. M.

Ante la creciente sensación de peligro de las grandes ciudades aparece cada vez más claramente la solución de inventar un nuevo entorno donde se segreguen los iguales, guetos deseados de felicidad.

Esta opción se materializa con la realización de los barrios cerrados, donde el espacio público y el privado se enlazan sin solución de continuidad, donde los peligros de la ciudad quedan exorcizados gracias a los medios de control. Sistemas de seguridad que van desde los meramente físicos, como una muralla, cerco o reja, hasta sofisticados controles con videocámaras o infrarrojos y por descontado con el adecuado servicio privado de seguridad. La seguridad se paga con una falta absoluta de intimidad y libertad de movimientos, pues todas las entradas, salidas o desplazamientos internos en este recinto son vigilados por miles de ojos.

En los barrios cerrados no se proyecta un espacio público comunitario, y en la mayoría de los casos se limitan al espacio mínimo necesario para circulación; sólo en algunas ocasiones cuentan con un equipamiento comunitario, como un centro social o instalaciones deportivas. La necesidad de seguir utilizando la ciudad para realizar actividades que no sean las domésticas sigue existiendo para ir a trabajar, a comprar, al cine, a estudiar, es decir, aún existe una cierta relación funcional con la ciudad que obliga a salir del recinto protegido.

Esta idea de lograr un entorno ideal para vivir, una ciudad a escala humana, que puede ser recorrida a pie y cuyos residentes son iguales ha llegado tan lejos como para plantear «ciudades privadas». Esta propuesta es desde el mismo nombre incongruente: una ciudad no puede ser privada; una ciudad sí puede ser, entre otras cosas, un lugar donde habite gente distinta, donde haya conflictos, con espacios públicos, con espacios de libertad, libertad de movimientos. Pero aquí nos encontramos con una situación bien distinta.

Según este proceso sería suficiente para definir como ciudad un espacio en el que se puedan realizar todas las actividades que se desarrollan en la ciudad tradicional, principalmente aquellas ligadas al consumo, al ocio, al tiempo libre.

En algunos casos las propuestas son muy complejas, como en el nuevo emprendimiento Nordelta, en la provincia de Buenos Aires, Argentina, que cuenta con una superficie de 1.600 ha y una previsión de habitantes de entre 80.000 y 100.000. Además de las parcelas proyectadas para uso residencial, se proponen diversas funciones que se integrarán «como en toda ciudad...»: colegios y universidades que estarán conectados a través de medios informáticos con los hogares para que los estudiantes puedan seguir cursos y los padres controlar la educación de una manera directa. Contará asimismo con un centro asistencial, policía y bomberos, y el control de las calles interiores se realizará con un sistema similar al del control de autopistas. Por supuesto no faltan las ofertas de comida rápida, mercado, estación de servicio y campo de golf. No hay en principio condicionantes estéticos para los edificios, pero lo único que de momento está edificado —oficina de ventas/casa piloto— es una construcción inspirada en la arquitectura que se supone tradicional de la zona, que es la realizada por las empresas de ferrocarriles inglesas a finales del siglo XIX, una arquitectura liviana de chapa y madera.

El equipamiento propuesto habla claramente de por lo menos dos cosas: el simulacro y el control. Simulacro de ciudad, de sociedad y de una arquitectura pseudoantigua que avala con un matiz de tradición la imagen de la propuesta y control de las áreas públicas pero también de padres sobre hijos.

Una falta que denota la gravedad de estas propuestas es la ausencia de espacios de representación civil y política; asistimos pues a una sociedad que plantea su nexo de unión en términos contractuales de propiedad, que se regirá como una empresa, sin más compromiso que un interés económico igualitario momentáneo. La fundación de una sociedad «utópica» excluyente.

El crecimiento de los barrios cerrados es especialmente desmesurado en algunas ciudades latinoamericanas. Las estadísticas de la ciudad de Buenos Aires hablan claramente de ello [34]. Las localidades de la región metropolitana de Buenos Aires conforman un espacio de 16.767 km², donde residían en 1991 algo más de 12 millones de habitantes (38 por ciento de la población nacional) con una densidad promedio de 739 hab./km² [35].

La región es el aglomerado urbano más importante del país: concentra el 50 por ciento de la mano de obra industrial, el 55 por ciento del PBI y constituye el principal centro financiero y el mayor mercado de producción y consumo del país.

Tabla poblacional del RMBA en relación con el país
y la ciudad de Buenos Aires [36]

División político-administrativa	Población total censo 1991	Superficie en km²	Densidad hab./km²
Ciudad de Buenos Aires	2.965.403	200	14.827
Total RMBA	12.418.084	16.767	741
Total país	32.370.298	3.761.274	8,6
Relación RMBA/País.............	38,4	0,4	—

Barrios cerrados, *countries,* etc., ordenados por zona y según cantidad de emprendimientos

RMBA	Cantidad emprendimientos	Superficie total ha	Parcelas	
			Totales	Vendidas
Total.....................	320	17.342	63.190	37.381

De estos datos podemos analizar la tendencia más reciente y cada vez más acentuada a la «huida» de los habitantes de áreas urbanas hacia «unas zonas sin contradicción...». Hasta la fecha de estos estudios, la superficie urbanizada por estos barrios cerrados ocupa 173 km², cuando la ciudad de Buenos Aires cuenta con una superficie de 200 km².

Si se toma como hipótesis que las familias de clase media y media-alta están constituidas habitualmente por 4 o 5 miembros, la posible densidad de estas nuevas áreas se establecería en torno a 1.461 y 1.826 hab./km², frente a la densidad de la ciudad de Buenos Aires, que está en 14.827 hab./km². De la comparación con los municipios de la RMBA donde se instalan mayoritariamente estos desarrollos, se deducen dos tendencias: en las localizaciones más próximas a la ciudad de Buenos Aires la densidad propuesta se reduce a 1/5 y en los municipios más alejados las nuevas propuestas producen un gran aumento con respecto a la densidad existente. Con lo cual en ambos casos se provoca una escisión con el lugar y se generan nuevas demandas no acordes con la generalidad del municipio.

BOX 5.6

Desarrollos residenciales periféricos en las ciudades españolas

Francesc Muñoz

Durante los últimos quince años, las ciudades de los países del sur europeo, los centros de tradición urbana «mediterránea», han protagonizado acelerados procesos de metropolización que, por lo que respecta al territorio residencial, se han caracterizado por la ploriferación de tipologías de vivienda de baja densidad. La vivienda unifamiliar, sobre todo las promociones de casas adosadas o en hilera, condensa un nuevo tipo de paisaje residencial en las periferias metropolitanas de las ciudades del sur europeo.

Las ciudades españolas representan un caso muy ilustrativo en tanto en cuanto este desarrollo de la urbanización dispersa ha tenido lugar de forma acelerada apenas durante los últimos quince años y, sobre todo, durante los años noventa. Ciudades como Madrid, Barcelona, Valencia, Sevilla o Bilbao son aglomeraciones extensas por encima del millón de habitantes donde municipios medios y pequeños están desarrollando este paisaje residencial común a lo largo de autopistas y cinturones orbitales. El trazado de la N-VI en dirección a La Coruña, en el caso de Madrid, o la secuencia de municipios medios en la zona del Vallés, como Sant Quirze, al norte de Barcelona, ejemplifican estos crecimientos. En el caso concreto de la región de Barcelona, los porcentajes de producción de viviendas unifamiliares han superado el 40 por ciento durante el período 1985-2000, en zonas próximas a la ciudad central, y, en el caso de algunas áreas situadas en segundas coronas metropolitanas, la vivienda de baja densidad ha superado incluso umbrales del 60 por ciento en las localidades de menor tamaño poblacional.

Se trata de crecimientos urbanos que significan un elevado consumo de territorio, no sólo por las características morfológicas de la vivienda de baja densidad, sino también por los usos del suelo subsidiarios del nuevo entorno construido: infraestructuras viarias, como enlaces de autopista o rotondas de distribución de tráfico, grandes superficies comerciales o centros de ocio y entretenimiento.

BOX 5.7

La Rambla del Raval: ¿una oportunidad?

Carme Ribas-Joan Subirats

Desde hacía muchísimos años se venía hablando en Barcelona de la necesidad de emprender una acción decidida y amplia que mejorara las condiciones de vida de la denominada «Ciutat Vella». El espacio objeto de atención comprende al mismo tiempo el antiguo núcleo primigenio de la ciudad y su primera expansión, el Raval, siempre intramuros. Los orígenes del llamado «esponjamiento», o «saneamiento» del distrito, deben buscarse ya en Ildefons Cerdá en Baixeres o en los «higienistas» de principios de siglo, aunque fueron los proyectos del GATCPAC (con y sin Le Corbusier) los que acabaron siendo más conocidos. Con el advenimiento de la democracia, y sin las suspicacias que anteriores intentos habían despertado en plena época franquista, el ayuntamiento de la ciudad puso en marcha un ambicioso plan de remodelación y rehabilitación del barrio. El balance general de estos años de intervención masiva en Ciutat Vella no es negativo. Al contrario, se ha trabajado razonablemente bien. Se han rehabilitado una de cada cinco casas del barrio, recolocando en ellas a sus antiguos moradores. Se han gastado más de 13.600.000 euros en promoción pública, en rehabilitación directa y en subvención pública de rehabilitación privada. Y lo cierto es que gracias a ello y a la llegada de nuevas remesas de emigrantes, vuelve a haber niños y jóvenes en el distrito. Las demandas de nuevas cédulas de habitabilidad así lo ejemplifican.

A pesar de esos y otros muchos aciertos, la situación actual obliga a plantearse algunos interrogantes. Desde nuestro punto de vista no se ha tenido suficientemente en cuenta la complejidad del tejido urbano y humano del distrito en ciertas intervenciones pesadas. Se han *sventrado* espacios significativos, cuando quizás eran fácilmente recuperables. La normativa aplicada en los nuevos edificios ha sido en muchos casos demasiado reglamentista. La calidad arquitéctonica de muchas de las nuevas edificaciones está a menudo por debajo de lo derribado. Se han construido totalmente desde cero nuevas calles sin la mínima consideración sobre las señas de identidad del barrio (calle Maria Aurelia Campmany). Se han construido plazas que destacan por la sensación de desasosiego que producen (plaza Caramelles). O se ha abierto un enorme espacio, de dimensiones totalmente desconocidas para los parámetros tradicionales del barrio, cuyo futuro está aún por determinar (Rambla del Raval). Otras actuaciones se han hecho con más humildad, mimo y *finezza*, abriendo espacios que parece que toda la vida hayan estado allí, sin generar cicatrices difíciles de curar (Plaza de la Mercé o el espacio de Allada Vermell, que se abre más allá de Princesa-Assaonadors). En un marco general que podemos calificar de positivo, la experiencia de Ciutat Vella nos enseña que ciertos núcleos urbanos no pueden tratarse como un barrio más. No se puede ir con la lección aprendida, y limitarse a derribar, trazar, establecer una normativa, edificar y colocar a los vecinos en espacios que han acumulado tantoa complejidad en sus largos años de historia. Hay problemas de luz, de densidad, de trabajar con proyectos que hablen el mismo lenguaje de lo que no se derriba, que planteen renovar, sin falsos conservacionismos, pero con respeto y calidad. Habría sido más necesario trabajar a «continuación de» que en «sustitución de».

Algunos de los viejos y nuevos vecinos de ese gran receptáculo vacío que es hoy la Rambla del Raval observan con preocupación de dimensión desconocida ese gran solar lleno de sol. En un barrio conocido por sus callejuelas, humedades e insalubridades, nunca hay demasiado sol, pero sí que existe esa sensación de espacio fuera de toda proporción, de frontera o terreno de nadie, más que de plaza común que permita coser, tramar. La Rambla del Raval y su futuro constituyen hoy un gran problema y una gran oportunidad. Un problema si no se consigue llenar ese espacio con tramas urbanas y civiles que permitan avanzar sin perder diversidad y cohesión. Todos sabemos que el vacío social no existe. Si desde los poderes públicos no se consigue implicar a los vecinos, a los comerciantes, a las entidades, en la gobernación, en la responsabilización de ese espacio público, otras tramas clandestinas y delictivas lo llenarán. La labor de las instituciones públicas no es monopolizar, sino tender puentes, facilitar la autogobernación social. Porque lo cierto es que el Raval, a pesar de todo, está tratando de buscar su propia personalidad tras esas heridas que no permiten cicatrizaciones cómodas. Las salidas multicolores de los colegios del barrio nos dicen que el distrito es un antecedente de lo que será cada vez más Barcelona. El trabajo de las entidades del barrio, de los servicios municipales, está consiguiendo que se mantenga la cohesión a pesar de los repetidos intentos de llenar los vacíos con tramas delictivas. Riera Alta, Riera Baixa, Carme y Hospital van cobijando tiendas de discos y ropa de primera y segunda manos mucho más interesantes que los rutinarios y repetitivos comercios estilo *zaramangofurestboulevard*. Frente a centros comerciales cada día menos originales, más adaptados a la cultura del *MundoMac*, es una gozada pasear por esas calles, que conservan cierto ambiente canalla. Las

Barcelona, Rambla del Raval: apertura en zona degradada, espacio público multicultural.

carnicerías magrebíes o los restaurantes pakistaníes conviven con los bares llenos de estudiantes Erasmus y artistas en busca de una oportunidad. La desculturización y la desidentificación que azotan los centros de todo el mundo desarrollado no han penetrado aún en el Raval. Nadie quiere un nuevo Marais en Ciutat Vella. Nadie quiere un lugar yuppificado, sin vida. Lo que está en juego en Ciutat Vella es lograr mantener la mezcla, la diversidad, el pluralismo de usos y gentes. Y hacerlo siendo innovadoramente respetuosos con la identidad de un barrio que siempre ha sido Barcelona, antes que Barcelona fuera lo que hoy es. Al final los lugares que serán más valorados serán los que mantengan sus diversidades culturales y una calidad de vida suficiente. La renovación de Ciutat Vella busca esa dignidad en las condiciones de vida, pero deberíamos evitar entre todos que se haga a costa de perder identidad, de perder diversidad de usos y personas. Se necesita densidad, se necesita complejidad, se necesita gente con ideas arquitéctonicas sencillamente complicadas, y no técnicos con complicadas ideas simples. Dejemos que la historia del lugar y su realidad actual actúen como constricción positiva y no pretendamos un imposible borrón y cuenta nueva. La Rambla del Raval es hoy una oportunidad.

BOX 5.8

São Paulo: la metrópolis y los espacios públicos centrales

Regina Maria Prosperi Meyer

En la ciudad de São Paulo la incorporación continua, a lo largo del siglo XX, de transformaciones urbanas exigidas por el proceso de metropolitización ha incidido con gran fuerza en la estructura física y funcional de su área central. El análisis de ese proceso nos permite afirmar que la actual decadencia de los espacios públicos centrales —calles, plazas, largo, avenidas y parques— está vinculada al partido urbanístico adoptado por los proyectos de transporte público y a la adecuación del sistema viario que tiene en cuenta la estructuración urbana en una escala metropolitana. En la década de los noventa el número de pasajeros transportados dentro del municipio de São Paulo, en los días laborales, alcanzaba la cifra de 5,5 millones. Este número es aún mayor si consideramos que diariamente la estructuración radioconcéntrica de la ciudad lleva, hacia un único y exiguo territorio de 4,4 km², la denominada «área central», a pasajeros cuyo destino final no es el propio centro. Así, de las 1.200 líneas de autobuses que sirven a la ciudad, 294 alcanzan el área central distribuyéndose en tres terminales. Otras terminales menores, así como el conjunto de paradas de autobuses localizadas en plazas centrales, cumplen el papel de complementar la recepción del impacto, aunque parcial en ciertos casos, de los dos millones de personas que cruzan el centro diariamente.

Tanto la estructura urbana como el funcionamiento de la metrópolis repercuten hoy en la movilidad cotidiana de una cantidad inmensa de población. En lo que respecta al centro, la presencia compulsiva de una masa de usuarios —se calcula un movimiento diario de un orden de 3 millones de personas— crea anomalías en la organización física y funcional de sus espacios públicos. Aunque el centro continúe siendo, comparativamente, el polo de atracción más importante de la metrópolis, pues el 25 por ciento de los viajes realizados en transporte público tienen allí su destino final, hoy el área se ha transformado en un gigantesco territorio de trasbordo. Transformados de manera improvisada y desordenada en terminales de transporte público, los espacios públicos centrales han sufrido en las dos últimas décadas un proceso de degradación acelerada. La ausencia de cualquier tipo de estrategia de integración de pasajeros de diversas modalidades de transporte, buscando alcanzar diferentes sectores de la metrópolis, genera para los usuarios recorridos compelidos entre dos o más puntos en el interior La implantación de calles peatonales en la década del setenta fue una respuesta a los conflictos crecientes entre la cada vez más numerosa masa de peatones y vehículos particulares que se disputaban las estrechas calles del centro histórico.

La vía expresa, el elevado y la plaza

La relación viaria entre los sectores este y oeste de la ciudad a través de la construcción de la Vía Rápida Este-Oeste, con sus dos trechos más importantes —el elevado Costa e Silva sobre la avenida São João y la Nueva Plaza Roosevelt—, marcó la primera gran embestida a los espacios públicos del centro de São Paulo. La vía elevada Costa e Silva creó un nuevo estatus urbano para la avenida São Joao. La avenida más prestigiosa de los años treinta, proyectada para unir el centro con el barrio más prometedor del sector oeste de la ciudad, pierde su importancia urbana, pasando a atender exclusivamente los imperativos del tráfico de pasajeros. El deterioro de los edificios colindantes a la avenida y a la nueva vía elevada ha sido extremadamente intenso y rápido. El ruido de los vehículos que circulan en el trecho elevado obligó a la municipalidad a acatar la demanda desesperada de los residentes en los edificios próximos a la vía de cerrarla durante la noche y los fines de semana. Hoy el hecho de que esté prohibido atravesar el elevado Costa e Silva durante un 50 por ciento del tiempo acaba siendo un fuerte argumento para su cierre definitivo.

Inaugurada en los inicios de 1970, la Nueva Plaza Roosevelt se convirtió en el marco para la reorganización viaria del centro, cuyo principal parámetro es la creación de condiciones de circulación y movilidad. El proyecto realizado, distribuido en tres niveles, presentó un programa complementario de usos complejos, además de atender a las exigencias de la circulación metropolitana. La escala del proyecto interfiere en la estructura de la zona, creando paredones donde antes existían vistas. La antigua plaza de tierra batida fue sustituida por una edificación cuya calidad urbana y arquitectónica fue inmediatamente cuestionada. Paradójicamente, aun reconociendo que allí existía un inmenso e inadecuado estacionamiento a cielo abierto, es imposible no reconocer el carácter destructivo de la iniciativa. El intento de dotar un cuerpo vacío —una megaestructura de 30.000 m²— de cualidades urbanas, cuando su función esencial y primordial era de verdad cubrir los carriles subterráneos y garantizar el libre flujo de los vehículos que atraviesan el centro, sin ningún contacto directo con su estructura viaria, llevó a los arquitectos responsables del proyecto urbano a buscar una densidad de uso y de funciones capaz de crear una auténtico «trozo de ciudad». La falsa complejidad espacial y programática de esta gigantesca masa de cemento creó espacios que no revelan sus funciones. La indiferenciación, tanto de los accesos externos como de los espacios internos, entre un aparcamiento, una guardería infantil o una biblioteca se convierte en una barrera, un impedimento para una posterior asimilación por parte del usuario y de la ciudad. La dificultad para leer su opaco y aleatorio espacio interno, así como la imposibilidad de crear cualquier tipo de continuidad entre la nueva estructura y el tejido urbano existente, establecen entre la plaza y el centro precarias relaciones de coexistencia. Aunque el término «coexistencia» sugiera algún tipo de acuerdo, es bueno no hacerse ilusiones: las actuales condiciones de la Plaza Roosevelt no demuestran ningún tipo de aproximación entre el contexto urbano en que fue instalado y su interior. La paradoja de un proyecto que exacerba la precariedad en lugar de inducir o promover la reparación de los problemas urbanos quedó allí demostrada. La nueva plaza creó en los años setenta un tremendo residuo urbano cuyo poder de erosión continúa nocivamente activo en el centro.

BOX 5.9

Río de Janeiro: proyecto Rio-Cidade

Verena Andreatta-Manuel Herce

El programa Rio-Cidade, realizado por la Prefeitura de Río de Janeiro entre 1993 y 1998, consistió en la recuperación de una veintena de grandes espacios de la ciudad, emblemáticos por su posición central en los barrios de la ciudad. Áreas todas de gran extensión, a veces hasta 5 km de avenida, en los que se renovó la totalidad de su urbanización,

Rio Cidade: una ciudad con un emplazamiento extraordinario que olvidó la cualidad del espacio público (con la excepción del Aterro de Burle Marx y del frente atlántico de Copacabana e Ipanema). Los proyectos de pequeña o mediana escala de espacios públicos del programa Rio Cidade están destinados a crear un sistema de lugares cualificantes.

con modernización de su precaria red de infraestructuras y recuperación total del espacio público. El conjunto del proyecto (80 km de calles y sesenta plazas) ha significado una inversión de 400 millones de dólares.

De entre los aciertos compositivos, cabe destacar algunos aspectos cuya incidencia en la cultura urbanística de América Latina va, sin duda, a hacerse notar en los próximos años. En primer lugar, el espacio del automóvil quedó limitado a sus dimensiones precisas, con estrechamiento de pistas, recuperación para el peatón de espacios sobrantes, regularización de cruces e isletas separadoras; en este sentido, las atrevidas soluciones de diseño geométrico y coloración de cruces principales aportan al diseño urbano mucha de la creatividad festiva de la idiosincrasia carioca.

En segundo lugar, en la variada utilización de materiales y texturas del pavimento de aceras y plazas destaca un afán de conceptualización de espacios y de paseos en el que está casi siempre presente la utilización (a menudo combinada con otros materiales) de la tradicional piedra portuguesa, que Burle Marx había elevado a la categoría de lienzo en la playa de Copacabana.

El tercer aspecto es el del mobiliario urbano, siempre al servicio de la integración de elementos dispersos: farolas con semáforos y con indicadores de calles, paradas de bus con teléfonos y con espacio publicitario, etc. Con mayor o menor fortuna en las propuestas, la incorporación del diseño industrial a soluciones repetidas y ordenadas en largos trechos es toda una revolución en el caótico contexto de la abandonada y privatizada calle latinoamericana.

BOX 5.10

Las nuevas ramblas

Jaume Barnada

La historia urbana de Barcelona ha producido una ciudad donde el espacio público es un bien escaso y a menudo sobreutilizado. Barcelona es una ciudad de calles. Las calles tienen una importancia fundamental que sobrepasa su función de conectividad y que las sitúa como lugares complejos de relaciones ciudadanas.

La diversidad de las vías de la ciudad es grande; como ejemplos emblemáticos tenemos las calles del Ensanche, donde el espacio de los peatones iguala al de los vehículos y donde la calle, por su amplitud, arbolado y longitud, es el paradigma de la ciudad moderna; o la Rambla, sin duda uno de los lugares primordiales de actividades y espacio público por excelencia de la ciudad. Barcelona es un lugar para pasear.

A principios de los años ochenta se inició el proceso de monumentalización de la periferia, entendido como un efecto recalificador y de consolidación urbana, al tiempo que se daba estructura a los nuevos barrios, urbanizando puntos y creando itinerarios urbanos. Vía Julia fue uno de los primeros ejemplos de esta política democrática, y una de las extrapolaciones de la idea de rambla a una nueva localización. Esto produjo un efecto de mejora incuestionable y ayudó a la generación de un proceso de reactivación económica y social en su entorno. El espacio original era un vacío con poco uso en un extremo de la ciudad que fraccionaba la posible relación entre los barrios de Roquetes y Prosperitat. La llegada del metro comunicó estos barrios con el centro, pero la actuación realmente importante fue el proyecto de urbanización que dio la calidad de ciudad necesaria.

Hasta hoy, estos procesos de urbanización han garantizado la mejora de muchos espacios, tanto centrales como periféricos, tales como: Rambla Prim, Rambla Cataluña, Paseo Lluís Companys, Rambla de Sant Andreu..., mediante la potenciación del viario como un lugar mixto de equilibrio entre los usos tradicionales y las actividades ciudadanas contemporáneas.

En esta voluntad de mejora del medio y en la búsqueda de una vialidad con usos urbanos complejos hay que destacar la reciente cobertura de la Ronda del Mig, en los barrios de Sants y Les Corts. Esta actuación mantiene los flujos de tránsito y crea un espacio para peatones a modo de rambla sobre la losa de cobertura de la vía rápida, evitando el fraccionamiento de los tejidos urbanos del entorno y buscando un nuevo tipo viario compatible y diverso.

CAPÍTULO 6

ESPACIO PÚBLICO Y ESPACIO POLÍTICO

Miedos urbanos y demandas de seguridad

En la ciudad no se teme a la naturaleza, sino a los otros. La posibilidad de vivir, o el temor a la llegada súbita de la muerte, el sentimiento de seguridad o la angustia engendrada por la precariedad que nos rodea son hechos sociales, colectivos, urbanos. Se teme la agresión personal o el robo, los accidentes o las catástrofes (incluso las de origen natural, que son excepcionales, se agravan considerablemente por razones sociales: tomen como ejemplo los recientes terremotos). La soledad, el anonimato, generan frustraciones y miedos, pero también la pérdida de la intimidad, la multiplicación de los controles sociales. Las grandes concentraciones humanas pueden llegar a dar miedo, pero también lo dan las ciudades vacías en los fines de semana o durante las vacaciones. La excesiva homogeneidad es insípida, pero la diferencia inquieta. La gran ciudad multiplica las libertades, puede que sólo para una minoría, pero crea riesgos para todos.

Siempre se han practicado dos discursos sobre la ciudad. El cielo y el infierno. El aire que nos hace libres y el peligro que nos acecha. En todas las épocas encontraremos titulares de periódicos o declaraciones de intelectuales que exaltan la ciudad como lugar de innovación o de progreso o que la satanizan como medio natural del miedo y del vicio.

Algo parecido ocurre con los habitantes de la ciudad. El ciudadano, el representante por excelencia del tipo ideal de sujeto socializado y responsable, es el habitante de la ciudad, el portador de la cultura cívica. El ciudadano tipo ideal comparte valores, establece relaciones contractuales y actúa según unas pautas o normas tácitas que hacen posible una convivencia segura y pacífica tanto en las relaciones económicas y profesionales como en la cotidianidad.

La gran ciudad es un complejo proceso en transformación permanente que exige a los ciudadanos que cambien, se adapten, tomen decisiones, sean competitivos, generen oportunidades y no pierdan posiciones, sino que las ganen. La vida del ciudadano de la gran *urbs* es una fuente de ansiedades. La gran ciudad combina el vértigo de una libertad que muchas veces puede ser percibida como ficticia por la falta de medios para utilizarla, según las necesidades o aspiraciones del ciudadano, con el temor por las posibles agresiones que destruyen, de hecho, las libertades ciudadanas, o la frustración por no poder ver realizadas las expectativas que la ciudad genera.

El miedo en la ciudad no es un fenómeno exclusivo de nuestra época, sino que en cada momento histórico los miedos ciudadanos reflejan la especificidad de la situación social y urbana.

La ciudad preindustrial nos ha llegado muchas veces mitificada. Nos la imaginamos como una ciudad integrada, gobernada por instituciones fuertes, cohesionada por gremios y por todo tipo de corporaciones. Pero los peligros reales y los miedos posiblemente eran más intensos y variados que los actuales: zonas suburbanas, incluso urbanas, inaccesibles al control social, cuerpos armados diversos que a menudo eran más agresores que protectores, peligros constantes de progroms contra las minorías, epidemias, infecciones, incendios, asaltos del exterior, etc. Las fortalezas de los privilegiados, los guetos y la exclusión social constituían más la regla que la excepción.

La ciudad de la Revolución Industrial, la ciudad de nuestro pasado inmediato, creció y se suburbanizó aceleradamente. En su alrededor y en zonas degradadas de su interior aparecieron núcleos permanentes de inseguridad. Los burgueses vieron en los trabajadores (recuerden la citada descripción que hace Flaubert de la revolución de 1848 en *La educación sentimental)* un colectivo inmenso y muy peligroso. Blasco Ibáñez anunciaba la llegada de *La Horda*. La industria y el tráfico modernos multiplican los peligros, la vida económica genera nuevas inseguridades a causa de la precariedad de los bienes y servicios que proporciona (trabajo, vivienda, vejez, enfermedad), inaccesibles a fracciones importantes de la población. ¿Acaso no vive con miedo Jean Valjean, héroe proletario de *Los Miserables*, amenazado a la vez por la policía y por el hambre?

En *la ciudad actual*, el proceso de metropolización difusa fragmenta la ciudad en zonas *in* y zonas *out*, se especializan o se degradan las áreas centrales y se acentúa la zonificación funcional y la segregación social. La ciudad se disuelve y pierde su capacidad integradora, y la ciudad como sistema de espacios públicos se debilita, tiende a privatizarse. Los centros comerciales sustituyen a las calles y a las plazas. Las áreas residenciales socialmente homogéneas se convierten en cotos cerrados, los sectores medios y altos se protegen mediante policías privados. Los flujos predominan sobre los lugares. Y los servicios privados, sobre los públicos.

La sociedad urbana de la era de la globalización se caracteriza por una desigualdad con una movilidad ascendente, reducida a una minoría, por una vida social en la que prevalece la inestabilidad y la inseguridad. El mercado de trabajo es más reducido que la población activa, los jóvenes son los principales afectados y los acecha la exclusión, a menos que no acepten labores mal pagadas y estatus precarios, en competición con los inmigrados de países más pobres. La paradoja es que hoy la población joven, más formada que sus padres, debe aceptar tareas poco calificadas, por debajo de sus estudios y aspiraciones.

La violencia difusa que hoy se identifica con la vida cotidiana de muchas ciudades es más producto de la desigualdad social y de la anomia que de la pobreza o de la conflictividad organizada. Y si bien es cierto que la desigualdad y la anomia sociales han provocado el aumento de ciertos delitos (robos y en algunos casos agresiones a las personas), también lo es que en muchos casos la reacción social no está a nivel de la delincuencia real. La novedad de algunos hechos delictivos, o que se produzcan en zonas que antes se consideraban seguras, o simplemente la presencia de colectivos con imagen de peligrosidad, especialmente los inmigrados de países no comunitarios, son suficientes para que una parte importante de la opinión pública sobrevalore el grado de inseguridad real. Las políticas de seguridad multiplican la información, facilitan las demandas, se hacen campañas. Se conocen más los hechos, se producen más demandas, aumenta la inseguridad subjetiva. En cualquier caso no hay duda de que actualmente en las grandes ciudades hay muchos ciudadanos que se sienten inseguros y reclaman más control y más autoridad, es decir, orden y seguridad.

La «internacionalización de la delincuencia» y el hecho de que entre la inmigración reciente se encuentren colectivos que estén vinculados a ella han provocado la expresión de manifestaciones de xenofobia y racismo que aun teniendo una base real han llevado a una «criminalización» tan inexacta como injusta de colectivos humanos y de territorios. En especial si llevan «la extranjería en la cara» [1] o si residen en barrios «criminalizados»: «No es solamente nuestro nombre, o el color de nuestra piel. Aunque se nos haya dicho que tenemos el perfil adecuado para un lugar de trabajo, cuando hemos de dar la dirección, si el barrio es considerado "indeseable", lo más normal es que se acabe la entrevista» [2].

Importantes sectores populares permanecen en zonas centrales de la ciudad, de alta visibilidad. También se dan fenómenos de apropiación de áreas históricas y barrios tradicionales por parte de poblaciones inmigradas. En algunos casos estos barrios continúan siendo ocupados por ciudadanos que gozan de sus derechos y se ven favorecidos por políticas municipales que tienden a utilizar la ciudad cada vez más colectivamente (fiestas, actos cívicos, manifestaciones, calles peatonales, plazas y avenidas acogedoras). En ellos se dan procesos de «gentrificación», y tienden a convertirse en barrios residenciales de sectores medios, incluso altos, en todo caso de nivel cultural superior, aunque se mantengan enclaves populares tradicionales o de inmigrados recientes. En otros casos es la ocupación por sectores pobres, marginales, inmigrados o no, por gente que intenta sobrevivir en la ciudad como puede, sin papeles o sin trabajo, o precario y mal pagado. Y entonces la población autóctona, si puede, abandona el barrio a los recién llegados.

Estos barrios, a veces muy visibles, otras escondidos o periféricos, son la expresión física del peligro en la percepción de las clases altas y medias, los «ciudadanos de toda la vida». Unas presencias percibidas con miedo, en parte de base estrictamente cultural y en parte explicable por la coexistencia en la misma zona de poblaciones pobres y/o distintas y de actividades delictivas (pequeña delincuencia urbana estimulada por el turismo, tráfico de drogas, etc.).

Una ciudad compartimentada, segregada, de guetos de ricos y pobres, de zonas industriales y de campus universitarios, de centros abandonados y de suburbios chaletizados es producto de la agorafobia urbana, del temor al espacio público, que se intenta combatir con el automóvil y con el hábitat protegido por las «fuerzas del orden».

Esta opción no es monopolio de clases altas ni medias. Los sectores pobres también necesitan protegerse y generar su autodefensa, y sus propios «policías» muchas veces lo son las mismas organizaciones armadas que fuera de su zona son bandas de delincuentes o que dentro de ellas gestionan actividades consideradas ilegales. Esta compartimentación es potencialmente explosiva, pero no se considera hoy en sí misma fuente de inseguridad urbana cotidiana. Es socialmente injusta, políticamente antidemocrática, culturalmente miserable. A corto plazo puede ser válida para una parte de la sociedad urbana formal. Pero significa una ruptura del tejido social, una pérdida de pautas comunes que más pronto o más tarde conduce a la guerra de todos contra todos.

Los procesos de cambio en nuestra sociedad, inevitablemente, tienen aspectos no previstos, momentos desordenados (no reglamentados), provocan modificaciones de estados individuales y colectivos, de normas y procedimientos, que generan inseguridad. Las crisis económicas, cíclicas o estructurales, causan pérdidas, generan incertidumbres (de trabajo, de riqueza, de expectativas) y multiplican marginaciones y gremialismos. Los lazos solidarios se debilitan, se tiene miedo individual y se temen las reacciones de los otros. Al mismo tiempo, en las últimas dos décadas, asistimos a grandes cambios de valores y a las reacciones sociales que éstos han provocado, hasta el punto de que para cuestiones importantes para la vida individual y colectiva existen legitimidades opuestas (familia, aborto, propiedad, organización del Estado, etc.). Es un período de construcción de nuevas estructuras y por lo tanto un momento histórico caracterizado por la debilidad de las certezas, de las previsiones y de las seguridades.

La inseguridad urbana puede considerarse también una señal de alerta social. Expresa la contradicción entre una socialización relativa pero considerable del espacio urbano (usable por la gran mayoría de la población) y la exclusión o poca integración económica y cultural de numerosos colectivos sociales que ocupan la ciudad pero pueden usar sus ofertas (mayoritariamente comerciales) ni tienen a su alcance las libertades potenciales que de hecho son negadas a muchos.

Por ello hay que considerar la violencia urbana también en su dimensión de indicador democrático, en la medida en que nos envía un conjunto de señales sobre colectivos sociales que pugnan por sobrevivir, por ser reconocidos, por expresar (aunque agresivamente) que no aceptan su exclusión.

La demanda de orden formal, visible, estable, expresa la búsqueda de seguridad y es un fenómeno colectivo tan grave (puede generar movimientos de agresividad, de intolerancia, el fascismo cotidiano) como en principio legítimo. Es decir, hay que aceptarla como demanda compatible con la democracia; o, mejor dicho, como fenómeno que sólo la democracia puede pretender solucionar. Como una condición de la democracia.

No es preciso enfatizar algo tan comúnmente admitido: el derecho a la seguridad es un derecho democrático fundamental. Las instituciones políticas, las administraciones públicas, la justicia y la policía deben garantizarlo y, por lo tanto, prevenir o reprimir las conductas que amenacen o violen este derecho. Quienes más necesitan de la protección pública del derecho a la seguridad son los sectores más débiles o vulnerables de la sociedad. El derecho a la seguridad es sobre todo un derecho a la justicia que demandan los sectores populares.

La desigualdad social y la debilidad de pautas culturales comunes generan tensión entre seguridad y libertad: la máxima seguridad eliminaría la libertad (cosa que después produciría aún más inseguridad), y la máxima libertad podría aumentar la sensación de inseguridad (la cual a su vez destruye la libertad). La construcción del orden ciudadano se mueve entre dos polos: garantizar seguridades en todas las dimensiones (legales, económicas, urbanas) y potenciar las libertades de todos en todos los campos. Por esta razón el orden ciudadano democrático es un orden basado en la diversidad (descentralización, reglamentación flexible, participación) y en la concertación, en la iniciativa pública y en la autoorganización social en lo que es de interés colectivo, en la potenciación de la vida ciudadana colectiva y de las solidaridades sociales y en la preservación de las autonomías individuales (de empresa, en la cultura, en los valores) y de la privacidad.

Hay que evaluar los miedos y las demandas de orden con el máximo rigor para explicarlos sin mitificarlos pero tampoco sin caer en la tentación supuestamente progresista de satanizarlos. Sólo si se saben explicar los miedos sociales podrán implementarse políticas y acciones colectivas destinadas a satisfacer lo que tienen de legítimo y a destruir todo lo que puedan contener de autoritarismo e intolerancia. Hay que reducir los miedos a sus mínimas expresiones, o a lo más misterioso y profundo. De no hacerse así, los miedos demasiado explícitos o las demandas de orden muy urgentes harán desaparecer las libertades.

La crisis del espacio público y la seguridad ciudadana

Asistimos a diversos procesos de privatización de la ciudad: grandes centros comerciales que tienden a acumular diferentes funciones urbanas, barrios residenciales cerrados al uso público, servicios de carácter público privatizados, e incluso la privatización cada día más extendida de la policía. Esta tendencia privatista tiende a sustituir en ciertos campos la relación objetiva entre el Estado y los ciudadanos (relación securizante en un contexto democrático) por la confrontación subjetiva entre grupos sociales (relación opaca, imprevisible, angustiante).

En las grandes ciudades se imponen los *shopping centers* con un cartel que dice «Se reserva el derecho de admisión» y en los guetos residenciales las calles han perdido el carácter público en manos de policías privados:

Buenos aires, barrios cerrados: el miedo al espacio público, de la ciudad al gueto.

La ideología «securizante» pretende legitimarse no sólo porque responde a una demanda real, también como respuesta urbanística genérica: en gran medida, el nivel de aceptación de los clubes de campo y barrios cerrados obedece al problema de la inseguridad que tienen las grandes ciudades. [...] este tipo de urbanismo pretende encontrar su sustrato conceptual en razones de mayor peso el cambio en los hábitos laborales y una creciente conciencia ambiental que impulsa a los consumidores a situar su residencia en armonía con la naturaleza [2 bis].

La privatización del espacio público puede significar una negación de la ciudadanía y convertirse en un factor de ruptura del entramado social. Y es que el espacio público es un mecanismo fundamental para la socialización de la vida urbana. Los proyectos y la gestión de los espacios públicos y equipamientos colectivos son a la vez una oportunidad de producir ciudadanía y una prueba del desarrollo de ésta. Su distribución más o menos desigual, su concepción articuladora o fragmentadora del tejido urbano, su accesibilidad y su potencial de centralidad, su valor simbólico, su polivalencia, la intensidad de su uso social, su capacidad para crear ocupación y para fomentar nuevos «públicos», la autoestima y el reconocimiento social, su contribución para dar «sentido» a la vida urbana son siempre oportunidades que nunca habrían de desaprovecharse para promover los derechos y obligaciones políticas, sociales y cívicas constitutivas de la ciudadanía.

La negación de la ciudad es precisamente el aislamiento, la exclusión de la vida colectiva, la segregación [3]. Quienes más necesitan el espacio público, su calidad, accesibilidad y seguridad son generalmente los que tienen más dificultades para acceder o estar: los niños, las mujeres, los pobres, los inmigrantes recientes. En los espacios públicos se expresa la diversidad, se produce el intercambio y se aprende la tolerancia. La calidad, la multiplicación y la accesibilidad de los espacios públicos definirán en gran medida la ciudadanía. Su polivalencia, su centralidad, su calidad generan ciertamente usos diversos que entran en conflicto (de tiempo y espacios, de respeto o no del mobiliario público, de pautas culturales distintas, etc.) pero que también pueden ser una escuela de civismo.

La crisis del espacio público, como otras, es «la crónica de una crisis anunciada». Frente a un cierto desentendimiento e incapacidad por parte de algunas ciudades para resolver sus problemas socioeconómicos y al bombardeo mediático sobre los peligros que suponen los espacios públicos, que se hallan ocupados por los «otros» que allí viven, venden o deambulan, la solución más rápida es decidir que es necesario practicar un cierto «higienismo social» para sanear la ciudad. Se ha considerado previamente a la ciudad una realidad patológica, y hasta «satanizada». La solución consiste en «limpiar» la ciudad de los otros, sustituyendo los espacios públicos por áreas privatizadas, consideradas zonas protegidas para unos y excluyentes para los otros. Se nos propone un sucedáneo de realidad, lugares hipercontrolados donde todo parece real pero no lo es [4].

Una parte del aprendizaje de la vida que hacemos en la ciudad implica aceptar al otro que es diferente, reconocer y saber que el riesgo existe. Ahora bien, parecería que esta ciudad del aprendizaje se va esfumando en los confines de estos lugares controlados, donde la apariencia prevalece sobre la realidad y donde parece que se busca a aquel que es igual a uno mismo:

> el sentimiento agobiante del «nosotros» mortalmente amenazado, tan desproporcionado, [...] esta incapacidad para contender con el desorden sin elevarla a la escalada del combate mortal, es inevitable cuando los hombres moldean sus vidas comunes de tal modo que su único sentido de afinidad es el sentido de creerse parecidos o semejantes [5].

Esta manera de comportarse supone el gran riesgo de que se forme toda una ciudadanía incapaz de relacionarse con «el otro», incapaz de reaccionar ante un imprevisto de la vida, incapaz de decidir por sí misma. Si todo es enseñado, domesticado con opciones únicas, perdemos gran parte de las riquezas urbanas que se basan en la diversidad. Diversidad de opciones culturales, sociales, sexuales y laborales. El riesgo, la aventura, son tan necesarios como la protección y la seguridad.

Existe una búsqueda de seguridad que lleva a cerrar el espacio público, como si ésta fuese la causa de la inseguridad y del miedo urbano. Esta búsqueda tiene unos reflejos formales, imágenes que quieren recuperar un paraíso perdido. Está basada en la recuperación de una comunidad mítica en la que todos se conocen, en la que todos son iguales; y esto es sólo una idea, un mito de una realidad que nunca ha existido. Sus referentes formales son un *collage* fragmentado y aleatorio de imágenes de una arquitectura del pasado. El mito de las relaciones personales e íntimas con los vecinos que sólo son posibles si se «restablece» un medio urbano controlado, seguro y sobre todo ficticio.

Desde las *edge cities*[6] (Estados Unidos) y la exposición «Les entrées de la ville» (París) hasta las interpretaciones sobre el futuro de la ciudad desmaterializada que realiza William Mitchell en sus dos libros *City of Bytes* y *E-topia*[7] y el auge de las teorías del caos urbano, se expresa la tendencia a la mitificación negativa o positiva de la ciudad desurbanizada o de la urbanización sin ciudad.

En esta nueva ciudad las infraestructuras de comunicación no crean centralidades ni lugares fuertes, sino que más bien segmentan o fracturan el territorio y atomizan las relaciones sociales. Los nuevos parques temáticos lúdico-comerciales excluyentes crean caricaturas de «centro urbano» para clases medias consumistas. Una manifestación más de «agorafobia urbana».

El planeamiento urbano es destruido por la fuerza de las propuestas de los promotores para realizar centros comerciales gigantes, complejos de oficinas y parcelamientos residenciales de cientos de miles de acres. No existen precedentes de la medida y de la rapidez de estas construcciones. Debido a que cada componente es propuesto de forma separada, por promotores que compiten, el perfil de la ciudad no emerge hasta que se haya convertido en un hecho. Deviene más fragmentada, desagradable e ineficiente que si se hubiese planeado con anterioridad, ya sea por el gobierno o por un promotor[8].

La agorafobia urbana es el resultado de la imposición de un modelo económico y social que se traduce en una forma esterilizada de hacer la ciudad visible donde sea rentable e ignorando u olvidando el resto[9]. La agorafobia es una enfermedad de clase, ya que sólo se pueden refugiar en el espacio privado las clases altas. A los que viven la ciudad como una oportunidad de supervivencia no les queda opción. Los pobres muchas veces son las principales víctimas de la violencia urbana, pero no pueden permitirse prescindir del espacio público. Aunque se refugien en sus propios guetos, necesitan salir de él para sobrevivir. Deben vivir también en el espacio público y hasta cierto punto de él, pero la pobreza del espacio público los hace aún más pobres. Por el contrario, la calidad de este espacio contribuye a la justicia urbana.

Asimismo, el espacio público es una conquista democrática. La conquista implica iniciativa, conflicto y riesgo, pero también legitimidad, fuerza acumulada, alianzas y negociación. La iniciativa puede surgir de la institución política local o de un movimiento cívico, y hasta de un colectivo social o profesional.

Es necesario conquistar espacios, infraestructuras y edificios susceptibles de tener un uso público, que se hallan en manos tanto de entes públicos como privados que los tienen infrautilizados o congelados. Esta conquista no llegará únicamente por medio de demandas respetuosas, dentro de los marcos y procedimientos legales. Es necesario tener iniciativas que permitan crear movimientos de opinión favorables a las demandas; situaciones de hecho por medio de ocupaciones simbólicas o continuadas y recursos legales ante tribunales superiores (por ejemplo: tribunales europeos frente a los estatales).

El círculo vicioso entre el abandono de los espacios públicos y la multiplicación de los miedos y de la inseguridad ciudadana se tiene que romper no solamente mediante las políticas de seguridad —preventivas, disuasorias, represivas— o las políticas estructurales —sociales, económicas, culturales—, sino también con una política de espacios públicos ambiciosa que tenga en cuenta la seguridad ciudadana.

Las políticas públicas, y especialmente la concepción urbanística, tienen una especial relevancia a la hora de crear un ambiente de seguridad. Estas políticas públicas tienen dos dimensiones en su relación con la seguridad.

La primera se refiere a políticas que actúan frente a las problemáticas sociales, económicas y culturales que tienen incidencia sobre la violencia urbana. Por ejemplo: promoción del empleo, la educación y la cultura, programas contra la pobreza, apoyo a la integración sociocultural de minorías étnicas, etc. Es una política contextual indirecta.

En la segunda dimensión se encuentran las políticas urbanísticas destinadas a crear o regenerar hábitats, espacios públicos y equipamientos, entornos físicos y sociales que tenga efectos preventivos o integradores respecto a los grupos violentos o de alto riesgo. Es decir, actuaciones en áreas y para colectivos sociales considerados de «riesgo».

La ciudad debe entenderse como un conjunto de espacios públicos, de equipamientos, de servicios colectivos y de lugares simbólicos. Queremos enfatizar especialmente la importancia de los espacios públicos en la política

de construcción de la ciudad segura e integradora. El espacio público calificado es un mecanismo esencial para que la ciudad cumpla su función iniciática de socialización de niños, adolescentes y jóvenes, de colectivos marginados o considerados de «riesgo».

Hoy tiende a predominar en muchas ciudades una dialéctica negativa entre espacio público ciudadano (decreciente) y sensación de inseguridad difusa y exclusión social juvenil (crecientes). Pero es posible una política urbana
activa que invierta este círculo vicioso, que lo convierta en virtuoso. Es una
de las bazas principales de cualquier ciudad exitosa, incluso en el terreno de
la competitividad. Para una ciudad importa tanto su cohesión social como
su diseño; ambos condicionan su funcionalidad.

Aunque parezca una paradoja, creemos que a la agorafobia securitaria
que teme a los espacios públicos abiertos hay que oponer más espacios públicos, más lugares abiertos de intercambio entre diferentes. Algunos de los
requisitos de estos espacios para facilitar su función securizante son:

— La intensidad de su uso por su entorno comercial y residencial, por
   sus equipamientos o por ser contiguos o de paso con relación a puntos intermodales de transporte.
— La calidad formal, la monumentalidad, el uso de materiales nobles, el
   prestigio social atribuido a la obra.
— La ordenación de espacios de transición entre las áreas comerciales y
   residenciales formales, entre los equipamientos culturales y sociales y
   las zonas «conflictivas».
— La participación de la comunidad, vecinos y usuarios en la gestión de
   los espacios y equipamientos y en la realización de actividades en
   ellos.
— La oferta específica dirigida a grupos en situación de riesgo que puede ser tanto de tipo educativo o cultural (por ejemplo escuela de circo
   para jóvenes predelincuentes) como referente a espacios disponibles
   para iniciativas propias (música, deportes) o escuelas-talleres vinculadas a posibles demandas del entorno (que pueden completarse con
   microempresas o asociaciones que aseguren luego la gestión de servicios y por lo tanto generen empleo) [10].

El urbanismo no puede renunciar a contribuir a hacer efectivo el derecho
a la seguridad en la ciudad, es decir, el derecho a los espacios públicos protectores. Pero para todos. Sin exclusiones.

La mejor manera de garantizar la seguridad del espacio público es la continuidad de su uso social, es decir, la presencia de la gente, lo que quiere de-

cir que correspondan a trayectos, que sea agradable, que se permita su utilización a todo tipo de personas y grupos, asumiendo que hay veces en que es necesario reconciliar o regular intereses o actividades contradictorias.

Pero ¿qué hacer con las formas de violencia que a pesar de todo se manifiestan en el espacio público? Hay una violencia urbana aparentemente gratuita que si bien es inaceptable conviene entender para desarrollar políticas adecuadas. Nos referimos a violencias de baja (o no tanto) intensidad, como los ruidos molestos, el abandono de residuos, los desperfectos voluntarios del mobiliario urbano, la intimidación a los usuarios, etc. La violencia puede expresar una reivindicación inconsciente de ciudadanía, la rebelión del no ciudadano, su contradicción entre el hecho de estar y el no derecho de usar la ciudad formal y ostentosa. Pero entender esta contradicción no impedirá reprimir o prevenir las conductas violentas que excluyen a los ciudadanos más o menos integrados en la vida y culturas urbanas. Y hacer lo necesario para garantizar la concentración de usos colectivos diferentes, es decir, hacer de los espacios públicos lugares de inclusión para los excluidos.

El hecho más relevante para garantizar el uso del espacio público por parte de todos es la diversidad, diversidad de funciones y de usuarios. La misma seguridad queda así de una manera o de otra garantizada, a pesar de las contradicciones que genere el multiuso. Si solamente un grupo se apropia del espacio público, el resto de la población vive atemorizada por él.

La diversidad favorece la multifuncionalidad y se vuelve un elemento de potencialidad evolutiva. El espacio cotidiano es el de los juegos, el de las relaciones casuales o habituales con los otros, del recorrido diario entre las diversas actividades y del encuentro. Este espacio coincide con el espacio público de la ciudad. Por eso brindar cualidades estéticas, espaciales y formales al espacio público permite su uso por parte de todos sin excluir a nadie. Sin olvidar que hay grupos que necesitan espacios «propios» (por ejemplo los jóvenes por la noche). Y que la ciudad requiere espacios-refugio para minorías víctimas del racismo o de un legalismo represivo.

La apropiación de áreas del espacio público por parte de colectivos específicos, especialmente si son aquellos que por razones étnicas, culturales, de género o de edad sufren alguna discriminación, es parte del derecho a la ciudad.

Seguridad ciudadana: un desafío para las políticas locales

La desigualdad social y la diversidad cultural

La causa principal de la violencia urbana no es la pobreza, sino la desigualdad social (Gilberto Gil, en la toma de posesión como ministro de Cultura de Brasil).

La desigualdad con pobreza [11] genera por una parte «grupos vulnerables» y por otra «grupos amenazados». Entre los primeros (pobres y marginales, desocupados y precarios, desestructurados y anómicos) nacen comportamientos de violencia «expresiva» (por ejemplo jóvenes frustrados al contemplar lo que la ciudad ofrece y que les resulta inaccesible) y emergen «colectivos de riesgo», predelincuentes. Las mafias de la economía delictiva (droga y tráficos diversos, robo y secuestros, sicarios de la violencia organizada) encuentren en estos medios un caldo de cultivo favorable. El que estos comportamientos correspondan únicamente a una minoría de la población más pobre y marginal no obsta para que la percepción social «criminalice» injustamente a colectivos sociales y barrios enteros. Un desafío para las políticas urbanísticas y socioculturales pero cuya respuesta depende en gran parte de políticas que van más allá de las competencias y capacidades de los gobiernos locales. Sin embargo, ya hemos visto cómo una activa política de espacios públicos de calidad, de favorecer la mixtura social y funcional (vivienda con comercio, oficinas y equipamientos), de animación cultural y acción preventiva sobre niños y adolescente en la calle, de formación continuada y atracción de actividades que creen empleo y en general de acción positiva hacia grupos vulnerables y de riesgo contribuye eficazmente a crear un ambiente de seguridad.

Los «colectivos peligrosos», es decir, percibidos como tales, son en muchos casos los «sin», los sin papeles especialmente, condición frecuentemente asociada a «sin trabajo» (por lo menos formal), «sin domicilio legal», sin acceso a determinados equipamientos y servicios colectivos... La desigualdad social, sumada a la desigualdad político-jurídica, parece condenar a delinquir a esta población que en su gran mayoría alimenta la economía informal o trabajos poco calificados y mal pagados, lo cual no es precisamente una amenaza para la convivencia social. Pero en su seno es inevitable que se recluten grupos que sobreviven de la pequeña delincuencia urbana.

La población inmigrada reciente es percibida hoy en muchos casos como la principal fuente de inseguridad, lo cual no está confirmado por las estadísticas, por lo menos si nos referimos a robos y agresiones, sin incluir las faltas o delitos inherentes al hecho de no tener «papeles» (venta ambulante, falta de contrato de trabajo, permanencia sin permiso de residencia, etc.).

Los poderes locales pueden y deben prestar servicios de carácter social, sanitario y educativo a esta población, pero no tienen competencia para modificar su estatus legal. Sin una política clara y generosa de cuotas, de combate a las mafias que trafican con las personas, de reagrupamiento familiar y de acogida de refugiados y asilados, de reclutamiento de funcionarios y agentes públicos de origen inmigrado y de regulación flexible de los residentes de hecho el problema de los «sin papeles» no se resuelve.

La diversidad cultural, sin que ello suponga necesariamente conductas delictivas, aparece muchas veces como factor de tensión y, en ciertos momentos, de violencia urbana. El discurso sobre el derecho a la diferencia y el valor de la tolerancia es poco eficaz cuando la convivencia cotidiana en el territorio (el barrio, la calle, la entrada de la escalera) deviene una confrontación de intereses y comportamientos que aparecen como incompatibles. Por una parte la población autóctona, arraigada, que se considera con derechos adquiridos que corresponden a su estatus ciudadano (nacionalidad del país), partícipe de la cultura tradicional y mayoritaria (lengua, religión, color de la piel) y con intereses patrimoniales en el lugar acepta difícilmente otros comportamientos que le generan miedo difuso o incomodidad y que pueden afectar a sus intereses (por ejemplo la oposición a la construcción de una mezquita o simplemente de un locutorio de teléfonos y correo electrónico que puede ser visitado por población inmigrada se rechaza por temor a que se devalúe la propiedad). En unos casos parece necesario que el poder local haga valer la fuerza de la ley y no acepte la coacción, como ha ocurrido a veces cuando sin base legal algún gobierno municipal ha impedido la construcción de la mezquita por presión vecinal. En otros casos en los que el uso del espacio público se convierte en fuente permanente de conflictos puede ser conveniente separar usos y poblaciones. Por ejemplo en un conjunto de viviendas en el que convive población gitana y no gitana es factible reservar un bloque y un patio o parcela no centrales para aquella población gitana que hace del espacio público su cocina y comedor [12]. La gestión de la convivencia entre personas y colectivos de base cultural muy diversa supone por parte de los gobiernos locales un gran esfuerzo de creación de redes y mecanismos participativos.

Los colectivos «marcados» o criminalizados no son únicamente los inmigrados y otros colectivos de carácter étnico y/o religioso, casi siempre señalados por la extranjería y el aspecto físico. Ciertos barrios o zonas «marcan» también a sus habitantes, y ya hemos citado casos en los que reconocer que se vive en tal lugar (una favela o villa miseria, un *grand ensemble* o polígono de vivienda pública deteriorada, una zona «roja» en términos latinoamericanos, vinculada a la delincuencia y/o la prostitución) es suficiente para suscitar rechazo social.

Otro caso que conviene citar es el desplazamiento de la «criminalización» de los barrios o colectivos inmigrados hacia los jóvenes procedentes de ellos y por extensión hacia los jóvenes en general, a los que se vincula con la droga, la marginación, la violencia escolar o en el espacio público, la conducción peligrosa o la delincuencia urbana. Se ha llegado a hablar de «racismo antijoven», que en las sociedades europeas envejecidas y conservadoras reaparece regularmente. La generalización abusiva de situaciones y comportamientos muy distintos entre sí como los citados lleva al extremo de criminalizar a los jóvenes simplemente por su forma de vestir, de ocupar el espacio público, de llenar la noche de sonidos. La existencia de estos colectivos «marcados» requiere una respuesta «inclusiva», puesto que la marca los «excluye» de facto de ser aceptados como ciudadanos de pleno derecho y los sitúa bajo sospecha permanente.

Políticas contra la exclusión

Las políticas inclusivas están hoy a la orden del día [13]. Tanto es así que siguiendo la estela del Foro de Porto Alegre se ha creado un movimiento de «Autoridades locales por la inclusión social». Las distintas formas de «exclusión» (territorial, social, cultural, de género o de edad, de orientación sexual o religiosa, de drogodependientes) favorecen tanto la injusta criminalización colectiva como el miedo difuso del conjunto, es decir, generan violencia o crispación en ambas direcciones.

Las políticas «inclusivas» se enfrentan a problemáticas complejas y por lo tanto se trata de políticas transversales o multidimensionales de:

— *Urbanismo*. Desenclavar los guetos, legalizar y regenerar el hábitat marginal, hacer llegar los servicios públicos básicos (red viaria y transportes, agua y saneamiento, etc.) a las áreas «excluidas», promover la cooperación de los habitantes en la cualificación de los espacios públicos y la mejora de la vivienda, introducir la mixtura social, localizar equipamientos y elementos monumentales que proporcionen visibilidad y dignidad a la zona.

— *Cultura*. Los equipamientos y la monumentalización, la creación de un ambiente de seguridad y la celebración de actividades atractivas para la población externa tienen una evidente dimensión cultural, tanto porque favorecen la integración ciudadana como porque pueden remarcar positivamente la identidad diferenciada de la zona, que idealmente debería obtener un nivel de reconocimiento social positivo. Hay que apostar por la calidad y la belleza de la nueva oferta urbana y dotarla de un potencial simbólico que cumpla una función cohesionadora y definitoria ante el conjunto de la población urbana.

— *Acción socioeconómica y educativa.* La atracción de actividades, la generación de empleo in situ, los programas de apoyo a microempresarios y de formación continuada, la acción contra el absentismo escolar, programas de formación específicos para jóvenes y para mujeres, etc. Se trata de acciones preventivas que serán más efectivas si consiguen por una parte la conquista de inversores y de clientes «exteriores» y por otra que una cuota significativa de la población excluida y en situación de riesgo salga del territorio enclavado por medio de su formación o actividad. La Asociación de Amigos de La Villete, en París, ha conseguido promover la formación de jóvenes y de empresas de un entorno social deteriorado que luego se han incorporado a la diversidad de empleos que ofrece el gran centro cultural.

— *Innovación política y legal.* La relación con los colectivos excluidos y de riesgo requiere también por parte de los gobiernos y las administraciones públicas capacidad de cambios tanto normativos como en las formas de organización y gestión. La existencia de una población indocumentada o en situación de residencia ilegal, pero residente de facto, requiere fórmulas ágiles de regulación hasta el reconocimiento de plenos derechos a todos los habitantes de un territorio, puesto que las expulsiones son siempre soluciones excepcionales o injustas. La necesidad de tratar con poblaciones multiculturales precisa que los cuerpos del Estado y los servicios públicos se doten de funcionarios y empleados que reflejen esta multiculturalidad. Las situaciones de violencia que se crean en territorios de exclusión o por el contacto entre poblaciones culturalmente diversas no pueden ser prevenidas ni reprimidas con los medios usuales, sean de carácter social o policial. Por una parte los colectivos excluidos y de riesgo requieren seguramente políticas y formas de gestión nuevas y específicas: por ejemplo los drogadictos o los jóvenes que integran bandas violentas precisan respuestas distintas de la cárcel; por otra, la impunidad de la violencia urbana sólo sirve para agravar y generalizar estas situaciones: en estos casos las respuestas de reparación y de sanción deben ser rápidas y efectivas.

El derecho a la seguridad

El derecho a la seguridad es un derecho humano básico al que hoy son especialmente sensibles en las sociedades urbanas no solamente los sectores medios (los altos están más protegidos), sino también, y en bastantes casos con más motivo, los sectores populares, que con frecuencia conviven u ocupan espacios que se solapan con los territorios y poblaciones que se perciben como violentos o peligrosos.

La demanda social de seguridad ha dado lugar a dos tipos de respuestas por parte de los gobiernos de las ciudades. Un tipo de respuesta que se atribuye principalmente a las ciudades europeas pero que también está presente en las ciudades americanas es la de la prevención. Las políticas preventivas apuestan por la acción positiva hacia los grupos vulnerables y de riesgo y también por los procesos de inclusión y reinserción. Estas políticas suponen asimismo reformas importantes de la policía (comunitaria) y de la justicia (de barrio o municipal, jueces de paz). La proximidad y la diversidad de las fórmulas sancionadoras son características principales de esta concepción de la policía y la justicia. Estas políticas intentan cubrir un campo mucho más amplio que la simple respuesta a los hechos violentos o delictivos, sea para evitarlos, sea para reprimirlos. Son políticas locales que atribuyen gran importancia a la participación social de los colectivos vecinales, educadores, entidades culturales y de ocio y organizaciones juveniles. Se trata de comprometer a la sociedad local organizada en la gestión de los programas de carácter preventivo y eventualmente reparador (de daños al espacio público, de atención a las víctimas). Pero su aplicación en ningún caso puede llevar a la impunidad de los actos de violencia o intimidación que atenten contra las personas, bienes públicos o privados o la calidad del entorno.

El otro tipo de respuesta es el de la tolerancia cero. El éxito, o, mejor dicho, la moda de esta política, no se debe tanto a sus resultados (los estudios comparativos demuestran que en los casos más exitosos no son mejores que los obtenidos por políticas bien llevadas del tipo preventivo e incluyente) como a su efectismo simplista y a los beneficios inmediatos que reporta a grupos sociales y áreas y servicios públicos de la ciudad con mayor visibilidad. Si por «tolerancia cero» se entiende no dejar ningún atentado o agresión, a personas o bienes, sin reparación y sanción inmediatas, entonces esta política es un componente del primer tipo descrito, y no sólo es compatible sino parte necesaria de la política preventiva incluyente. Pero por «tolerancia cero» se entiende en muchos casos (desde Nueva York hasta España) una acción represiva mayor hacia los grupos y los territorios considerados de riesgo, marcados en su totalidad por la sospecha. La seguridad en el metro de Nueva York es deseable para todos (se ha dicho que es el «lugar más democrático de Manhattan»), y la reparación inmediata de los daños materiales también. Pero la persecución sistemática de afroamericanos e hispánicos, de jóvenes por su aspecto o de personas sin techo es abrir un frente de inseguridad mayor que el que se quiere suprimir. Una política que enfatiza la represión sobre colectivos y barrios oficialmente «criminalizados» a la larga además de injusta socialmente es muy peligrosa: excita la agresividad de los teóricamente «protegidos» (a los que se pide además la colaboración activa, confundiendo la participación con la denuncia sistemática) respecto a los «sospechosos», lo cual provocará reacciones violentas en el seno de éstos, que en algunos casos actuarán siguiendo la lógica de la profecía de autocumplimiento.

En las políticas de seguridad ciudadana conviene distinguir entre los miedos, la inseguridad subjetiva, el sentimiento de vulnerabilidad por una parte y la existencia objetiva de focos de violencia, de coacción, de delincuencia sobre personas y bienes en el espacio público y en la cotidianidad urbana, por otra. En el primer caso se requieren políticas sociales y culturales de apoyo al conjunto de esta población, actuaciones sobre el espacio público, de mantenimiento y mejora, fomentar la participación y la cooperación ciudadanas, programas específicos tanto dirigidos a los grupos más vulnerables (personas mayores, niños, mujeres solas, etc.) como a los percibidos como peligrosos (drogodependientes, bandas juveniles, etc.). En el segundo caso la acción pública debe caracterizarse por la proximidad, la inmediatez, la eficacia, la cooperación ciudadana y la reparación y sanción visibles y garantizadas. Pero estas respuestas deben modularse en cada caso, según el tipo de comportamiento generador de inseguridad y el perfil de las personas implicadas.

El derecho a la seguridad es un derecho fundamental, para todos. Pero la aceptación de la cualidad de la ciudad como refugio, como ámbito protector, de supervivencia, para colectivos vulnerables, para inmigrantes procedentes de lugares más inseguros, también es un elemento constitutivo de nuestras ciudades. El fin de las políticas de seguridad no es la protección de una parte a costa de la marginación y criminalización de otras, aunque sean minorías (pese a que sumadas quizás ya no lo son), sino la integración o inclusión de la totalidad o de la inmensa mayoría, la construcción permanente de pautas de convivencia compartidas y la primacía de la prevención, la reparación y la sanción con vocación reinsertadora sobre la represión vengativa tan simple como poco eficaz para crear un ambiente ciudadano protector.

Relación social, integración e identidad

El viernes, el sábado y el domingo la avenida de los Champs-Élysées se llena de jóvenes africanos, árabes, asiáticos. Ocupan la avenida más simbólica de París, se apropian de la ciudad, se pueden sentir plenamente franceses. Sin embargo, alguien nos dijo: «No son franceses como los otros» (¡un diputado socialista!), aunque en la mayoría de los casos hayan nacido en París y tengan nacionalidad francesa.

La exclusión es un concepto que está de moda, que expresa una realidad múltiple y dolorosa: los sin trabajo, los sin papeles, los sin familia, los sin vivienda formal. La exclusión se manifiesta sobre todo en las áreas urbanas. Y no sólo existen grupos excluidos, sino también territorios. En Francia se inventa la «zona» para distinguirla de la *banlieu,* es decir, la periferia de los marginales de la de los integrados.

Los territorios de exclusión son aquellos que expresan el fracaso de la ciudad, la no ciudad o, como escribió Francisco Candel, «donde la ciudad pierde su nombre». Son los *terrains vagues, no man's land,* ocupados por gentes fuera del circuito del reconocimiento social.

El problema al que se enfrentan hoy las áreas urbanas es el del crecimiento de estos territorios de exclusión y de los grupos marginados por la acumulación de exclusiones: ni trabajo, ni ingresos estables, ubicados en zonas de escaso o nulo reconocimiento social, pertenecientes a grupos étnicos o culturales poco o nada aceptados institucionalmente (incluso ilegales) y desintegrados familiarmente (personas solas, viejos, niños o jóvenes desescolarizados, etc.) La ciudad, entonces, se convierte en un enorme continente de problemáticas sociales donde las políticas urbanas no pueden permanecer indiferentes en nombre de sus competencias legales y de sus medios económicos limitados.

Si bien el urbanismo es incapaz de resolver todos estos problemas, sí puede contribuir a no agravarlos. Por tanto, debe plantearse siempre, en cada programa de actuación municipal, en cada proyecto urbano, cuál es su contribución a la cohesión social y a la integración de los sectores excluidos. Ya nos hemos referido al espacio público y más en general al urbanismo como un medio potencial de promover la redistribución social de bienes y servicios, de favorecer las relaciones sociales y de dar sentido a la vida cotidiana para todos los grupos y las áreas urbanas. El uso diferencial del espacio público por los diversos grupos de edad, de género o étnicos es un dato a tener en cuenta para su diseño y para promover la integración sociocultural. Al mismo tiempo es un buen punto de partida para plantearse tres objetivos integradores:

— la creación de espacios que refuercen identidades,
— el reconocimiento de las diferencias,
— la existencia de momentos y lugares de expresión universalista.

En relación con el primer punto la ciudad es, o debería ser, un sistema de lugares, es decir, de espacios con sentido. Por lo tanto, al tratar los centros y los barrios, las vías públicas y los equipamientos, los monumentos y todos los elementos que configuran la imagen urbana (desde el transporte público, hasta la publicidad), hay que cuestionar el sentido que transmiten. Promover la integración significa que todos estos lugares y elementos deben contribuir a «las» identidades de la ciudadanía. Cada grupo debe encontrar espacios y lugares, signos y señales, con los que se pueda identificar. Reforzar la identidad de grupo (de edad o de género, barrial o social, de orientación cultural o sexual, étnico o religioso) no se contrapone a la integración global en la ciudad, sino que generalmente la facilita. La producción de sentido mediante la identificación con los elementos materiales y simbólicos del entorno supone contribuir a la cohesión interna de los colectivos sociales, pero también a su visibilidad en el magma urbano.

En segundo lugar, si la ciudad debe contribuir a la expresión de las identidades diferenciadas, también debe generar el encuentro y el intercambio, estimulando la innovación y la tolerancia. Para esto el reconocimiento de las diferencias en el territorio y el derecho al encuentro se tornan condiciones fundamentales.

El diseño de los espacios públicos y de los equipamientos, la concepción de las áreas residenciales y de las centralidades debe garantizar la accesibilidad a los distintos grupos de ciudadanos y favorecer su presencia y su mezcla (sin perjuicio de que se diferencien funciones). El contacto y el intercambio suponen también que se internalicen unas prácticas administrativas y unas pautas culturales que vean en la mezcla un valor positivo y no una molestia o un peligro [14]. La agorafobia, la obsesión por la seguridad, el «racismo» machista, xenófobo o antijoven, que son muchas veces comunes a aparatos del Estado y a sectores importantes de la población, son negadores de uno de los valores más importantes de la ciudad: el derecho al encuentro.

En cuanto al tercer punto, la ciudad debe constituirse como lugar de universalidad, pero ¿qué significa esto realmente? El discurso sobre globalización y ciudad global se ha banalizado. En todas las épocas las ciudades han sido lugares centrales del intercambio de productos y de ideas. La intensidad del intercambio dependerá obviamente del grado de desarrollo económico y tecnológico, de los medios de transporte y comunicación y del orden político mundial. Hoy este intercambio se produce en tiempo real en algunos aspectos (medios de comunicación, finanzas y negocios) y son más numerosos los actores implicados. ¿Pero esto ha cambiado sustancialmente la vida de la gente? ¿Podemos hablar de un cosmopolitismo extendido a todos? No, sólo una pequeña parte de la ciudadanía vive globalizada. No todos están en Internet, no todos están conectados con el resto del mundo. Incluso la difusión del turismo internacional en los países más desarrollados supone, casi siempre, visitar únicamente «enclaves» en los que se reproduce el entorno conocido.

La ciudad como lugar de la universalidad es otra cosa. Es el ámbito de construcción y expresión de valores con vocación más o menos universal. El lugar donde, como decía Salvador Allende, «mucho más temprano que tarde abrirán las grandes alamedas por donde pase el hombre libre para construir una sociedad mejor».

Estas grandes alamedas deben existir, debe haber un espacio cívico para las grandes concentraciones, culturales o políticas, donde se expresan los movimientos colectivos más amplios. A veces estos movimientos sociales pueden tener motivaciones y objetivos corporativos o localistas, pero encuentran también su legitimidad en su referencia a valores más universales: derechos humanos, libertades, solidaridad. Su expresión en lugares centrales y significantes es necesaria para la integración ciudadana, para que funcione la tolerancia y la apertura al mundo.

Esta referencia a la universalidad nos lleva a una última reflexión: la integración sociocultural ¿qué tipo de identidad constituye?

¿De dónde es ciudadano el «urbanita» actual? En este magma de elementos territoriales y funcionales, históricos y relativamente estables unos, y que se hacen y rehacen continuamente otros; en esta mezcla de gran ciudad y de región urbana, de barrios-refugio de la identidad y de ciudades pequeñas y medianas que radicalizan su afirmación «para no disolverse en el aire»; en estos territorios fragmentados y difusos, en esta ciudad genérica compuesta de elementos dispersos y de espacios privatizados, ¿de dónde son y dónde ejercen los ciudadanos la ciudadanía? En las ciudades actuales parece evidente que no se puede hablar de un único territorio de proximidad, sino de diversos territorios, diversas identidades y pertenencias territoriales.

La ciudad es en sí misma un conjunto de identidades que se suman, se confrontan o viven en forma más o menos aislada unas de otras. Hay identidades barriales, otras de carácter étnico (debido a las inmigraciones), de género y de edad (mujeres, jóvenes), de carácter sociopolítico, etc. Algunas veces se apoyan en el territorio, otras veces no. La cuestión es si estas identidades se oponen o favorecen la integración ciudadana global y definitivamente la facilitan por la vía de la suma o de la confrontación, es decir, si hay algún tipo de relación con la sociedad y el espacio urbano más global. Cuando, por el contrario, expresan aislamiento (o contribuyen a él), es más discutible, aunque en la medida en que permiten superar la anomia y refuerzan al grupo también facilitan su relación colectiva o individual con el resto. Un ejemplo de ello lo constituyen las asociaciones de minorías étnicas.

Por otra parte, existe una identidad sociocultural ciudadana distinta de las descritas. Es un triple producto de la historia de la ciudad, de los grupos y de los valores hegemónicos en el presente (que pueden expresarse a través de un liderazgo político) y de los proyectos y colectivos emergentes, es decir, de futuro. Cuando alguno de estos elementos es débil, la integración sociocultural es más difícil. Esta identidad sociocultural ciudadana a su vez puede articularse a las identidades nacionales, estatales o más globales (europea, por ejemplo).

Sin embargo, esta relación es compleja y dificulta la generalización. En algunos casos la articulación parece relativamente fácil: por ejemplo, Barcelona-Cataluña o París-Francia, lo que no excluye dimensiones conflictivas. En otras en la relación predomina la confrontación, cuando no el espíritu secesionista: por ejemplo, ciudades del norte de Italia respecto al Estado italiano. Estos casos también pueden expresar un déficit de valores universalistas ciudadanos o una incapacidad para asumir la hegemonía respecto a entornos considerados antagonistas por su poder, que genera dependencia, o porque la relación represente unos cortes que no se quieren asumir.

La ciudad es el lugar por excelencia donde se construye la relación social, *le lien social*. Si la relación social se debilita, si resurgen o se desarrollan fenómenos de anomia, si la falta de cohesión social y de cultura cívica se convierte en lamentaciones permanentes, si vuelve el miedo a la ciudad y prevalece una visión apocalíptica de ella, entonces algo muy grave está ocurriendo. La ciudad no provoca necesariamente esta ruptura, pero la expresa con escándalo. ¿Por dónde se rompe la relación social? Los mecanismos de la exclusión son diversos, y anteriormente ya citamos los más específicamente urbanos: las áreas donde se produce el círculo vicioso de la exclusión, donde se acumulan los efectos del desempleo, de la marginalidad territorial y cultural (minorías étnicas), de la pobreza, de la anomia interna, de la falta de reconocimiento social, de la débil presencia de las instituciones y de los servicios públicos y de la dificultad para hacerse oír y escuchar por las administraciones[15].

Asimismo hay un elemento básico que está en la raíz de la exclusión y en la ruptura de la relación social: la pérdida (o el no haber tenido nunca) de los medios para comunicarse con los otros. La ciudad, hemos dicho, es comercio y cultura, es decir, intercambio y comunicación. Las dinámicas urbanas más perversas que disuelven la urbe-ciudad agravan la ruptura de la relación social. Un urbanismo más integrador y significante puede contribuir a restablecerla. Pero hay otros mecanismos incluyentes-excluyentes más allá del urbanismo que deben ser asumidos por las políticas urbanas. Tres binomios nos parecen especialmente relevantes:

— empleo remunerado/desempleo,
— comunicación y nuevas tecnologías,
— relación de los ciudadanos con las administraciones públicas.

Empleo remunerado/desempleo

La relación social se establece principalmente por medio del trabajo, que brinda ingresos, inserción en la sociedad activa y el reconocimiento de los otros. Actualmente el desempleo es con toda seguridad una de las causas más importantes de quiebra de la relación social. No sólo afecta a los que pierden el empleo, sino que también deja sin esperanza de inserción a una parte importante de la población joven.

¿Es posible hacer algo desde la política urbana? Es necesario. ¿Cómo?

Los proyectos urbanos deben incorporar entre sus objetivos la generación de empleo. Desde las políticas públicas se pueden promover importantes yacimientos de empleos adecuados a los sectores más vulnerables, como en el mantenimiento urbano y la ecología de la ciudad y en los llamados servicios de proximidad. La educación, la cultura y el esparcimiento, la seguridad ciudadana y los servicios sociales son sectores susceptibles de ofrecer binomios de formación-empleo para los jóvenes [16], así como las tecnologías de comunicación y las relaciones administración-ciudadanos (información-asistencia).

Estos y otros medios no parecen sin embargo suficientes para volver a una situación próxima al pleno empleo formal en las áreas urbanas. Por ello hay que plantearse seriamente el debate y experimentar la aplicación de alguna de las diversas modalidades de «salario ciudadano» que diferentes colectivos y expertos proponen en Europa [17].

Tecnologías de información y comunicación y ciudadanía

La cuestión es determinar si estas tecnologías, a las que ya no es preciso continuar denominando «nuevas», son incluyentes o excluyentes. Actualmente se ha impuesto la concepción economicista *(technological push)* sobre otra más orientada a su utilidad para cubrir las necesidades colectivas *(social pull)*.

Para generar un uso incluyente de las TIC [18] el sector público debe partir de las necesidades ya identificadas en equipamientos y servicios para regular la oferta y no dejar que ésta se oriente únicamente hacia los sectores consumidores más solventes.

De la misma forma conviene priorizar las redes descentralizadas de carácter público o social (en educación, sanidad, cultura, medios de comunicación social de ámbito local, etc.) y no como ahora la oferta industrial concentrada. También la legislación (europea, nacional) debe garantizar el acceso gratuito de toda la población a la información de origen público.

Los poderes locales podrán utilizar las TIC para transformar las relaciones administración-ciudadanos con programas como los de ventanilla única y para promover la capacidad de expresión ciudadana, especialmente de los sectores que sufren algún tipo de discriminación o de exclusión.

Finalmente, las TIC deben ser consideradas servicios de interés general y los poderes públicos deben garantizar la igualdad de acceso mediante políticas activas a favor de los usuarios y de observatorios de seguimiento de sus usos. Actualmente las experiencias locales interesantes son muy numerosas: venta a precio simbólico de ordenadores personales a las familias y equipamiento de las escuelas, monitores de barrio para población e-analfabeta, etc.

Relación ciudadanos-administraciones públicas

Aunque el discurso público en los últimos tiempos parece muy preocupado por la exclusión, es aún más preocupante cómo su práctica muchas veces contribuye a reforzar los mecanismos excluyentes.

Las políticas urbanas, especialmente a la hora de efectuar grandes proyectos de infraestructuras, raramente tienen en cuenta objetivos de redistribución social y de integración de sectores excluidos. Otras veces se realizan proyectos destinados a sectores vulnerables (operaciones de vivienda, espacios públicos, etc.) sin tener en cuenta, ni tan sólo escuchar, las demandas de esta población, y menos aun intentar primero entender sus aspiraciones. El funcionamiento político (partitocrático) y administrativo (burocrático) es ya en sí mismo excluyente para una gran parte de la población.

Frente a estas situaciones el discurso crítico cae fácilmente en la retórica populista. Lo que está a la orden del día es la transformación de las relaciones entre instituciones políticas y ciudadanía. La descentralización de los gobiernos locales, el planeamiento estratégico con participación ciudadana, la gestión mixta de equipamientos y servicios, la democratización de las TIC que hemos citado anteriormente y en general todas las actuaciones de «acción positiva» para dar voz a los que no la tienen o no se hacen escuchar son caminos indicativos de que se reducen los márgenes de la exclusión.

El desafío y la aventura

La ciudad es la aventura iniciática a la que todos tenemos derecho. Las libertades urbanas son, sin embargo, más teóricas que reales. Una primera aproximación a la ciudad es analizar su oferta compleja en términos de inclusión-exclusión.

¿A quién incluye? ¿A quién excluye? ¿Quienes pueden utilizar sus oportunidades de formación y de información, de trabajo y de cultura?

¿Cómo se accede a una vivienda? ¿Vivir en un barrio u otro ofrece posibilidades similares? ¿Las centralidades son accesibles por igual?

¿Las nuevas tecnologías de comunicación (NTC) acaso no integran (globalizan) a unos pero excluyen (marginalizan) a otros? ¿El ámbito urbano ofrece posibilidades múltiples de intercomunicación democrática?

Las preguntas son casi infinitas. La cuestión interesante es ver los procesos urbanos (políticas incluidas) desde un punto de vista que tenga en cuenta la dialéctica inclusión-exclusión, así como se tienen en cuenta otras (crecimiento económico —sostenibilidad, gobernabilidad— movilización social, universalismo-localismo, etc.).

La ciudad como aventura iniciática es una manera, no la única por cierto, de aprehender el ámbito urbano y sus dinámicas físicas, económicas y culturales desde estos puntos de vista.

La ciudad como oportunidad iniciática sufre hoy una crisis que se expresa mediante dos contradicciones.

1. Nunca probablemente en la historia las «libertades urbanas» habían sido teóricamente tan diversas y tan extensas como ahora: heterogeneidad del mercado de trabajo, movilidad en un espacio regional metropolitano, ofertas múltiples de formación, cultura y esparcimiento, mayores posibilidades de elegir las áreas y el tipo de residencia, etc. Y sin embargo la realidad cotidiana de la vida urbana niega a muchos, y a veces a todos, estas libertades: segmentación del mercado de trabajo y desocupación estructural para ciertos grupos de edad (por ejemplo, jóvenes poco «cualificados»), congestión viaria y insuficiencia o mala calidad del transporte público, no acceso práctico a las ofertas culturales y lúdicas por falta de información, de medios de transporte o económicos, inadecuación de las ofertas de vi-

vienda a las demandas sociales, pobreza y/o privatización de los espacios públicos, etc.

2. La ciudad actual ofrece, o así lo parece, un arsenal enorme de sistemas que deberían proporcionar protección y seguridad. Nunca había habido tantos centros asistenciales (sanitarios y sociales) y educativos, tantas policías públicas y privadas, tantas administraciones
públicas actuantes en el territorio, tantas organizaciones cívicas, profesionales o sindicales, etc. Y sin embargo, la inseguridad, la incertidumbre, el miedo incluso caracterizan la cotidianidad urbana. No se
sabe ya qué es ciudad o no (la ciudad difusa), la jungla administrativa es incomprensible o inaccesible para muchos ciudadanos (véase,
por ejemplo, la justicia), la educación no conduce al trabajo remunerado, los sistemas de protección social, cuando no se reducen,
anuncian su quiebra para futuros próximos, la inseguridad urbana
subjetiva conduce a la agorafobia, la mayoría de los jóvenes no parecen sentirse interesados o representados por partidos y asociaciones,
etc.

Vivir la ciudad como aventura iniciática supone asumir el riesgo de su
descubrimiento y de su conquista. Descubrir el territorio y la diversidad de
sus gentes, conquistar las posibilidades que ofrece la ciudad, construirse
como ciudadano: he aquí el desafío urbano para chicos y jóvenes. La aventura iniciática es adentrarse en terrenos desconocidos, a veces prohibidos o
excluidos.

La aventura iniciática es un desafío. Pero la respuesta requiere disponer
de los medios para reunir el coraje de la conquista. Nos parece que una buena pregunta que debe hacerse hoy es la siguiente: ¿La ciudad ofrece los medios a los que deberían vivirla como una aventura iniciática?

Aventura iniciática lo es siempre. Pero ¿hacia dónde? ¿Integra en una sociedad global, en una cultura ciudadana, en una clase social, en un barrio?

La aventura iniciática que la ciudad ofrece a los jóvenes es siempre una
combinación entre la transgresión y la integración. La «aculturación» se entiende como el proceso a través del cual la integración (que no es necesariamente sumisión al orden establecido: puede ser integración en un movimiento político o cultural opositor o alternativo) predomina sobre la
transgresión. La aventura empieza cuando el niño sale de casa, va a la escuela, conquista el espacio público. Es a la vez integración y transgresión. El
proceso integrado en las ciudades europeas ha funcionado más o menos correctamente sobre tres bases:

a) Grupo familiar relativamente estable, reproducción intergeneracional, ritos de pasaje en niños y jóvenes que cumplen funciones socioculturales integradoras.

b) Escuela que permitía acceder al mercado de trabajo, pautas básicas de comportamiento cívico, transmisión de valores religiosos, patrióticos o políticos (lo cual explica el conflicto histórico entre la educación religiosa y la laica o republicana).

c) Pleno empleo en circunstancias normales y expectativas de movilidad social ascendente.

A estas bases se añadía la existencia de un conjunto de instituciones y organizaciones (religiosas, políticas, sindicales, culturales, lúdicas, etc.) de composición intergeneracional, así como la posibilidad de manejarse con cierta facilidad por el conjunto de la ciudad (por su tamaño, seguridad, etc.). Actualmente estos factores integradores, aun existiendo, están debilitados, con lo cual la transgresión inicial (salir de casa a la calle, no ir a la escuela, aventurarse en las zonas prohibidas, etc.) corre el riesgo de conducir a conductas anómicas.

Hay que encontrar respuestas urbanas que refuercen el potencial integrador de la ciudad a base de enfrentarse a los procesos disolutorios que se dan en ella: urbanización periférica sin lugares fuertes, desocupación estructural, pobreza o inexistencia de espacios públicos, etc.

Unas respuestas que deben tener cuenta de que hay una parte de los jóvenes que acumulan todos los efectos perversos de la disolución urbana y de las dinámicas desestructuradoras de la familia, la escuela y el empleo, a lo que se añade muchas veces la marginación cultural y la victimización por la xenofobia y el racismo.

Somos conscientes de que el urbanismo es necesario pero no suficiente para construir el civismo. La ciudad como *polis* debe ser algo más que la ciudad como urbe. Algunas líneas de actuación para reconstruir la *polis* como lugar de conquista de la ciudadanía pueden ser:

— Legitimar culturalmente y apoyar mediante las políticas sociales adecuadas los diferentes tipos de «familia» o de núcleos de vida cotidiana en común (por ejemplo, programas de vivienda joven).

— Revalorizar la escuela como institución de cualidad claramente diferenciada de su entorno, condición necesaria para establecer una relación fructífera con él (por ejemplo, diferenciación arquitectónica, lo cual no excluye «espacios de transición»).

— Promover programas de formación-empleo en todos los servicios de carácter público o parapúblico.

— Ligar las ventajas sociales de que disfrutan niños y jóvenes a la participación en programas o actividades de carácter cívico o social que
permitan adquirir hábitos de disciplina y de responsabilidad.
— Estimular o inculcar formas de vida colectiva o asociativa de niños y
jóvenes no sólo mediante programas o equipamientos sociales o colectivos, sino también facilitando medios para su desarrollo independiente.

Una relación perversa se produce entre los diferentes procesos excluyentes que afectan directamente a los jóvenes y la debilidad de la oferta urbana
allá donde la ciudad se disuelve, como en las periferias modernas (parece un
sarcasmo llamarlas «la ciudad emergente»). Los grupos de *zonards,* las bandas de jóvenes de la *banlieu* de París, que se enfrentan con violencia a la vez
a la policía y a las manifestaciones de estudiantes de enseñanza media, que
asaltan comercios y a personas, pero también destruyen mobiliario urbano
gratuitamente, expresan una forma extrema de exclusión y un fracaso de la
ciudad como aventura iniciática integradora. Las urbes del mundo desarrollado, por medio de esta fractura tremenda que se da en la juventud, manifiestan una dualidad que parecía propia de los países menos desarrollados.
La ciudad y la política urbana deben plantearse hoy qué oferta integradora,
que incluya el reconocimiento del conflicto y de la diferencia, pueden hacer
a los jóvenes de sus «periferias». Lo cual nos lleva al principio: el derecho a
la ciudad y el deber político de hacer ciudad sobre la ciudad para todos.

La ciudad conquistada

Un día, dice Darío, la misma ciudad que hemos levantado y que nos rechaza,
será nuestra[19].

La ciudad que se vive es la que resulta de los recorridos cotidianos, de las
perspectivas que se ven desde sus ventanas y miradores, de los ambientes de
los días de fiesta. Pero también es la ciudad descubierta en las primeras
emociones callejeras, o cuando el chico o la chica se adentran en la aventura
de lo desconocido. La ciudad creada por los recuerdos y las imágenes que se
transmiten en el marco familiar. La ciudad imaginada desde la oscuridad de
la noche, las sugerencias de las primeras lecturas y los deseos insatisfechos.
Hoy, sin embargo, antes de bajar a la calle, chicos y chicas construyen un
mundo de paisajes y ciudades, de historias y de viajes, un mundo donde pasados míticos, presentes imaginarios y futuros improbables se confunden y

crean realidades más reales que las próximas: la televisión y el vídeo sustituyen la aventura de descubrir progresivamente la ciudad, de conquistar la ciudad.

That is the question. El camino que lleva a construirse como hombre o mujer libres requiere un esfuerzo, una acción que ha de tener sus momentos de miedo, de riesgo y de frustración. La ciudad debe conquistarse contra el miedo a salir del marco protector del entorno familiar conocido, venciendo el riesgo de meterse en el ruido y la furia urbanos, superando las frustraciones que comporta no obtener inmediatamente todo lo que las luces de la ciudad parecen ofrecer. La ciudad sólo es plenamente educadora si se puede vivir como una aventura, como una iniciación. La persona libre es aquella que siente que, a su manera, ha conquistado la ciudad. Entonces puede ejercer las libertades urbanas.

Escuela y ciudadanía

La crisis de expectativas para el futuro postescolar revierte en el presente escolar. La escuela hoy no garantiza el acceso al mercado de trabajo. El esfuerzo educativo no se transmuta en promoción y reconocimiento sociales. En cambio, proliferan los mecanismos selectivos que reproducen y amplían las desigualdades sociales, económicas y culturales. Y las específicamente urbanas: los estudios recientes confirman que en un entorno marginal el fracaso escolar, dentro del mismo grupo socioeconómico, es mucho mayor. Es decir, los adolescentes y los jóvenes se encuentran orientados y seleccionados, con puertas educacionales que se cierran progresivamente contra su voluntad. Y cada vez con menos expectativas de obtener trabajo, remuneración y estatus social satisfactorios.

En estas circunstancias es lógico que la escuela fracase, en muchos casos, como escuela de civismo, de ciudadanía. ¿Cómo se asumirán como ciudadanos si al final del ciclo educativo saben que no tendrán trabajo estable ni remuneración suficiente para autonomizarse y tener vivienda y familia propias? Desaparece entonces la motivación para aprender y para respetar las normas sociales y legales. Aumenta el absentismo escolar y la violencia y la delincuencia dentro y fuera de la escuela.

(Por cierto, no confundir la violencia en la escuela con la delincuencia juvenil. Los delincuentes, si van a la escuela, no son precisamente los más violentos, les interesa mantener un perfil bajo.)

La respuesta simplemente educacional no es suficiente. Sólo será eficaz si se vincula a la posibilidad real del acceso posterior al trabajo, a la remuneración y a la protección social. A continuación exponemos algunas sugerencias que se apoyan en experiencias locales diversas. (Véanse en las referencias bibliográficas los Informes del Foro Europeo de Seguridad Urbana y de la Fondation pour le Progrès de l'Homme.)

a) Integrar la formación y el aprendizaje en ámbitos de trabajo profesional durante el período de escolarización. Por ejemplo, estancias de 3 o 6 meses en empresas, asociaciones o administraciones, con remuneración equivalente a beca. O un año de trabajo como requisito previo a la entrada en la universidad. Lo cual supone introducir la cultura del aprendizaje y de la alternancia formación-trabajo no sólo en la industria y en los oficios artesanales, sino también en el sector terciario público y privado.

b) Codificar nuevos servicios, actividades y profesiones. Como los llamados servicios de proximidad, la ecología urbana, la cultura, la animación social y deportiva, la comunicación, la cooperación intergeneracional, la recuperación de oficios tradicionales, la acción humanitaria, etc. Lo cual conlleva formación específica y por lo tanto «formadores» y centros adecuados y supone una administración pública y unas asociaciones con capacidad de innovación social. En Barcelona hay experiencias interesantes, como la Escuela de Circo del Ateneo Popular de Nou Barris o El Far, Centre de Treballs del Mar, y en general la experiencia de Barcelona Activa.

c) Introducir en los acuerdos o convenios entre administraciones públicas, asociaciones patronales y sindicatos mecanismos que prioricen el acceso al empleo de los jóvenes, incluyendo cuotas para colectivos en situación de riesgo. El sector público, en sus procedimientos de reclutamiento, no debería reproducir la jerarquía que se expresa por medio de diplomas académicos principalmente, tanto porque son socialmente injustos como porque no garantizan necesariamente la formación adecuada.

d) Establecer «contratos de actividad» (según una propuesta del comisariado del plan del gobierno francés) que compatibilicen una cierta estabilidad de la remuneración y de la protección social con las exigencias de flexibilidad y movilidad del mercado de trabajo actual. Si la única perspectiva laboral son «los contratos basura», que no ofrecen los mínimos para garantizar la autonomía futura de los jóvenes, es difícil que en las escuelas haya motivación para aprender. ¿Para qué?

e) Establecer mecanismos socioeconómicos de carácter general que corten las raíces de la marginación y que ofrezcan marcos globales securizantes. Hay propuestas interesantes, como la seguridad social generalizada, el salario ciudadano, el apoyo público a todas las asociaciones u ONG que cumplen funciones de interés social, cultural o humanitario, etc.

Estas propuestas tendrán más posibilidad de implementarse en la medida en que los jóvenes, los principales interesados, tengan cauces e instrumentos propios para expresarse como ciudadanos.

Aprendizaje de la ciudadanía: en la escuela y en la calle

El aprendizaje de la ciudadanía, y en consecuencia la integración cultural y política, no es evidentemente monopolio de la escuela. Hay medios más poderosos, como las instituciones políticas y los medios de comunicación social, pero o no conectan, las primeras, o no están por la labor, las segundas.

Se reclama nuevamente a la escuela que cumpla una función para la cual hoy está mucho menos preparada que en el pasado y que debe ejercer muchas veces en un entorno muy desfavorable. Las causas de estas dificultades ya han sido expuestas. Veamos ahora algunas propuestas y experiencias que puedan estimular una dialéctica positiva entre escuela y civismo.

a) La escuela como aprendizaje de la democracia. Avanzamos cuatro líneas de actuación que se apoyan en diversas experiencias europeas (véase el informe «Seguridad y Democracia», 1994).

— Reglamento interior conocido y consensuado con las asociaciones de padres y con los delegados de los alumnos, cuya aplicación dependerá de un consejo escolar participativo. La escuela debe ser un lugar de encuentro y diálogo entre colectivos sociales organizados.
— Relación con las normas legales y las instituciones políticas. Conocimiento de éstas con la colaboración de representantes de los distintos poderes del Estado. Jueces, diputados, concejales, directores de servicios de las administraciones, etc., deberían frecuentar las escuelas. También aprenderían bastante. El conocimiento adquirido por los escolares serviría no sólo para facilitar el respeto a las normas legales, sino también para controlar su modo de aplicación en sus vidas. Y para, en ciertos casos, participar en esta aplicación, por ejemplo a través de consejos de seguridad ciuda-

dana de barrio o distrito. Una relación que en zonas difíciles es complicada pero necesaria es la que se ha de establecer entre escuela y policía, aunque sólo fuera para controlarse mutuamente y para que cada uno conociera el carácter y los límites del otro, tanto dentro como fuera de la escuela y de la comisaría.

— Formación de los alumnos para posibilitar la participación en la gestión de la escuela, especialmente dirigida a los delegados electos. Esta formación debe preparar para la negociación, la definición de demandas y programas y el seguimiento del cumplimiento de los acuerdos.

— Apoyo y formación de los maestros y profesores y liberación de los tiempos necesarios para desarrollar actividades sociales y culturales, para implementar y formar respecto a los mecanismos participativos y, sobre todo, para actuar en entornos conflictivos y con colectivos de riesgo. El maestro por clase es un anacronismo, pues la heterogeneidad del alumnado exige una diversidad de educadores.

b) Partenariado y espacios públicos. La ciudadanía no se aprende únicamente dentro de las paredes de la escuela. Mejor dicho: sólo así no funciona. Adolescentes y jóvenes, como maestros y responsables de la escuela, pueden y deben salir a la calle. No sólo individual o informalmente, que por descontado lo hacen, sino también como escuela, «institucionalmente», organizadamente, y mediante acuerdos de colaboración y participación con instituciones (especialmente locales o regionales) y asociaciones.

Como por ejemplo:

— Participación en la gestión social y cultural de servicios y actividades barriales: circulación, mantenimiento y mejora de espacios públicos, control ambiental, animación cultural, apoyo a grupos con problemas o discapacidades, difusión y gestión de nuevas tecnologías de comunicación, etc.

— Participación en los consejos de seguridad y en los programas de prevención y de inserción social.

— Participación en los comités o agencias de desarrollo local y en los programas de generación de empleo.

— Partenariado con organismos públicos y ONG para la acción humanitaria hacia el exterior.

Relaciones intergeneracionales y afirmación juvenil

Una de las dificultades de los jóvenes para asumirse como fuerza social es su indefinición generacional. La transición hacia la edad adulta es confusa, asincrónica (las etapas educativas, familiares, de trabajo, de vivienda, de adquisición de derechos no se corresponden). Las estructuras de transición y de inserción son débiles, cuando no inexistentes. Los ritos de transición de una etapa a otra casi han desaparecido (aunque es significativo que se recuperen algunos, como los de graduación). El avance hacia la autonomía es lento, tortuoso, precario y, sobre todo, individual. No hay acontecimientos colectivos que marquen generacionalmente ni proyectos históricos que ofrezcan un marco de movilización y de integración simbólica. Los principales momentos comunitarios para muchos jóvenes son los espectáculos musicales o deportivos, que son expresivos pero escasamente transformadores del entorno social y de las relaciones de fuerza.

Hay un desfase entre los estímulos de competitividad y de consumo (poco alcanzables) que transmite la sociedad de los adultos y las aspiraciones o valores solidarios en los que podría apoyarse una fuerza social juvenil. Es decir, hay asimetría entre los actores y las bazas en juego.

La relación intergeneracional puede cumplir una doble función: de integración social de los jóvenes pero también de identidad frente a las generaciones adultas. En los apartados anteriores hemos expuesto mecanismos de aprendizaje democrático y de partenariado con instituciones y asociaciones. Esto debe entenderse como un medio tanto de inserción sociocultural en el mundo adulto como de afirmación conflictiva ante él. Los adolescentes y los jóvenes sólo se valorizarán cultural y políticamente si actúan según motivaciones y valores propios. Hay que reconocer que las actuales estructuras políticas ni están muy valoradas socialmente ni resultan muy motivadoras para los jóvenes. El fracaso de la gran mayoría de los partidos políticos en cuanto al reclutamiento juvenil es escandaloso. El espectáculo de los mítines de las campañas electorales parece muchas veces un festival de la tercera edad.

¿Escuela abierta o cerrada?

Las dificultades de relación con el entorno y la importancia social adquirida por la violencia dentro y fuera del recinto escolar han replanteado la discusión sobre la escuela-fortaleza o escuela-plaza pública. En los años setenta y ochenta predominó progresivamente la concepción de la escuela «ciudadana», integrada en el barrio, abierta a los agentes sociales, tanto para darles la posibilidad de intervenir en el proceso educativo como para facilitarles el uso del equipamiento escolar y la relación cívica con los alumnos.

Actualmente tiende a volverse a la escuela que afirma su especificidad, que marca su recinto y que distingue claramente a los de dentro de los de fuera. Hay razones sólidas para ello:

— La desmotivación respecto a la escuela y la descualificación en bastantes casos de la enseñanza parecen justificar la recuperación de un marco más autocentrado que pueda disciplinar y estimular la adquisición de conocimientos.

— El deterioro social y la violencia cotidiana de los entornos llevan a considerar deseable que la escuela sea un espacio protector y protegido, capaz de defenderse de la violencia exterior y de controlar mejor la violencia interior.

— La multiplicación de intervenciones de agentes externos, en un momento de confusión sobre el rol de la escuela, aumenta esta confusión y añade una dificultad suplementaria en las relaciones maestros-alumnos.

— La relación con las familias, la participación de las asociaciones de padres y la responsabilización de los delegados de los alumnos son más fáciles de implementar si no se multiplican las conexiones con el exterior.

— Una escuela autocentrada puede establecer más eficazmente relaciones institucionalizadas con los agentes externos a la escuela, tanto del barrio como de la ciudad.

Sin embargo, este retorno relativo a la escuela cerrada y protectora no debería generar falsas ilusiones con respecto a que así se suprimirá la violencia interna, se eliminará el absentismo, se motivará para el estudio y se recuperará un proyecto educativo que dé sentido al período escolar.

— La violencia interna a la escuela, cuya gravedad a veces se exagera, se reduce a la larga mediante el aprendizaje de la democracia. Pero atención: la experiencia demuestra que en una primera fase la tolerancia y el diálogo pueden propiciar momentos de explosión o multiplicación de conflictos, que brote la violencia contenida (sobre todo si hay más intolerancia o represión en el espacio público del entorno). Por lo demás, los estudios europeos muestran la persistencia de un «núcleo duro» de un 5 por ciento de alumnos difícilmente integrables en la disciplina escolar y en la convivencia pacífica. Sin embargo, la gran mayoría acepta como legítimas las normas básicas del funcionamiento escolar.

— El absentismo escolar, en parte facilitado por la negligencia o la crisis del núcleo familiar y a veces por el mal funcionamiento o las deficientes instalaciones de la escuela, tiene como causas principales factores externos a la escuela (como ya se dijo al principio).

— Se pueden obtener resultados positivos en cuanto a una mayor motivación para la adquisición de conocimientos mediante mejoras en las instalaciones y el equipamiento técnico (por ejemplo, ordenadores) y con iniciativas innovadoras respecto a los contenidos, las actividades paraescolares y las relaciones pedagógicas. Pero estos resultados serán precarios si no mejoran las expectativas económicas y profesionales.

— El proyecto educativo no lo puede generar la escuela, sino el conjunto de la sociedad. Porque finalmente de lo que se trata es de hacer posible que cada uno construya un proyecto de vida con sentido. Y el sentido no lo puede proporcionar la escuela aislada del resto. El proyecto educativo es un desafío político.

La ciudad educadora

En resumen: la ciudad es el lugar de la persona civil[20].

La ciudad hace ciudadanos. O, quizá, la ciudad, hoy todavía lejana, sería aquella en la que todos los que viven o trabajan en ella fuesen plenamente ciudadanos.

No es el caso. La ciudad integra y margina. Y educa para la ciudadanía y también para la exclusión.

En nuestras ciudades hay chicos y chicas que nacen en ella o llegan de muy niños y que aprenden rápidamente que ni ellos ni sus padres pueden votar, que necesitan permisos especiales para todo, condenados a menudo a una perpetua precariedad, incluso a una obligatoria ilegalidad. La cuestión de los derechos políticos de los inmigrantes extranjeros está ya hoy a la orden del día. Constituyen una categoría de población cada día más numerosa. La ciudad también puede educar para el racismo, para ejercerlo o para temerlo. Pero también para combatirlo.

Otros, muchos más, son inmigrantes nacionales, que viven en la ciudad su dualidad de cultura: la de los orígenes y marco familiar y la del entorno social y político. Se enfrentan las dinámicas de la integración (escuela, recreo y cultura en la ciudad) y de la marginación (barrios segregados, no inserción de la familia en la vida ciudadana).

Otros muchos grupos viven la dialéctica de la integración y la marginación: hijos de funcionarios del Estado (especialmente fuerzas de orden público), niños en núcleos familiares anómalos o afectados por patologías sociales (desempleo permanente, drogodependencia), minorías sexuales, étnicas, culturales o religiosas, residentes en núcleos residenciales marginados ecológica o socioculturalmente (por ejemplo, viviendas periféricas de urgencia o de autoconstrucción). En cada caso se tendría que juzgar la ciudad por su capacidad de hacer prevalecer la dinámica integradora sobre la marginadora.

La ciudad no nos permite ser plenamente ciudadanos si una parte de sus residentes no puede adquirir esta cualidad. El acceso desigual a la cualidad ciudadana no es solamente un problema de minorías, aunque la lista de minorías que hemos enumerado puede hacer una mayoría. En la ciudad se produce una dinámica integradora o socializadora que puede llegar a todo el mundo: actos y espectáculos públicos, asociacionismo o grupos informales de base, elementos simbólicos de identidad colectiva, fiestas, utilización de equipamientos y de espacios públicos centrales, organización política democrática y participativa, etc., además de la integración por la escuela, el trabajo y el consumo. Pero también actúan dinámicas contrarias, exclusivistas y excluyentes: privatización de espacios públicos (equipamientos, centros comerciales, grupos residenciales), proliferación de modas, de actividades y de locales dirigidos a grupos elitistas, dominación oligárquica de las grandes instituciones públicas o privadas, teóricamente de carácter social (cajas, clubes deportivos), etc., que se añaden a las de carácter más estructural (segregación especial, jerarquía social, grandes desigualdades de renta, etc.).

La ciudad más positivamente educadora será aquella que multiplique las posibilidades de integración y de socialización y que reduzca al mínimo los procesos marginadores. La ciudadanía consiste, casi siempre, en construirse una doble identidad: de grupo (o de barrio, clase, etc.) y ciudadana global, más universalista.

La ciudadanía, sin embargo, no es un estatus que, en un cierto momento, ofrece o atribuye una autoridad. Es una conquista. Cada día, la ciudad es el marco de un proceso individual y colectivo para acceder a la civilidad, a la ciudadanía. El urbanita tal vez sea algo parecido a la planta que sólo crece en medio de la contaminación, cerca de las autovías más transitadas y de las fábricas más contaminantes. El ciudadano es aquel que ha participado en la conquista de la ciudad. El que se la ha apropiado individualmente desde su infancia. Como decíamos al principio, la ciudad es la aventura iniciática, llena de posibilidades, que se ofrece al chico y a la chica y que forma su razón y su sentimentalidad. Es también participar, más o menos conscientemente, en un proceso colectivo: en la gesta conjunta de su construcción reiniciada cada día y en la lucha permanente contra las tendencias disgregadoras y en favor de las identidades, con sus momentos fuertes, de afirmación o confrontación. En fin, nuestro héroe es Gavroche, excepcionalmente, y Guillermo Brown cada día [21].

Algunas conclusiones finales sobre ciudad, exclusión y juventud

a) No hay crisis de ciudad, ni la ciudad es la generadora de graves problemas sociales, como la exclusión o la violencia. En todo caso si la ciudad no cumple, es porque hay urbanización sin ciudad. El problema es la no ciudad, no la ciudad. Es decir, debilitamiento de las centralidades, insuficiente comunicación y visibilidad de las distintas zonas urbanas, segregación social y especialización funcional contrarias a la cohesión ciudadana y degradación de los servicios y de los espacios públicos.

b) Es posible mediante un conjunto de políticas públicas activas «hacer ciudad en la ciudad», por medio de proyectos urbanos complejos, multifuncionales. La experiencia de los grandes equipamientos culturales, vinculados a otras actuaciones paralelas, en la medida en que incorporan una diversidad de usos y de públicos, se revela especialmente eficaz por sus efectos de centralidad y sus impactos sobre el entorno social y físico.

c) Estas actuaciones, por su naturaleza misma, tienen efectos limitados. Si bien generan elementos de centralidad integradora, no pueden articular el conjunto de la ciudad metropolitana ni cohesionar globalmente a una población que sufre procesos excluyentes. Los jóvenes son los principales afectados por la exclusión social, económica y política.

d) No se trata de una crisis de la juventud. No nos enfrentamos a un problema de inadaptación de un colectivo social particular. Se trata de una crisis de sociedad, que excluye a una parte de los que representan su futuro. La cuestión es cómo hacer de esta población excluida una fuerza transformadora.

e) En tanto que predomine le exclusión, no es posible que un colectivo adquiera la capacidad para plantear una relación conflictual, de negociación y de transformación, con los otros grupos y con las instituciones. Es esta capacidad de conflicto que convierte a un colectivo en fuerza social. Hoy los jóvenes son más víctimas de las causas excluyentes que rebeldes para terminar con ellas. Las expresiones de protesta no tienen fuerza transformadora. Si bien hay un problema de violencia, hay también un déficit de conflicto social.

f) Para que los sectores juveniles amenazados por la exclusión puedan desarrollar esta capacidad conflictual, es decir, actuar como fuerza social, deben conseguir mecanismos de inserción y poder interiorizar expectativas esperanzadoras. El ámbito local y más específicamente el espacio público ciudadano y la escuela son lugares privilegiados para construir procesos de socialización que se opongan a las dinámicas excluyentes. Es decir, realizar la transición de la exclusión a la ciudadanía.

g) Hoy tiende a establecerse una dialéctica a la vez contradictoria y complementaria entre globalización y ciudadanía. Crear mecanismos, desde los barrios y desde la escuela, productores de ciudadanía es contrarrestar los efectos disgregadores de la globalización. Y construir las bases para renovar el sentido de la ciudad y de la vida para las generaciones futuras.

Sociedad urbana. Mujeres y niños en la ciudad actual

El espacio urbano establece jerarquías y prioridades, favorece determinados valores y anula otros. En esta línea muchas veces el urbanismo omite la experiencia femenina de la ciudad, y el modelo que se asume como obvio es aquel basado en un usuario varón de edad productiva y con capacidad adquisitiva. Y la ciudad se adapta a él, en sus movimientos, tiempos y necesidades.

Históricamente se relacionó el trabajo doméstico con la mujer y el espacio público con el hombre. Esta concepción bajo la que se estructura la ciudad esconde que para realizar el trabajo doméstico hay un gran desplazamiento por el espacio público y el uso de la ciudad por las mujeres es más intensivo.

Además, si bien las mujeres eran ya protagonistas indiscutibles junto con los hombres del desarrollo de la industrialización, en las condiciones socioeconómicas actuales se produce una incorporación masiva de la mujer al trabajo remunerado. La discriminación social (formalizada en leyes) permite a la nueva economía informacional que su creciente necesidad de fuerza de trabajo (desmintiendo las teorías sobre el desempleo estructural) en condiciones más precarias y flexibles (informalización de la economía, trabajo a tiempo parcial, subcontratación, trabajo a domicilio, etc.) encuentre en las mujeres el colectivo predilecto. Al mismo tiempo el empeoramiento de las condiciones de vida y el recorte de los servicios sociales han hecho aún más vital el papel de la mujer en la vida urbana, tanto en su contribución al ingreso familiar como en la gestión cotidiana de la austeridad[22]. Sin embargo, esta contribución sigue siendo en la mayoría de los casos invisible, y la naturalización del trabajo doméstico/reproductivo/informal/no remunerado es la raíz de que la vivencia femenina de la ciudad quede velada.

El 80 por ciento del trabajo no remunerado en España es realizado por mujeres. La carga de trabajo global es lo que se debe observar si se quiere comenzar a desarrollar una ciudad para todos[23]. No obstante, la ciudad se organiza en torno al trabajo formal tradicional típicamente masculino. Se sobrevaloran los desplazamientos de motivos laborales (remunerados), lineales hacia la centralidad, automovilísticos, a horas puntas, a contramano de aquellos otros radiales, interbarriales, a pie, más cortos pero más complejos, no pendulares, característicos de la mujer. Es la complejidad y la diversidad de ocupaciones lo que rige la movilidad femenina.

Asimismo, el espacio para las actividades no remuneradas pasa a ser residual, olvidando que es en las aceras donde viven las ciudades y no en las autopistas. Se debe pensar en resolver otras posibilidades de uso urbano, en la convivencia y en el encuentro. Por otra parte, la monofuncionalidad niega la realidad femenina (cada vez más extendida a otros colectivos) de la interrelación hogar-trabajo, la multiocupación de las mujeres, y hace del automóvil una necesidad que no todos pueden cubrir. En los *countries,* los barrios cerrados, las urbanizaciones de adosados de las periferias, etc., no hay trama urbana, el espacio público se reduce y las posibilidades de uso de la ciudad se restringen, sectorizando el espacio y dificultando la diversidad de actividades. En cambio, la ciudad polifuncional permite el desplazamiento de distancias cortas, la diversidad de actividades de la vida cotidiana y debería priorizar el transporte público y peatonal para que la accesibilidad al goce y disfrute de la ciudad sea realmente universal[24].

La mujer no sólo se mueve por el espacio de diferente manera, sino que el uso del tiempo es diverso. Los tiempos de las ciudades, sin embargo, dependen fundamentalmente de los tiempos «productivos» y no se adecuan a la organización de la vida cotidiana en todos sus aspectos.

Por ejemplo, el horario partido y la comida principal de mediodía aparecen como incompatibles con el ingreso igualitario de las mujeres al mercado laboral. De igual modo ocurre con la frecuencia de los transportes públicos o con los horarios institucionales, que niegan la situación concreta de las mujeres que se encargan de la vida familiar, el cuidado de los otros familiares, de las gestiones y de su vida laboral[25].

En un estudio sobre los tiempos de la vida cotidiana de las mujeres realizado en Barcelona se muestra que el tiempo de trabajo diario de las mujeres con trabajo remunerado llega a una media de 10 horas diarias si se le suma el trabajo doméstico, quedándoles menos de dos horas diarias de tiempo libre. Los horarios que las entrevistadas encuentran más inadecuados son los de las oficinas y servicios públicos. La mitad de las entrevistadas propone que se adopten medidas que impliquen la flexibilización, complementación y diversificación de los horarios actuales, como por ejemplo la apertura por la tarde o los sábados o que no se cierre al mediodía[26].

Las ciudades italianas se han caracterizado por ser las primeras en tratar de armonizar el tiempo de las ciudades con la vida cotidiana. Un antecedente interesante lo constituye la ley 142/90 sobre ordenamiento de la autonomía local, que confía al alcalde la competencia de coordinar los horarios de los servicios en la ciudad. En Módena, por ejemplo, se ha conformado un centro del tiempo y horarios de la ciudad a fin de promover la diversificación de los horarios y días de cierre de los comercios, realizar censos de horarios de servicios y a partir de comisiones consultivas llegar a nuevas propuestas[27].

La percepción diferencial también se extiende a la sensación de seguridad, y desde el diseño de los espacios públicos y la gestión de los servicios urbanos esta visión debería tenerse en cuenta. La iluminación y la visibilidad en las aceras y espacios públicos se vuelven claves, al igual que la disponibilidad de una red de transporte nocturna segura o favorecer la ocupación de los espacios por las mujeres, desfavorecer los espacios demasiado grandes pero también aquellos que den sensación de callejón y encierro y brindar agradabilidad y calidad al diseño para hacer de los entornos lugares para estar que fomenten la convivencia y puedan garantizar autonomía y accesibilidad a todos. A su vez al favorecer el espacio público dándole cualidades estéticas, espaciales y formales, se facilitan las relaciones de encuentro y el sentimiento de pertenencia se profundiza[28].

Un estudio sobre el espacio público en los barrios realizado en Santiago de Chile[29] muestra cómo el barrio es la referencia femenina de la ciudad; los hombres tienen más capacidad para moverse en la ciudad, mientras que las mujeres se quedan en mayor medida en el barrio. El uso del espacio público barrial se halla muy condicionado por el sentimiento de inseguridad que las mujeres perciben en muchos casos en él. Así, las mujeres utilizan el espacio público para moverse al tiempo que los hombres se instalan en él y lo disfrutan. En los barrios populares las mujeres dominan más el microespacio público, el más inmediato: el rellano, la escalera, la puerta de la casa, la calle, el mercado[30].

Otras veces existe una especie de control tácito masculino sobre los espacios de carácter social transitorio, entre lo público y lo privado, alejándolas, de hecho, de ellos. Así, la amenaza del dominio sexual masculino a través de provocaciones verbales y la posibilidad de un desencadenamiento de la violencia son determinantes en la relación de las mujeres con el espacio público[31].

Partiendo de la observación realizada en el terreno hemos podido identificar las siguientes características y efectos en el uso de los espacios públicos por parte de los habitantes —vinculados a la buena calidad física-espacial de los mismos:

Mayor diversidad: los espacios de mayor calidad acogen a usuarios de diferentes sexos y edades, personas solas, en pareja o en grupos; que intercalan y desarrollan actividades diversas, dinámicas y pasivas —juegos y deportes, conversación, paseo y descanso [...]

Incremento del tiempo de uso: los espacios de mejor calidad permiten una ocupación tanto diurna como nocturna más frecuente por parte de diferentes tipos y usuarios. Lo que quiere decir relación directa con el grado de seguridad que presentan los espacios.

Circulación intensiva: los espacios que constituyen bordes vitales presentan circulaciones cruzadas y en diferentes direcciones, lo cual se refleja en su ocupación intensiva, tanto en su área central como en los bordes y periferias[32].

En cuanto a las políticas de vivienda, parecen cegarse ante la diversidad y flexibilidad existente en la vida familiar. Siguen estructurándose en torno a la pareja y en especial al jefe de familia varón, mientras que las familias encabezadas por mujeres son un fenómeno creciente. Y en la cadena de trabajo informal y precariedad laboral, la imposibilidad de acceso a los requisitos de los programas de viviendas basados en ingresos masculinos es el último eslabón que refuerza la discriminación y marginación.

Además, las formas de las viviendas se orientan por un modelo estándar, rígido, que se adecua poco a los cambios en la vida familiar y a las diferentes necesidades[33]. Las viviendas deben ser flexibles, con espacios multifuncionales y que revaloricen el trabajo doméstico. Deben introducir un diseño que facilite el compartir las tareas de la vida doméstica y asegurar espacios de privacidad para las mujeres. La diversidad tanto en las tipologías de vivienda como en los términos de la oferta (alquiler/compra/oferta pública/adecuación de los créditos a los salarios femeninos) es un factor de democratización y adecuación de la ciudad formal a la realidad urbana.

Con relación a la participación femenina en la vida pública, se puede decir que las mujeres y la organización comunitaria local son un binomio indisociable. En los sectores populares la constitución de redes con bases solidarias y de ayuda mutua fue y sigue siendo llevada adelante mayoritariamente por las mujeres. Más allá de los diferentes niveles de organización formal, en este tipo de «asociación» se encuentran estrategias solidarias para afrontar la organización compleja de la vida cotidiana y se conforman además como base organizativa para la demanda de servicios específicos [34]. Algunos ejemplos pueden ser la organización de los comedores infantiles (extendidos a toda la familia) en casas particulares en Latinoamérica, las ollas comunes o las clásicas ayudas entre vecinas y familiares en el cuidado de los niños. En otra dimensión de reivindicaciones, cabe recordar el protagonismo de las mujeres en la lucha por los derechos humanos en Latinoamérica o la nueva manera de manifestación del descontento ciudadano que toma la forma de «cacerolazo» (símbolo del trabajo femenino) en Argentina, Chile o Venezuela. Del mismo modo, las experiencias de mercados organizados en torno al trueque de bienes y servicios, en su mayoría ofertados y demandados por mujeres que buscan mejorar su calidad de vida, o la participación en «los bancos del tiempo» europeos y americanos, donde se «dona» o intercambia disponibilidad horaria para compañía o cuidados, son claros ejemplos de la fuerte actividad de las mujeres en la vida asociativa local. Sin embargo, esta participación en «el terreno» de las movilizaciones lejos está de traducirse en una representación femenina en la esfera política, y las mujeres que llegan al poder siguen siendo una minoría. Por el momento la creación de niveles de decisión intermedios representa un comienzo en la participación femenina en los ámbitos de decisión. Éste es el caso de VAC, en Holanda (Vrouwen Advies Commissie, o Women's Advisory Committe on Housing), que es una experiencia exitosa de una organización que ha influido de una forma estratégica en las políticas de vivienda y planeamiento en los diferentes niveles de gobierno [35].

Niños, niñas y ciudad

Si las mujeres apenas son un nuevo tema de preocupación en la concepción de las ciudades, los niños también han sido históricamente invisibles para el diseño de la vida urbana. Bajo la concepción de las ciudades para el automóvil, los niños cada vez son más excluidos. Los espacios protegidos pero que a la vez les brinden autonomía son escasos, y su vivencia de la ciudad queda restringida a espacios de juegos estrictamente controlados.

En un estudio realizado en Inglaterra y Alemania sobre movilidad infantil [36] y cuyas conclusiones se pueden aplicar a España con un pequeño desfase temporal, se muestra claramente el drástico recorte de movilidad que han sufrido los niños en tan sólo veinte años. Para ilustrar este hecho, es significativo el descenso brusco de autonomía infantil en los desplazamientos realizados a diario al centro escolar.

	Porcentaje de niños que van a diario solos al colegio	
	1971	1990
7 años	80	9
8 años	80	9
9 años	80	30
10 años	90	55
11 años	90	55

FUENTE: M. Hillman, J. Adams y J. Whitelegg.

Los niños, al ser considerados sujetos en situación de riesgo, se han convertido en ciudadanos cautivos. Están encerrados en casa durante largas horas al día, van de casa al colegio acompañados, guiados, y cuando están en la calle permanecen bajo la vigilancia de un adulto en aquellos recintos acondicionados expresamente para ellos [37].

La ciudad hoy ya no se puede considerar una ciudad de todos. Ha escogido un ciudadano privilegiado, un adulto productivo, y la evidente demostración de ello es el poder excesivo del coche que podemos considerar su instrumento y juguete preferido. En esta ciudad profundamente cambiada se ha pensado dedicar a los niños espacios especializados y reservados, una especie de reserva india, en la que se garantizan sus necesidades de pasatiempo, de desarrollo y de aprendizaje. Así nacen las habitaciones infantiles en casas, guarderías, parvularios, ludotecas y jardines de infancia, supermercados de juguetes, bonitos y grandes parques de diversión. De esta manera se saca a los niños de las escaleras, de los patios, de las aceras, de las calles, de las plazas, de los parques, de todos los sitios considerados peligrosos. Si un niño debe salir de casa lo hará acompañado por sus padres y posiblemente lo llevarán en coche, aunque se trate de una corta distancia [38].

Marta Román señala que esta situación de aislamiento y reclusión no es gratuita en cuanto a sus consecuencias, que pueden ir desde el sedentarismo hasta una percepción de la calle como algo negativo y peligroso, pasando por la pérdida de habilidades como la orientación, el conocimiento de los entornos, la percepción de las dimensiones, etc. [39].

Al mismo tiempo esta situación representa la pérdida de la calle como lugar de socialización al debilitarse los lazos que hacían de la crianza una tarea compartida. La reclusión en el hogar y en el espacio privado hace recaer la atención de los niños exclusivamente en la familia y en especial en las madres. Por lo tanto, la relación infancia y mujeres sigue siendo inseparable debido al rol de cuidadoras que pese a los cambios socioeconómicos sigue recayendo sobre ellas.

La situación de los niños se agudiza en las sociedades del tercer mundo o en las zonas marginadas del primero. La desestructuración de la vida familiar tradicional, el aumento del trabajo femenino fuera del hogar sin un correspondiente desarrollo de otros servicios que lo sustituyan y el crecimiento de la precariedad y polarización efecto de la globalización generan el empeoramiento de sus condiciones de vida. Entonces fenómenos como la infantilización de la pobreza, la explotación y la prostitución infantil, el trabajo en forma de mendicidad, la drogadicción y la violencia infanto-juvenil se vuelven frecuentes.

Sin embargo, comienza a haber aportaciones para «hacer una ciudad a la altura de los niños» (Francesco Tonucci). En los últimos años el desarrollo de diversas experiencias, ya sea en Europa o en América Latina, bajo esta línea es destacable [40].

A los entes locales se les dirige la enérgica petición de realizar polanes reguladores para la infancia y para los jóvenes, es decir, proyectos territoriales capaces de convertir la actual ciudad centrada en el mercado y en el consumo, constituida por un tejido urbano neoliberal, sin reglas, carente de intencionalidad cultural y formativa, en una ciudad centrada en el ciudadano, apoyado por un sistema formativo integrado: familia-escuela-entes locales-asociacionismo-trabajo [41].

Finalmente, la visión dominante sobre la ciudad es masculina, y su racionalidad es la del poder. El discurso del poder va de arriba abajo, homogeneiza y divide, pero la ciudad es un todo y la gente la vive a la vez en todas sus dimensiones. No hay política urbana válida que no asuma, que no integre todos los problemas y todas las necesidades. La ciudad varía en cada lugar y a cada instante. Nadie es idéntico a nadie. No hay servicio público o colectivo eficaz si no puede adaptarse a cada situación y a cada persona.

Necesitamos darle voz a la vivencia femenina de la ciudad para encontrar nuevas respuestas. Por ejemplo, nuestras ciudades generan parados que devienen marginales, pero los empleos de proximidad, de servicios de persona a persona, o el mantenimiento urbano, el cuidado de espacios y de equipamientos colectivos en las unidades residenciales ofrecen posibilidades infinitas. Paralelamente, la lógica de la congestión y de la contaminación derivadas de la circulación es infernal, y no sólo es necesario más transporte público y volver a caminar, sino también menos prisa, menos agresividad, ir más despacio y más tranquilos. El mobiliario urbano requiere atención delicada, pero también debe exigirse que sea a la vez hermoso y cómodo. Contra lo que supone el pensamiento «ingenieril», en la ciudad el camino más corto entre dos puntos es el más bello y el más seguro. Por otra parte, la convivencia, conocernos unos a otros, hablarnos en las calles y plazas es el mejor remedio a los sentimientos de inseguridad.

Se debe ir de la vivencia al modelo y no al revés, y las vivencias son sentidos y no mera racionalidad. Recuperar la afectividad como método de conocimiento [42]. En la época «global», de la ciudad-mundo, necesitamos la ciudad-casa. No nos sirve una ciudad muy competitiva, según la lógica productivista, si no es también una ciudad-placer. Nos moriremos de aburrimiento en ciudades y barrios todos iguales, y nos sentiremos bien en lugares con distinciones y con encantos únicos. Necesitamos una ciudad-placer, una ciudad para ser vivida con todos los sentidos y donde la convivencia encuentre en lo distinto lo común, una ciudad donde nos podamos reconocer entre todos y donde las vivencias invisibles empiecen a tener luz.

BOX 6.1

Los invisibles

J. B.

«Encender una luz en todas las zonas oscuras de la ciudad» fue la propuesta, creo, del anterior alcalde, Maragall, al principio de su mandato. Las ciudades combinan luminosidad y negrura, y esto vale para la que se llamó ciudad luz, París, o para la gris Barcelona que heredó la democracia. No me parece mal que haya algunas zonas oscuras que sirvan a los que buscan refugio o aventura, pero me parece mejor que todos tengan a su alcance puntos de luz que les hagan visibles para los otros y les den conciencia de su ciudadanía. Porque los «invisibles» lo son casi siempre porque se les niega el derecho a ser vistos y reconocidos, no porque quieran serlo. No hace tanto tiempo se construían muros para no ver los barrios de barracas de la ciudad, como se hizo «piadosamente» con ocasión del Congreso Eucarístico de 1952. Hoy se les niegan los «papeles» para obligarles a desaparecer de nuestra vista, para trabajar en «negro», con un uniforme que como dicen en *El pan y las rosas* «nos hace invisibles». Y como en otros tiempos se refugian y se hacen visibles en las iglesias, y a las ciudades les corresponde darles carta de ciudadanía. Hoy, cuando voces imbuidas de autoridad proclaman su ignorancia y sus miedos, su «provincianismo» xenófobo y su falta total de sentimiento de piedad, hay que recordar que somos lo que somos por diversos y complejos, por la mezcla de gentes y de culturas de las que somos herederos. Los cuerpos simples, y esto vale para ciudades y países, los compuestos por elementos homogéneos, los que no tienen complejidad ni conflicto son pobres, evolucionan poco, decaen irremisiblemente. La inmigración de colectivos diferentes de nosotros, en su mayoría jóvenes, caracterizados por el valor y la iniciativa para asumir cambios radicales en condiciones adversas, con enorme voluntad de sobrevivir y de progresar, es un maná para el país receptor, y es un problema, casi una tragedia para el país de origen.

Prohibido quejarse: vivan los inmigrantes.

BOX 6.2

Los tiempos de la ciudad

Traducido por M. F., basado en el texto *I tempi della città*, de Laura Balbo.

Las estructuras temporales de la ciudad constituyen una dimensión crucial para la estructuración de la experiencia subjetiva de la vida cotidiana, así como también para el funcionamiento total del sistema social.

Sobre la problemática del trabajo y la vida familiar se ha debatido mucho en los últimos años. Existen estudios, experiencias y documentos que han introducido la temática de la vida cotidiana —de todos, pero especialmente de las mujeres adultas— en el debate y en la agenda política de la Unión Europea y de muchos países.

Como ejemplo de experiencias innovadoras encontramos en Francia la reducción de la jornada de trabajo semanal a 35 horas. Asimismo, Holanda y Dinamarca han aplicado la reducción de la jornada de trabajo conjuntamente con el fortalecimiento de la trayectoria formación-trabajo.

En el caso italiano se pueden reconstruir algunas fases significativas sobre el tema. A principios de los años ochenta se realizaron investigaciones que centraban la atención en la organización del tiempo en la ciudad. Se tomaron casos de grandes ciudades industriales con sus áreas metropolitanas, tales como Turín y Milán, y otras de dimensiones medianas. Detrás de la «sincronización» asumida como hecho característico de la sociedad industrial, se observaron actores sociales, contextos y, sobre todo, prácticas de organización cotidiana del tiempo diferentes y muchas veces inconciliables entre sí. Las desigualdades entre géneros y entre generaciones, los «modelos» fijados e impuestos en las diferentes fases a lo largo de la vida, según sectores ocupacionales y profesionales, aportaron datos a la descripción del uso del tiempo libre.

En esta primera etapa, para conciliar los diversos tiempos del día a día, se comenzó a pensar en la intervención a través de medidas legislativas o administrativas, con innovaciones, incluso en las mínimas prácticas cotidianas.

En la segunda fase, las elaboraciones y movilizaciones de las mujeres han desempeñado un papel absolutamente preponderante y visible demostrando gran interés e invención social. Sin embargo, el entusiasmo y la creencia en la puesta en marcha de una fase de modificaciones radicales e inmediatos beneficios han dado paso a un clima de desilusión. El cambio en la organización total de una gran ciudad no es posible sino a través de un análisis del tiempo que observe e informe sobre resultados y problemas y agrupe a muchos actores. Los sistemas de horarios y modelos culturales arraigados en nuestro mundo productivo no se modifican sobre la base de algunas, aunque ejemplares, experiencias de «buenas prácticas».

BOX 6.3

Las mujeres y la ciudad

Extraído por M. I. del texto «Las mujeres y la ciudad», de Anna Bofill, Rosa Dumenjó e Isabel Segura (1998).

Extraemos algunas de las propuestas resultado de la consulta realizada a mujeres en seminarios taller como parte del programa «Las mujeres y la ciudad».

En relación a la vivienda se propone:

— Interconectar los espacios y hacerlos multifuncionales.
— Darle flexibilidad y multifuncionalidad especialmente a la cocina (sin puertas o con sistemas movibles que permitan conectarla o no con otros ambientes según la necesidad).
— Hacer que las azoteas sean comunitarias.
— Generar flexibilidad en la vivienda mediante tabiques móviles (correderas plegables y extraíbles).
— Desarrollar una política de vivienda social que consiga bajar los precios.
— Incorporar criterios de flexibilidad en las normativas para aumentar la oferta de vivienda pública, o de alquiler, para la diversidad de colectivos y situaciones (jóvenes, estudiantes, familias monoparentales/monomarentales, mujeres solas, etc.).

En cuanto a las calles y el espacio público:

— Poner más bancos en las plazas.
— Proyectar espacios en interiores de manzanas.
— Eliminar todas las barreras arquitectónicas.
— Crear espacios intermedios y reutilizar los espacios interbloques como espacios de encuentro.

— Humanizar el diseño; necesidad de más arte en las calles y espacios públicos.
— Correponsabilizar a los habitantes del cuidado de los espacios públicos.
— Crear mayor interconexión interbarrial.
— Reubicar y descentralizar servicios en los barrios.
— Generar proximidad entre la vivienda y los equipamientos de servicios.
— Poner servicios colectivos en los grupos de viviendas (cocinas, comedores, salas de juego, lavaderos, tendederos).
— Ampliar los horarios de los mercados para adaptarlos a la nueva vida cotidiana.
— Mejorar la iluminación pública.
— Instalar más contenedores y mejorar su diseño para evitar el mal olor.
— Proyectar espacios verdes según la densidad de población y no macroespacios en las afueras de la ciudad.
— Crear pequeñas áreas verdes en los barrios antiguos.
— Mejorar el diseño de parques para que facilite el encuentro entre personas.
— Poner más nombres de mujeres en las calles.
— Mejorar el diseño del transporte público y los accesos para coches de niños y carros de compra.
— Aumentar la seguridad en calles y plazas mediante un mejor diseño del espacio.
— Poner más puntos para pedir ayuda y cabinas telefónicas cerca de las paradas de transporte público.

Tiempos y horarios:

— Ajustar los tiempos de la ciudad a las personas para que los horarios se adapten a las tareas de la vida cotidiana.
— Ampliar los horarios en comercios y transportes, en especial los nocturnos.
— Incrementar la oferta y la frecuencia horaria de los transportes públicos nocturnos.

BOX 6.4

Niños y adolescentes en la ciudad

J. B. y M. I.

Presupuestos y experiencias

Un adecuado diseño y gestión de políticas para la ciudad que integre la visión de los niños y los adolescentes debe partir de los presupuestos que se indican a continuación:

— Los niños son sujetos de derechos, desde su nacimiento, y gozan de los derechos que el resto de los ciudadanos. Merecen protección, apoyo y tutela en algunos supuestos, pero nunca discriminación.

— Los niños tienen los mismos derechos, pero por su condición de mayor vulnerabilidad requieren formas específicas y apoyos públicos y ciudadanos para ejercerlos. Deben ser tratados como un colectivo «diverso», no «discriminado» (negativamente).

— Los niños deben poder hacer llegar sus demandas y propuestas a las autoridades locales, directamente, sin que sea obligatoria la mediación de los padres o de los educadores (sin perjuicio del apoyo de ambos).

— Los niños y los adolescentes requieren equipamientos, espacios públicos y servicios específicos, pero no necesariamente separados del resto: hay que contar con ellos en la formulación de programas y proyectos de todo tipo.

— La oferta urbana dirigida a los niños y adolescentes debe estar orientada por valores, y éstos deben explicitarse, lo cual necesariamente llevará a debates contradictorios: por ejemplo, relaciones entre colectivos culturales y sociales distintos, viajes que pueden comportar algún riesgo, incitación a la aventura y no «criminalización» de la transgresión.

— La oferta urbana debe promover los mismos valores que se han asumido para los adultos (véase carta de derechos humanos) y por lo tanto debe estimular la solidaridad, la igualdad, la tolerancia, la convivencia pacífica, la libertad en todas sus dimensiones, etc.

— Los colectivos infantiles y adolescentes más problemáticos requieren políticas públicas específicas sin que —excepto casos extremos— deban conducir a su segregación.

Entre las experiencias desarrolladas en ciudades para fortalecer la participación de niños y adolescentes, los resultados han sido muy diversos. A modo de ejemplo, indicamos algunas actividades experimentadas, lo que no implica una propuesta o recomendación del autor:

1. Audiencias públicas. Se definen por la participación de los niños con el apoyo municipal y escolar en el diseño de programas locales de espacios públicos, ordenación de la movilidad, integración de niños problemáticos, control y mejora de la calidad ambiental, etc. La audiencia pública supone un trabajo colectivo, que incluye información, deliberación y participación en el proceso de elaboración de la propuesta y de decisión sobre ella. Luego, seguimiento y colaboración en su ejecución y evaluación de los resultados en la gestión posterior. Esta experiencia ya se ha consolidado en ciudades como Barcelona desde 1994 y en San Sebastián-Donostia en dos ocasiones.

2. Colaboración en el control y gestión del tráfico. Se trata de participar en la gestión de programas o funciones que ya están estipulados. En general se realizan en el entorno de la escuela o para el apoyo a personas mayores o vulnerables. En algunas ciudades como Rosario (Argentina) o Fano (Italia) se desarrolló la aplicación de la «multa moral», que consiste en que los niños pongan en los coches mal aparcados una nota en la que dice «usted es un maleducado». Es muy interesante el trabajo de la asociación La città possibile, en varios municipios del área de Turín, Italia, sobre experiencias de ecología urbana y movilidad con jóvenes. Por otra parte, en Barcelona se desarrolla desde 1999 el proyecto «Camino escolar» para facilitar entre todos un camino seguro de la casa a la escuela.

3. Participación en la gestión de centros y equipamientos culturales destinados a sectores específicos de adolescentes o jóvenes, donde poseen autonomía y apoyo para desarrollar programas innovadores. Un ejemplo de esto es la experiencia de la escuela de circo en Nueve Barrios, un distrito de Barcelona que trabaja con colectivos de riesgo, y también los centros de formación promovidos por la Asociación de Amigos de La Villette.

4. Participación en centros de iniciativa pública o privada (con apoyo público) destinados a formar en nuevos oficios y a generar microempresas para dar respuestas a nuevas demandas. Por ejemplo El Far, un centro de formación en oficios del mar (Barcelona).

5. Monitoreo de la población adulta y de tercera edad en los barrios para socializar el conocimiento de las TIC.

6. Campañas ambientales: la participación de las escuelas y de las organizaciones juveniles en las Agendas 21 o en campañas de sensibilización por el barrio y hasta la participación activa en proyectos de recuperación de algunas zonas degradadas. En Barcelona se destaca un programa realizado en 96 escuelas que desarrollan su Agenda 21 escolar con compromisos reales de toda la comunidad educativa. También son de mucho interés todas las experimentaciones en América Latina[43].

7. Cooperación internacional. Hermanamientos vía escuelas, barrios u organizaciones juveniles con colectivos de otras ciudades y países. El programa más destacado se realiza en la ciudad de Rosario (Argentina) e implica varios intercambios en cada curso escolar. También el programa del Distrito del Exemple de hermanamiento de centros de secundaria entre Barcelona y Sarajevo y un programa que realiza la Cruz Roja entre intercambios escolares y de profesores de escuelas del Salvador.

8. Concursos que premien iniciativas sociales o culturales por grupos de edad (tanto infantiles como adolescentes). Por ejemplo, el concurso «Haga de Alcalde». Cabría destacar los programas de participación en el Plan de Infancia del Ayuntamiento de Alcobendas y consejos locales de niños, niñas y adolescentes del Ayuntamiento de Getafe. Y también los planes auspiciados por la Diputación de Barcelona, como:
Ajuntament de Granollers: Petits però ciutadans; Ajuntament de Sant Feliu del Llobregat: Pla dels infants, 5 edicions. Ayuntamientos de Navarcles: Navarcles pels nens; Cardedeu, un poble pels infants; El Prat de Llobregat, ciutat dels infants; Rubi, ciutat dels infants; Repensem Súria amb els infants; Viladecans, els nens també som ciutadans, y especialmente los plenarios municipales con niños y niñas que realizan las ciudades de Girona y Lleida.

9. Apoyo a la creación y gestión de medios de comunicación (televisiones locales, revistas, intranet, etc.) a escala de barrio o ciudad, promovidos por colectivos de adolescentes o jóvenes. Destacaríamos el programa «TEB», que realiza una asociación privada en el distrito de Ciutat Vella de Barcelona, desde donde impulsa una emisora de radio y televisión locales que realizan en su totalidad jóvenes inmigrantes.

10. Programas de incitación al reconocimiento de los entornos tanto sociales como territoriales (personas solas, colectivos excluidos y otras iniciativas que propongan colectivos formales/informales de niños o adolescentes). Por ejemplo, diagnósticos y reconocimientos del barrio a partir de dibujos o fotografías. Hay que destacar el mapa de las emociones de la ciudad de Segovia elaborado por los niños y niñas.

BOX 6.5

La exclusión en las ciudades europeas y los problemas
de la rehabilitación

Jordi Mas

La existencia de concentraciones de exclusión en zonas concretas de las metrópolis ha generado en Europa una serie de iniciativas públicas con voluntad de resolver la situación.

Con todo, siempre está presente el debate sobre si hay que priorizar las estrategias generales de cohesión social por delante de estos enfoques de priorización geográfica que aquí venimos a exponer.

En todo caso la concentración de exclusiones es un hecho, y se han desarrollado diversas hipótesis para explicar su origen y su mantenimiento a lo largo del tiempo.

Desde un acercamiento más urbanístico, a principios de los ochenta se establece como clave de la concentración el funcionamiento del mercado inmobiliario. Así, los excluidos (no se entra a valorar el porqué de su exclusión) encuentran una vivienda o bien donde el mercado privado la ofrece a bajo precio (cascos antiguos degradados, sin atractivo para las clases medias), o bien allí donde la iniciativa pública la ofreció a bajo precio en los sesenta y setenta (en zonas de suelo barato —periferias— y aprovechando economías de escala —acumulación—), espacios estos últimos sin oferta para las clases medias.

En el primer caso, la falta de salubridad y de espacio público, así como la densidad de población, empeoran la situación de partida. En el segundo, la lejanía del centro, las malas conexiones con el entorno, la falta de equipamientos y de espacio público de calidad son los agravantes.

Se considera entonces que, mejorando la situación física, mejorará la calidad de vida de los habitantes y la imagen que el resto de la ciudad se ha hecho de estos barrios etiquetados de «problemáticos».

Las iniciativas públicas tenderán a construir nuevos equipamientos de calidad, generar nuevo espacio público, facilitar la rehabilitación, mejorar las dotaciones de transporte público... En los centros históricos, los resultados son buenos, la situación de los barrios —bien comunicados, con importantes connotaciones simbólicas positivas para la ciudad, bien dotados de servicios...— mejora aparentemente, especialmente mediante procesos de expulsión de la población inicial y sustitución por clases medias o altas.

En el caso de los polígonos periféricos de viviendas, los resultados no son tan aparentes, y tal vez reflejan más ajustadamente que la renovación física es necesaria (como lo es en toda la ciudad), pero no suficiente.

Se empieza entonces a estudiar la situación desde un punto de vista económico. El problema principal de estos barrios sería el paro, que se explicaría por la combinación de diversos factores, algunos exógenos (deslocalización industrial, creciente polarización social, rechazo de los empresarios a contratar personas de los barrios estigmatizados) y algunos endógenos (ausencia de oportunidades laborales en el mismo barrio, falta de redes sociales de inclusión en el mercado laboral, bajos niveles de formación, dependencia de los subsidios). El paro provocaría desarraigo, conflictividad, delincuencia...

Se desarrollan programas de formación personalizada —algunos centrados en la mujer—, viveros de empresas, sistemas de apoyo para la búsqueda de trabajo, bonificaciones para estimular la localización próxima de nuevas plantas de producción...

Pero, a pesar de todo, a pesar de los nuevos proyectos, a pesar incluso de la recuperación económica europea de finales de los noventa, los problemas (de conflictividad, vandalismo, delincuencia...) persisten en algunos barrios.

El enfoque más reciente se centra más en razones endógenas de convivencia y seguridad. Según esta visión, la mayoría de estos barrios son *clusters* de economía delictiva muy rentable, que, sí, desarrollan oportunidades laborales en el mismo barrio. La presencia sin tapujos del consumo y el comercio de drogas, que se desarrollan mediante apropiaciones violentas del espacio público, debilita los mecanismos de control social y favorece el abandono de la población normalizada.

Las estrategias que se están desarrollando pasan por una mayor presencia de la administración —que ha sufrido un fuerte desgaste en estos barrios— mediante la mejora de los servicios existentes —educación, sanidad— y el refuerzo de los efectivos de seguridad (particularmente creando cuerpos no armados de proximidad), así como los de mantenimiento físico y mediación; a lo que hay que sumar, en Holanda, la creación consensuada de nuevos equipamientos para poner orden al consumo de sustancias estupefacientes (narcosalas). A su vez, en los países anglosajones se está entrando en procesos activos de estímulo a la participación ciudadana en los planes de transformación, como mecanismo de legitimación de éstos y para reforzar el control social de la mayoría, que quiere mejorar quedándose en su barrio.

En estos países —Alemania, Reino Unido, Dinamarca, Holanda— se apuesta por un modelo de gestión del proceso de transformación basado en la proximidad: mayor participación ciudadana y también creación de una nueva figura, el gestor de barrio, con competencias específicas que le permiten trabajar con los agentes directamente implicados —servicios de la administración en todos sus niveles, ONG, representantes vecinales...— y coordinar los diversos esfuerzos del plan de transformación.

En Francia, en cambio, aunque esto parece estar en revisión, se parte de un modelo más «institucional»: la participación ciudadana está menos promovida, los cargos electos asumen la representatividad y también la dirección de los planes y en muchos casos se echa en falta la figura de un coordinador «a pie de calle» que garantice todas las sinergias. En contrapartida, se favorecen mecanismos de coordinación metropolitanos, necesarios en este tipo de intervenciones.

Bibliografía

CASEBrief n°11, 1999.

COSTA PINHO, T. (2000): Residential contexts of social exclusion: Images and identities, Paper for ENHR Conference, Gävle.

EPSTEIN, R. (2000): *Les leçons paradoxales de l'évaluation de la politique de la ville*, Recherches et prévisions, diciembre.

MARTINEAU, H., y E. GOMART: «Politiques et expérimentations sur les drogues aux Pays-Bas. Rapport de synthèse», París, Observatoire français des drogues et des toxicomanies.

PARKINSON, M.: *Combating social exclusion. Lessons from area-based programmes in Europe*. Bristol, The Policy Press.

PEYRAT, D. (2000): «Habiter, *cohabiter*. La sécurité dans le logement social. *Rapport à Marie-Noëlle Lienemann, secrétaire d'État au Logement*», Secrétariat d'État au Logement (febrero), París.

www.logement.equipement.gouv.fr

POWER, A., y E. BERGIN (1999): *Neighbourhood Management,* http://sticerd.lse. ac.uk/Case.

SKIFTER ANDERSEN, H. (2001): *What is the Special Purpose of Area Based Initiatives? How to Understand Deprived Urban Neighbourhoods,* Paper for EURA conference, mayo.

www.neighbourhood.gov.uk.

BOX 6.6

El proceso de creación y transformación del barrio de La Mina

M. F.

El polígono de La Mina, localizado en Sant Adrià de Besòs, municipio colindante con Barcelona, fue concebido a mediados de los años sesenta con la finalidad exclusiva de absorber la población proveniente de las barracas de Barcelona, que a finales de los años cincuenta alcanzaban la cifra de 12.500.

La ejecución del polígono planteaba dos fases, que configurarían posteriormente los ámbitos de La Mina Vella y La Mina Nova, diferenciados sobre todo por sus tipologías, densidades y organización del espacio público.

El déficit de servicios, puestos de trabajo y equipamientos en estas áreas determinó la dependencia del área metropolitana del área central de la ciudad, transformando estas zonas periféricas en ciudades dormitorio. Muy poco relacionadas con el tejido urbano y social del entorno, muchas de estas áreas conforman hoy día guetos, en que el déficit de políticas sociales capaces de integrar a esta población en unas dinámicas normalizadas acabó por configurar bolsas de extrema degradación, delincuencia, tráfico de drogas y exclusión social. Sumado a estos factores, muchos de los polígonos presentan hoy día (algunos ya remodelados) patologías estructurales y pésima calidad constructiva, agravando aún más las condiciones de habitabilidad y de convivencia de esta población.

A mediados de los años noventa La Mina llega a una situación límite social, física y económicamente: bajos niveles de instrucción, altos índices de paro, dificultad de inserción laboral [44], pobreza y drogodependencia [45]. Los espacios públicos pasan a ser apropiados y controlados por una parte de la población con actitudes incívicas o que de alguna manera están vinculados a la delincuencia.

Paralelamente, y al margen de esta dura realidad, la expansión de la Barcelona postolímpica y la transformación para el Forum 2004 hacen que el polígono pierda su condición periférica y lo sitúan en medio de la zona de mayor protagonismo urbano. Acorralado por este entorno, su remodelación e integración pasan a ser una necesidad para las administraciones, y para el barrio su única posibilidad.

Se hizo evidente la necesidad de un plan de intervención global y coordinado entre las distintas administraciones y los diferentes profesionales implicados. Siendo así, en 1997 el ayuntamiento decide elaborar un Plan de Transformación del barrio de la Mina (PTM) cuya estrategia global es su renovación y revitalización económica, social y urbana con el fin de asentar las bases para las actuaciones posteriores.

El Plan Especial de reforma urbana redactado [46] a partir del PTM está basado en la introducción de un nuevo elemento capaz de encadenar los tres principios clave de la propuesta —centralidad, diversidad e intercambio. Una rambla central con 40 m de ancho, que sirva de columna vertebral del barrio y que conecte el Parque del Besòs y el Frente Marítimo, sirviendo de cremallera y unión entre las diferentes partes del barrio. Un espacio de relación de las nuevas actividades cívicas, sociales, económicas y culturales.

En lo que se refiere a la nueva construcción, el 63 por ciento se califica como vivienda, y el 37 por ciento como actividad. De esta forma se pretende fomentar la introducción de nueva población en el barrio. Cabe resaltar que el 52,84 por ciento del ámbito de actuación es de propiedad pública.

A raíz de la exposición pública del Plan Especial, se presentaron al Ayuntamiento de Sant Adrià las alegaciones al Plan, realizadas por instituciones y entidades, por representantes de las empresas del polígono industrial de la Mina y por particulares y vecinos. Las alegaciones dividen el Plan en varios puntos, sobre todo en cuanto a las densidades, demoliciones y afectaciones. Muchos de estos puntos fueron negociados y modificados en el Plan Especial aprobado en mayo de 2002.

A pesar de ello, muchos son los factores que hacen poner en duda la eficacia del plan urbanístico.

Por un lado, la capacidad de integración física del barrio con su entorno, base esencial para que las integraciones funcionales y sociales puedan ocurrir, no está garantizada. Esto no se debe a la debilidad del Plan en sí mismo, sino a la ausencia de un planeamiento global y coordinado de toda el área, hecho que no sólo dificulta la sutura del tejido urbano, sino que, además, condena a La Mina a seguir siendo un *cul de sac.*

Por otro lado, el Plan Especial es en sí mismo una pieza necesaria de un Plan Integral de Transformación para La Mina y debería desempeñar el papel de formalizar en el espacio las líneas generales determinadas en este último. Por primera vez se verificó la intención de hacer del Plan Urbanístico un complemento al Plan de Transformación Socioeconómica. Desafortunadamente, este último no presenta resultados tan inmediatos, y por lo tanto su concretización y puesta en práctica se afrontan con una cantidad de prioridades e intereses divergentes.

La acción pública debería orientarse a una acción integral en la cual las políticas sociales, de recuperación y mantenimiento del espacio público, de seguridad ciudadana, de reinserción social de la población poco integrada, de promoción económica y cultural, etc., serían prioritarias. La falta de un programa integral, que articule de forma concreta y operativa las actuaciones urbanísticas y las sociales, es sin duda el punto débil de este proceso de transformación.

BOX 6.7

La pobreza en las ciudades europeas

Albert Serra

El nivel de desarrollo alcanzado en las ciudades europeas no ha eliminado la existencia de un cuarto mundo en el que las condiciones de vida y los niveles de pobreza, económica y social, de aquellos que viven en esta dimensión urbana se sitúan por debajo del llamado umbral de pobreza, que para el caso europeo se establece en la disponibilidad de una renta inferior al 60 por ciento de la renta media del país de residencia.

Junto a esta referencia, es relevante recordar que el 80 por ciento de la población europea vive en ciudades. A esta segunda referencia debemos añadir que, desde el punto de vista de las políticas públicas de rentas nacionales, y especialmente europeas, y a través de la PAC (Política Agraria Común), es en la población no urbanizada en la que se centra la única política europea de rentas que puede ser calificada de «fuerte».

Este escenario básico define una situación obvia: el inaceptable nivel de pobreza (en expresión formulada, por primera vez, por el Consejo Europeo en la Cumbre de Lisboa de marzo de 2000) en el que vive casi una quinta parte de los europeos es, fundamentalmente, pobreza urbana.

El análisis de la problemática europea de la pobreza se plantea desde hace ya unos años en un segundo nivel. Se produce una convergencia técnica relevante con las propuestas del UNDP proponiendo en el *Human Development Report* el indicador *Human Poverty Index-2 (HPI-2)* como instrumento de evaluación de la pobreza. El HPI-2 se construye sobre cuatro dimensiones: renta, expectativa de vida, educación y empleo.

Por tanto, parece universalmente aceptado que la pobreza no se identifica exclusivamente con la no disponibilidad de renta. Los problemas de acceso a la vivienda, el paro de larga duración, la soledad, la enfermedad, el aislamiento social, la drogadicción participan del concepto de pobreza. La conjunción de todos estos elementos da lugar a la llamada *pobreza extrema*. De hecho, la pobreza integral no es otra cosa que una acumulación imparable de «pobrezas parciales», fuertemente interdependientes entre sí. Menores incidencias, cuantitativas o cualitativas, de estas variables pero con una larga incidencia en el tiempo se definen como *pobreza persistente*. El mapa de la exclusión en las ciudades europeas, a pesar de que se manifiesta en su mayor crudeza en estos niveles de pobreza, acumula la mayor parte de la población excluida en el nivel de la pobreza básica, habitualmente originada por la afectación por alguna variable generadora de exclusión y con incidencias temporales limitadas. Finalmente, señalar que la fase expansiva económica de la década de los noventa no ha mejorado esta situación. Para algunos grupos sociales, considerados altamente vulnerables (jóvenes, mujeres, personas mayores, desempleados de larga duración e inmigrantes), la tendencia se ha orientado hacia un cierto empeoramiento, y en todo caso no se detecta ninguna mejora significativa. Es, por tanto, altamente preocupante la perspectiva de una recesión o estancamiento del crecimiento económico y se constata la autonomía relativa de la dinámica económica y la dinámica social, confirmándose en este aspecto un elemento clave del modelo europeo de desarrollo: las políticas de inclusión social deben ser paralelas a las políticas de desarrollo económico y deben, además, entrelazar sus impactos.

Desde esta concepción de la pobreza urbana los desarrollos recientes de las políticas públicas están orientados a garantizar la inclusión social. Este enfoque supone un abordaje multidimensional de la pobreza que, en la formulación del programa *Urban poverty* del Banco Mundial, se plantea desde cinco ámbitos: renta, salud, educación, seguridad, integración social activa *(social empowerment)*, es decir, empleo, ciudadanía, socialización, accesibilidad.

Este planteamiento es también adecuado para Europa, que ha formulado cuatro ejes de desarrollo urbano: competitividad y empleo, cohesión económica y social, inserción transeuropea en redes de ciudades y desarrollo sostenible y calidad de vida, proponiendo una mayor orientación de las políticas estructurales al desarrollo urbano. En cuanto a la lucha específica contra la exclusión social a nivel europeo, en la ya citada Cumbre de Lisboa, y a partir de ella en Niza, Laeken, Copenhague y Bruselas, se han puesto en marcha planes específicos estructurados alrededor de lo que se ha denominado Planes Nacionales de Acción sobre Inclusión Social, con el objetivo de «reducir sensiblemente el número de personas expuestas al riesgo de pobreza y de exclusión social de aquí al 2010».

En este marco un enfoque multidimensional es el único que está permitiendo afrontar los distintos «disparadores» de exclusión que pueden aparecer en las ciudades europeas: vivienda, empleo, educación, sanidad, subsidios económicos y mecanismos de socialización.

En muchas ciudades europeas se está produciendo, o simplemente aumentando, una dinámica demográfica que plantea, aún, una mayor exigencia de abordaje integral de los problemas de exclusión social: el incremento de la inmigración procedente de países terceros, cada vez menos vinculada a la metrópoli de destino y por tanto más diferenciada y con mayores problemas de incorporación normalizada a las sociedades receptoras. Para este grupo, los factores de exclusión son habitualmente varios, por no decir todos, y un tratamiento multidimensional e integrado de su pobreza ya no es una opción deseable, sino imprescindible.

Los ámbitos de actuación que se incluyen en las políticas de lucha contra la pobreza y por la inclusión social desde esta óptica multidimensional y algunas de las estrategias que las concretan son:

— Planificación urbana: espacio público, rehabilitación de barrios degradados, accesibilidad y movilidad.
— Vivienda: alquiler social, tipologías de vivienda diferenciadas y específicas para distintos segmentos de población (trabajadores temporales, jóvenes, personas mayores...).
— Empleo: políticas activas *(Welfare to Work)*, iniciativa emprendedora, soporte financiero (microcréditos).
— Sanidad: atención universal, educación sanitaria específica para mujeres inmigrantes, salud pública (alimentación, vivienda, limpieza urbana...).

— Educación: universalidad escolar, formación de adultos, educación y empleo, educación compensatoria.
— Rentas: rentas mínimas de inserción, seguro de paro, pensiones.
— Socialización y familia: soporte a la vida familiar, conciliación trabajo-familia, derechos de ciudadanía, participación social, interculturalidad activa.

En este marco de actuación se plantea un reto que afecta especialmente a los gobiernos locales. Por una parte son los que están mejor situados, por su proximidad y por su capacidad para operativizar esta multidimensionalidad. Por otra parte, sin embargo, en pocas ocasiones son los titulares de los ámbitos de acción pública imprescindibles para desarrollar estas políticas. En cualquier caso, la referencia principal en el ámbito de la Unión Europea es el Estado central. Las estrategias de cooperación interadministrativa, la gestión transversal y la cooperación público-social-privada son instrumentos que pueden ayudar a mitigar las debilidades de los gobiernos locales, pero para una gestión verdaderamente eficiente de estas políticas se hace imprescindible una mayor capacitación, competencial, organizativa y financiera, de los gobiernos locales en el ámbito del diseño e implementación de las políticas contra la pobreza y la exclusión y a favor de la inclusión social de toda la ciudadanía. También en este campo, como en tantos otros, se hace necesario replantear el papel de los gobiernos locales en la gestión, diseño y financiación de las políticas públicas.

BOX **6.8**

Proyecto Favela-Bairro

Verena Andreatta

La ciudad de Río de Janeiro tiene una población que supera los seis millones de habitantes, y dentro de la ciudad, frecuentemente en las estribaciones de sus montañas, existen hasta 608 favelas donde se hacinan casi un millón de habitantes, presentes en el imaginario internacional por su morfología contrastante con la ciudad formal y también por la asociación prejuiciosa entre pobreza y marginalidad.

El Proyecto Favela-Bairro surgió en Río en 1994 a partir de una fuerte decisión y liderazgo del poder público municipal para «construir toda la infraestructura y equipamientos de servicios públicos necesarios para transformarlas en barrios formales de la ciudad», no en algún aspecto puntual, como se efectuó en políticas recientes, sino abarcando la totalidad de las 608 áreas y la globalidad del proceso de adaptación a la ciudad.

La primera etapa contó con la selección de quince áreas de favelas de tamaño mediano, asentamientos entre 500 a 2.500 viviendas, en las que existía una constatada componente de organización social ciudadana. Se realizó un concurso público de profesionales, organizado con el Instituto de Arquitectos pero tratando de involucrar el máximo de perspectivas profesionales en los equipos de trabajo técnico; el objeto del concurso era la definición de propuestas metodológicas para afrontar el programa de acuerdo con las siguientes finalidades:

1. Respetar y conservar las viviendas existentes, construidas por el esfuerzo de años de las familias de las favelas, manteniendo los valores constructivos y espaciales propios de los asentamientos.
2. Complementar o configurar la estructura urbana principal (saneamiento y accesibilidad principalmente) y ofrecer condiciones físicas y ambientales para la consolidación del barrio como parte del tejido formal de la ciudad.
3. Introducir en esas áreas valores urbanísticos propios de la ciudad formal, como calles, plazas, infraestructuras, servicios públicos y sociales.
4. Considerar la participación de diversos grupos sociales dentro del barrio en la formulación de las propuestas físico-urbanísticas y en los programas de equipamiento.
5. Resolver los problemas de riesgo físico-ambiental por deslizamientos de terrenos, inundaciones, etc., definiendo, en su caso, programas de realojo en el área.

Este primer programa de quince proyectos de favelas, realizado en un corto período de tiempo y con una rápida implementación de obras de mejora que hicieron inmediatamente visible el beneficio, tuvo tal resonancia social que el proyecto se ha extendido exitosamente a las demás áreas y ya cubre 169 favelas grandes, medianas y pequeñas (que contaron con recursos financieros complementarios de la Unión Europea-Programa Bairrinho para favelas inferiores a las 500 viviendas), beneficiando a una población total de 500.000 habitantes.

¿Cuáles fueron las conquistas para la ciudad y para las favelas después de las intervenciones? El balance cuantitativo señala 124 km de canalización de torrentes y de conducciones de aguas de drenaje, 800.000 m^2 de calles pavimentadas, 7.800 farolas de iluminación pública implantadas, 58.000 m^2 de superficie de laderas estabilizadas, 292.000 m de alcantarillas para cloacas y 7.100 piezas de mobiliario urbano y señalización instaladas. Pero junto a esta normalización infraestructural, hay que destacar 351.000 m^2 de nuevas áreas de ocio, seis centros de informática, un centenar de cooperativas de trabajadores locales, tres áreas deportivas de dimensiones olímpicas y 90.000 m^2 edificados para escuelas, guarderías y viviendas para población realojable (que sólo afectó a un uno por ciento del parque total de viviendas de esas favelas). Y todo ello por el coste aproximado de una autopista urbana de 50 km o de uno de los grandes museos de las capitales del primer mundo.

Pero más allá de los datos numéricos, interesa destacar la puesta en marcha de la concesión de casi ochenta mil títulos de propiedad, en un proceso lento pero inexorablemente, y la calificación con nombre a cerca de cien kilómetros de nuevas calles, con la consecuente adquisición de dirección «formal y legal» —la primera base de ciudadanía— para una enorme parte de la población. Y, como consecuencia, la dignidad adquirida sobre el propio espacio; accesos al resto de la ciudad, que rompen el gueto y permiten la entrada de otros ciudadanos, de ambulancias, de bomberos, de policía; calles abiertas de dimensiones adecuadas, con aceras, arbolado, escaleras e iluminación pública, papeleras y buzones. Calles pavimentadas, con drenaje, cloacas, suministro de agua y electricidad, etc.; en definitiva, calle como cualquier otra de la ciudad.

La percepción de la nueva ciudad es compartida por sus vecinos de los barrios colindantes, y supuso llenar el plano de la ciudad de nuevos nombres que comienzan a ser conocidos por el resto de los ciudadanos. Además, y el dato es revelador, 200 escuelas primarias de los alumnos de las favelas han incorporado enseñanzas sobre el uso de los espacios creados y las prácticas propias de los habitantes de una ciudad.

Posiblemente el programa esté inacabado, y existan grandes áreas de la ciudad todavía no atendidas, y posiblemente también no sean las favelas las áreas urbanas más marginales. Los 4 millones de habitantes de la «baixada fluminense» representan un problema mayor, agravado por la debilidad política y económica de los municipios periféricos. Pero la localización de las favelas en las áreas centrales, con los conocidos enquistamientos de los problemas de delincuencia y narcotráfico, muestra, inversamente, cómo la incorporación a la ciudad normal de estos sectores desfavorecidos, percibidos como marginales, no sólo ha sido una conquista social de sus habitantes, sino también una garantía de su integración en el conjunto de la ciudadanía, orgullosa de que donde antes había una favela ahora haya un barrio.

Bibliografía

Prefeitura da Cidade do Rio de Janeiro. Secretaria Municipal de Habitação. (1999): *Cidade inteira: a política habitacional da cidade do Rio de Janeiro*.
BRAKARZ, J., *et al.* (2002): *Cidades para todos: a experiencia recente com programas de melhoramento de bairros*, Washington D.C., Banco Interamericano de Desenvolvimento.
MAGALHÃES, S. (2002): *Sobre a cidade: habitação e democracia no Rio de Janeiro*, São Paulo, Pro Editores.

BOX 6.9

Delincuencia o inseguridad

Artículo publicado en *La Vanguardia*, «Vivir en Barcelona», 2-6-2002.

J. B.

No creo que los ricos residentes de Neguri (Bilbao) se sientan inseguros por el hecho de tener como vecinos a los ahora famosos delincuentes accionistas del BBV. Chinatown, en Nueva York, es un lugar muy seguro a pesar de la concentración de actividades ilegales. Y en algunos barrios marginales las zonas más tranquilas cobijan a los jefes de mafias y clanes. No conviene identificar delincuencia con inseguridad.

El miedo al espacio público, la percepción del otro como potencial agresor, no corresponde siempre a una realidad objetiva. Los ambientes inseguros no se deben necesariamente a la presencia de delincuentes. Grupos de jóvenes de color en una esquina pueden ser percibidos como un peligro simplemente por su aspecto. Y aunque no somos perros, que se excitan cuando sienten el miedo de un persona, también la sensación de ser considerado un elemento peligroso puede estimular la profecía de autocumplimiento.

Ocurre que el temor en el espacio público corresponde muchas veces no al delito, ni tan sólo a la violencia física, sino a comportamientos que para unos son agresivos y para otros expresivos. A veces se trata de diferencias culturales, de costumbres y usos contradictorios, como hacer fuego y comer en la calle, habitual entre familias gitanas, que es considerado un abuso irritante para los payos. Puede bastar que los colectivos con hábitos molestos para el resto de vecinos dispongan de espacios propios.

En otros casos hay violencia, pero no consiste tanto en la agresión a personas o el robo de sus bienes particulares como en la destrucción o degradación del mobiliario urbano y del espacio público en general, como la quema de coches, romper vidrios, etc. En un reciente estudio sobre la inseguridad ciudadana en Europa se constata que el 50 por ciento de los jóvenes detenidos por hechos de violencia en la calle no habían cometido robos ni tampoco agresiones a personas, no habían hecho nada que les reportase un beneficio material.

Se trata de una violencia expresiva que no puede ser tratada como la delincuencia habitual, lo cual no significa que deba quedar impune, sino que merece una respuesta y una reparación inmediatas, pero distintas.

CAPÍTULO 7

LAS CIUDADES EN LA GLOBALIZACIÓN. LA CUESTIÓN DE LA CIUDADANÍA

Un desafío a la democracia ciudadana

Los desafíos del territorio y la respuesta política

Los desafíos y sus respuestas exigen por su novedad una acción política nueva. Esta acción política difícilmente puede salir de las instituciones y de los partidos políticos posicionados en ellas, que tienden normalmente a conservar el sistema que les garantiza la representación y el acceso a los puestos de gobierno. Hay una contradicción entre el respeto del Estado de derecho, sin lo cual la democracia se pervierte por el uso arbitrario de la fuerza, y la transformación de este mismo Estado, que si no se produce también lleva a la perversión del Estado de derecho por su incapacidad de responder eficazmente a los procesos excluyentes y a los nuevos desafíos. Transformación que difícilmente impulsan las cúpulas políticas y jurídicas del Estado, casi siempre conservadoras del sistema que les concede el poder.

¿Cómo salir de este «impasse»? ¿Cómo ir más allá de las llamadas retóricas a la sociedad civil y a la iniciativa ciudadana? ¿Cómo hacer que las propuestas no sean utópicas, sino «eutópicas», situadas en el tiempo y en el espacio posibles, en un futuro más próximo que lejano y viables en unos lugares que las pueden recibir, concretar y realizar?

En primer lugar, no hay que ver el sistema político institucional como un todo homogéneo. No solamente por las lógicas diferencias ideológicas y de interés entre partidos políticos, sino también por cómo viven las contradicciones entre valores y principios generales por un lado y normas y prácticas políticas y administrativas por otro [1]. Otra contradicción bien evidente es la que se da entre el ámbito político institucional local-regional y el estatal. Es bien sintomática la revitalización o la aparición *ex novo* de movimientos políticos «regionalistas» o nacionalistas en Europa, el auge del «municipalismo» tanto en Europa como en América y la emergencia de liderazgos fuertes en estos ámbitos [2].

Por lo tanto, el ámbito institucional, tanto político como judicial, ejecutivo como legislativo, supraestatal (europeo) como estatal y sobre todo local y regional, puede ser receptor en muchos casos e impulsor en otros, aunque menos, de propuestas innovadoras. En cada caso, ante cada tipo de propuestas se manifestarán contradicciones diferentes. Por ejemplo, la renovación democrática de la política europea encuentra mucho más eco en el Parlamento Europeo que en los consejos de ministros (que representan a los gobiernos estatales). La modificación de los sistemas electorales encuentra una fuerte resistencia en los partidos estatales y es en cambio esencial para reforzar el ámbito político regional-local.

Las propuestas renovadoras no pueden depender únicamente de lo que ocurra en un ámbito contradictorio, pero en el que predomina el conservacionismo, como es el institucional. Las contradicciones emergerán si hay una presión política exterior a las instituciones, social, cultural, que desarrolle iniciativas que impacten a la opinión pública y modifique la relación de fuerzas o el equilibrio establecido y que se concrete en propuestas de cambiar, tanto normativas como prácticas, en la vida institucional. Por lo tanto, sin movimientos cívicos no habrá cambio político, y si no lo hay, tampoco habrá respuesta eficaz a los nuevos desafíos del territorio.

Estos movimientos surgen de las propias contradicciones generadas por los desafíos analizados anteriormente. Las estrategias sobre el territorio, la «demanda» de ciudad y de espacio público, la reivindicación del reconocimiento social, político y jurídico, el rechazo a la exclusión, la exigencia de participación y de comunicación, etc., incitan a la acción a diversos colectivos de población en tanto que ciudadanos o «demandantes» de ciudadanía.

Ahora bien, en la medida en que nos encontramos ante problemáticas nuevas, se requiere también una cultura política nueva que construya un discurso que proporcione legitimidad y coherencia a los movimientos cívicos. Si no es así, se corre el riesgo de acentuar la fragmentación territorial y sociocultural, de dar una imagen anacrónica o corporativa de las iniciativas cívicas (que puede ser real si les falta un anclaje universalista) y de depender únicamente de cómo se resuelvan en cada caso las contradicciones en el sistema institucional establecido.

Por esta razón estamos en un período en el que el rol de los «intelectuales» (en un sentido «gramsciano») se convierte en decisivo [3]. Si a finales del siglo XVIII se construyeron las bases de la cultura democrática en un sentido civil y político, que tuvieron su máxima expresión en las revoluciones americana y francesa pero que sólo se «universalizaron» y aun parcialmente en los siglos siguientes; si a finales del XIX el movimiento obrero y socialista puso en primer plano la cuestión de los derechos económicos y sociales, que dieron lugar a las revoluciones de base proletaria y, sobre todo, al *welfare state,* ahora nos corresponde asumir no sólo el combate por la plena realización y adecuación a las circunstancias actuales de estos valores y objetivos universalistas, sino también de nuevos valores y objetivos que nos permitan dar respuesta a los nuevos desafíos (que a veces se denominan derechos tercera generación, especialmente en la cultura de la ecología política).

Nos parece que un camino útil es el seguido históricamente por todos aquellos que han promovido el cambio en nombre de los derechos de las personas, es decir, en nombre de la ciudadanía, de los sujetos activos e iguales en derechos. La Revolución Americana se presenta como una exigencia de ciudadanía (cuya expresión más radical y muy actual es Thomas Paine) que proclama el derecho a la «desobediencia civil». La Revolución Americana se hace en nombre de los ciudadanos: todos pagan impuestos, luego todos deben estar representados por igual en las instituciones. La Revolución Francesa proclama que «los hombres nacen y viven libres e iguales». Los norteamericanos atribuyen los plenos derechos ciudadanos a los que «viven en sociedad», y los franceses vinculan soberanía, nación y ciudadanía, un país de *citoyens*, mientras que a los partidarios del *ancien régime* se les denomina miembros del «partido de los extranjeros». El movimiento obrero y socialista parte de la crítica de la contradicción entre derechos formales y derechos reales, entre las posibilidades que ofrece la nueva sociedad industrial y las opresiones y exclusiones a las que da lugar. Ya en 1848 se legitima «el derecho al trabajo». En todos los procesos de cambio hay un punto de partida común: la exigencia de unos derechos que aparecen como legítimos pero negados a muchos, como potenciales pero no realizados. El objetivo histórico del socialismo europeo, así como de los movimientos populares latinoamericanos del siglo XX, ha sido convertir a las clases trabajadoras y en general a los excluidos en ciudadanos. Y en consecuencia su objetivo político principal fue conquistar los derechos que los harán ciudadanos mediante nuevas instituciones económicas, sociales y políticas (*welfare state*, planificación económica, contractualización de las relaciones laborales, etc.).

El desafío de la globalización para ciudades y ciudadanos

¿Las ciudades deben resignarse a ser continentes pasivos de las problemáticas sociales, culturales, ambientales... derivadas de la globalización y de la pérdida de capacidad reguladora de los poderes públicos estatales y supraestatales?

Si la ciudad es lo que se supone que debe ser, un lugar y una comunidad, con capacidad de autogobierno; si hoy es también un territorio articulado que en las regiones más desarrolladas y urbanizadas la convierte en un sistema de ciudades; si este espacio tiene vigencia económica, busca la cohesión social, tiene identidad cultural (o la construye), es capaz de definir estrategias de desarrollo concertadas entre instituciones locales-regionales y sociedad civil, entonces ¿se le puede negar el derecho y la posibilidad de ser un actor respecto a los contenidos problemáticos que asume?, un actor que reclama intervenir en los procesos que generan los problemas de la ciudad y en las políticas con que se les da respuesta.

El desafío político de la ciudad en la globalización es el de obtener un reconocimiento de actor político a escala global, más allá de su territorio y más allá de las cada vez más artificiales fronteras de «su» Estado. El mundo actual exige un planteamiento «glocalizador», una articulación de lo local-global[4].

¿Cómo puede darse esta articulación? La cultura política y jurídica debe asumir la anacronía de monopolio que pretenden tener los estados de ser los únicos sujetos políticos de las relaciones internacionales y de basar su legitimidad para ello en ser ostentadores de la soberanía. Hoy en la vida política internacional existen por encima de los estados los organismos internacionales, ONU y otros menos políticos, pero que toman decisiones importantes a veces con escasa presencia de los estados de las partes afectadas[5]. Además de la Unión Europea, se desarrollan otras uniones políticas y económicas supraestatales. Por otra parte, por debajo de los estados, sin contar los grupos económicos (que tienen más fuerza que muchos estados), se desarrollan redes y asociaciones civiles, de ONG, de profesionales y de ciudades y regiones. Es el nuevo *tiers état* de la Revolución Francesa que pugna por ser reconocido por los otros dos.

Los poderes locales y regionales reclaman su presencia en los organismos y conferencias internacionales y también en los procesos de elaboración y de seguimiento de los programas que les afectan directamente. Se proponen como *partners* tanto de los organismos internacionales como de los estatales. De hecho empiezan a ser normales en la Unión Europea programas a tres bandas (europea, estatal, local o regional).

Otra dimensión de la glocalización es la importancia que adquieren los grandes ejes y las macrorregiones, que constituyen en muchos casos sistemas de ciudades transfronterizas, es decir, que atraviesan fronteras. Es un caso frecuente en Europa [6]. Estos ejes y macrorregiones tienden a concertar proyectos y crear estructuras de coordinación. Incluso se habla de ciudades metropolitanas transfronterizas (entre Francia y Bélgica, Alemania y Francia, Suiza y Alemania, etc.) [7].

Una tercera dimensión de la glocalización es la reivindicación de las instituciones locales y regionales de obtener una garantía y una protección política y jurídica de su autonomía y de sus derechos en los marcos estatal y supraestatal de los organismos internacionales tanto políticos como judiciales. Es decir, reclaman incluso ser defendidas contra su propio Estado. Algunos progresos se han hecho en este camino, como la Carta de Autonomía Local aprobada por el Consejo de Europa, ratificada por la mayoría de los estados europeos (lo cual es aún preceptivo para que los acuerdos internacionales sean aplicables a cada Estado... excepto cuando las grandes potencias imponen resoluciones del Consejo de Seguridad de la ONU) y que ha servido de base a algunas sentencias del Tribunal Europeo.

Estamos en los inicios de un cambio histórico. Pero sólo en los inicios. Los organismos internacionales son poco receptivos tanto por la pesadez y opacidad de sus burocracias como por el dominio político que ejercen en ellos los gobiernos de los estados. Estos gobiernos y su alta administración no toleran fácilmente la intromisión de los poderes locales y regionales, que introducen, es cierto, una considerable dosis de complejidad a la ya existente, aunque también facilitan la elaboración y el seguimiento de políticas adecuadas a cada situación territorial. La resistencia de gobiernos y altas administraciones nos parece que se debe no tanto a razones funcionales ni a principios políticos como al afán de mantener su estatus de privilegio en los sistemas políticos de cada país. Un cambio sólo se producirá si regiones y ciudades generan una relación de fuerzas que progresivamente imponga su presencia en la vida internacional. Este proceso se ha iniciado ya en Europa por la presión del CMRE (Consejo de Municipios y Regiones de Europa), de la ARE (Asociación de Regiones de Europa), de eurociudades y de otras organizaciones de ciudades y municipios.

La presencia activa de los gobiernos locales y regionales no equivale a un reconocimiento de la dimensión global de la ciudadanía en nuestra época.

Es cierto que la presencia de las instituciones políticas de proximidad significa en sí misma una democratización de la vida política institucional, por su relación directa con las problemáticas específicas de cada territorio y de sus gentes. Por lo tanto esta presencia emergente de las ciudades en la escena mundial es un progreso de la ciudadanía. Pero no es suficiente. En la globalización se produce un considerable déficit democrático. Los capitales, las informaciones, sectores minoritarios y privilegiados de empresarios y profesionales disponen de una capacidad y de unos derechos para actuar en el mundo global de los que no disponen las mayorías de ciudadanos. Es suficiente citar algunos ejemplos:

— El acceso restringido a los grandes medios de comunicación social y el predominio de las ofertas de TIC dirigidas a demandas solventes.
— La no adecuación entre los ámbitos de las decisiones económicas y los de la negociación de las relaciones de trabajo y de las políticas sociales.
— Las limitaciones de las migraciones, que son mucho mayores que las que tiene el capital.
— La globalización nos plantea un desafío local que exige una respuesta innovadora, no defensiva.

La democracia local y la innovación política. La cuestión de la legalidad

No hay duda de que hay un déficit democrático en los ámbitos de la globalización, de la economía mundial, de los medios de comunicación social uniformadores, de las organizaciones internacionales. Una democracia territorial de proximidad, regional-local, fuerte, podría ser un contrapeso importante y un mecanismo de participación democrática en los ámbitos globales. Pero sería muy ingenuo idealizar la actual democracia local y regional. Es cierto que tiene a su favor un conjunto de factores suficientemente reconocidos, como son:

— La proximidad a la población en la gestión.
— La mayor capacidad de integrar las políticas públicas.
— La representatividad inmediata y directa de los gobiernos locales.
— La cultura cívica que considera iguales a todos los ciudadanos.
— La conciencia de identidad que los actuales procesos globalizadores han reforzado, como afirmación frente a la homogeneización.

Pero hay otros factores de signo contrario que reducen y hasta suprimen los anteriores, como:

— Los impactos sobre el territorio de decisiones económicas y políticas exteriores sobre las cuales los gobiernos locales y los actores de la sociedad civil tienen escasa o nula influencia y que tienen en cambio importantes efectos sociales y ambientales.
— La confusión, superposición y, muchas veces, escasa cooperación y poca transparencia de las administraciones públicas actuantes sobre el mismo territorio.
— La relativa debilidad legal y financiera en el marco regional metropolitano de los gobiernos locales que les impide desempeñar el papel integrador para el cual están más capacitados.
— La no adecuación entre las estructuras políticas representativas y las dinámicas sociales del territorio (los gobiernos locales representan a los durmientes, pero sólo en parte a los usuarios del territorio).
— La existencia de colectivos de población que no tienen reconocido el estatus de ciudadano y que por su misma existencia niegan uno de los valores esenciales de la ciudad: la igualdad en el espacio público y en el uso de las libertades urbanas.

Un gobierno democrático del territorio requiere un ambicioso proyecto de innovación política[8]. Este proyecto difícilmente saldrá de las instituciones y tampoco de las cúpulas políticas espontáneamente. Es un proceso que debe desarrollarse primero en la vida social y cultural. Algunos elementos innovadores ya apuntan, como:

— El nuevo territorio regional metropolitano lo construye una estrategia concertada entre instituciones que a su vez debe dar lugar a una nueva forma de gobierno. En general no parece ni viable ni razonable crear una nueva institución que se superponga a las muchas ya existentes. Algunas soluciones más realistas y menos incrementalistas pueden ser:

   a) Elección democrática y atribución de competencias «locales» de desarrollo urbano y programación y gestión de grandes equipamientos y servicios metropolitanos a la institución intermedia (tipo departamento o provincia) o, mejor dicho, a una entidad sustitutoria en el mismo ámbito territorial (modelo italiano y holandés).

b) Creación de un organismo de concertación (tipo consorcio) que reúna a las principales instituciones actuantes en el territorio con el fin de promover su planeamiento estratégico, coordinar las inversiones y gestionar los servicios de carácter metropolitano.

— La aplicación sistemática del principio de subsidiariedad supone no sólo descentralizar a favor del nivel regional-local todas aquellas competencias y funciones ejercitables en este nivel, sino también atribuir a la institución territorial la coordinación de los programas y proyectos concertados. Este mismo principio supone descentralizar o preservar a favor de los entes municipales y barriales aquellas funciones que requieren más proximidad. En el caso de las grandes ciudades, la descentralización es un proceso, en muchos casos incipiente, cuyo desarrollo debería permitir una participación mucho más intensa y variada de la sociedad civil. Sin embargo, hay que tener en cuenta las tendencias insolidarias que se expresan en los microterritorios (por ejemplo, suburbios ricos en Estados Unidos y cada vez más en otros países) que en nombre de la subsidiariedad, la descentralización y la sociedad civil tienden a independizarse de la institución regional, metropolitana o municipal de una gran ciudad y a sustituir su participación en los impuestos por la privatización de los servicios. Por ello es preciso mantener siempre un equilibrio entre gobernabilidad regional-metropolitana y descentralización local-barrial. Es decir, entre eficacia social y participación, entre subsidiariedad y solidaridad.
— En el marco legal y financiero básico de las grandes unidades políticas (Unión Europea, estados, regiones autónomas) las relaciones entre poderes públicos precisan ser más contractuales que jerárquicas y más basadas en la cooperación que en la compartimentación. No olvidemos que son más complicadas las relaciones públicas-públicas que las públicas-privadas. Aun siendo distintas, estos dos tipos de relaciones plantean un reto político-jurídico. Es necesario innovar en las figuras y en los procedimientos para combinar la flexibilidad con la transparencia y la agilidad en las actuaciones con la preservación de los intereses colectivos a medio o largo plazo. En este período de transición hacia nuevas regulaciones, es preciso actuar muchas veces en los límites de la legalidad, o mejor en ámbitos de alegalidad, lo cual puede conducir a la arbitrariedad y a la corrupción. Sin embargo, no es éste el único riesgo. Las reacciones judiciales, mediáticas y sociales ante estas desviaciones de la acción pública conducen a construir múltiples sistemas cautelares y a un autocontrol paralizante de los responsables públicos[9].

— El mejor control es el que puede ejercer el conjunto de la ciudadanía mediante la información más transparente y la multiplicación de las posibilidades de participación de todos los colectivos sociales. Hoy se habla más de participación ciudadana que de participación política. Sin embargo, no es difícil constatar que las prácticas políticas y administrativas son tan reacias a innovar en los mecanismos participativos como, incluso, reticentes ante el desarrollo de las posibilidades de los ya existentes. Los programas y proyectos urbanos se presentan casi siempre de tal forma que difícilmente son entendibles por los ciudadanos. No se utilizan medios que serían más comprensibles y motivadores, como maquetas, vídeos, simulaciones, etc. Se evitan las consultas populares y hay poca sensibilidad respecto a tramitar las iniciativas ciudadanas. Algo tan elemental como el presupuesto participativo aparece aún como la excepción. No se trata ahora de exponer los mecanismos posibles de participación, que el autor, entre otros, ha expuesto ya en otras ocasiones[10]. Sí que queremos llamar la atención sobre lo que nos parece el principal obstáculo al desarrollo de la participación ciudadana. No es sólo el marco legal existente casi siempre limitativo y, obviamente, poco abierto a la innovación. Ni tampoco la eventual debilidad de las organizaciones de la sociedad civil, o su insuficiente iniciativa para incidir en las políticas públicas. Todo ello puede contribuir a explicar que la innovación política en cuanto a la participación ciudadana progresa con grandes dificultades. Pero el principal obstáculo nos parece que reside en la alianza de facto que se da en las instituciones entre la partitocracia y la burocracia. La participación ciudadana sólo progresa si cuestiona y transforma la vida política local[11].

¿Qué innovación política local es posible y deseable? Aquella que permite establecer una separación —confrontación con el sistema político estatal. Precisamente porque consideramos muy necesarias unas relaciones contractuales entre las administraciones, se precisa primero un proceso de ruptura entre la política estatal y la política local. Esta ruptura debe darse por lo menos en tres aspectos: la cultura política, el sistema representativo y la conquista de competencias. La cultura política supone el proceso de legitimización y de hegemonización de los valores y objetivos implícitos en los temas que están en el orden del día de la subsidiaridad, el gobierno de proximidad, la participación ciudadana, el federalismo, la identidad local —regional— nacional (no estatal), la autodeterminación. Es un proceso en marcha que, aunque en algunos planteamientos y lenguajes pueda parecer a veces

278 LA CIUDAD CONQUISTADA

arcaico, es terriblemente moderno. Es la otra cara, imprescindible, de la globalización y la mejor respuesta al proceso paralelo de debilitamiento del Estado centralizado.

El sistema representativo local/regional debe distinguirse claramente del estatal y superestatal (europeo, etc.). Los partidos, coaliciones o agrupaciones electorales no deberían ser los mismos. Más claro: los partidos políticos de ámbito estatal no deben presentarse a las elecciones locales. Algunos ejemplos (Canadá, California) demuestran la viabilidad de esta distinción. Somos conscientes de las perversiones posibles de un sistema político local independiente: caciquismo, insolidaridad, populismo, etc. Estas perversiones pueden darse también a otros niveles, con menos transparencia y más dificultades para combatirlas. El ámbito urbano-regional es por otra parte suficientemente grande y heterogéneo para que en él arraiguen también valores universalistas. Sin secesión del sistema político-representativo no hay confrontación y conquista de cotas significativas de poder ciudadano.

La conquista de competencias es la consecuencia necesaria de lo anterior. Hoy sabemos que el espacio urbano-regional es el que determina en gran medida la productividad, la sostenibilidad, la competitividad de la economía, la cohesión social, la identidad cultural y la gobernabilidad. No es posible que su sistema político-legal sea débil y subordinado, que no se le reconozcan ni las capacidades ni los medios para hacer lo que debe hacer. El gobierno democrático del territorio exige conquistar competencias en promoción económica, justicia y seguridad, infraestructuras y equipamientos del territorio, bienestar social, cultura y medios de comunicación social [12].

¿Quién puede conquistar estas competencias y recursos necesarios? ¿Cómo? En términos generales no es posible precisar, puesto que los contextos políticos, legales, territoriales, etc., son muy distintos. Pero es posible hacer algunas consideraciones generales que no siempre se tienen en cuenta.

La conquista supone iniciativa, conflicto y riesgo. También legitimidad, fuerza acumulada, alianzas y negociación. La iniciativa puede surgir de la institución política local o de un movimiento cívico, incluso de un colectivo social o profesional. Veamos algunos ejemplos:

— La conquista de espacios y de edificios susceptibles de tener un uso público que están en manos de entes públicos o privados que los tiene subutilizados o congelados. Ya nos hemos referido a la necesidad de revertir a la ciudad terrenos militares, portuarios, industriales desactivados, etc. A otra escala, algo parecido ocurre con edificios más o menos abandonados y que han dado lugar al fenómeno okupa. Esta conquista no se dará únicamente por medio de demandas respetuosas con los marcos y los procedimientos legales. Es preciso tener iniciativas para crear movimientos de opinión favorable, situaciones de hecho mediante ocupaciones simbólicas o continuadas, recursos legales ante tribunales superiores (por ejemplo europeos frente a los estatales, etc.).

— La existencia de la justicia local y de cuerpos de policía dependientes del poder local y/o regional. Sin capacidad de ejercer competencias de seguridad y de disciplina, de justicia y de sanción, no hay poder político. Es un campo en el cual los poderes de los estados son especialmente susceptibles de perder su supuesto monopolio. La resistencia a una descentralización real de las funciones de seguridad y de justicia tiene el efecto perverso de la privatización, por un lado, y la violencia urbana, por el otro.

— La revolución en los medios de información y comunicación ha convertido en obsoleto el marco político y legal en que se desenvuelven. La construcción de una democracia local telemática exige que el poder político local-regional pueda regular, programar y gestionar las TIC (tecnologías de información y comunicación) en su ámbito en un marco global que garantice el uso social y de participación ciudadana.

— La indefensión de los ciudadanos en tanto que usuarios y consumidores, el respeto de sus derechos ambientales y de calidad de vida, a la privacidad, deberían obligar a las instituciones políticas más próximas y a las administraciones dependientes de ellas a actuar de oficio como defensoras de los derechos genéricos de los ciudadanos y por lo tanto a enfrentarse con los organismos públicos o privados cuyas actuaciones concretas los vulneren, aunque al hacerlo se apoyen en el derecho positivo o en la inercia administrativa.

— La promoción económica y la generación de empleo, la implantación de formas de «salario ciudadano» y la ejecución de políticas que combinen la productividad, la sostenibilidad y la cohesión social exigen de los poderes locales una capacidad de coordinar los grandes proyectos urbanos, de desarrollar proyectos empresariales mixtos, de disponer de recursos ahora centralizados (por ejemplo, de obras públicas, de la seguridad social y de las instituciones de empleo) y de asumir unas competencias legales (de regulación de las actividades económicas y de sus impactos ambientales, de expropiación, etc.) de las que ahora casi nunca disponen.

— La identidad cultural, que en casos cada vez más numerosos adquiere o recupera una connotación «nacional» sin ser estatal, requiere para ser defendida y desarrollada una capacidad de autogobierno en educación, regulación de los medios de comunicación social de masas y un uso público de la lengua y de los elementos simbólicos de una comunidad (por ejemplo, fiestas, monumentos, museos, etc.) que la tradición unitarista o centralista de los estados acepta difícilmente. El anacronismo hoy es esta tradición, que se consideraba moderna en el siglo XIX.

— La existencia de sectores de la población que no tienen reconocido el estatus de ciudadano plantea un problema especialmente delicado. El estatus de ciudadanía (derechos políticos, civiles y sociales que hacen una sociedad de iguales) va aún ligado a la nacionalidad que atribuye el Estado. Los no ciudadanos por otra parte niegan el valor integrador de la ciudad y su *capitis diminutio* contribuye a la xenofobia, al racismo, a la exclusión social y cultural y a la sobreexplotación. La moral cívica se enfrenta a la legalidad estatal. El derecho a la ilegalidad, a defender a los «ilegales», nos parece obvio.

Sobre el déficit de ciudadanía en un marco global, en este caso europeo, nos remitimos el Informe sobre la Ciudadanía Europea [13]. Queremos destacar especialmente la distinción que propone entre nacionalidad y ciudadanía, que permitiría a los «nacionales extracomunitarios» adquirir la ciudadanía europea sin que ello conllevara adquirir la nacionalidad de un país de la Unión Europea pero sí equipararse en derechos. La ciudadanía no puede ser ya un atributo que concede exclusivamente el Estado. Los poderes locales y regionales y los entes supraestatales deben poder también definir y atribuir el conjunto de derechos y deberes que iguala a las gentes de territorios que son a la vez subestatales y globalizadores. Nuestra época exige un replanteamiento de la base territorial e institucional de los derechos y una ampliación de éstos.

Ciudadanía y gobierno local

La condición de ciudadano representa un triple desafío para la ciudad y el gobierno local.

Un desafío político: conquistar la capacidad legal y operativa para contribuir a universalizar el estatuto político-jurídico de toda la población y también para adquirir las competencias y los recursos necesarios para desarrollar las políticas públicas que hagan posible el ejercicio y la protección de los derechos y obligaciones ciudadanos.

Un desafío social: promover las políticas sociales urbanas que impidan las discriminaciones que imposibilitan o reducen el ámbito de la ciudadanía: ocupación, situación de vulnerabilidad (por ejemplo, niños), marginación cultural, etc.

Un desafío específicamente urbano: hacer de la ciudad, de sus centralidades y monumentalidades, de la movilidad y accesibilidad generalizadas, de la calidad y visibilidad de sus barrios, de la fuerza de integración de sus espacios públicos, de la autoestima de sus habitantes, del reconocimiento exterior, etc., unos entornos físicos y simbólicos que contribuyan a dar sentido a la vida cotidiana de la ciudadanía.

La producción de ciudadanía y el rol de los gobiernos locales constituyen un desafío político no exclusivo de éstos. La política no reduce su espacio a las instituciones, los partidos y las elecciones. Existe otro espacio, el de la sociedad política, expresión preferible a la de sociedad civil, que es el que crean y ocupan todas las organizaciones y formas de acción colectiva cuando van más allá de sus objetivos e intereses inmediatos y corporativos. Es el espacio de la participación ciudadana que plantea demandas y propuestas, que exige responsabilidad a las administraciones y empresas, ofrece alternativas y cooperación para ejecutar y gestionar programas y proyectos sociales, culturales, de promoción económica o de solidaridad... y también de urbanismo.

Para concluir, la responsabilidad de hacer ciudadanía también pertenece a los *profesionales del urbanismo*. En nombre de su ética y de su saber técnico, del conocimiento de los avances de la cultura urbanística y de la experiencia internacional, por su sensibilidad respecto a las herencias de la ciudad en la que trabajan y por su potencial creativo de reconocer tendencias e inventar futuros, los profesionales del urbanismo han de reclamar autonomía intelectual ante los políticos y los diferentes colectivos sociales, han de elaborar y defender sus propuestas, asumiendo riesgos frente a las autoridades y «opiniones públicas», y saber renunciar públicamente antes que traicionar sus convicciones.

La reinvención de la ciudad ciudadana, del espacio público constructor-ordenador de ciudad y del urbanismo como productor de sentido no es monopolio de nadie.

Los políticos elegidos democráticamente tienen la responsabilidad de la decisión de los proyectos públicos. Las organizaciones sociales tienen el derecho y la obligación de exigir que se tengan en cuenta, se debatan y se negocien sus críticas, sus demandas y sus propuestas. Los profesionales tienen la obligación de elaborar análisis y propuestas formalizados y viables, de escuchar a los otros, pero también de defender sus convicciones y sus proyectos hasta el final.

El desafío que nos plantea hoy la ciudad en sus dimensiones central, metropolitana y dispersa es ante todo intelectual y político, más que económico y administrativo. Es un desafío a nuestros valores, no es un problema funcional que se resuelva por la vía tecnocrática.

¿La ciudad tiene futuro o vamos hacia un mundo periurbanizado de ciudades débiles? Actualmente la población «suburbana» es el doble o el triple de la población «urbana», es decir, de la que vive en ciudades y no en periferias. El mundo suburbano puede convertirse en un mundo salvaje, de guetos y de tribus, injusto y violento, excepto en los centros protegidos, que tenderán al autoritarismo. Una perspectiva que en bastantes países parece hoy fatal, cuando no es ya una realidad. Pero una tendencia, por fuerte que sea, *no* es un destino obligatorio. La ciudad hoy emerge nuevamente como lugar, como mixtura, como espacio colectivo, como referente cultural. Construir la ciudad del siglo XXI es tener un proyecto de ciudadanía, ampliar los derechos de tercera generación, el derecho al lugar y a la movilidad, a la ciudad-refugio y a la identidad local, al autogobierno y a la diferencia, a la igualdad jurídica de todos los residentes y a la proyección exterior de la ciudad como entidad política abierta.

Los progresos sociales no comienzan en las instituciones, sino que más bien es en ellas donde culminan. Los progresos se materializan en políticas que se formalizarán en instituciones. Pero antes habrá que luchar por los nuevos derechos (y responsabilidades) y legitimar estas exigencias. Se ha dicho que nuestra época es, como otras que se han dado en la historia, una era de conquista de nuevos derechos. También se ha dicho que es el siglo de las ciudades. En consecuencia, es la época de los derechos urbanos. Pero la exigencia del derecho surge de la rebelión moral, del deseo de poseer alguna cosa, unas libertades y unas oportunidades que a menudo nos son negadas.

La ciudad del deseo no es la ciudad ideal, utópica y especulativa. Es una ciudad pensada, deseada e inventada. Pero también es la ciudad resultante de aspiraciones y demandas, de intereses y conflictos. Es decir, la ciudad de los deseos.

Ciudadanía y globalización

Cuestiones generales

SOBRE LA CIUDADANÍA

La ciudadanía es un estatus, o sea, un reconocimiento social y jurídico por el que una persona tiene derechos y deberes por su pertenencia a una comunidad casi siempre de base territorial y cultural. Los «ciudadanos» son iguales entre sí, y en teoría no se puede distinguir entre ciudadanos de primera, segunda, etc. En el mismo territorio, sometidos a mismas leyes, todos tienen que ser iguales. La ciudadanía acepta la diferencia, no la desigualdad. Convivir en la ciudad requiere un mínimo de pautas comunes y de tolerancia ante la diversidad. Sin igualdad, por lo menos formal, este compromiso no es posible.

La ciudadanía se origina en las ciudades, caracterizadas por la talla, la densidad y la diversidad de población y de actividades, el autogobierno, la cultura cívica y las normas no formales de convivencia, la apertura al exterior... O sea, la ciudad es intercambio, comercio y cultura. La ciudad es la concentración física de personas y edificios, diversidad de usos y de grupos, densidad de relaciones sociales. Es el lugar del civismo, donde se dan procesos de cohesión social y se perciben los de exclusión, de pautas culturales que regulan relativamente los comportamientos colectivos, de identidad que se expresa material y simbólicamente en el espacio público y en la vida ciudadana. Y es donde los ciudadanos se realizan en tanto que tales mediante la participación en los asuntos públicos la ciudad es históricamente lugar de la política, de ejercicio del poder, es anterior al Estado y probablemente está destinada a durar más que los estados en sus formas actuales.

Sin instituciones fuertes y representativas no hay ciudadanía. El estatus de ciudadano, los derechos y deberes que lo componen, reclaman instituciones y políticas públicas para garantizar su ejercicio o su cumplimiento. La igualdad requiere una acción pública permanente; las libertades urbanas soportan mal las exclusiones, que generan las desigualdades legales, económicas, sociales, étnicas o culturales. La ciudadanía va estrechamente vinculada a la democracia representativa y participativa para poder realizar sus promesas. A menos democracia, más desigualdad.

La democracia local históricamente contribuyó al progreso de la democracia política del Estado moderno. En los siglos XVIII y XIX se producen los procesos de unificación de territorios que mantienen diversas formas de gobierno y de estatus de los habitantes. Hay un proceso de universalización de la ciudadanía. Ya no es un estatus atribuido a los habitantes permanentes y reconocidos de las ciudades, que puede ser diferente una de la otra, sino el estatus «normal» de los habitantes «legales» del Estado-nación. La ciudadanía vincula a la nacionalidad. Las revoluciones del siglo XVIII, la americana y la francesa, se hacen en nombre de los «ciudadanos», y la «nación» es la comunidad de ciudadanos, libres e iguales. Tanto es así que los partidarios del dominio británico o de la monarquía francesa no se consideran «ciudadanos», sino «extranjeros». Desde aquel entonces hasta ahora corresponde al «Estado-nación» tanto la determinación del estatus político-jurídico del ciudadano como el desarrollo de las políticas públicas y de las instituciones para dotarlo de contenidos (derechos de asociación y elecciones, sistemas públicos de educación, etc.).

La democracia representativa liberal no garantiza por sí misma el ejercicio real de la ciudadanía, ni parte desde el inicio de un catálogo de derechos y deberes válidos para todos y para siempre. Históricamente se dan a lo largo de los siglos XIX y XX dos procesos constructores de ciudadanía:

a) La ampliación de los derechos formales de las personas: por ejemplo derechos políticos para todos (se superan progresivamente los obstáculos que limitaban el sufragio por razones de propiedad o educación y lo hacían «censitario»), regulación de la nacionalidad para acceder a la ciudadanía, igualdad hombre-mujer, reducción de la edad para acceder a la mayoría de edad, igualación de los estatus con independencia del lugar de residencia (se igualan los estatus territoriales entre población urbana y rural), normas destinadas a garantizar el acceso a las libertades públicas y a los derechos de participación política (control de los procesos electorales, financiación de los partidos políticos, apoyo institucional a las asociaciones de interés público, como la famosa ley francesa de 1901, etc.).

b) El desarrollo de los contenidos reales de los derechos, mediante políticas públicas que redujeran las desigualdades sociales y culturales sin las cuales los derechos políticos son formales y ficticios, lo cual supone dar contenido material a los derechos teóricos, ampliando incluso su formulación inicial y añadiendo nuevos derechos. Por ejemplo, los derechos relativos al acceso a la educación y los servicios públicos de seguridad social: la escuela pública universal y sistemas de becas u otras formas de ayuda para facilitar el acceso a la enseñanza no obligatoria, como la universidad; la iniciativa del Estado para asumir la competencia de los servicios de interés general y garantizar el acceso universal a ellos, como transporte público o teléfono; la protección del empleo y de los derechos sindicales, así como los sistemas de pensiones, etc.

Los procesos de desarrollo de la ciudadanía son procesos conflictivos, de confrontación y de diálogo social, que pueden idealmente desembocar en una nueva formalización política y jurídica. Estos procesos, según los actores y los momentos históricos, dan lugar a tipos de conflictos como los siguientes:

a) Entre colectivos o movimientos sociales e instituciones, como por ejemplo la lucha para el sufragio universal sin limitaciones de carácter económico, cultural o de género, para conquistar los derechos de los trabajadores (huelga, negociación colectiva, asociación) o por los derechos de género, grupos étnicos, religiosos, inmigrantes u otros que sufren algún tipo de discriminación.

b) Entre instituciones o sectores de los aparatos del Estado, como entre Parlamento y gobierno, o de éstos con el sistema judicial o con corporaciones político-profesionales, o entre el Estado y la Iglesia (laicidad del Estado, privilegios o estatus especial de la Iglesia dentro del Estado).

c) Entre territorios, o más exactamente entre instituciones o sectores del Estado y colectivos sociales o culturales vinculados a territorios determinados (aquí se incluyen nacionalidades y también ciudades y colectivos étnicos marginados con base territorial).

En conclusión: la ciudadanía es un concepto evolutivo, dialéctico: entre derechos y deberes, entre estatus e instituciones, entre políticas públicas e intereses corporativos o particulares. La ciudadanía es un proceso de conquista permanente de derechos formales y de exigencia de políticas públicas para hacerlos efectivos.

SOBRE EL CARÁCTER EVOLUTIVO DE LOS DERECHOS CIUDADANOS

La distinción habitual entre derechos civiles, derechos políticos y derechos sociales por parte de la teoría política, especialmente a partir de T. H. Marshall, a menudo se presenta en una versión simplificada como una sucesión temporal. Los derechos civiles corresponderían al siglo XVIII, los políticos al XIX y los sociales al XX. Al siglo XXI corresponderían quizás los llamados derechos de cuarta generación, los vinculados a la sostenibilidad, medio ambiente y calidad de vida.

Pero la historia real más bien nos muestra que los derechos citados han evolucionado y progresado a lo largo del tiempo. Los derechos civiles, por ejemplo de las mujeres, de los jóvenes, de los analfabetos, del personal de servicio, etc., se han extendido pero todavía hoy están relativamente incompletos o insatisfechos, incluso en los países democráticos más avanzados. Las reivindicaciones de igualdad civilmente de las mujeres todavía son actuales (en España la mujer ha estado subordinada civilmente al marido hasta hace pocos años), y la desigual representación de la mujer en las instituciones políticas es en muchos casos escandalosa. Hoy se debate el estatus civil de los niños y se plantea por parte de colectivos políticos y pedagógicos que los niños, desde el momento del nacimiento, deberían ser titulares de derechos plenos aunque durante los primeros años los padres hagan de «tutores». Por no hablar de las exclusiones civiles *de iure* o de facto de minorías étnicas (afroamericanos en Estados Unidos, inmigrados en Europa, gitanos, etc.) en el acceso a la educación y a la función pública, hacer contratos, etc. Si en el ámbito de los derechos civiles más elementales hay discriminaciones, en el de los derechos políticos y sociales aún más. Los derechos políticos: el sufragio universal, la legalización de todos los partidos políticos, las autonomías territoriales, el desarrollo de la democracia participativa y deliberativa, etc., son progresos del siglo XX o que están todavía incompletos. Y los derechos sociales, los de los *welfare state* del último siglo, no sólo son derechos más programáticos que reales (trabajo, vivienda, sanidad, etc.), sino que en algunos casos retroceden debido a la crisis financiera del sector público y a las privatizaciones de muchos servicios. Por no citar ahora —lo haremos más adelante— los derechos vinculados a las nuevas realidades tecnológicas, territoriales y económicas, como el acceso a las TIC, las formas de participación en el gobierno de los nuevos territorios urbanos-regionales o la regulación de las decisiones económicas y financieras de los grupos empresariales supranacionales.

La evolución de los derechos que configuran la ciudadanía ha sido el resultado de un triple proceso:

a)   social o sociopolítico, de movilización de los sectores demandantes;
b)   cultural, de legitimación de las reivindicaciones y de los valores que las justifican;
c)   político-jurídico o institucional, de legalización y de nuevas políticas públicas.

Por otra parte, no se puede desvincular la conquista de derechos de los deberes, como puede ser, por ejemplo, pagar impuestos, el servicio militar, el voto obligatorio en algunos países, el deber de garantizar la asistencia de los niños y jóvenes a la escuela, el vínculo entre el salario ciudadano y los deberes de carácter social en propuestas recientes, etc.

En conclusión: la ciudadanía es un concepto dinámico o histórico, determinado por un conjunto de derechos y deberes que configuran el estatus y por la dialéctica entre el conflicto sociocultural y los cambios legales y políticos que llevan a su desarrollo. O, dicho de otra forma: no hay progreso de la ciudadanía sin conflicto social y cultural con efectos políticos y jurídicos.

CIUDADANÍA Y GLOBALIZACIÓN: LOS LÍMITES DE LA NACIONALIDAD [14]

La ciudadanía ha ido vinculada a la nacionalidad, o sea, es un estatus atribuido por el Estado a los que tienen «su» nacionalidad. Hoy es necesario seguramente replantear esta vinculación.

Las migraciones son inevitables, y en los países del ámbito europeo las poblaciones de origen no comunitario tienden a estabilizarse de forma permanente. Se plantea una cuestión de exclusión político-legal de una población a la que no se reconocen una gran parte de los derechos que configuran la ciudadanía a pesar de que se trata de personas que residen indefinidamente en el territorio e incluso a veces han nacido ahí. Tampoco los ciudadanos europeos que no tienen la nacionalidad del país donde residen están equiparados en derechos con los «nacionales», a pesar de las proclamaciones de la Unión Europea.

Las bases sobre las que se sustentaba el Estado-nación se han modificado: los conceptos de defensa nacional y de economía nacional han perdido gran parte de su sentido y por lo tanto también el de «soberanía nacional»; las sociedades son plurales y con un alto grado de autonomía individual y de multiculturalismo. No hay razones serias para limitar los derechos de los no nacionales por razones de «interés nacional», de «seguridad del territorio», de cohesión cultural o religiosa o de patriotismo. En el marco de la UE, por ejemplo, la inserción de los países europeos en entidades supranacionales es un hecho tan potente como irreversible. Y la percepción del otro como «enemigo» potencial por el hecho de su nacionalidad o extranjería es un anacronismo.

Por otra parte, la globalización comporta no sólo la existencia de territorios tendentes a la unificación económica y política en ámbitos supraestatales, sino también la revalorización de las entidades subestatales, ciudades y regiones, como ámbitos socioeconómicos (los espacios de competitividad económica hoy son más urbano-regionales que estatales, excepto en estados pequeños) y sobre todo de autogobierno (relativo) y de cohesión social y cultural. A más globalización, más se relativiza el «soberanismo» de los estados, más oportunidad tienen las regiones y las ciudades para fortalecerse y más necesitan los ciudadanos tener poderes políticos próximos y ámbitos significativos de identificación cultural. En este contexto no tiene que sorprender el renacimiento de las nacionalidades integradas en un solo Estado. Hoy los ciudadanos ya no se pueden identificar únicamente con un solo ámbito territorial salvo que se los excluya y se tengan que refugiar en él, lo cual a su vez conlleva la tentación del fundamentalismo y el ser a su vez excluyente. La ciudadanía, como conjunto de derechos y deberes, no se puede limitar a un solo ámbito llamado Estado, aunque se autodefina como Estado-nación.

Esta complejidad precisamente podría permitir solucionar el multicultu-ralismo que progresivamente se instala en nuestras sociedades. Entre el co-munitarismo de exclusión o marginación y la integración que quisiera disol-ver todas las identidades en una, se puede encontrar una vía intermedia a partir de admitir la convivencia de colectivos culturalmente diferenciados pero que aceptan valores universales mínimos y pautas elementales de con-vivencia a cambio de su igualdad político-jurídica.

En conclusión: es posible separar nacionalidad de ciudadanía. En el ámbi-to europeo sería suficiente establecer una «ciudadanía europea» que atribuye-ra los mismos derechos y deberes a todos los residentes en cualquier país de la Unión, independientemente de su nacionalidad[15]. Sería suficiente añadir al artículo 8 del Tratado de la UE, que declara que «son ciudadanos europeos los que poseen la nacionalidad de un país de la Unión Europea», un segundo apartado que dijera: «también accederán a la ciudadanía europea todas las personas que tengan residencia legal en un país de la UE y que así lo solici-ten». El estatus de ciudadano europeo debería igualar los derechos civiles, po-líticos y sociales de todos los residentes en la UE, lo cual ahora no ocurre. No es el caso de los ciudadanos, aunque así lo proclamen los tratados, que no disponen prácticamente de derechos políticos (solamente en el caso de elec-ciones locales y europeas y con limitaciones según los países) si residen en un país de la UE distinto del de su nacionalidad. Los que no son «europeos co-munitarios» no poseen derechos políticos, y solamente derechos sociales y culturales limitados. Y además se da entre ellos una diversidad de estatutos según pertenezcan a países que han solicitado el ingreso en la UE, que son miembros del Consejo de Europa o que tienen alguna relación especial con el país de residencia (ex colonias, como ocurre con los países de la Common-wealth en el Reino Unido, las ex colonias africanas de Francia o los países la-tinoamericanos con respecto a España). En todos estos casos su situación le-gal y social es un poco mejor que la del resto, la mayoría de los «no comunitarios», que viven discriminaciones de todo tipo y que cuando reci-ben algunos beneficios de políticas sociales específicas sufren el rechazo de la población autóctona que los ha percibido como «extranjeros» (lo cual viene reforzado por la discriminación legal previa).

CIUDADANÍA Y SOCIEDAD FRAGMENTADA

La ciudadanía, tal como se configuró en el siglo XX, se basaba en un conjun-to de premisas que actualmente hay que relativizar, como son:

a) La homogeneidad de los grandes grupos sociales y la existencia de un modelo único de familia. Hoy, en cambio, vemos cómo se fragmentan las clases sociales surgidas de la Revolución Industrial, cómo se multiplican los grupos de pertenencia de cada individuo y cómo aumenta la necesidad de responder a demandas individualizadas. El debilitamiento del modelo tradicional de familia y la diversidad de los núcleos elementales de integración social se pueden entender como una mayor «oferta» de posibilidades individuales, pero también pueden comportar atomización individual y multiplicación de fracturas sociales.

b) Pérdida de la confianza en la economía para garantizar trabajo, remuneración básica y expectativa de movilidad social ascendente y en la educación para reducir las desigualdades sociales y proporcionar los medios básicos para la integración social. No hay que insistir en que esta confianza hoy sería ingenua, pues la economía de mercado puede desarrollarse manteniendo y aumentando el paro estructural y la precariedad laboral, y la educación obligatoria ya no garantiza ni la inserción en el mercado de trabajo ni la integración sociocultural, ni prepara para el conjunto de la vida activa.

c) Tampoco se puede confiar en la progresiva desaparición de la marginalidad y la inserción del conjunto de la población en un sistema de grupos escalonados y articulados con las instituciones, a partir de la familia, escuela, barrio, trabajo, organizaciones sociales y políticas, ciudad, nacionalidad... todo junto ordenado para una evolución previsible, ritos de paso y estabilidad relativa de la organización social. No es el caso: hoy se multiplican los colectivos marginales, las tribus, las asociaciones o grupos informales particulares, las comunidades virtuales... Los vínculos sociales son más numerosos y más débiles, diversificados en múltiples relaciones y grupos, de desigual intensidad.

Hay que redefinir los sujetos-ciudadanos, sus demandas, las relaciones con las instituciones, las políticas públicas adecuadas para reducir las exclusiones...

Por ejemplo: no se puede tratar a los «sin papeles», a la población drogadicta, a los jóvenes o niños marginados, a las mujeres golpeadas y sin recursos propios, a la población de gente mayor sin rol social, a los desocupados estructurales permanentes, etc., con los medios tradicionales del Estado del bienestar desarrollado, o sea, con la escuela, asistencia social, policía, etc., que actúan con modelos uniformistas, organizaciones burocráticas y procedimientos reglados. Se requieren políticas específicas de proximidad, flexibles, que tengan en cuenta el contexto inmediato y las situaciones individuales y que se apoyen en la cooperación social, políticas de prevención y de inserción, de acción positiva, multidimensionales y que asuman objetivos integrales.

En conclusión: los derechos que configuran la ciudadanía hoy son mucho más complejos que en el pasado y se tienen que adecuar a poblaciones mucho más diversificadas e individualizadas. La globalización nos demanda establecer cartas de derechos universales, estructuras representativas de regulación y participación en ámbitos supraestatales (incluso mundiales) y políticas públicas que garantizan estos derechos en estos ámbitos. Pero también es más necesario que en el pasado el reconocimiento de derechos en ámbitos de proximidad, la ciudad o región, que deben asumir los gobiernos locales o regionales y que requieren multiplicar los mecanismos de participación ciudadana. La dialéctica global-local nos exige un esfuerzo de imaginación política no sólo en el ámbito global, hoy a la moda, sino también en el local, que no es un anacronismo, sino todo lo contrario. Con independencia del discurso, que puede expresarse mediante una retórica esencialista o particularista, los nacionalismos «subestatales», la resurrección de regionalismos, el nuevo auge del municipalismo contienen elementos de modernidad, responden a causas muy actuales, aunque también demandan nuevas estructuras territoriales y asumir proyectos socioculturales que combinen identidades heredadas con aperturas a la diversidad.

DE LOS DERECHOS SIMPLES A LOS DERECHOS COMPLEJOS

La tipología de derechos simples heredados por la tradición democrática tanto liberal como socialista de los siglos XVIII y XIX hasta hoy es insuficiente para dar respuesta a las demandas de nuestra época. Para facilitar la comprensión de lo que entendemos por derechos complejos (mejor que decir de cuarta generación), los presentaremos en forma casuística, sin pretender que los tipos que exponemos sean los únicos o los más importantes:

a) *El derecho a la vivienda y el derecho a la ciudad.* No es suficiente promover viviendas «sociales»; puede ser una forma de fabricar áreas de marginalidad. La vivienda contribuye a hacer ciudad, todos los proyectos urbanos de escala media o grande deben incorporar programas de vivienda diversificados, y los programas de viviendas públicas o para sectores de ingresos bajos deben formar parte de proyectos mixtos e incorporar actividades y empleo, equipamientos e inserción en el tejido urbano. Todos los barrios o áreas residenciales deber ser accesibles y visibles, comunicados y monumentalizados, en áreas diversas socialmente; los ciudadanos deben estar orgullosos del lugar en el que viven y se les debe reconocer el derecho a permanecer en él y a ser vistos y reconocidos por los otros como ciudadanos. Cada parte de la ciudad debe tener su atractivo para los otros ciudadanos, aparecer física y simbólicamente vinculada al conjunto. El espacio público es una condición básica para la existencia de la ciudadanía, el derecho a un espacio público de calidad es un derecho humano fundamental en nuestras sociedades. El derecho a un lugar, a la movilidad, a la belleza del entorno, a la centralidad, a la calidad ambiental, a la inserción en la ciudad formal, al autogobierno... configuran el «derecho a la ciudad».

b) *El derecho a la educación y el derecho a la formación continuada.* La educación convencional obligatoria no garantiza la inserción social y profesional. Y tampoco la universitaria. Hay que plantear al derecho universal (o sea, para todos los que lo necesiten) una formación continuada que «ocupe» y genere ingresos incluso en los períodos «vacíos» por desocupación, por necesidad de reciclaje, por cambio de actividades o de lugar de trabajo.

c) *El derecho a la asistencia sanitaria y el derecho a la salud y a la seguridad.* Las causas que afectan hoy a la salud y al bienestar son múltiples: estrés, drogadicción, desocupación, abandono familiar, personas solas, accidentes de circulación, alimentación, violencia familiar, delincuencia urbana, etc. El sistema hospitalario y la red de centros asistenciales son importantes, pero constituyen una respuesta muy insuficiente si no se inscriben en un sistema más complejo de prevención, vigilancia, asistencia personalizada y represión de las conductas que afectan a la salud y a la seguridad del conjunto de la ciudadanía.

d) *El derecho al trabajo y el derecho al salario ciudadano o renta básica.* Es cierto que el derecho al trabajo es hoy un derecho «programático», que las autoridades públicas no pueden garantizar; incluso las políticas públicas son menos eficientes que en el pasado a la hora de crear o promover lugares de trabajo, razón de más para ampliar este derecho hacia el concepto de «salario ciudadano», entendido en cualquiera de las acepciones que se han propuesto actualmente por la doctrina social y económica: salario para todos desde el nacimiento, o sólo a partir de la mayoría de edad, o aplicable en períodos de no trabajo, o a cambio de trabajo social, etc. Una nueva con-

sideración de la riqueza social que supere el economicismo moneta-
rista debe hacer posible la legitimación y generalización del salario
ciudadano.

e) *El derecho al medio ambiente y el derecho a la calidad de vida.* El derecho al medio ambiente a menudo se entiende exclusivamente desde
una perspectiva preservacionista y de sostenibilidad. La calidad de
vida va mucho más allá. Entiende el medio como protección, recalificación y uso social no sólo del medio natural, sino también del patrimonio físico y cultural. Y la calidad de vida como posibilidad de
desarrollarse según las orientaciones personales de cada uno puede
incluir derechos tan diversos como la privacidad, la belleza, la movilidad, el tiempo (compatibilidad de los tiempos urbanos), la lengua
y la cultura propias, el acceso fácil a la administración, etc.

f) *El derecho a un estatus jurídico igualitario y el derecho a la inserción social, cultural y política.* Es evidente, y lo hemos tratado para el caso
europeo, que no han desaparecido las exclusiones legales. El solo hecho de que haya una ley de extranjería ya es una prueba de la existencia de una población discriminada, y la aceptación tácita de población «sin papeles» (para facilitar su sobreexplotación) constituye
un escándalo de *capitis diminutio* legal hacia un sector cada vez más
importante de la población. Por lo tanto, unificar, igualar el estatus
legal de todas las poblaciones que conviven en un territorio es importantísimo y ya ha sido expuesto anteriormente. Pero no es suficiente. Reconocer el derecho a la identidad de estos colectivos, facilitar
su asociacionismo y la práctica de su religión, fiestas y costumbres y
el aprendizaje por parte de sus hijos de su lengua, cultura e historia
no solamente supone reconocer un derecho humano universal, sino
también favorecer su integración. Pues la otra cara de esta política es
no sólo asumir la multiculturalidad, sino estimular la interculturalidad, el mutuo conocimiento de lenguas y culturas, pero también la
aceptación de valores universales, aunque ello suponga la renuncia a
ciertos comportamientos que los contrarían (por ejemplo respecto a
la condición de la mujer). En una dimensión más general, las políticas públicas deben promover normas y programas de acción positiva
para impulsar la inserción y el reconocimiento social de las poblaciones discriminadas o vulnerables, como las de origen extranjero, pero
también las que sufren algunas deficiencias o hándicaps físicos o
mentales y los niños o la gente mayor a los que las condiciones de
vida urbana muchas veces excluyen, etc. La gobernabilidad democrática sólo es posible si se basa en la igualdad formal de los ciudada-

nos y en un conjunto de políticas públicas cuyo objetivo sea reducir la desigualdad real.

g) *Los derechos electorales universales y el derecho a una participación política múltiple, deliberativa, diferenciada territorialmente, con diversidad de procedimientos y mediante actores e instrumentos diversos.* Es una paradoja que al mismo tiempo que uno reconoce la devaluación de los parlamentos y otras asambleas representativas en tanto que instituciones de gobierno y el bajo nivel de prestigio de los partidos políticos, nuestras democracias den casi el monopolio, o en todo caso el rol principal sobre cualquier otra, a la participación política mediante elecciones de asambleas y partidos políticos. Actualmente hay un desfase entre una doctrina y múltiples prácticas sociales de democracia participativa, deliberativa, directa, etc., y la resistencia de las instituciones políticas y de los partidos con representación en los órganos de poder a legalizar y generalizar formas de participación política más ricas que las estrictamente electorales. La participación ciudadana articulada con la iniciativa política local puede crear condiciones para romper marcos legales estrechos. Por ejemplo, imponer la legalización de medios de comunicación locales, forzar la ocupación de facto de suelo en posesión de organismos o empresas estatales o parapúblicas que la ciudad necesita para un desarrollo o quiere proteger, legalizar formas de participación y de gestión no previstas por la legislación general, etc. Hay que hacer valer el derecho a la innovación política desde los ámbitos locales institucionales y sociales, generar nuevas estructuras de representación y gestión públicas en ámbitos territoriales hoy significativos (como por ejemplo las regiones metropolitanas), simplificar en cambio el mapa político-administrativo y contractualizar las relaciones interinstitucionales, atender las iniciativas innovadoras de participación y cooperación sociales que puedan surgir de la sociedad civil, etc.

h) *El derecho a la información, a la comunicación y al acceso a las tecnologías de información y comunicación* [16]. Si el teléfono se ha generalizado, no pasa lo mismo con las radios y televisiones locales y sobre todo con las «nuevas» tecnologías, que suponen no sólo disponer del equipamiento en casa (ordenador personal), sino también la formación mínima para utilizarlas (monitores en cada barrio, los cibercafés) y la posibilidad de incidir sobre los contenidos, de promover ofertas que correspondan a necesidades sociales, de constituir redes ciudadanas, etc.

i) *Los derechos vinculados a la supervivencia y al desarrollo.* En una escala
global, los derechos básicos a la protección frente a catástrofes y epidemias, al agua y la alimentación, a la energía, a la garantía internacional de las poblaciones civiles frente a la guerra y las tiranías «locales», etc., son casi siempre condición necesaria para que se puedan
ejercer los otros derechos citados. No los desarrollamos por no corresponder a la temática de este libro. Pero por lo menos debería de-
batirse cómo hacer para que los elementos básicos de la vida, como
son el agua (alimento esencial), la tierra (un lugar donde cobijarse),
el fuego (la energía) y el aire (ambiente saludable), no fueran mercancías, sino bienes públicos, garantizados por las instituciones políticas globales.

j) *El derecho a la igualdad de oportunidades, a la paridad entre géneros, a
la igualdad universal.* También este derecho trasciende al ámbito local y ciudadano, pero es un componente básico de la ciudadanía. El
feminismo moderno, el nuevo planteamiento sobre los derechos de
los niños y la deslegitimación desde la Segunda Guerra Mundial de
cualquier norma, comportamiento social o idea que implique xenofobia, racismo, antisemitismo o discriminación por razones de religión, orientación sexual u origen étnico han puesto en primer plano
los derechos emergentes en estas dimensiones de la igualdad. Sin
embargo, ni las legislaciones positivas ni las actitudes sociales los han
asumido plenamente.

Nota sobre derechos y deberes. Todos los derechos citados comportan evidentemente los deberes correspondientes por parte de sus titulares, sin lo
cual los derechos pierden eficacia para el conjunto de la ciudadanía. El derecho a la ciudad supone el civismo y la tolerancia en el espacio público, el
derecho a la formación continuada supone el esfuerzo individual para asu-
mirla, al derecho a la calidad de vida supone un conjunto de comportamientos para respetar el derecho de los otros, etc.

En todos los derechos citados es necesario distinguir lo que son derechos
colectivos de los derechos individuales. En ningún caso el fundamentalismo
de los derechos colectivos debería menoscabar la dimensión individual de los
derechos citados. Más adelante tratamos de la ciudadanía y el territorio. Es
preciso enfatizar que desde una cultura democrática del siglo XXI los derechos
colectivos en un ámbito territorial no pueden reducir el ámbito de autonomía individual alcanzado en nuestras sociedades. En nuestras sociedades urbanas multiculturales es preciso combinar el respeto y también el apoyo público si es preciso a los colectivos con identidades culturales propias con la

protección pública por parte de las instituciones de proximidad de los derechos individuales y el respeto a lo que consideramos derechos humanos básicos, sean cuales sean los usos y las costumbres de aquellos colectivos. Ello es particularmente importante cuando se trata de grupos vulnerables dentro de algunos colectivos inmigrantes (por ejemplo, mujeres y niños).

LA DEMOCRACIA DIGITAL

La llamada sociedad informacional modifica las relaciones entre instituciones y ciudadanos y entre los ciudadanos entre sí. Si antes, como decía Tocqueville, a los dictadores no les importaba que los súbditos no les quisieran siempre que tampoco se quisieran entre ellos, hoy parece que con las TIC a los poderes políticos y económicos no les importa que los ciudadanos se comuniquen entre sí siempre que eso no les dé más posibilidades de intervenir en la gestión de los asuntos públicos o en el control de los agentes económicos.

La democracia digital es todavía lejana, o, más exactamente, el uso democrático de las TIC es pobre. Hay obstáculos de diferentes tipos que se oponen, como son:

a) La distribución desigual de las TIC en el territorio y por sectores sociales y grupos de edad. El analfabetismo informacional.

b) El carácter dominante de la oferta privada, que controla a la vez infraestructura, tecnología, servicios y contenidos, lo cual no sucedía en el pasado con otros medios de comunicación (como el teléfono). Es el mercado el que se impone, lo cual es tan negativo como lo sería en educación o medio ambiente.

c) La débil iniciativa de la oferta pública estatal, que no ha garantizado unas condiciones mínimas de accesibilidad y de formación, que ha aceptado la concepción privatizadora de la Unión Europea, que ha impedido el desarrollo de la iniciativa local (por ejemplo en el cableado) y que ha demostrado poca capacidad para poner las nuevas TIC tanto al servicio de una oferta más eficaz socialmente y de una relación más fluida entre administración y ciudadanos como para estimular las redes ciudadanas virtuales.

Las experiencias locales son interesantes, como las desarrolladas en Cataluña, tanto a nivel general (Localret) como local, en unos casos de iniciativa municipal (por ejemplo, Callús), en otras asociativa (por ejemplo, Ravalnet), pero son aún muy limitadas. Y en cambio las TIC son hoy un factor clave de integración o de exclusión sociales y parece urgente plantearse cuál tiene que ser su contribución al desarrollo de la ciudadanía.

Nos permitimos solamente apuntar algunos criterios al respecto:

a) Universalidad, o sea, garantizar el acceso y la formación de toda la población (por ejemplo venta de ordenadores a precios «políticos» a todas las familias y equipamiento de las escuelas y monitores-formadores en todos los barrios).

b) Gratuidad de los servicios y funciones de interés general, como los vinculados a la participación ciudadana y apoyo a las redes ciudadanas que reconstruyen los tejidos sociales, generadores de riqueza social, tanto en la proximidad (intranet) como entre ámbitos alejados entre sí (por ejemplo las redes ciudadanas europeas).

c) Utilización de las tecnologías avanzadas para facilitar las relaciones de los ciudadanos con la administración (por ejemplo la ventanilla única, la información con *feed-back*, etc.) y la gestión de los servicios de interés general (gestión del tráfico y del transporte colectivo, asistencia sanitaria, etc.).

d) Dominio público de la infraestructura y control público de la tecnología para garantizar su uso a todos los usuarios potenciales.

e) Políticas públicas para orientar servicios y contenidos (que no dependan como ahora de la competencia imperfecta y de segmentos de mercado solvente).

f) Las TIC son una gran oportunidad para relacionar contenidos universales o globales con refuerzo de las identidades locales o particulares. Es el reto más actual de la ciudadanía.

Ciudadanía y territorio

Los territorios de nuestra vida social son hoy más complejos y difusos que en el pasado. El esquema barrio-cotidianidad ya no vale para mucha gente. La ciudad como ámbito delimitado, diferenciado del territorio del entorno, espacio del trabajo y del consumo, aventura de libertad ofrecida al niño y al joven se ha hecho a la vez menos accesible y más dispersa, sin límites precisos. ¿Aún es posible la ciudad como experiencia iniciática? Sí, seguramente es posible y necesaria, pero hay que darle algunas condiciones.

Conviene que las políticas del territorio delimiten hasta cierto punto los barrios, los centros, los monumentos, las fronteras de la ciudad. Es difícil asumir o construir la propia ciudadanía si uno vive en ámbitos muy reducidos en unos aspectos y muy confusos en otros, o muy especializados casi siempre. Hacen falta centralidades múltiples y heterogeneidad social y funcional en cada área de la ciudad. Y distinciones claras, entre los centros y los barrios, entre los espacios de la cotidianidad y los de la excepcionalidad; son necesarios espacios seguros, pero también algunos que representen el riesgo, la oportunidad de la transgresión. Vivimos en ciudades plurimunicipales, y es una oportunidad de vivir la ciudad a escalas diferentes, pero que sean comprensibles.

La calidad del espacio público es hoy una condición principal para la adquisición de la ciudadanía. El espacio público cumple funciones urbanísticas, socioculturales y políticas. En el ámbito de barrio es a la vez el lugar de vida social y de relación entre elementos construidos, con sus poblaciones y actividades. En el nivel de ciudad conecta y da continuidad a los diversos territorios urbanos y proporciona una imagen de identidad y monumentalidad. El espacio público de calidad es aquel que es accesible y polivalente, lo que le permite prestar servicios o ser usado por poblaciones diversas en tiempos a veces distintos y otras coincidentes. A mayor calidad, también puede haber mayor conflictividad de usos. Hace falta también espacio público «refugio», o espacio de transgresión. Y espacios de fiesta y de gesta, como diría Salvat Papasseït, de manifestación. El espacio público es el lugar de la convivencia y de la tolerancia, pero también del conflicto y de la diferencia. Tanto o más que la familia y la escuela, es el lugar de aprendizaje de la vida social, del descubrimiento de otros, del sentido de la vida.

El territorio, la ciudad, son también el espacio que contiene el tiempo, el lugar del patrimonio natural y cultural.

El conocimiento del patrimonio, o patrimonios, del paisaje, de la arquitectura, de la historia, de las fiestas y de los movimientos sociales, de las poblaciones y actividades sucesivas... forma parte del proceso de adquisición de la ciudadanía, de la construcción de las identidades personales y colectivas. Conocer y descubrir la ciudad en sus dimensiones múltiples es conocerse uno mismo y a los otros, es asumirse como individuo y como miembro de comunidades diversas. Éste es un descubrimiento más reciente, ya no somos sólo de un barrio, de una clase social, de una religión. Somos múltiples en cuanto a identidades y pertinencias, podemos entender mejor la diversidad de nuestra sociedad.

En el territorio «local» vivimos también la globalidad. Formamos parte de comunidades virtuales, nos relacionamos con el mundo. Vivir la dialéctica local-global es indispensable para no ser un ser marginal, asumir a la vez las identidades de proximidad y las relaciones virtuales es darse los medios de ejercer la ciudadanía y de interpretar el mundo para no perderse. Y conocer a los otros a través de la proximidad virtual puede ser una contribución decisiva para aceptar y entender a los otros, vecinos físicos pero desconocidos culturales. La cultura global debería desterrar la xenofobia local.

Es en el espacio local donde los valores, las lenguas, las culturas se encuentran, pueden convivir y relacionarse. La ciudadanía supone igualdad, no homogeneidad. Los derechos culturales de los ciudadanos tienen que garantizar tanto la preservación y el desarrollo de las identidades originarias (lenguas, historia, costumbres...) como las relaciones entre ellas; las fusiones ni son imprescindibles ni son negativas, son a la vez inevitables y parciales.

EL VALOR DE LA IDENTIDAD DEL TERRITORIO: EL DESAFÍO Y LA OPORTUNIDAD DE LA GLOBALIZACIÓN

Decía Havel que su casa era Praga, Chequia, y antes Checoslovaquia..., pero también se sentía culturalmente, sentimentalmente europeo, y ciudadano del mundo; sus valores eran universalistas. Su casa también era su barrio, y su casa, claro, y en la casa sus espacios preferidos, e incluso en la cárcel sentía que la celda era su casa.

La vinculación a una ciudad o una comarca, a un pueblo o a un barrio, es un proceso complejo que ahora no toca explicar, pero sí que conviene por lo menos destacar un aspecto. Todos tenemos una historia que nos une a diversos territorios, de escalas diferentes, y todos tienen una identidad que los diferencia. La pérdida de identidad de los territorios, que se disuelvan en entidades más grandes y pierdan su especificidad, su empobrecimiento hasta perder atributos que les dan sentido y llevan a su abandono, es una agresión a nuestra propia identidad, nos hace más débiles y vulnerables, quita una parte de sentido a nuestra vida.

Desde la política, o mejor dicho desde el poder político-burocrático y desde las ideologías administrativas, en nombre de pensamientos racionalistas-abstractos o de intereses con voluntad de dominio, a menudo se ha menospreciado la persistencia de las identidades territoriales y de los sentimientos de pertenencia a unos lugares, a unos paisajes y a unas relaciones sociales construidas por la historia y concretadas en geografías transmisoras de sentido.

Estos espacios que contienen el tiempo no son inmóviles, no están condenados a serlo; precisamente su carácter polisémico los hace más susceptibles de evolucionar, de integrar nuevas formas de vida y de actividad, de abrirse a otras culturas. Y, sobre todo, la identidad entre territorio y sociedad local, si bien en ciertos casos puede llevar a un cierre defensivo, también facilita la movilización contra las agresiones del exterior y el surgimiento de iniciativas para generar nuevas dinámicas locales y construir nuevas cohesiones sociales y culturales.

Entonces tenemos que preguntarnos si en el mundo actual se pueden suscitar estas iniciativas, si la globalización que crea o agudiza exclusiones de territorios y colectivos sociales no hace posible también reacciones de sentido contrario. Y si territorios en los que faltan poderes políticos potentes, centros urbanos metropolitanos y actividades de nueva economía pueden tener su oportunidad y reposicionarse favorablemente desde el ámbito local en el nuevo mundo global.

¿Qué entendemos por territorio?

Un territorio se puede entender en tres dimensiones temporales. Está el territorio histórico, con elementos geográficos fuertes que lo marcan, que es una realidad cultural, muy presente en nuestra imaginación, en algunas relaciones sociales, que establece vínculos y también distancias... Este territorio puede expresarse en determinadas divisiones o formas de organización territorial que, aunque correspondan a épocas pasadas, todavía tienen virtualidad en la conciencia social, como por ejemplo los Territorios Históricos del País Vasco, la división territorial de la Generalitat republicana o la división provincial española. Es una herencia del pasado con la que hay que contar en el presente.

El territorio del presente está determinado en gran parte por las divisiones administrativas actuales, los municipios, las comarcas, las provincias y las comunidades autónomas. Pero también por la organización de diversas instituciones y grupos que no siempre corresponden a los anteriores: iglesias y universidades, partidos políticos y organizaciones sociales, etc. También configuran los territorios del presente relaciones menos visibles, como las que se establecen entre ciudades y pueblos, nuevas redes telemáticas, la localización de centros comerciales, parques tecnológicos o campus universitarios...

Y todavía existe otra dimensión territorial, de futuro, estratégica, resultante de las dinámicas sociales y de los proyectos colectivos. Es un territorio en construcción, que se apoya en los dos anteriores pero también en una gran diversidad de iniciativas, no siempre compatibles. Las decisiones de los gobiernos «exteriores» pueden entrar en contradicción con los intereses o las demandas que expresen los gobiernos locales, las iniciativas de agentes económicos privados pueden confrontarse con la cohesión social o la sostenibilidad del territorio... Pero también se puede configurar un territorio de futuro resultado de la existencia de un proyecto hegemónico construido por la concertación de un conjunto de actores sociales movilizados. El territorio es también resultado de una estrategia colectiva.

Una nueva oportunidad para los territorios locales

La globalización representa una nueva distribución de cartas entre los territorios. La nueva economía, la importancia principal que adquiere el «factor humano» (es decir, la calidad de los recursos humanos), las diversas posibilidades que ofrecen las tecnologías de información y comunicación... todo ello abre nuevas posibilidades en los territorios, con una cierta independencia de su localización, de su tradición económica o de los recursos materiales preexistentes. Pero también los riesgos son mayores, pues muy a menudo las decisiones que determinan su futuro inmediato se toman fuera del territorio (sea por parte de organismos públicos o de empresas privadas), el aprovechamiento de las posibles nuevas oportunidades supone inversiones en infraestructura, en investigación o en formación que no están al alcance de los actores locales. Las tendencias centrífugas pueden ser más fuertes que las centrípetas en los territorios que no tienen un motor central potente.

En el marco de los territorios locales (el razonamiento vale para escalas diferentes: País Vasco, metrópoli bilbaína o una comarca de base rural), de todas maneras existe una fuerte tendencia a definir proyectos socioeconómicos y culturales colectivos, es decir, a la concertación de diferentes actores, públicos y privados, para empujar demandas e iniciativas en un ámbito que hoy tiene un nuevo significado. Por un lado la casi inexistencia de una «economía nacional» ha revalorizado los ámbitos regionales y locales como espacios económicos más o menos atractivos, productivos o competitivos, y también que proporcionan certezas, o no, respecto al funcionamiento institucional, la sostenibilidad o la cohesión social. Por otro lado la globalización genera una necesaria reacción local, que reafirma los elementos de identidad y de diferenciación, imprescindibles para mantener la cohesión interna pero también para ser atractivos hacia al exterior y para garantizar un dinamismo sostenible y la integración de nuevas poblaciones y actividades.

Nuevas realidades y el aprovechamiento de las oportunidades reclaman nuevas estructuras político-administrativas que no sólo apoyen las dinámicas positivas existentes, sino que utilicen la representatividad de las instituciones y los medios públicos para hacer de guía y de motor de las mismas.

Hoy toca redefinir los mapas de organización del territorio. Por ejemplo en Francia en pocos meses se han constituido 120 estructuras políticas de gestión local en casi todas las áreas territoriales de más de 50.000 habitantes (sólo faltan 15), que son la otra vertiente de las «comunidades urbanas» (corporaciones metropolitanas) constituidas en las áreas de más de 500.000 habitantes. Esta redefinición puede hacerse articulando municipios (y comarca, si procede), pero tampoco hay que considerar intocables todas las divisiones existentes (por ejemplo quizás hay que plantear la modificación del mapa comarcal o integrar en el nuevo territorio municipios ahora adscritos a otras comarcas, provincias o comunidades autónomas). Y asumir la especificidad de cada territorio, es decir, no plantear como solución un nuevo uniformismo bautizado como «regional». Las formas de autogobierno para el Alt Pirineo, la plana de Lleida, la región metropolitana de Barcelona o las Terres del Ebro no tienen que ser idénticas.

Sobre el uso de la identidad del territorio

Las identidades locales en unos marcos territoriales determinados se recuperan o se inventan. Es evidente que la historia, los referentes geográficos comunes, la persistencia de ciertas formas de vida colectiva, elementos culturales específicos y diferenciadores, formas lingüísticas propias, actividades económicas definitorias o que marcan el territorio... todo ello crea las bases para la reivindicación de la identidad territorial. Pero hay que valorarlo y reinterpretarlo al servicio de proyectos de futuro. Y hacer un instrumento para posicionarse en la globalización, en el marco que corresponda o sea posible.

La identidad no puede ser estática o referirse a unas esencias por definición permanentes, sino reformulada y reelaborada constantemente mediante la incorporación de nuevos elementos resultantes de dinamismos económicos, culturales, demográficos... y nuevas cohesiones que generan los proyectos colectivos. La identidad es también producto del presente, de nuevas relaciones interculturales, de las posibilidades de integración que surgen de la fuerza de las movilizaciones si se pueden formular objetivos comunes e intereses coincidentes que acerquen valores y poblaciones.

Es decir, que la identidad también es resultante en cada momento histórico del tipo y fuerza de las ilusiones de futuro que se expresen en el territorio, en sus instituciones y colectivos sociales. Hay una dimensión voluntarista en la identidad que depende de los actores que impulsan proyectos colectivos y que comporta también, y hay que ser consciente de ello y asumirlo, un cierto grado de conflicto, pues las identidades son complejas; en ellas hay elementos o lecturas contradictorias, e incluso los elementos identitarios del pasado pueden ser excluyentes u opuestos a nuevos valores o nuevos contenidos del presente.

En resumen, los territorios existirán si sus habitantes lo quieren y construyen un proyecto de futuro.

LOS NUEVOS TERRITORIOS DE LA CIUDADANÍA: NACIONALISMOS SUBESTATALES, REGIONES METROPOLITANAS, CIUDADES Y BARRIOS

Un conjunto de factores han revalorizado la importancia política de regiones y grandes ciudades (o sistemas de ciudades):

a) La globalización económica y cultural, con el consiguiente debilitamiento de los estados «nacionales» y la aparición de estructuras políticas supraestatales, ha provocado un nuevo reparto de cartas en el mundo en el cual las regiones y ciudades encuentran nuevas oportunidades y desafíos.

b) La urbanización regionalizada y el paso de aglomeraciones metropolitanas a regiones urbanas con un gran centro que articula una red de centros pequeños y medianos (o un sistema de ciudades relativamente equilibrado, como en el centro de Italia o en el País Vasco) que se posicionan como actores en la vida política, económica y cultural nacional e internacional.

c) La consolidación de las regiones como espacios socioeconómicos significativos, por las sinergias que en ellos se producen, como ámbito de las políticas públicas integradas y como ámbitos de cohesión social y de desarrollo sostenible.

d) La reacción política que se produce en las sociedades regionales que exigen una cuota de autogobierno tanto para decidir sobre las políticas públicas (de promoción económica, sociales y culturales, ambientales) de su ámbito como para hacerse escuchar en niveles superiores que toman decisiones que les afectan (por ejemplo, sobre grandes infraestructuras o sobre formas de apoyo a actividades económicas), tanto en ámbitos estatales como supraestales.

e) Esta reacción política se apoya muchas veces en la reivindicación de identidades culturales y lingüísticas acentuadas por la necesidad de afirmar la diferencia ante las tendencias homogeneizadoras de la globalización.

f) En algunos, o bastantes, casos la reivindicación política de autogobierno y la afirmación de la identidad cultural configuran un sentimiento de pertenencia nacional o de nacionalidad que puede incluso cuestionar la inserción en el marco estatal existente. Por otra parte, la globalización acentúa la amplitud de las migraciones y la constitución de regiones caracterizadas por el multiculturalismo, en algunos casos sin que hubiera tradición de ello.

g) Asimismo las grandes ciudades o áreas metropolitanas, conscientes de su importancia en el espacio regional, estatal y en muchos casos continental o mundial, desarrollan estrategias propias en todos estos ámbitos, desde la constitución informal de regiones estratégicas (Barcelona-Montpellier-Toulouse...) y eurociudades transfronterizas (Copenhague-Malmoe, Lille-Bruselas, San Sebastián-Bayona) hasta la multiplicidad de fórmulas de gestión local plurimunicipal.

Todos estos factores hacen necesario replantear la cuestión de la ciudadanía como estatus de igualdad en cuanto a derechos y deberes de los habitantes de un territorio.

A continuación proponemos marcos territoriales y criterios para ampliar el concepto de ciudadanía en un sentido más plural.

Ciudadanía y uniones políticas supraestatales

El caso europeo es hoy el ejemplo más evidente de la necesidad de esta ampliación. La inexistencia de una Constitución o ley fundamental europea, la complejidad y opacidad del entramado institucional, la confusión sobre los procesos decisorios, la debilidad relativa del Parlamento y la inexistencia o laxitud de las organizaciones políticas y sociales de ámbito europeo, la falta de una «opinión pública» europea, la lógica intergubernamental y el funcionamiento tecnocrático a la hora de decidir y gestionar las políticas públicas... son factores a la vez causales y expresivos de la inexistencia real de una ciudadanía europea que atribuya un plus a los europeos, que en la práctica sólo disfrutan de los derechos históricamente adquiridos en su ámbito estatal pero en cambio son «súbditos» europeos. En un libro reciente (*La ciudadanía europea*, 2001) desarrollamos esta temática. Hoy los derechos políticos y sociales no pueden circunscribirse al marco estatal. Es preciso reconocer la igualdad y la plenitud de los derechos políticos a todos los residentes en un país europeo, así como el derecho de todos al diálogo social en este ámbito (organización, negociación, conflicto a nivel supraestatal), a acceder a todas las informaciones económicas y sociales «globales» y a los servicios públicos o de interés general.

Nacionalidades o regiones «políticas» (con vocación de autogobierno)

En el marco de la tradición democrática, por una parte, y de los factores objetivos y subjetivos que justifican el autogobierno, por otra, nos parecen bastante indiscutibles dos principios, uno relativo a los derechos colectivos y el otro a los derechos individuales. El primero es el principio de autodeterminación, es decir, a decidir sobre su ciudadanía principal, sobre el nivel de autogobierno y la facultad de éste para atribuir derechos y deberes a los residentes en el territorio. El segundo principio es que en ningún caso esta ampliación de la ciudadanía debería menoscabar derechos individuales adquiridos en el ámbito estatal y/o legitimados por valores universales recogidos en cartas o declaraciones internacionales. Es decir, que en ningún caso una concepción esencialista de la identidad colectiva puede justificar una *capitis diminutio* de un sector de la población por su carácter étnico, por su lengua propia o por su nacionalidad de origen. De todas formas, el derecho a preservar y a desarrollar la lengua y la cultura propias de cada lugar, que incluye la coexistencia y la mixtura con otras de instalación más reciente, hay que considerarlo un derecho básico de ciudadanía individual y colectiva. Los elementos identitarios son indispensables para ejercer de sujetos activos en los múltiples niveles territoriales en los que necesariamente vivimos hoy.

El nivel «regional»

Este nivel, sea de base nacionalitaria o simplemente administrativa, adquiere hoy una relevancia política que va más allá de un reforzamiento de la desconcentración del Estado. Los factores antes citados empujan en una dirección «federalizante» también en regiones sin tradición de autogobierno. La existencia de «sociedades regionales» con un grado de cohesión sociocultural significativo y la necesidad de desarrollar políticas públicas específicas en este ámbito requieren estructuras políticas representativas y competencias y recursos propios, es decir, elementos que determinan un relativo nivel de ciudadanía. Paralelamente conviene limitar la inflación institucional, es decir, la multiplicación de entidades supramunicipales o intermedias que no representen un mayor grado de posibilidad de participación política, sino de opacidad o confusión, por lo cual el reforzamiento del nivel regional complementado por la permanencia del nivel local (por su máxima proximidad) nos parecen dos criterios ciudadanos positivos.

Las áreas metropolitanas y las grandes ciudades

La urbanización metropolitana constituye hoy un nuevo desafío a la ciudadanía. La globalización ha revalorizado la ciudadanía de ciudad, de proximidad, como contrapunto indispensable. Por otra parte, un conjunto de factores han generado una cierta crisis de ciudadanía en el ámbito metropolitano: las dinámicas urbanas hacia la dispersión o difusión en el territorio, el solapamiento y la multiplicidad de instituciones en él, la no correspondencia entre los ámbitos de representación y los de decisión o gestión, la distancia entre los gobiernos locales de los grandes municipios y los ciudadanos, por no citar el tecnocratismo de los entes metropolitanos no representativos (o de representación indirecta con escaso control social). La descentralización municipal en las grandes ciudades y la creación de nuevas estructuras metropolitanas más abiertas y flexibles (regiones urbanas inglesas, aglomeraciones francesas, mancomunidades de municipios metropolitanos italianas) han sido dos respuestas interesantes. Asimismo se han desarrollado múltiples mecanismos de participación ciudadana, en algunos casos innovadores en los procesos de planeamiento y programación (véanse los planes estratégicos concertados con la sociedad civil y la atractiva moda del presupuesto participativo) y en otros en la gestión de servicios o en la ejecución de proyectos (la llamada gestión cívica de equipamientos desde los aeropuertos, instalaciones o recintos deportivos o culturales barriales, la creación y mantenimiento de espacios públicos comunitarios, etc.).

El barrio

El barrio subsiste y se revaloriza. Aunque se aprecien fenómenos de disolución de la vida barrial (las relaciones sociales se multiplican en otros ámbitos, incluso a distancia gracias al teléfono, al correo electrónico, al automóvil, a los viajes), se produce también una reacción de identidad y cohesión frente a fenómenos de homogeneización, de resistencia frente a iniciativas públicas y sobre todo privadas vividas como agresión al entorno o a la permanencia en el lugar. El barrio es un ámbito reivindicativo, participativo y de cooperación social que determinadas políticas públicas refuerzan, como la descentralización, los planes o programas integrales que responden a la complejidad de situaciones y demandas, la estrategia de espacios públicos y nuevas centralidades. Por otra parte, la multiplicación de los medios de comunicación social contribuye a recrear formas de cohesión barrial: radios y televisiones «locales», redes ciudadanas telemáticas (la ciudad digital en el barrio)... Contra lo que a veces se dice en los discursos postmodernos que lamentan o exaltan según los gustos el «individualismo», la observación de la vida barrial permite constatar no sólo la permanencia de las formas de vida colectiva y asociativa tradicionales, sino también otras formas vinculadas a nuevas realidades (inmigración, cibercafés, iniciativas culturales, actividad de la gente mayor, incorporación de la mujer a la vida asociativa, voluntariado y cooperación tanto en ámbitos de proximidad como a distancia). En resumen, el resurgimiento del nivel microterritorial nos parece, a pesar de las apariencias, un fenómeno moderno, otra cara de la globalización. Y buena prueba de ello es la descentralización política, que combina la desconcentración administrativa con la implementación de mecanismos de participación diversos que han promovido en los últimos veinte años muchas ciudades europeas y más recientemente latinoamericanas.

LOS TERRITORIOS PERIFÉRICOS Y LOS PEQUEÑOS MUNICIPIOS

El territorio más próximo, el espacio más pequeño, forman parte de nuestro ser individual y colectivo. Nos referimos, en general, a regiones, *pays* (en francés) o comarcas de base relativamente rural, que pueden tener actividades industriales más o menos modernas y más bien dispersas, una diversidad de centros de pequeña talla y algún centro un poco más grande que lucha por consolidar su centralidad entre la difusión comarcal y la atracción de una metrópolis no muy lejana. En estos territorios a menudo hay elementos de unidad histórico-geográfica y cultural (y quizás religiosa), algunas actividades económicas que perfilan su carácter y les dan cohesión social... pero que los actuales procesos que designamos (demasiado fácilmente) como globalización ponen en entredicho. Entonces se produce una reacción, bien ante la agudización de una crisis de la actividad económica (agrícola o industrial, resultado de la competencia internacional o de las decisiones exteriores), bien en contra de determinados proyectos infraestructurales o de actividades que hacen correr un riesgo a la cohesión y progreso del territorio (trasvases, trazado de autopistas, campos de tiro militares, etc.). Estas reacciones, que se apoyan en la identidad cultural del territorio y que pretenden revalorizarla e incluso «reinventarla», no son simplemente defensivas, sino que plantean también alternativas de reconstrucción global del territorio.

Muy esquemáticamente indicaremos a continuación los ejes que consideramos principales en esta reconstrucción.

La oferta infraestructural

Ni la identidad ni el progreso del territorio se garantizan sin una infraestructura y una red de servicios de calidad. Nos referimos por un lado a la conectividad tanto con el exterior como interna en el área: red viaria y ferroviaria, eventualmente fluvial o marítima, acceso al aeropuerto y a la metrópoli más próximos, posicionamiento en la red de comunicaciones regional y macrorregional, acceso generalizado a Internet y red local «intranet» para optimizar la conectividad interna, etc. Por otro lado hace falta una buena oferta de servicios básicos para la actividad económica y la calidad de vida: agua, energía, control ambiental, etc.

Promoción de la reconversión económica

La crítica a las formas actuales de la globalización no debería provocar el menosprecio hacia la localización de empresas «globales» (poniendo condiciones y no haciendo *dumping* territorial o social) ni tampoco olvidar el interés en conseguir que algunas empresas locales tengan proyección «global». Conviene definir una estrategia que tenga en cuenta las potencialidades del territorio para atraer nuevas actividades generadoras de empleo, creadoras de valor añadido, con un cierto nivel de competitividad y también de capacidad para utilizar y potenciar los recursos (materiales, técnicos, humanos) locales. La promoción del territorio necesita recibir un fuerte impulso de la iniciativa pública, tanto por vías indirectas (infraestructura, formación, oferta cultural, etc.) como directas, en forma de campañas de atracción de inversiones, de organización de ferias y exposiciones, de acondicionamiento de suelo para recibir nuevas actividades, etc.

La calidad de los recursos humanos

Ya es un tópico decir que hoy, en la era de la nueva economía, el factor decisivo que define la productividad de un territorio, su capacidad de atraer actividades competitivas y de valorizar sus productos, es la calidad de los recursos humanos. Ello supone una inversión prioritaria en equipamientos y servicios de carácter educativo, escuelas de todos los niveles, centros preuniversitarios, universitarios y postuniversitarios, escuelas o institutos orientados hacia nuevos oficios, investigación por lo menos aplicada teniendo en cuenta las tradiciones y las potencialidades económicas de la región, programas de formación continuada que tengan como público objetivo a toda la población, alfabetización en las actuales tecnologías de información y comunicación... Y complementariamente, instituciones públicas y entidades privadas tienen que implantar políticas de atracción de recursos humanos cualificados, generar conexiones con el exterior para socializar en el territorio informaciones y conocimientos que representen una innovación, crear observatorios y redes que se conecten internacionalmente, promover congresos y simposios, etc.

La oferta cultural

La cultura se apoya en unas bases materiales: equipamientos como museos y teatros, cines y centros polivalentes, escuelas con programas postescolares, monumentos, instalaciones deportivas, centros de jóvenes, residencias para ancianos, bibliotecas y mediatecas, cibercafés y centros públicos o sociales de acceso libre a Internet y de formación en las TIC, radios y televisiones locales, prensa y publicaciones en general, el paisaje natural y el construido, etc. Hay, obviamente, una relación muy directa entre la fuerza y la calidad de estas bases materiales, el ámbito social y geográfico que cubren y la capacidad del territorio de atribuir una identidad cohesionadora y evolutiva a sus habitantes. En el mundo actual creemos que hay que considerar dos dimensiones especialmente importantes de la oferta cultural en ambos casos se trata de encontrar un compromiso ideal entre dos demandas diferentes y que a veces se consideran opuestas. La oferta cultural tiene una función de cohesión interna, de relación entre los diferentes elementos pasados y presentes que configuran la identidad, siempre heterogénea, del territorio y de la sociedad que ahí vive. Pero también tiene una función hacia el exterior, de dar una imagen del país, de atraer flujos de población visitante, de inversiones y actividades, de informaciones... Hoy la cultura es un factor importantísimo para el progreso del territorio, para su capacidad de atracción, para la calidad de vida que ofrece, para las relaciones que permite establecer. Otra dimensión de la oferta cultural que hay que citar, también compuesta de dos elementos que pueden estar en tensión, es la que se refiere a la cultura como elemento que une y consolida los componentes culturales acumulados por la historia y la cultura como apertura e intercambio, con capacidad de integrar elementos exteriores y de transformarse como efecto de esta asimilación, pero también como disposición a tolerar la diferencia, a convivir con colectivos y personas que expresan valores y formas culturales muy diferenciados, incluso contradictorios con los que se consideran propios del territorio. Cualquier región no decadente, no marginal, que tenga una cierta capacidad de progreso y una relación dinámica con el mundo que la rodea hoy tiende a la multiculturalidad y a la interculturalidad; hay población «autóctona» que emigra y otra forastera que inmigra, a menudo de tierras y culturas lejanas. Entonces, hay que buscar un compromiso y desarrollar unas estrategias que lleven a compartir unos valores y unas pautas de comportamiento que hagan posible la convivencia, pero también es conveniente aceptar la diversidad cultural, facilitar el desarrollo de los elementos culturales sobrevenidos y el diálogo entre unos y otros. Los medios de comunicación locales, la escuela, las actividades culturales en general tendrán que tener en cuenta estas dos exigencias.

El autogobierno del territorio

Cualquier política territorial destinada a reforzar la identidad y la cohesión de un área amenazada por la decadencia o la marginación, por proyectos agresivos exteriores o por las dificultades de incorporación a las dinámicas modernizadores del entorno, necesita una cierta capacidad de autogobierno, de poder político propio. No sólo para promover políticas públicas como las citadas, sino también para expresarse y hacerse escuchar, para incidir e intervenir, para negociar, oponerse y para reclamar, para gestionar y ejecutar, para confrontarse con los poderes políticos de ámbito superior. Es una cuestión institucional, pero también supone la concertación de fuerzas políticas y sociales, la articulación de la sociedad civil alrededor de objetivos movilizadores, la elaboración de proyectos globales para el territorio.

Queda pendiente, seguramente, una pregunta: ¿Estas reflexiones y propuestas valen para un territorio periférico, sin un centro metropolitano potente, sin poder político propio (o demasiado débil y fragmentado, como es el municipal) y sin actividades suficientemente dinámicas que hagan de motor de explosión para encender? La respuesta puede ser afirmativa si se consideran los siguientes argumentos:

1. Las nuevas oportunidades económicas y sociales de territorios «periféricos» y de pequeños municipios en el marco «regional» en el que están integrados, como el País Vasco o Cataluña. Si es cierto que hay

tendencias centrífugas, hacia las áreas metropolitanas, también lo es que hay dinámicas de sentido contrario: la mayoría de pequeños y medianos municipios de Cataluña tienen más población real que censada. Las áreas de baja urbanización atraen hoy a diversos tipos de población y actividades como:

a)   Población semipermanente, de fin de semana largo o períodos de permanencia intermitente, no sólo jubilada, sino también que puede desarrollar en parte su actividad profesional a distancia (teletrabajo parcial por ejemplo) o que compensa en calidad de vida el desplazamiento más o menos largo al lugar de trabajo. No solamente crece la segunda residencia, sino que ésta pasa a ser primera residencia en una parte del año. La generalización del uso del automóvil, del teléfono móvil y de las TIC es un factor clave de este proceso.

b)   Desarrollo de nuevas actividades económicas, unas tradicionalmente urbanas pero que las actuales facilidades de comunicaciones (y telecomunicaciones) permiten «deslocalizar» y otras vinculadas al territorio, como el turismo rural, el mantenimiento del medio natural o la modernización de la producción propia de la zona.

c)   La nueva calidad de vida y la modernización del entorno. Por una parte la degradación de algunos aspectos de la calidad de vida en las áreas metropolitanas (vivienda, tiempo de transporte, contaminación, inseguridad, desempleo) hace más atractivo el territorio más rural. Por otra, este territorio dispone hoy de muchos de los elementos que antes eran propios de las áreas de fuerte urbanización, como equipamientos educativos y culturales, cualificación de los recursos humanos, facilidad de acceso a los mismos servicios básicos y a los productos de consumo sofisticados, información de las ofertas culturales y profesionales (gracias a la televisión y al ordenador) y posibilidad de acceder a ellas con cierta facilidad (coche, tren). Vivir hoy en un territorio considerado «periférico» o «marginal» no es vivir aislado de las ofertas urbanas. Quizás hay que decir que en zonas como el País Vasco o Cataluña el conjunto del territorio tiene un potencial de oferta urbana de calidad.

2.   El segundo argumento es político-institucional. Los territorios de baja urbanización, de núcleos medianos y pequeños, tienden hoy a

multiplicar mecanismos de articulación y cooperación entre pequeños municipios que las actuales posibilidades de comunicación facilitan considerablemente. El territorio puede funcionar como una red urbana, una «intranet» real y metafórica, que otorgue al conjunto una capacidad de ofrecer servicios, de atraer población y actividades, de promover proyectos comunes, propios de una ciudad moderna. Este territorio tendrá que generar algunas centralidades y dotarse de algunos equipamientos fuertes y de algunas actividades y perfiles que le den atractivo y visibilidad, de formas políticas nuevas que le permitan desarrollar una capacidad de autogobierno legítimo y dinámico.

Conclusión

¿Todo ello vale, hoy, para áreas deprimidas o marginales? Actualmente es perceptible un cierto renacimiento, una movilización social y cultural que expresa una voluntad de existir, una revalorización de los elementos identitarios. ¿Una reacción «numantina» frente a una irreversible decadencia? Seguramente hay dinámicas en este sentido, pero tendencia no es destino fatal, y las reacciones sociales y las posibilidades objetivas que ya hemos señalado no nos llevan a conclusiones pesimistas.

Los elementos identitarios, la lengua y la historia, el medio natural y las especificidades culturales o de formas de vida, las instituciones del territorio tienen un potencial cohesionador, pero también pueden separar, acentuar divisiones internas y el cierre hacia el exterior. Para que no sea así conviene:

a) Explicitar valores de solidaridad y de progreso que refuercen la unidad, los intereses comunes de unas tierras y unas poblaciones hoy divididas entre municipios (con una historia conflictiva en algunos casos), comarcas, incluso provincias y comunidades autónomas.

b) Definir e impulsar proyectos comunes que tengan un contenido constructivo y viable (por ejemplo en el campo universitario seguramente más que reproducir una versión reducida de grandes universidades como Barcelona convendrá encontrar ámbitos formativos y de investigación específicos, vinculados a la actividad agroalimenticia, al paisaje, a la cultura del agua, etc.).

c) Suscitar acciones e iniciativas que movilicen y cohesionen a una diversidad de sectores sociales y culturales en función de los valores y de los proyectos citados y que tengan un objetivo político concretado en la construcción de formas de autogobierno propias, que no tienen que ser necesariamente las actuales comarcas y marcos provinciales [16 bis].

No hay territorios ni municipios condenados si tienen un proyecto de futuro.

Los derechos en la globalización y el derecho a la ciudad

Los derechos humanos, un desafío global[17]

La globalización ya no es lo que era, o lo que pensamos en la década de los noventa que era o podría ser. Ni los optimistas ni los pesimistas, ni los neoliberales ni los críticos fuimos suficientemente lúcidos para apreciar lo que se nos venía encima. Este inicio de siglo es también el fin de la ingenuidad global. Hay que agradecer al actual gobierno de Estados Unidos, precisamente liderado por un presidente del cual hay razones serias para pensar que es una mezcla de idiota y fanático, con pulsiones criminales incontrolables y utilizado por intereses económicos tan poderosos como poco confesables, que haya desvelado cruelmente la realidad de la globalización tal cual es hoy, y por ahora no conocemos otra.

Concebir el mundo actual a partir de la dicotomía entre excluidos e incluidos, propia de la visión crítica o pesimista de la globalización, sin ser incorrecta, no parece la mejor manera de entenderlo. ¿Los iraquíes o los palestinos son excluidos? Más bien ocupados, oprimidos, pero no excluidos. ¿Los pueblos más pobres y atrasados acaso no sufren por estar globalizados, por ejemplo para la utilización de la mano de obra infantil, y aparecen como excluidos por no ser demanda solvente para los mercados, por ejemplo de los medicamentos? ¿Los inmigrantes, sin derechos ni papeles, son excluidos o ejército de reserva de mano de obra barata y sobreexplotada? Los globalizadores excluyen pueblos y territorios sólo aparentemente, como hizo el capitalismo salvaje primero con las masas populares expulsadas de las zonas rurales y luego con las colonias, sin olvidar las diversas formas de esclavismo[18].

Tampoco es ahora muy útil concebir la globalización como una redistribución de cartas a nivel mundial en la que pueblos y territorios tienen una nueva oportunidad para situarse y conquistar algunas posiciones o nichos ventajosos. Las ciudades europeas mediterráneas, como Barcelona, que han apostado por hacer de este mar un lugar de intercambio económico y cultural privilegiado, ¿cómo se podrán resituar después de las dos guerras del Golfo y de la ocupación norteamericana? ¿Las secuelas de la guerra del 2003 no afectarán por ejemplo a las posibilidades de reposicionarse en los mercados internacionales de países tan potentes como Francia y Alemania?[19].

La globalización hoy no es solamente un proceso económico-financiero y cultural-comunicacional propiciado por la revolución digital. Es también una realidad político-militar imperial, una dominación ejercida por el gobierno de la única superpotencia existente, que hoy no tiene contrapeso alguno y que ha unido una cruzada mesiánica a la realización descarnada de los negocios por parte de grupos económicos multinacionales.

Ante esta realidad, la tendencia que puede manifestarse más espontáneamente es la de la reacción defensiva, proteccionista, aislacionista, que encontrará en los valores «nacionalistas», «localistas», «identitarios» o «indigenistas» sus bases de cohesión y legitimación. Una reacción que parece tan lógica como inevitable en muchos casos y que hoy se expresa, entre otras formas, en la crisis de legitimidad de los gobiernos estatales y de los partidos políticos[20].

No deben desmerecerse los aspectos positivos y renovadores de estas reacciones, que, como ya hemos visto antes, revalorizan territorios y colectivos sociales, tanto en ámbitos urbanos como regionales, aunque también son propicias a la recuperación de valores culturales y formas de poder anacrónicos y escasamente democráticos y estimulan en ocasiones actitudes xenófobas o racistas. Y, sobre todo, no nos parecen suficientes para afrontar los efectos perversos de la globalización unilateral actual.

La globalización imperial-capitalista nos plantea el desafío intelectual de revalorizar, reconstruir y ampliar el universalismo democrático que pugna por ser cultura común de la humanidad desde el siglo XVIII hasta nuestros días. No se trata de inventar ni de repetir fórmulas eurocentristas, o de maquillar el *american way of life* como los Macdonald's se maquillan con algunos productos típicos del lugar. La cuestión es renovar la cultura de los derechos humanos, definir unos valores básicos como horizonte común posible de la humanidad y hacer todo lo necesario para que se formalicen en los marcos jurídicos internacionales, estatales y locales o regionales.

Aunque no sea el tema específico de este libro, nos permitimos seguidamente apuntar siete líneas de desarrollo democrático de los derechos humanos en la globalización que en gran parte se inspiran en la reflexión de un grupo de trabajo del Institut de Drets Humans de Catalunya[21] y de las reflexiones y foros de los movimientos por «otra globalización». Es decir, del emergente «poder ciudadano».

a) Los elementos básicos de la vida, definidos desde la Edad Antigua, parecen hoy más necesarios que nunca: el agua, el aire, la tierra y el fuego (la energía). Estos bienes, en el marco de la globalización, deben ser de propiedad pública, no ser objeto de comercialización y su acceso debe estar garantizado a todos los habitantes del planeta. Lo cual supone:

— La socialización del suelo (sin perjuicio que se pueda arrendar para usos específicos como el agrícola o para cooperativas de vivienda).
— La propiedad pública del agua, gestionada por agencias internacionales independientes, y su distribución gratuita para la cobertura de las necesidades básicas (y la venta para otros usos).
— La protección de la calidad del aire, prohibiendo la venta del derecho a contaminar, por medio de agencias internacionales con capacidad de gestión y de sanción.
— La socialización de la propiedad de todas las empresas productoras y distribuidoras de energía y el acceso a ésta de la población mundial con los mismos criterios que el agua.

b) El derecho a la justicia, a la seguridad y a la paz para todos los pueblos e individuos. Supone combinar el acceso universal a tribunales internacionales y la potenciación de todas las formas de justicia local (incluida la mediación, conciliación, arbitraje, juicios por equidad, etc.). La seguridad y la paz deben estar garantizadas internacionalmente por organismos del sistema de Naciones Unidas y las acciones unilaterales de intervención por la violencia o la coacción deberán ser impedidas o sancionadas.

c) La protección y el desarrollo de los derechos individuales y colectivos constituyen posiblemente una de las cuestiones más complejas, puesto que en nuestra época, por una parte, los valores universales (más o menos formalizados en cartas y tratados) son más actuales que nunca y en ellos se expresa la progresiva valoración de las libertades, derechos y autonomías personales que corresponde a la nueva complejidad de las sociedades urbanas y a la personalización o individualización de la vida social; y por otra, la globalización genera una reacción revalorizadora de las identidades nacionales y, como ya dijimos, de las locales y regionales especialmente (véase el box sobre la crisis de legitimidad política). Las sociedades locales hoy, para complicar más la cuestión, tienden a ser multiculturales, lo que produce una compleja imbricación de los derechos individuales y los colectivos.

Solamente la formalización jurídica de los valores universales podrá permitir discriminar lo que son diferencias culturales de comportamientos que atentan contra los derechos individuales. Las democracias del siglo XXI son necesariamente plurales, y los ordenamientos legales (estatales o supraestatales) deben garantizar los derechos culturales y políticos, incluidos la autodeterminación o el autogobierno de cada colectividad. Pero paralelamente deben protegerse los derechos individuales de todas las personas que habitan un territorio, sea cual sea la identidad cultural dominante y su organización política particular.

d) La igualdad de todas las personas que habitan un territorio requiere políticas positivas respecto a las personas que históricamente sufren discriminaciones de algún tipo, en especial las mujeres. La igualdad de género es un valor universal que no admite hoy ser cuestionado. Asimismo las políticas públicas, las normas legales y las pautas culturales deben posibilitar la igualdad real de las personas «ancianas» y de los niños. En este caso consideramos que el niño debe ser sujeto pleno de derechos desde su nacimiento, sin perjuicio de la protección tutelar que pueda ejercer la familia durante su infancia.

e) Los territorios y las colectividades humanas que los habitan tienen derecho al desarrollo, a permanecer en el lugar en el que tienen memoria, vínculos y proyectos, a progresar según sus valores y las formas de vida que elijan, aunque sean comunidades pobres o marginales respecto a los centros de poder. La globalización, como el viejo imperialismo, en vez de facilitarles medios adecuados para ello, tiende a destruir sus recursos materiales y culturales, a romper su cohesión interna y a provocar procesos disolutorios.

Ante todo hay que proclamar el derecho a la seguridad alimentaria, a la protección de la producción propia, a la garantía de acceso para todos a una producción diversificada y una dieta suficiente, a la libertad de exportación y a la supresión de aranceles (mucho más importante y justa que las «ayudas al desarrollo»). El derecho a la salud supone plantear el control social global de la investigación y de la producción del sector farmacéutico. No es admirable que se invierta más en la investigación cosmética que en la de las enfermedades que causan más mortalidad (malaria, tuberculosis) ni que se nieguen los productos genéricos a los países pobres. La preservación del entorno físico y cultural (sin que suponga un obstáculo para un progreso beneficioso para todos del territorio) es una garantía de futuro. Criterios similares deben aplicarse a territorios y colectividades enclavados en países desarrollados que sufren a la vez procesos agresivos y de abandono o relegación de los entornos.

f) Los inmigrantes y otras poblaciones que sufren discriminación o marginación, especialmente las personas desocupadas o sin recursos económicos monetarios, deben ver reconocidos sus derechos mediante políticas activas de integración, mientras que ahora suele ocurrir lo contrario. Son víctimas muchas veces de procesos globalizados ante los cuales no tienen posibilidad de defenderse y que provocan su emigración o su desempleo.

Con respecto a la población inmigrante es preciso garantizarle algunos derechos básicos que ahora les son negados: la libre circulación, la igualdad político-jurídica en el país en el que fijen la residencia, el mantenimiento de su identidad cultural al tiempo que se facilita su inserción sociocultural. Es el reconocimiento para cada persona del derecho a sobrevivir y a mejorar, a forjarse un proyecto de vida. El derecho al cambio es también un derecho humano.

La población sin recursos económicos o sin empleo debe recibir siempre un «salario ciudadano», y debe promoverse su inserción en programas de formación continuada o de apoyo a pequeñas iniciativas. Se puede discutir si el salario ciudadano debe generalizarse a toda la población o no o si debe vincularse a la participación en tareas sociales, pero no parece posible proclamar libertades y derechos para todos si una parte de la población no tiene recursos económicos que le proporcionen a la vez medios elementales de vida y autonomía individual.

g) El derecho a la información. La globalización supone un enorme movimiento de informaciones en todas las direcciones, pero las que muchas veces afectan a la mayoría de las poblaciones del mundo no les son accesibles. Las organizaciones sociales y cívicas de todo tipo, los centros de estudios y de investigación, los sindicatos y cooperativas, etc., deben poder acceder a las informaciones políticas, financieras o culturales que ahora están reservadas casi siempre a minorías de poder económico o político. Las actuales tecnologías de comunicación lo permiten, aunque los privilegios de los gobiernos y de los grupos económicos lo impiden.

Si los lectores permiten una licencia al autor, nos parece que sería una buena iniciativa estimular a la humanidad a inventarse causas que se convirtieran en derechos. El derecho a ser diferente, el premio a la originalidad, el derecho a la tranquilidad de espíritu, o a que te dejen en paz, el derecho a no reunirse, el derecho a no aburrirse. Y el derecho a ser felices o a hacer la revolución. La que más guste, la que más les guste. (Un libro no es serio si el autor se lo toma muy en serio.)

Volvamos al tema, a la ciudad, al derecho a ciudad.

El derecho a la ciudad

En el texto que sigue a continuación proponemos un catálogo, obviamente no exhaustivo, de derechos urbanos como contribución a la renovación de la cultura política en el ámbito de la ciudad y del gobierno local. La legitimación de las demandas locales y la síntesis entre valores universalistas y prácticas políticas territoriales requieren la formulación de derechos que permitan desarrollar un combate democrático por la justicia en la ciudad[22].

1. *Derecho a la vivienda y al lugar*. La gente tiene derecho a mantener su residencia en el lugar donde tiene sus relaciones sociales, en sus entornos significativos. O a tener la posibilidad de ir a otro de su libre elección. El derecho a la vivienda supone una oferta garantizada por los poderes públicos diversificada y accesible al conjunto de la ciudadanía. Todas las personas que viven en un lugar que han contribuido a construir, en el que están arraigadas y que proporciona sentido a su vida deben poder continuar viviendo en él, obtener ayuda pública para su mejoramiento y derecho al realojo en la misma área si ésta se transforma por medio de políticas de desarrollo urbano o de rehabilitación de hábitats degradados o marginales. Las autoridades locales protegerán a las poblaciones vulnerables que puedan sufrir procesos de expulsión por parte de las iniciativas privadas. El derecho a la vivienda está integrado necesariamente en el derecho a la ciudad. La vivienda, si no está integrada en un tejido urbano articulado con el resto, en el que conviven poblaciones y actividades diversas, puede suponer, de hecho, la marginación de los sectores de bajos ingresos (la exclusión territorial).

2. *Derecho al espacio público y a la monumentalidad*. La ciudad es hoy un conjunto de espacios de geometría variable y de territorios fragmentados (física y administrativamente), difusos y privatizados. El espacio público es una de las condiciones básicas para la justicia urbana, un factor de redistribución social, un ordenador del urbanis-

mo vocacionalmente igualitario e integrador. Todas las zonas de la ciudad deben estar articuladas por un sistema de espacios públicos y dotadas de elementos de monumentalidad que les den visibilidad e identidad. Ser visto y reconocido por los otros es una condición de ciudadanía.

3. *Derecho a la belleza.* El lujo del espacio público y de los equipamientos colectivos no es despilfarro, es justicia. Los programas públicos de vivienda, infraestructuras y servicios deben incorporar la dimensión estética como prueba de calidad urbana y de reconocimiento de necesidad social. Cuanto más contenido social tiene un proyecto urbano, más importante ha de ser la forma, el diseño, la calidad de los materiales...

4. *Derecho a la identidad colectiva dentro de la ciudad.* La organización interna del espacio urbano debe facilitar la cohesión sociocultural de las comunidades (barriales, de grupos de edad, étnicas, etc.). La integración ciudadana es más factible si las personas están también insertas en grupos referenciales próximos. La ciudadanía es pluridimensional y requiere integraciones colectivas múltiples, bien para adherir, participar o confrontarse. Para los «excluidos» la integración grupal conflictiva es indispensable para conseguir su reconocimiento.

5. *Derecho a la movilidad y a la accesibilidad.* Hay que tender a igualar las condiciones de acceso a las centralidades y la movilidad desde cada zona de la ciudad metropolitana. Estos derechos son hoy indispensables para que las llamadas libertades urbanas o posibilidades teóricas que ofrece la ciudad sean realmente utilizables. El derecho a moverse con facilidad por la ciudad metropolitana debe universalizarse, no reservarse a los que disponen de vehículo privado. La accesibilidad de cada zona es indispensable.

6. *Derecho a la centralidad.* Todas las áreas de la ciudad metropolitana deben poseer lugares con valor de centralidad y todos los habitantes deberían poder acceder con igual facilidad a los centros urbanos o metropolitanos. En la ciudad metropolitana la articulación de los centros viejos y nuevos, el acceso y la recalificación de los centros históricos no sólo de la ciudad central sino también de las áreas periféricas, la creación de nuevas centralidades polivalentes en sus funciones y mixtas en su composición social son elementos consustanciales de la democracia urbana. Las centralidades marcan las principales diferencias entre las ciudades. La adecuada relación centralidades-movilidades es hoy una de las condiciones básicas para el funciona-

miento democrático de las ciudades. La pluralidad de centralidades se vincula a la superación de las dinámicas segregadoras y especializadoras de los territorios: el urbanismo de la ciudad del siglo XXI debe optar por el collage, la mezcla, la diversidad de poblaciones, actividades y usos plurales de los espacios.

7. *Derecho a la conversión de la ciudad marginal o ilegal en ciudad de ciudadanía.* Las políticas públicas deben desarrollar políticas ciudadanas en los márgenes, legalizar y equipar los asentamientos, introducir en ellos la calidad urbana y la mixtura social, promover formas originales de participación ciudadana que se adapten a las características de poblaciones especialmente vulnerables. Los grandes proyectos de infraestructuras de comunicación o económicas que se realizan en las periferias o los proyectos comerciales o inmobiliarios deben ser siempre constructores de la ciudad, es decir, incorporar programas de vivienda y de urbanización básica, así como elementos de monumentalidad.

8. *Derecho al gobierno metropolitano o plurimunicipal.* Sin perjuicio de la importancia democrática y funcional de los ámbitos nacionalitarios o regionales (federalización de los estados grandes o medianos), los ciudadanos tienen derecho, por razones de participación y de eficacia de la gestión pública, a un gobierno de proximidad. En las regiones más urbanizadas este gobierno debe tener una dimensión plurimunicipal o metropolitana. No se trata de suprimir los municipios, pues incluso los pequeños son ámbitos de representación y de gestión (a veces muy limitada) válidos. Pero casi siempre la gestión pública de proximidad requiere ámbitos de planificación y programación, de gestión de servicios costosos y de redistribución de recursos, que abarcan una diversidad de municipios. Deberemos plantearnos la elección directa de estos gobiernos para que adquieran una mayor legitimidad democrática. Y para garantizar que se tiene más en cuenta a las personas que los kilómetros cuadrados.

9. *Derecho a la innovación política.* Los gobiernos locales y regionales deben recoger las demandas sociales para innovar en cuanto a sistemas electorales, mecanismos de participación, instrumentos de planeamiento y de gestión, etc. Por ejemplo, el planeamiento estratégico es una innovación política aún no recogida por el derecho público. Las relaciones entre administraciones y actores públicos y privados deben incorporar cada vez más formas contractuales y no únicamente jerárquicas o compartimentadas.

10. *Derecho al acceso y al uso de las tecnologías de información y comunicación.* Las administraciones públicas no sólo deben proteger y garan-

tizar este derecho, sino también utilizar las TIC para democratizar realmente al acceso de todos a los servicios de interés general. Derecho al uso social de las actuales tecnologías de información y comunicación, especialmente en las relaciones con las administraciones públicas (por ejemplo, ventanilla única). Barrios y viviendas tienen, todos, derecho al cableado.

11. *Derecho a la ciudad como refugio.* La ciudad debe asumir áreas de refugio para aquellos que por razones legales, culturales o personales necesiten durante un tiempo protegerse de los aparatos más represivos del Estado, en tanto que las instituciones democráticas no son capaces de protegerlos o integrarlos. Por otra parte, estas áreas-refugio forman parte de la oferta urbana como aventura transgresora.

12. *Derecho a la protección por parte del gobierno de proximidad ante las instituciones políticas superiores y las organizaciones y empresas prestadoras de servicios.* El gobierno local debe actuar de defensor de oficio de los ciudadanos en tanto que personas sometidas a otras jurisdicciones y también en tanto que usuarios y consumidores. Esta protección por parte de los gobiernos locales deberá compensar la tendencia a la gestión indirecta o a la privatización de servicios y la consiguiente reducción de la función pública. Por otra parte, la complejidad del consumo social aumenta la dependencia de los ciudadanos respecto a las empresas de servicios y de distribución comercial que muchas veces actúan en mercados oligopólicos.

13. *Derecho a la justicia local y a la seguridad.* Hoy la justicia es inaccesible para la mayoría de ciudadanos (por su coste, lentitud, etc.). La seguridad es vista principalmente en términos de represión y se plantean políticas de seguridad sobre todo cuando la «inseguridad» afecta a sectores medios y altos y a agentes y representantes de las instituciones. La justicia local, de base municipal, y la seguridad como actuación concertada entre la institución local y la sociedad civil organizada son hoy demandas inaplazables de las mayorías ciudadanas, en la medida en que pueden asegurar una prevención más eficaz y si es preciso una reacción sancionadora más rápida.

14. *Derecho a la ilegalidad.* Paradójicamente tanto los colectivos sociales como, a veces, las instituciones locales deberían asumir el coste de promover iniciativas ilegales o alegales para convertir una demanda no reconocida en un derecho legal (por ejemplo, para obtener la reversión de uso de espacio público congelado por una institución estatal). Es decir, se trata de demandas que se pueden considerar «legítimas», aunque no sean legales. Los ejemplos son las sentencias

absolutorias de los okupas, la tolerancia oficial en áreas urbanas deli-
mitadas, respecto al tráfico de droga, el uso social efímero o definitivo de espacios privados con vocación pública, etc.

15. *Derecho al empleo y al salario ciudadano.* El ámbito urbano-regional
debe garantizar un rol social que proporcione ingresos monetarios,
es decir, remunerados, al conjunto de la población activa. Además
de las iniciativas generadoras de empleo (por ejemplo, servicios de
proximidad, ecología urbana, etc.), es en este ámbito en el que se
pueden experimentar y gestionar algunas formas de «salario ciudadano» y de «formación continuada para todos». El espacio urbano-regional puede ser un marco de gestión de estas políticas entre gobiernos de proximidad y organizaciones sindicales y sociales.

16. *Derecho a la calidad del medio ambiente.* Como derecho a una calidad de vida integral y como derecho a preservar el medio para las
generaciones futuras. Este derecho incluye el uso de los recursos naturales y energéticos, el patrimonio histórico-cultural y la protección
frente a las agresiones a la calidad del entorno (contaminaciones,
congestiones, suciedad, fealdad, etc.).

17. *Derecho a la diferencia, a la intimidad y a la elección de los vínculos personales.* Nadie puede sufrir discriminación según sus creencias, sus
hábitos culturales o sus orientaciones sexuales, siempre que se respe-
ten los derechos básicos de las personas con las que se relacione. Todo
tipo de vínculo personal libremente consentido (por ejemplo, parejas
homosexuales) merece igual protección. No hay un modelo de vida
personal o familiar que tenga derecho a más protección que otro.

18. *Derecho de todos los residentes en una ciudad a tener el mismo estatus
político-jurídico de ciudadano.* Y por lo tanto igualdad de derechos y
responsabilidades. La ciudadanía debe distinguirse de la nacionalidad (que en el marco de la globalización y de las uniones políticas
supraestatales debe perder su actual carácter absoluto, es decir, la facultad de proporcionar un estatuto diferenciado). Es la relación con
un territorio —con un entorno social— lo que debe determinar el
estatuto legal.

19. *Derecho a que los representantes directos de los ciudadanos tanto institucionales* (gobierno local y/o regional) *como sociales* (organizaciones
profesionales, económicas, sindicales, territoriales, etc.) participen o
accedan a las conferencias y organismos internacionales que tratan
cuestiones que les afectan directamente.

20. *Derecho de los ciudadanos a igual movilidad y acceso a la información
transversal* similar al que poseen los capitales privados y las institu-

ciones públicas. Derecho a acceder a todo tipo de información emanada de los organismos públicos y de las empresas de servicios de interés general. Derecho a la movilidad física completa en los espacios políticos y económicos supranacionales en los que se encuentran inmersos.

21. *Derecho de los gobiernos locales y regionales y de las organizaciones ciudadanas a constituir redes y asociaciones* que actúen y sean reconocidas a escala internacional. Este derecho incluye tanto el reconocimiento por parte de la ONU y de todos sus organismos y programas como de organizaciones mucho menos transparentes (como la Organización Mundial del Comercio o el Banco Mundial). La regulación de los procesos globalizados no la realizarán únicamente los gobiernos de los estados y los grandes grupos económicos, como el fracaso del AMI acaba de demostrar.

Por una declaración actualizada de los derechos y deberes de la ciudadanía. Los actuales procesos territoriales (como la segmentación entre municipios ricos y pobres), económicos (como las decisiones de agentes deslocalizados) y culturales, como las nuevas formas de racismo y xenofobia, requieren un compromiso solemne de los poderes públicos de garantizar los derechos y deberes de los ciudadanos que incorporen los nuevos derechos urbanos. Véanse las recientes cartas y declaraciones de Porto Alegre (1999) y París-St. Denis (2000).

El *desarrollo y la legitimación de estos derechos* dependerán de un triple proceso:

— Un proceso cultural, de hegemonía de los valores que están en la base de estos derechos y de su explicitación o especificación.
— Un proceso social, de movilización ciudadana, para conseguir su legalización y la creación de los mecanismos y procedimientos que los hagan efectivos.
— Un proceso político-institucional para formalizarlos, consolidarlos y desarrollar las políticas para hacerlos efectivos.

En la medida en que en muchos casos estos derechos aparecen como una novedad política y no tienen aún el suficiente arraigo social, el rol de los intelectuales, a la vez como fuerza sociocultural y como colectivo capaz de definir los contenidos y las motivaciones de estos derechos, es hoy fundamental. En esta etapa histórica el desafío que el territorio plantea a la intelectualidad exige un gran coraje moral y una considerable audacia política.

BOX 7.1

El resurgimiento de las ciudades

Mireia Belil

Actualmente hay más de 300 regiones urbanas en el mundo con más de un millón de habitantes. Las regiones urbanas funcionan cada vez más como nodos espaciales de la economía global y como agentes diferenciados.

Las regiones urbanas son más y más esenciales en la vida moderna y han reactivado su sentido como bases de todas las formas de actividad productiva. La ciudad pierde su rol en favor de las regiones urbanas. Eso hace esencial la construcción de las alianzas territoriales.

La jerarquía clásica de los sistemas urbanos nacionales se rompe con distintos resultados según los países. Se establece una jerarquía de escalas territoriales, de relaciones económicas y de gobernabilidad interrelacionadas. Aunque no se dispone de un sistema de regulación mundial, se tiende a la creación de grandes espacios regionales de regulación y coordinación (NAFTA, MERCOSUR, UE) que comportan una regulación supranacional y procesos de descentralización. A pesar de ello, los estados nacionales siguen siendo esenciales pero se están transformando rápidamente.

En este contexto se produce un resurgimiento de las regiones urbanas, básicamente respondiendo a necesidades económicas: las actividades se localizan en *clusters* como una respuesta estratégica a la creciente competencia económica que aumenta la incertidumbre y premia la innovación y el aprendizaje. La concentración locacional permite aumentar la flexibilidad y aprovechar los recursos existentes. Las regiones urbanas empiezan a funcionar como plataformas territoriales desde las cuales grupos concentrados o redes de empresas compiten y tienen un rol en los mercados globales. Esta capacidad económica obliga a buscar en paralelo el desarrollo de una capacidad institucional y una política para aprovechar los procesos de la globalización a su favor. La concentración urbana aumenta la productividad del sistema productivo a través de la concentración, que asegura la eficacia del sistema económico y al mismo tiempo intensifica la creatividad, el aprendizaje, la innovación, tanto por el incremento de flexibilidad de los productores como por las transferencias de ideas y conocimiento en las redes urbanas.

Las redes se convierten en el punto de partida de nuevas expansiones urbanas y en el punto de enlace con los mercados mundiales. Las redes intensas son las que permiten competir en mercados cada vez más extensos y globales.

En este contexto, la geografía social de las regiones urbanas se transforma con nuevos retos sociales y políticos. Crece la heterogeneidad cultural y demográfica por las migraciones, abriéndose tanto posibilidades de grandes conflictos como nuevas oportunidades para la movilidad social. Las desigualdades sociales y espaciales también se incrementan, y se reflejan en el crecimiento de los dependientes en el *welfare* y de los llamados trabajadores pobres que a pesar de tener un sueldo no consiguen una vida decente en estas regiones urbanas. A nivel territorial se producen transformaciones en la morfología de las regiones urbanas con el desarrollo de aglomeraciones policéntricas y multiclusterizadas y con el rápido crecimiento de las *edge cities* o las periferias y procesos paralelos de descentralización y de recentralización de las áreas urbanas. Las grandes regiones urbanas constituyen el espacio preferencial de la nueva economía global.

El mosaico de grandes regiones urbanas también tiene necesidad de búsqueda de soluciones de gobernabilidad con distintos objetivos, como son el equilibrio adecuado entre cooperación y competencia entre empresas, para asegurar el crecimiento a largo plazo vía el *pooling* de recursos y el aprendizaje mutuo, pero también la coordinación de las interacciones entre unidades políticas distintas y la codificación de las distintas prácticas locales, como el establecimiento de reglas fijas de gobierno o compromisos basados en reglas flexibles de negociación intergubernamental e interindividual.

BOX 7.2

Participación ciudadana[23]

J. B.

La participación ciudadana depende en gran medida de la voluntad política del gobierno local, de su estilo de relación con la población, de los instrumentos normativos, informativos y de cooperación que ha podido crear, tales como:

— Reglamentos de participación ciudadana.
— Oficinas de información, radio y televisión locales.
— Apoyo a las asociaciones ciudadanas y partenariados.

Consejos de participación ciudadana

Los consejos regulados y estables son de dos tipos principales:

1. Consejos de base territorial (por ejemplo consejo económico-social, consejo de bienestar social, consejo de entidades...).
2. Consejos sectoriales (por ejemplo consejo escolar, de transportes, de urbanismo, de seguridad humana, de jóvenes, de mujer, de inmigración...).

Los consejos ad hoc para una temática específica y limitada en el tiempo, aunque puede estabilizarse:

1. Consejos ciudadanos (ciudadanos elegidos aleatoriamente).
2. Foros temáticos o mesas (por ejemplo energía, transporte público, etc.).
3. Encuestas deliberativas.
4. Agendas 21 (del medio ambiente, de derechos culturales, programa educativo de ciudad, etc.).
5. Talleres prospectivos y observatorios.

En este tipo de consejos la participación tiene un rol principalmente consultivo, que puede ser crítico, cooperativo, de propuesta o de control, pero también crea marcos de debate que contribuyen a la orientación de las políticas públicas y a la cooperación ciudadana.

Planes o programas y presupuestos

a) Planes o programas de actuación municipal.
b) Planes de urbanismo.
c) Planes estratégicos.
d) Planes comunitarios (o integrales).
e) Presupuestos participativos.

Estos instrumentos inciden directamente en la orientación de las políticas públicas y permiten combinar la participación de las entidades con la de ciudadanos individuales. Las diferentes dimensiones de la participación ciudadana aparecen vinculadas: información y comunicación, confrontación conflictual y cooperación, deliberación antes de la aprobación formal y seguimiento o control de la gestión o ejecución posterior.

Los instrumentos de la democracia directa y la participación individualizada son aquellos instrumentos y procedimientos participativos que se dirigen directamente a los ciudadanos, sin que sea necesaria la intervención de las asociaciones ni la delegación mediante representantes. Son:

a) Consulta popular.
b) Iniciativa ciudadana.
c) Autogestión o partenariado de programas, proyectos, equipamientos o servicios públicos.

Los instrumentos más específicos de la participación individual:

a) Derecho de petición, sugerencias y quejas.
b) Derecho a participar en las audiencias públicas.
c) Derecho a recibir información y comunicación municipal.

La mediación y los *ombdusman* son instrumentos no estrictamente de participación, sino de resolución de conflictos entre los ciudadanos y las administraciones públicas o en el seno de la sociedad civil que no pueden o no quieren utilizar la vía judicial o el recurso administrativo.

BOX 7.3

La democracia digital: participación y tecnologías de la información y la comunicación (TIC)

Extraído por M. D. del texto original de mismo título de Mireia Belil.

Internet y las tecnologías de la información y la comunicación (TIC) permiten la generación, la difusión y el acceso a la información en cantidades y velocidades hasta ahora desconocidas, abriendo posibilidades de desarrollo de una nueva cultura participativa. Sin embargo, no hay que olvidar que Internet es sólo una infraestructura, y que hace falta cambiar la política para potenciar las oportunidades que ofrece la red.

La participación a través de las TIC

La difusión de las TIC en el ámbito de la gestión local se puede explicar a partir de tres procesos diferenciados que incluyen la digitalización de información, el desarrollo de la administración electrónica y la democracia electrónica. La aplicación de la Agenda 21, los planes de desarrollo urbano y el modelo de futuro de la ciudad han sido tres áreas temáticas en las que más se ha trabajado el desarrollo de la participación *on line*.

Algunas posibilidades que abren las TIC y que los ayuntamientos deben considerar son:

— acceso a la información municipal y consulta de documentos
— voto electrónico
— voto *on line*
— consulta digital
— creación de debates públicos
— reserva de espacio para el consejo de vecinos
— recogida de quejas y sugerencias
— apertura de los consejos municipales a toda la ciudadanía
— comunicación con los políticos

Tejido asociativo y TIC

Desde el principio de los noventa se han ido desarrollando movimientos sociales que se apoyan en Internet para su crecimiento y difusión. Estos movimientos se centran fundamentalmente en valores culturales, se organizan y se refuerzan a través de la red e impactan a todo el mundo a través de los medios de comunicación (por ejemplo movimientos antiglobalización). Estas dinámicas también se reflejan a nivel local. Las redes ciudadanas desarrolladas a partir de finales de los ochenta son uno de los fenómenos más interesantes de los últimos años.

Desempeñan un papel esencial en la estructuración de relaciones entre personas que antes estaban aisladas y generan un intercambio horizontal de gran valor social. Contribuyen también al fortalecimiento de la cohesión social a través de la alfabetización y entrada en la sociedad de la información, el fomento de la participación de las personas en la vida local y la difusión de nuevas prácticas productivas.

A nivel internacional son muy conocidas Amsterdam Digital City, el proyecto Iperbole de Bolonia o la red cívica de Brest. En Cataluña ya se han consolidado iniciativas de gran interés ciudadano, como Ravalnet o Cornellanet.

Las TIC permiten nuevas formas de militancia y facilitan el trabajo a distancia.

Las entidades ciudadanas siguen siendo esenciales en la organización y expresión de la ciudadanía, pero para que puedan desempeñar un papel en la sociedad en red se tiene que asegurar su funcionamiento democrático.

Los medios de comunicación locales

Gracias a las TIC el espacio mediático se ha transformado en espacio público. Los medios de comunicación locales son instrumentos de relación y socialización que ayudan a la consolidación de identidades y a la creación de sentidos de pertenencia a una sociedad local común. Además, estos medios se han desarrollado como expresión de las diferentes culturas urbanas, como un reflejo de la diversidad en la que crecen nuestras ciudades. Como tales, se han utilizado como plataformas locales de participación, junto a los mecanismos tradicionales.

Los retos de la administración local

A pesar de las grandes expectativas puestas en Internet y las TIC para el desarrollo de la democracia y la multitud de experiencias que existen en todo el mundo, todavía hay pocos ejemplos consolidados de participación ciudadana, cotidiana, permanente e interactiva. Las TIC ofrecen nuevas posibilidades, pero sus procesos de desarrollo y despliegue generan desigualdades y problemas que pueden hipotecar algunas de sus mejores oportunidades. Los gobiernos tienen que afrontar una serie de retos y ser conscientes de las limitaciones que existen para el uso de las TIC para la promoción de la participación ciudadana. Por ejemplo: el acceso universal, la alfabetización digital, la capacidad de tratar información, la cultura política dominante, la cultura de trabajo en la administración, la protección de las libertades individuales, la protección y confidencialidad de los datos y transacciones, la interconexión de ficheros y bases de datos y la legislación vigente.

BOX 7.4

Tecnologías de la información y comunicación: instrumento para redes ciudadanas y solidarias

J. B. a partir del texto *Technologies de l'information et de la comunication: mobiliser les outils au service des solidarités* de Valerie Peugeot (VECAM, Francia).

Las TIC a veces se nos presentan como un instrumento de la globalización financiera, e incluso como una amenaza para el empleo y la actividad de los territorios locales. O como un mecanismo de control social y de reducción de las libertades públicas. Pero también pueden servir para lo contrario. Para que pequeñas y medianas empresas trabajen en red, para potenciar y proyectar al exterior territorios que parecían condenados o... para impulsar redes ciudadanas locales y globales.

En primer lugar, se trata de evitar o reducir al mínimo la fractura o la exclusión digital en territorios locales y regionales:

— Puntos de acceso público a Internet, en barrios y municipios de bajo nivel económico y cultural, preferentemente situados en centros sociales o culturales (todo el mundo debe tener acceso a menos de 500 m, como en Brest, Francia).
— Programas locales de venta a bajo coste o a precio simbólico de ordenadores a todas las familias y de monitoreo para adultos (ejemplo, entre otros, Bolonia).
— Equipamiento de ordenadores en todas las escuelas y centros culturales o bibliotecas barriales.
— Creación de intranet que conecte a toda la población de un barrio o comarca (ejemplo en Callús, provincia de Barcelona).
— Acceso de todos los territorios a la banda ancha, que debe considerarse un servicio de interés general, independiente de la rentabilidad económica de la red (es indispensable para usos no mercantiles, como el funcionamiento de redes ciudadanas, acceso a la información y documentación, etc.).

Los gobiernos locales desempeñan un papel esencial en la democratización de las TIC. Las iniciativas citadas corresponden casi siempre a estos gobiernos o a organizaciones no gubernamentales.

Un segundo campo de actuación, propio de los gobiernos locales, es la reconversión de sus modos de gestión y de relación con la ciudadanía mediante la informatización de sus servicios. Se trata de facilitar la relación individual o colectiva con todos los ciudadanos, desde el teléfono hasta Internet, que se complementan, para informar, recibir quejas, demandas o sugerencias, dar respuestas, etc. La participación ciudadana puede enriquecerse mucho a través de esta comunicación. Asimismo el «Internet ciudadano» conducirá a un replanteamiento de la organización municipal y de sus servicios para adaptarse a nuevas demandas, más específicas de los distintos públicos.

Por último cabe citar la importante contribución que desarrollan algunas ONG en la creación y funcionamiento de redes ciudadanas en áreas ocupadas por poblaciones con dificultades para crear tejido social y para hacerse escuchar por las instituciones. Los ejemplos son muy numerosos. Por ejemplo la creación de diarios *on line* en favelas (Riofavela), la participación en televisiones y radios comunitarias (Ravalnet en Barcelona), el asociacionismo en red de mujeres inmigradas (por ejemplo Axe cyberfemmes en Belleville, París) o las clases a niños de origen inmigrante (asociación Cracboumhue, en París), el programa cyberpobobolong para la promoción de los productores de la economía informal (asociación Enda, en Dakar), etc. Se trata del uso de las TIC al servicio de las redes ciudadanas.

La importancia global adquirida por las redes ciudadanas se manifiesta hoy también en el plano directamente político. El movimiento «antiglobalización» (por «otra globalización», para ser más exacto) existe hoy gracias a las TIC. Si en los años sesenta los movimientos contra la Guerra de Vietnam tardaron años en construir un sistema de coordinación, y éste siempre funcionó muy limitadamente, en el año 2003 la respuesta local coordinada globalmente a la Guerra de Irak se ha construido en días.

BOX 7.5

De la ciudad ilegal a la ciudad legal y sobre el derecho a la ilegalidad para conquistar los derechos

J. B.

La ciudad como espacio público abierto «necesita» de áreas ilegales o alegales, territorios de supervivencia porque en ellos se puede obtener alguna protección y algunos excedentes de los bienes y servicios urbanos

—«zonas rojas» en América Latina, *downtowns* degradados, «slumiza-dos» en Estados Unidos, nuestros «ravales»— u ocupando precariamente excedentes de viviendas o de suelo en los márgenes. El camino hacia la ciudadanía requerirá un doble proceso político-jurídico: por un lado la del habitante (papeles, ocupación) y por otro la del territorio y la vivienda, ya sea el ocupado u otro alternativo. De todas maneras, un proceso puede dinamizar el otro o viceversa.

En todos estos casos aparece precisamente como elemento común la necesidad de ampliar los márgenes de la legalidad. Somos conscientes de que el derecho es la garantía de justicia, y que proclamar la ilegalidad como práctica social en un Estado de derecho puede entenderse como propiciar la arbitrariedad y el privilegio de los fuertes. Y no sólo resulta paradójico el mismo concepto de derecho a la ilegalidad, sino también reclamar este derecho para instituciones del propio Estado, las locales o regionales, a las que además hemos tildado, en tanto que instituciones ocupadas por cúpulas partidarias y administrativas, de renuentes a la innovación política.

Todo esto es cierto, si se analiza estáticamente. Pero no lo es tanto si lo vemos como un proceso en el que intervienen dialécticamente los movimientos sociales ciudadanos y la evolución de la opinión pública. A su vez los poderes locales y regionales se refuerzan y se renuevan confrontándose con aparatos del Estado central y amplían los marcos legales estrechos y rígidos. Todo ello acentúa las contradicciones en el seno de las instituciones políticas y judiciales del Estado y de las instituciones supraestatales.

El derecho a la ilegalidad es eficaz si se apoya en valores universales y principios generales del derecho que están recogidos en las constituciones y declaraciones o cartas de derechos mundiales, internacionales o nacionales. Es decir, la ilegalidad jurídica es relativa y se apoya en la legitimidad moral o social.

La iniciativa alegal y sobre todo ilegal de una institución política debe contar con un apoyo social muy fuerte en su territorio para que no conduzca a un fracaso que signifique un retroceso en vez de un progreso. Esta iniciativa será tanto más eficaz cuanto más pueda incidir en las contradicciones del sistema político y jurídico en cuyo marco se realiza. El éxito de la iniciativa no consistirá únicamente en que se consiga inmediatamente el objetivo perseguido (muy difícil casi siempre), sino en que se inicie o se acelere un proceso de cambio político y legal.

Los movimientos ciudadanos y las instituciones políticas locales y regionales deben por lo tanto tomar iniciativas que se apoyen en la legitimidad de los valores que las justifican, que cuenten con un apoyo social fuerte y que respondan a problemáticas que les son propias. A partir de ello hay que tomar la decisión de impulsar acciones destinadas a cambiar el marco legal ejerciendo una fuerza que inevitablemente, en muchos casos, va más allá de la legalidad específica y de la práctica administrativa. Pero con un objetivo claro: convertir el derecho a la ilegalidad en la legalidad de los derechos necesarios y legítimos.

La paradoja del derecho a la ilegalidad resulta de la dificultad de transformar el marco legal dentro de los cauces de la legalidad existente. En teoría es posible; en la práctica no siempre lo es. El conservadurismo de las instituciones, la rigidez de las normas, el «corporativismo» partitocrático y burocrático, la desigual distribución de poder dentro de los propios aparatos o instituciones del Estado, la exclusión de amplios sectores de la sociedad son, entre otros, los factores que bloquean o frenan la innovación política. En muchos casos el conflicto sociocultural y su exigencia de reforma político-jurídica debería asumir con audacia el riesgo de la alegalidad, reivindicar la paradoja del «derecho a la ilegalidad» para convertir en derecho lo que era antes no legal o ilegal.

¿Cuándo es posible esta conversión, cuándo es realista plantearse una iniciativa política o institucional o una acción colectiva más allá de los márgenes o cauces legales? Cuando se dan algunas condiciones, como:

a) La legitimidad social o la aceptación por parte de amplios sectores de la opinión pública de los valores y de las demandas que motivan la iniciativa.

b) La referencia a valores formalizados política o jurídicamente en cartas universales de derechos (por ejemplo derechos humanos, derechos del niño, declaraciones internacionales contra el racismo y la xenofobia, etc.) o en principios generales del derecho recogidos en textos de alto rango jurídico (por ejemplo constituciones, leyes fundamentales u orgánicas).

c) La autoridad o el prestigio de una institución o de un movimiento social o intelectual cuyos valores y objetivos no son percibidos como partidistas, interesados o particularistas.

BOX 7.6

La ciudad multicultural

Mireia Belil y Albert Serra

La ciudad es el hábitat preferente de la población mundial, y se consolida como entorno, hábitat y catalizador de la diversidad cultural, de la convivencia y también de los conflictos cotidianos.

La ciudad, en un mundo que cada vez es más pequeño y acelerado, del que se perciben claramente los límites físicos, potenciales y sociales, debe ser capaz de facilitar a sus habitantes los medios para vivirla, para modelar los sistemas económicos, las relaciones sociales y el urbanismo en función de las necesidades, aspiraciones y proyectos colectivos de sus ciudadanos.

Las ciudades experimentan procesos complejos de diversificación social, cultural y política. Las poblaciones de las ciudades se multiplican y se fragmentan las líneas de identificación. Cada vez hay más personas que son ciudadanas de un país y residen en otro, que pertenecen a una comunidad y pasan gran parte de su vida en otra, que mantienen relaciones intensas con sus comunidades de origen, que construyen su sentido de pertenencia de forma múltiple y basado en distintos lugares...

Una parte importante de los habitantes de nuestras ciudades no son ciudadanos de pleno derecho (hasta 15 millones de personas en Europa, aproximadamente el 5 por ciento de la población total). Esta situación plantea serias cuestiones de representación, legitimación y participación. En paralelo, las nuevas tecnologías permiten a una parte de los inmigrantes participar como ciudadanos en los países de origen. Este tipo de procesos disgregan la ciudadanía de los territorios en los que las personas viven.

Las ciudades adquieren un papel cada vez más relevante en términos de los elementos sustantivos de la ciudadanía al crear las condiciones materiales y sociales que capacitan a las personas para funcionar con cierto grado de autonomía, formular ideas políticas, proyectos sociales... y llevarlos a cabo. Estas condiciones se estructuran a diversos niveles, pero se experimentan muy directamente a nivel local. El capital social se genera básicamente a nivel local.

Las comunidades urbanas de la actualidad no se organizan necesariamente basándose en una serie de características comunes como la identidad. En este caso, ¿cómo puede conseguirse el establecimiento de una relación y sentido de pertenencia para un proyecto común?

¿Cómo se generan los proyectos colectivos en un entorno cada vez más móvil, temporal y diverso? ¿Qué pueden hacer los entornos urbanos y especialmente los gobiernos locales para generar ese sentido de pertenencia que permita la generación de entornos sociales y urbanos seguros que permitan el desarrollo de las personas como individuos y como colectivos? ¿Cómo se consigue compartir valores, ilusiones y futuro en un entorno cada vez más diverso?

Los gobiernos locales tienen una importante función en la construcción de la convivencia en entornos sociales diversificados. Son los principales agentes de la gestión de los procesos de integración de la población (asentados y recién llegados). Asimismo son los que están en mejor disposición de definir el escenario político concreto en el que se produce el cambio social. Los gobiernos locales han de participar activamente en la gestión de la política de bienestar y en la creación de las condiciones para la generación de un nuevo espacio para la convivencia.

Este trabajo es arduo tanto por sus distintas dimensiones como por la propia complejidad del proceso y del objetivo. Las condiciones para la creación de un nuevo espacio de convivencia han de permitir el posicionamiento y definir un modelo de comunidad y de convivencia, promover el desarrollo de políticas concretas y coherentes, encauzar la gestión de conflictos en un escenario de diversidad, así como facilitar la labor del conjunto de los agentes sociales y la priorización de los ámbitos de actuación de las organizaciones públicas. Este proceso multidimensional comporta la definición colectiva y consensuada de un modelo de incorporación, de dirección estratégica del proceso, de acción de gobierno y finalmente un modelo organizativo.

En todos ellos se ha de realizar la gestión estructural de los procesos (la ley), la gestión contingente e informal del día a día, la gestión estratégica del desarrollo del modelo de ciudad en un entorno diversificado y finalmente, pero no menos importante, la gestión de la *zona oscura*, aquella que promueve los entornos y los espacios no formalizados para los procesos de transición y que puede resultar en la integración o la guetización.

Existen distintos ejemplos de gestión de estos procesos, entre los cuales destaca la creación y gestión de un espacio público inclusivo e identitario, el desarrollo de la estrategia de la ciudadanía con la creación de proyectos e ilusiones colectivas dentro de un marco de reglas del juego específicas, el fomento de formas de participación y la codecisión en asuntos estratégicos como la creación de escenarios de convivencia y la priorización de temas y proyectos o la celebración de eventos que desencadenan y generan nuevas dinámicas y cambios de actitudes.

En una ciudad multicultural y con una clara diversidad social y cultural, más que luchar en abstracto contra la pobreza, se debe trabajar para reforzar la cohesión socioespacial, atacar los mecanismos de segregación social y política del espacio. La ciudad debe ser de todos, y no sólo de los que pueden pagarse un lugar en ella.

El reto de la ciudad multicultural es conseguir y permitir a los habitantes formar parte de las decisiones que presiden estas nuevas configuraciones espaciales.

Algunos datos

Naciones Unidas y la International Organization Migration (IOM) estiman en 150 millones, el 2,5 por ciento de la población mundial, las personas emigradas.

Se estima que entre 80 y 97 millones de estas personas son inmigrantes trabajadores. Y hay 12 millones de refugiados.

Aproximadamente 1.000.000 de persones pidieron asilo en 2001 procedentes, la mayoría, de Afganistán, Irak, Turquía, ex Yugoslavia, China, Congo, Colombia, Federación Rusa, Somalia e Irán (United Nations High Commissiones For Refugees-UNHCR).

La población de la Unión Europea creció en 2001 en 1,6 millones, hasta alcanzar 380 millones, con un 75 por ciento de crecimiento debido a la migración neta.

Sólo Francia, Países Bajos y Finlandia tuvieron crecimiento natural en 2001 (nacimientos menos defunciones).

El 1950 la población de los actuales 15 era de 296 millones, y la de los Estados Unidos era de 144.

Si las tendencias actuales continúan, la edad media en Europa en el año 2050 será de 53 años, y la de Estados Unidos, de 36; actualmente, las edades medias son 38 y 36.

BOX 7.7

Distinción entre nacionalidad y ciudadanía

Extraído por M. F. del libro *La ciudadanía europea,*
de J. Borja, G. Dourthe, V. Kleck y V. Peugeot.

Ciudadanos de origen comunitario

- Dispositivo: Son ciudadanos europeos aquellas personas que tengan la nacionalidad de un país de la UE. En tanto que residentes en un país de la UE, sea cual sea su nacionalidad, tendrán iguales derechos políticos, sociales y civiles que los nacionales del país. Los ciudadanos europeos podrán adquirir la residencia legal al cabo de tres meses de haber registrado su residencia en un país de la UE.
- Exposición de motivos: La legislación europea reconoce un derecho teórico a los ciudadanos europeos a residir y trabajar en cualquier otro país de la UE además del de su nacionalidad. En la práctica, las legislaciones nacionales limitan estos derechos. Por otra parte, estos derechos no van acompañados de los derechos políticos, que son los más específicos de la ciudadanía y los que permiten luchar para obtener los derechos civiles y sociales.

Ciudadanos de origen extracomunitario

- Dispositivo: Tendrán derecho a adquirir la ciudadanía europea todas aquellas personas que teniendo la nacionalidad de un país no miembro de la UE puedan justificar tres años de residencia legal en un país de la UE o cinco años de residencia legal en distintos países de la UE. La ciudadanía europea comportará la igualdad de derechos y deberes con los nacionales del país de residencia.
- Exposición de motivos: La presencia de una población de origen no comunitario plantea un serio déficit de ciudadanía. No hay gestión democrática de la ciudad si una parte de su población está de entrada formalmente excluida por su estatus político-jurídico. La atribución automática del derecho a adquirir la ciudadanía, con el corolario de asumir los deberes que ésta comporta, tiene las siguientes finalidades: igualar el estatus legal de todos los residentes en la ciudad; desvincular este estatus del concepto de nacionalidad, que vincula elementos históricos y culturales muy emocio-

nales y que facilita la arbitrariedad al hacer depender la ciudadanía de la asimilación de los códigos de integración social; facilitar el reagrupamiento familiar, dado que éste no podría negarse a los familiares directos de ciudadanos europeos; permitir la coexistencia de la ciudadanía europea con el mantenimiento de la nacionalidad de origen, con independencia de que una gran parte de la población de origen no comunitario no tenga proyecto de retorno, pero sí que tiene derecho a mantener y desarrollar elementos identitarios específicos; terminar con la situación aberrante de descendientes de «no comunitarios» que no tienen otro país que aquel en el que han nacido y donde se han educado pero a los que, en cambio, se niega el derecho a la ciudadanía.

Residencia legal

- Dispositivo: La residencia legal de los no nacionales de un país de la UE será promovida de oficio por los gobiernos locales o regionales al cabo de un año de residencia de facto en su territorio o a instancia de la persona interesada siempre que pueda justificar este año de residencia. Esta tramitación debería resolverse en el plazo máximo de un año y entre tanto se otorgará o se prolongará un permiso provisional de residencia.
- Exposición de motivos: La residencia legal debe poder tramitarse en un ámbito de proximidad, porque es donde más pueden apreciarse las circunstancias personales y donde más accesible es la administración. Sin perjuicio de lo que regule la legislación europea o estatal en cuanto a las condiciones de ingreso en el espacio europeo, el solo hecho de justificar una residencia de hecho, un domicilio, un vínculo familiar directo o una actividad (laboral, educativa) deberá justificar la atribución de la residencia legal.

Competencia para la atribución de la residencia legal

- Dispositivo: La tramitación y resolución de la residencia legal corresponderán a un organismo mixto de ámbito local o regional constituido por representantes del Estado, de las autoridades locales y del poder judicial. Este organismo aplicará, en tanto no se haya completado la «comunitarización» del tercer pilar (migraciones, seguridad interior, justicia), la legislación internacional y nacional que corresponda y teniendo en cuenta especialmente la protección de los derechos humanos básicos. En cada ámbito regional existirá un tribunal de defensa de los derechos humanos al que podrán recurrir aquellos a los que se les deniegue la residencia legal y cuya resolución sólo será recurrible ante el Tribunal Supremo del país.

- Exposición de motivos: La presión social que puede coaccionar en ciertos casos a las autoridades locales aconseja atribuir la gestión de la legalización de la residencia a un organismo mixto en el que participan también representantes del Estado (que por ahora fija las condiciones básicas de acceso y permanencia en el territorio) y del poder judicial (que debería asumir una posición de aplicador no sólo de las normas legales específicas, sino también de las que se derivan de los principios generales del derecho, de las declaraciones de derechos suscritos por los estados y de los convenios y tratados internacionales). La ciudad, el territorio, deben ser gobernables, pero también deben ser lugar de refugio y ámbito de inserción.

Pasar de la residencia a la ciudadanía europea

- Dispositivo: La adquisición de la ciudadanía europea será reconocida por un organismo descentralizado de la UE previa solicitud de la persona interesada, no pudiendo denegarse si se cumplen los requisitos de residencia anteriormente expuestos. La no atribución de la ciudadanía europea será recurrible ante el Tribunal de Justicia europeo.
- Exposición de motivos: Consideramos que el paso de la residencia legal a la ciudadanía europea sólo depende del automatismo del tiempo. Las autoridades europeas deben limitarse simplemente a reconocerlo y por este medio atribuir un estatus que iguale a los no comunitarios con los nacionales del país en el que viven en permanencia, sin depender de los avatares de las políticas «nacionales» o de los estados de opinión pública.

Libertad de adquisición

- Dispositivo: Los residentes de nacionalidad extracomunitaria podrán optar entre: la ciudadanía europea, la doble nacionalidad, la

multinacionalidad en el marco de las legislaciones del Estado o el mantenimiento de un simple estatuto de residente sin ciudadanía.
* Exposición de motivos: En la medida en que la adquisición de la ciudadanía supone atribuir derechos y deberes, es obvio que requiere voluntariedad por parte del sujeto. Se deja la puerta abierta a la posibilidad de mantener indefinidamente la residencia legal o de obtener la doble o la multinacionalidad si así lo permiten las legislaciones estatales.

Conservar la nacionalidad originaria

* Dispositivo: En ningún caso la adquisición de la ciudadanía europea supondrá la renuncia a la nacionalidad extracomunitaria. La ciudadanía europea se perderá, en el caso de los no nacionales de un país de la UE, cuando se pase a residir en un país exterior de la UE por un período superior a dos años.
* Exposición de motivos: Se trata de asumir atributos, no de quitar unos para poner otros. Ya nos hemos referido al derecho a mantener la nacionalidad originaria. La cohesión del grupo, la identidad cultural, la vida colectiva de una población procedente de otra área pueden ser mecanismos importantes de cooperación y progresos colectivos y, también, de inserción global. Evidentemente, el retorno al país de origen o a otro país exterior a la UE por un largo período o para siempre significará la pérdida del estatus político de ciudadano europeo, sin perjuicio de que se mantengan los derechos sociales adquiridos y se establezcan procedimientos destinados a facilitar el retorno o el ingreso futuro en el espacio comunitario.

BOX 7.8

Ciudades transfronterizas, regiones estratégicas y ejes urbanos

J. B.

El caso de Barcelona ilustra bien esta triple realidad urbano-internacional. Se está configurando una realidad de región metropolitana en el noreste de la península que prácticamente integra la zona costera y prelitoral desde el sur de Tarragona hasta Perpignan (Francia), con centralidad principal en Barcelona. Con el tren de alta velocidad, la primera de las ciudades citadas estará a 25 minutos de Barcelona, y la segunda, a 45 minutos. Por eso el alcalde de Perpignan ha dicho algunas veces que Perpignan y Barcelona están en la misma área metropolitana. En una escala superior aparecen la región estratégica (ya definida en el primer plan estratégico de Barcelona a finales de los ochenta) que incluye regiones francesas (Midi-Pyrénées y Languedoc) y españolas (Comunidad Valenciana, Aragón, Baleares y Cataluña), que dio lugar a una red formal de las seis ciudades capitales a la que se asociaron otras de menor talla (como Girona, Perpignan, etc.), que se denominó C6 y desarrolló algunos proyectos comunes (infraestructuras de comunicaciones, turismo, oferta cultural, etc.). Y subiendo un nuevo y más etéreo escalón, se sitúan los ejes urbanos, que se constituyen alrededor de una reivindicación supraestatal (por ejemplo fondos europeos) o para impulsar algún gran proyecto de interés común. Ejemplos de ejes urbanos europeos son los programas derivados de la promoción de un «arco mediterráneo occidental» o las propuestas (discutibles) de unir las cuencas del Ródano con las del Pirineo oriental.

BOX 7.9

Siete ideas para la innovación política local

J. B.

1. El poder local-regional. La otra cara de la globalización en el plano político. El fin del mito del «Estado-nación» como aparato de poder monopolista, no sólo por la necesaria construcción de poderes reguladores supraestatales, sino también por la revalorización o emergencia de poderes territoriales, de proximidad. El poder local-regional necesita articularse internamente para aparecer como un bloque negociador frente al Estado y los entes supraestatales. Las relaciones entre poderes políticos tenderán a la contractualización más que a la compartimentación, a la negociación más que a la jerarquía. Los poderes políticos se organizarán en red.

2. Las nuevas realidades urbanas (aglomeración, región metropolitana, etc.) requieren una reestructuración territorial. Sin

embargo, es discutible que ello deba hacerse creando nuevas instituciones que se añadan a las existentes (inflación costosa y burocrática) o las sustituyan (resistencias casi invencibles). Parece más adecuado plantear la reestructuración a partir de los flujos entre las instituciones básicas existentes (en España los municipios y comunidades autónomas, en América Latina los municipios y provincias, regiones o «estados»). Es decir, reforzar redes de cooperación entre las instituciones básicas y generar una dinámica de reforzamiento de los elementos nodales resultantes (véanse los modelos recientes de Francia y Reino Unido).

3. Más autonomía local y menos uniformismo político-administrativo. Las legislaciones estatales necesitan una poda radical. Sobre la base de respeto de unos principios básicos, los entes locales y regionales deben poder autorregularse. No se justifica que haya una regulación estatal del sistema electoral y del modelo organizativo. Por ejemplo, si se respeta el principio del sufragio universal, los municipios deben poder decidir si eligen alcalde directamente o no y a los concejales por distrito o por circunscripción única. En cambio, deberán reforzarse los procedimientos de evaluación a posteriori para verificar si se cumplen los objetivos y los acuerdos contractuales, así como las políticas regionales o estatales impulsoras de los procesos de reestructuración territorial (punto anterior).

4. Los gobiernos locales y territoriales deberán asumir su relación de cooperación conflictual con los estados y plantearse estrategias de conquista de competencias y recursos que ahora requieren y no tienen. Por lo tanto, han de ser capaces de moverse en campos de confrontación que tensionen los marcos legales. Recuperar suelos para el desarrollo urbano, implantar nuevas formas de justicia, gestionar programas territoriales complejos, promover la participación y la igualdad de la población «no nacional», etc., exigirá combinar la negociación con los hechos consumados.

5. La participación política y la relación partidos políticos-ciudadanos en el ámbito local y regional no pueden ser una simple trasposición de los modelos vigentes a escala estatal, por otra parte hoy en crisis en cuanto a identificación cultural y credibilidad social. Sería deseable que en las elecciones locales se formaran agrupaciones o coaliciones específicas, con vocación de

continuidad, a las que los partidos «estatales» apoyaran en mayor o menor grado pero que no dependieran de ellos. No es posible negociar o confrontarse si los gobiernos locales tienen al frente personas dependientes políticamente de los estatales. El marco local es el más adecuado por otra parte para innovar en la relación partidos-ciudadanos: listas abiertas, primarias, consultas populares, voto programático, etc.

6. Las formas de democracia participativa y deliberativa encuentran en el ámbito local el campo de experimentación y desarrollo más apropiado (lo que explica el éxito de Porto Alegre). El presupuesto participativo, los consejos ciudadanos, la evaluación de las políticas públicas mediante consultas a los ciudadanos, la diversidad de formas de gestión y cooperación en los programas urbanísticos y sociales, la gestión local de las redes de comunicación (intranets) son algunos de los ejemplos más vistosos experimentados con éxito.

7. Las actuales tecnologías de comunicación de base digital revolucionan las formas de gestión y participación en todos los campos, tanto en las relaciones internas de las administraciones como entre ellas y los ciudadanos. La ventanilla única, la consulta permanente a los ciudadanos mediante Intranet, la «personalización» de los servicios públicos (por ejemplo transporte en función de la demanda), etc., aumentan considerablemente la fluidez de la relación entre gobierno local y ciudadanía, tanto en los procesos previos a la decisión como en la gestión posterior. Pero no sólo la administración se organiza en red, sino que también lo hace la ciudadanía. A las radios y televisiones locales se añaden las redes ciudadanas, y hoy debería ser una ardiente obligación de los poderes locales favorecerlas, garantizar a todos los accesos a intranet y a Internet, no sólo mejorar la relación administración-ciudadanos, sino también entre los ciudadanos, no sólo prestar mejor los servicios, sino responder a nuevas demandas. La democracia, la participación, la oposición... hoy se escriben también con la e de egobernabilidad.

BOX 7.10

Legitimidad política e identidad territorial

M. D. a partir del estudio «La crisis de legitimidad política: un análisis comparativo», dirigido por Manuel Castells (UOC 2003), y su artículo publicado en *El País* el 18 de febrero de 2003.

En nuestro mundo globalizado, a lo abstracto del poder de flujos de capital, tecnología e información se opone lo concreto de la identidad territorial, cultural, lingüística, étnica y religiosa.

Identidad y territorio (mundo)

Un 15 por ciento de la gente se identifica con el mundo en general o con el continente en el que vive. Un 47 por ciento consideran como su principal identidad de referencia la región o la localidad, y el 38 por ciento, al Estado-nación.

FUENTE: World Values Survey, analizado por Pippa Norris en *Global governance and cosmopolitan citizens*.

Identidad y territorio (por áreas geográficas)

En los países de la «Europa del sureste» (que incluye España) un 64 por ciento de la población se identifica en primer lugar con la región-localidad y tan sólo el 23 por ciento con su Estado-nación. Un 13 por ciento se identifica con el mundo en general. En América del Norte el 41 por ciento se identifica con la región-localidad, el 43 por ciento con el Estado-nación y el 16 por ciento con el mundo en general. En Europa del Este son el 58 por ciento los que en primer lugar se identifican con la región-local, el 34 por ciento con el Estado-nación y un 8 por ciento con el mundo.

FUENTE: World Values Survey, analizado por Pippa Norris en *Global governance and cosmopolitan citizens*.

Identidad y territorio en España/Cataluña

Un 19,7 por ciento se sienten más españoles que catalanes, el 37 por ciento se sienten sobre todo catalanes y el 36,2 por ciento se sienten tan catalanes como españoles, mientras que un 6,6 por ciento no se vinculan con ninguna de las dos identidades.

Cuando se tienen que identificar con un territorio, el 14 por ciento lo hacen con España, el 32 por ciento con Cataluña, el 22 por ciento con la ciudad donde han nacido, el 19,4 por ciento con la ciudad donde viven y menos del 10 por ciento con Europa o con el mundo.

Pero cuando se pide que la gente designe sólo una fuente de identificación, el 56 por ciento cita a la familia, mientras que tan sólo un 8,9 por ciento escoge a su país, su cultura o su lengua. Un 8,7 por ciento se define individuos en primer lugar.

FUENTE: Projecte Internet Catalunya (2002), dirigido por Manuel Castells e Imma Tubella.

Legitimidad política de los gobiernos (en el mundo, 2002)

Un 62 por ciento opina que su país no está gobernado por la voluntad del pueblo. La percepción del gobierno por parte de sus ciudadanos es el 40,8 por ciento como corrupto, 39,1 por ciento como burocrático y un 9,9 por ciento como eficiente.

FUENTE: Gallup International.

Legitimidad política de los gobiernos (por áreas geográficas, 2002)

El 66 por ciento de la población mundial según otro estudio opina que su país no está gobernado por la voluntad del pueblo, y un 78 por ciento opina lo mismo en América Latina. En la UE el porcentaje es 61 por ciento, y en Estados Unidos, el 52 por ciento.

FUENTE: Gallup International y Environics International para World Economic Forum.

Legitimidad política de los partidos políticos (por áreas geográficas)

Los ciudadanos que expresan no mucha o ninguna confianza en los partidos políticos (años 2000 y 2002) en Argentina representan un 93 por ciento, en Japón un 81,8 por ciento, en la UE un 73 por ciento y en España un 67 por ciento.

FUENTE: World Values Survey, Eurobarómetro (para Europa).

Legitimidad política de los partidos políticos frente a otras instituciones

El 24 por ciento de la población de España expresa su confianza en los partidos políticos, mientras que el 69 por ciento expresa su confianza en las ONG, el 36 por ciento en los sindicatos y el 58 por ciento en la ONU.

FUENTE: Eurobarómetro 2002.

BOX 7.11

Carta Europea de Salvaguarda de los Derechos en la Ciudad

Extraído por M. F. del documento «Carta Europea de Salvaguarda de los Derechos en la Ciudad», Saint-Denis, 2000.

La Declaración de los Derechos Humanos (1948) es universal.

La Convención Europea (1950) ofrece lo que llamamos una garantía jurisdiccional. Y, sin embargo, existen muchos derechos que no son todavía «efectivos». Aquí es donde surge la ciudad.

La ciudad es hoy el espacio de todos los encuentros y, por lo tanto, de todas las posibilidades. Asimismo es el terreno de todas las contradicciones y de todos los peligros. La vida en la ciudad impone hoy en día la obligación de precisar mejor ciertos derechos. Nos impone también el reconocimiento de nuevos derechos. Por último, frente a la crisis que azota a la democracia delegada, la ciudad surge como recurso de un nuevo espacio político y social.

Adoptando los postulados de la Carta Europea de Autonomía Local y siguiendo las recomendaciones del Compromiso de Barcelona, firmando en 1998 por las ciudades participantes en la Conferencia Europea de las Ciudades por los Derechos Humanos unas 200 ciudades europeas, entre ellas Tirana, Berlín, Núremberg, Amberes, Bruselas, Tuzla, Rijeka, Liubliana, Barcelona, Gijón, Madrid, San Sebastián, Santiago de Compostela, Sevilla, Valencia, Vitoria-Gasteiz, Burdeos, Lille, Lyon, Nantes, Marsella, St. Denis, Estrasburgo, Budapest, Dublín, Bolonia, Florencia, Génova, Nápoles, Perugia, Roma, Lisboa, Belfast, Manchester, Newcastle, Bergen, etc., han adherido a la Carta Europea de Salvaguarda de los derechos Humanos en la Ciudad redactada en Saint-Denis, Francia, en mayo del año 2000, asumiendo de común acuerdo los siguientes compromisos:

Art. I

La ciudad es un espacio colectivo que pertenece a todos sus habitantes.
Las autoridades municipales fomentan el respecto de la dignidad de todos y la calidad de vida de sus habitantes.

Art. II

Los derechos enunciados en esta Carta se reconocen a todos los habitantes independientemente de su nacionalidad y sin discriminación alguna.

Art. III

Todos tienen derecho a ejercer su libertad lingüística y religiosa y tener la libertad de conciencia y de religión individual y colectiva. Las autoridades municipales aseguran dicho derecho velando por evitar la creación de guetos; además, cultivan la historia de su población y respetan la memoria.

Art. IV

Los colectivos vulnerables tienen derecho a gozar de medidas específicas que les garanticen el derecho de ciudadanía y la integración de todos evitando los reagrupamientos discriminatorios.

Art. V

La comunidad tiene el deber de solidaridad recíproca, en el que las autoridades locales promueven el desarrollo y la calidad de los servicios públicos.

Art. VI

Las ciudades alientan el conocimiento de los pueblos y de sus culturas.
Las ciudades signatarias se comprometen a cooperar con las colectividades locales de los países en vías de desarrollo. Las ciudades instan particularmente a los actores económicos a participar en programas de cooperación y a hacer que toda la población se asocie a ellos.

Art. VII

El principio de subsidiariedad que rige el reparto de competencias entre las administraciones tiene como objetivo garantizar que los servicios públicos dependan del nivel administrativo más cercano.

Art. VIII

Los ciudadanos tienen el derecho a participar en la vida política local mediante la elección libre y democrática de sus representantes.

Se promueve la extensión del derecho de sufragio activo y pasivo en el ámbito municipal a todos los ciudadanos no nacionales.

Todos los ciudadanos y sus asociaciones pueden acceder a los debates públicos, sea de forma directa mediante «referéndum municipal», sea a través de las reuniones públicas y de la acción popular.

El sistema de gobierno y la estructura administrativa se organizan de forma que hagan efectiva la responsabilidad de sus gobernantes ante los ciudadanos.

Art. IX

Se garantizan a todos los ciudadanos los derechos de asociación, reunión y manifestación. Las administraciones locales fomentan la vida asociativa ofreciendo locales públicos para estas actividades.

Art. X

La ciudad protege el derecho a la vida privada y familiar, respetando la diversidad de sus formas actuales. La familia disfruta de la protección de las autoridades, en particular en el acceso a la vivienda. Las autoridades municipales velan por la integridad física de los miembros de las familias.

En el respeto de la libertad de elección, las autoridades locales adoptan todas las medidas para proteger a la infancia y la juventud y crean las condiciones para que los niños puedan disfrutar de la infancia.

Art. XI

Se reconoce el derecho de todos los ciudadanos a ser informados sobre todo en lo relativo a la vida social, económica, cultural y administrativa local y a tener garantizados los medios de información de manera accesible, eficaz y transparente. Para ello las autoridades locales impulsan el aprendizaje de tecnologías informáticas, su acceso y su actualización periódica.

Art. XII

Se consideran las políticas sociales como parte decisiva en las políticas de protección de los derechos humanos.

Todos tienen el derecho a libre acceso a los servicios municipales de interés general y a servicios fundamentales de calidad a precios aceptables; por lo tanto, se hace oposición a la comercialización de los servicios personales de ayuda social. Las ciudades signatarias se comprometen a desarrollar políticas sociales destinadas a los más desfavorecidos.

Art. XIII

Todos los ciudadanos tienen derecho a la educación. Para ello las autoridades facilitan el acceso a la educación elemental y fomentan la formación de personas adultas, además de poner a disposición de todos espacios y centros escolares, educativos y culturales en un contexto multicultural y de cohesión social.

Para aumentar el nivel de civismo se implementan pedagogías educativas principalmente en lo referente a la lucha contra el sexismo, el racismo, la xenofobia y la discriminación.

Art. XIV

Todos tienen el derecho al empleo digno. Para ello las ciudades signatarias favorecen el equilibrio entre la oferta y la demanda laboral y el reciclaje de los trabajadores a través de la formación continua y desarrollan actividades accesibles a las personas en paro.

No se firmará ningún contrato municipal que no incorpore una cláusula de rechazo al trabajo ilegal y al trabajo infantil. Las autoridades municipales garantizarán la igualdad de todas las personas en el trabajo, igualdad de acceso de las mujeres y de las personas discapacitadas. Fomentarán la creación de empleos protegidos para las personas que necesitan reinsertarse y la creación de empleos relacionados con servicios a las personas, medio ambiente, prevención social y educación de personas adultas.

Art. XVI

Los ciudadanos tienen derecho a la vivienda digna, segura y salubre. Las autoridades locales velan por la oferta adecuada de vivienda y de equipamientos de barrio con acogida para los sin techo que garanticen su seguridad y su dignidad, y para las mujeres víctimas de violencia. Los nómadas tienen el derecho a permanecer en la ciudad.

Art. XVII

Las autoridades municipales favorecen el acceso igual a todos a la atención y prevención sanitaria y contribuyen a promover la salud para sus habitantes con su participación activa.

Art. XVIII

Todos tienen el derecho a un medio ambiente sano que busque la compatibilidad entre el desarrollo económico y el equilibrio medioambiental. Para ello se aplican políticas de prevención de la contaminación, incluyendo la contaminación acústica, de ahorro de energía, gestión, reciclaje, reutilización y recuperación de los residuos. Las autoridades locales también amplían y protegen los espacios verdes de las ciudades y ponen en práctica las acciones para que los ciudadanos aprecien, sin degradarlo, el paisaje; además, desarrollan una educación orientada al respeto por la naturaleza.

Art. XIX

Todos tienen el derecho a un desarrollo urbanístico ordenado en equilibrio con el medio ambiente y en el que haya la participación ciudadana. Las autoridades municipales se comprometen a respetar el patrimonio natural, histórico, arquitectónico, cultural y artístico y a promover la rehabilitación y la reutilización del patrimonio construido.

Art. XX

Las autoridades locales reconocen el derecho de todos los ciudadanos a disponer de medios de transporte compatibles con la tranquilidad en la ciudad. Con este fin, favorecen los transportes públicos accesibles a todas las personas y controlan estrictamente la emisión de cualquier tipo de ruidos y vibraciones.

Art. XXI

Todos los ciudadanos tienen derecho a disponer de tiempo libre.
   Las autoridades municipales garantizan la existencia de espacios lúdicos de calidad abiertos a todos sin discriminación y fomentan el turismo sostenible.

Art. XXII

Las ciudades velan por la protección de los consumidores.

Art. XXIII

Las autoridades locales aseguran la eficacia de los servicios públicos y su adaptación a las necesidades de los usuarios. Para esto se dotarán de instrumentos de evaluación de su acción.

Art. XXIV

Se garantiza la transparencia de la actividad administrativa.

La obligación de transparencia, publicidad, imparcialidad y de no discriminación de la acción de los poderes municipales se aplica a la conclusión de los contratos y a la selección de funcionarios y empleados.

Art. XXV

Se desarrollan políticas para mejorar el acceso de todos los ciudadanos al derecho y a la justicia. Se fomenta la solución extrajudicial de los conflictos civiles, penales, administrativos y laborales mediante conciliación, transacción, mediación y arbitraje.

La justicia municipal tiene competencia para resolver en equidad los conflictos que oponen a los ciudadanos y la administración municipal.

Art. XXVI

Las ciudades signatarias fomentan el desarrollo de cuerpos de policía de proximidad.

Art. XXVII

Las ciudades implantan en su territorio mecanismos preventivos: mediadores sociales o de barrio y *ombudsman* municipal o defensor del pueblo.

Art. XXVIII

Las ciudades signatarias se comprometen a establecer sus presupuestos de manera que permitan hacer efectivos los derechos enunciados en esta Carta. Para ello pueden implantar un sistema de «presupuesto participativo».

EPÍLOGO CIUDADANO

A todos nos impone un extraño amor, el amor secreto del porvenir y de su cara desconocida.
La ciudad nos impone el deber terrible de la esperanza.

JORGE LUIS BORGES.

En este libro escrito seguido, como un todo, y sin embargo fragmentario, o así me lo parece ahora, que reivindica la unidad esencial del hecho urbano y ciudadano, y sin embargo adolece de dispersión temática y conceptual, quisiera que el lector encontrara un hilo conductor. Es un libro de amor a la ciudad. A la ciudad como lugar de hombres y mujeres que recorren las alamedas de la libertad, como decía Allende en su último mensaje. A la ciudad querida por Josep Pla: «las calles, las plazas, la gente que pasa a mi lado y que probablemente no veré nunca más, la aventura breve y maravillosa como un fuego de artificio, los restaurantes, los cafés y las librerías... en una palabra, todo lo que es dispersión, juego intuitivo, fantasía y realidad». La ciudad de Salvat Papasseit, cerca del mar y cerca de la gente, dispuesta a incorporarse a la «gesta», al levantamiento popular. La ciudad y sus afueras de Jaime Gil de Biedma: «cada vez más honda vas conmigo, ciudad, como un amor hundido, irreparable». La ciudad y su magia de André Breton: «donde siento que en cualquier momento puede suceder algo interesante... donde el espíritu de aventura habita aun en muchas de sus gentes». La Grandola vila morena de José Afonso: «tierra de fraternidad, donde el pueblo ordena la ciudad... en cada esquina un amigo, en cada rostro igualdad». La ciudad de

Gil de Biedma, nuevamente, en la que «oigo a estos chavas nacidos en el sur hablarse en catalán y pienso, a un mismo tiempo, en mi pasado y en su porvenir [...] sean ellos sin más preparación que su instinto de vida más fuertes [...] que la ciudad les pertenezca un día».

Es la ciudad querida, mezcla de conocimiento cotidiano y de sorpresa inesperada, de seguridades y de incertidumbres, de soledades y de encuentros, de libertades probables y de rupturas posibles, de privacidad y de inmersión en la acción colectiva. Es la búsqueda o la reinvención del erotismo de la ciudad, lugar de transparencia y sentido, pero tambien de misterio y transgresión (Bataille, *L'Érotisme*).

Por ello denunciamos la agorafobia urbana, enfermedad reaparecida en nuestras ciudades europeas y aún más presente en las americanas. El ideal urbano no puede ser el balneario suizo y sus relojes de cuco, los «barrios cerrados» de las periferias latinoamericanas de clase bien, los espacios lacónicos de los suburbios cuyas catedrales sean los centros comerciales y los puestos de gasolina.

Se ejerce la ciudadanía en el espacio público, en la calle y entre la gente, siendo uno y encontrándose con los otros, acompañado por los otros, a veces enfrentándose a otros. El derecho a sentirse seguro y protegido es elemento integrante de la ciudadanía, pero también lo es la libertad para vivir la aventura urbana. Y la ciudad más segura no es la formada por compartimentos o guetos, por tribus que se desconocen y por ello se temen o se odian; la ciudad más segura es aquella que cuando llaman a la puerta sabes que es un vecino amigable, que cuando sientes la soledad o el miedo esperas que a tu llamada se enciendan luces y se abran ventanas, y alguien acuda. La convivencia cordial y tolerante crea un ambiente mucho más seguro que la policía patrullando a todas horas.

Hoy el desafío difícil no es el que nos plantea la ciudad existente y construida, con su historia y sus conflictos, con sus heridas y sus injusticias, pero también con su cualidad y su polivalencia, con sus procesos de cambio a veces creadores de una ciudad mejor (como los múltiples ejemplos que proporciona la estrategia del espacio público) y otros disparatados (como el hacer tabla rasa de aquellas ciudades que pretenden alcanzar la modernidad por medio de la barbarie). Es en las afueras, en el suburbio, allí donde «la continuidad de la vida urbana se rasga en él de pronto, para convertirse en algo vago y roto, sin pauta prefijada...» [1].

Esta ciudad a tres dimensiones es difícil de percibir, puesto que si la ciudad legada por las historias se recorre a pie, y la ciudad aglomerada con su periferia en coche o transporte público, la tercera dimensión requiere ya el helicóptero o una competencia profesional para interpretar y sentir la planimetría. Solamente la multiplicación de centralidades y de movilidades permitirá construir un espacio de ciudadanía para la ciudad del siglo XXI. Pero no es suficiente el «espacio de esperanza» [2] para que exista la ciudadanía. Es preciso que esta ciudad múltiple y extensa, compacta y dispersa, sea escenario de la expresión política.

¿Cómo articular lo global y lo local, la creciente autonomía individual y las múltiples identidades culturales colectivas, los flujos con los lugares? Con toda la razón Manuel Castells [3] reclama respuestas a los urbanistas. Y algunas se han dado: el diseño del espacio público como elemento relacional y simbólico, la arquitectura como ruptura del laconismo espacial, la conectividad entre centralidades diversas, la mixtura social y funcional de los grandes proyectos urbanos, la insercion del paisaje que apele a los sentidos... Pero el ejercicio de la ciudadanía requiere instituciones, políticas públicas y diálogo social en las diferentes escalas o dimensiones de la ciudad actual. Lo cual sólo existirá como ámbito democrático si se socializan y legitiman valores y derechos que lo sustenten. Y previamente las sociedades complejas (es decir, articuladas) pero también fragmentadas (es decir, con tendencias anómicas) deben expresarse como sociedad política, que es la mutiplicación integrada de distintas formas de sociedad civil, cuando los valores e intereses particulares o corporativos se funden en valores y objetivos universalistas y encuentran formas de acción colectiva.

Para terminar, al tiempo que intentamos ejemplicar el significado práctico que atribuimoa a la sociedad política ciudadana, nos remitimos a la experiencia reciente de movilizaciones contra la guerra. El *New York Times,* en un editorial que se ha hecho famoso (16 de febrero de 2003), argumentaba que frente al poder unilateral de la única superpotencia político-militar (Estados Unidos), sólo existía la «opinión pública de la ciudadanía». Pero no se trata de una opinión pública descubierta por los sondeos, ni tan sólo por las elecciones, sino que se expresaba por la movilización de múltiples organizaciones y plataformas, en cada ciudad y con frecuencia coordinadamente entre ciudades y hasta continentes. Una movilización que ocupando el espacio urbano lo convertía en espacio cívico y político y hacía de los ciudadanos de estas ciudades complejas, plurimunicipales, regionales una ciudadanía unificada por la defensa de valores y derechos considerados hoy básicos.

La ciudad, en todas sus dimensiones, aparece nuevamente como el lugar del cambio histórico. Desde la toma de la Bastilla (1789) hasta el derrumbe del Muro de Berlín y la ciudadanía ocupando la plaza Wenceslas de Praga dos siglos después, pasando por la emergencia de los trabajadores en los centros de las ciudades europeas en las revoluciones de 1848 o la conquista de Petrogrado por los obreros y soldados en 1917.

Hoy, ante el patético fracaso de los estados para regular los procesos globales y su subordinación a un imperialismo mesiánico que ha emprendido una cruzada violenta contra el mundo entero y ante la inoperancia o la culpabilidad manifiesta de los organismos internacionales para defender los derechos universales de los pueblos y de las personas, se nos abre el espacio de esperanza de las ciudades, este «deber terrible de la esperanza» que Borges atribuye a la ciudad como «amor secreto del porvenir».

¿El dilema es hoy civilización o barbarie? ¿O socialismo o barbarie? Mejor ciudadanía o barbarie.

El derecho a la ciudad hoy es también el deber de transformar el mundo y el derecho de construir unos tiempos y unos espacios que hagan posible una vida más amable, cordial y justa para todos.

Jordi Borja, abril 2003

NOTAS

Capítulo 1

Advertencia: en este capítulo se han reducido las referencias al mínimo, en general textos del autor, pues se trata de una síntesis de las ideas principales que han orientado el conjunto del libro. En los restantes capítulos se encontrarán las referencias bibliográficas completas.

[1] Véase el concepto de ciudadanía en el capítulo 7. También se puede ver J. Borja, G. Dourthe, V. Kleck y V. Peugeot (2001).

[2] Véase el capítulo 7. Asimismo J. Borja (1999b) (1988b).

[3] Véase el capítulo 2.

[4] F. Ascher (1998).

[5] A. Antolini y Y. H. Bonello (1994).

[6] En el Buenos Aires de principios de siglo cuenta Sebrelli (1974) no se permitía pasear por las avenidas principales sin «saco» (chaqueta). En el Nueva York de la época las personas de color no podían bajar más allá de la calle 60 excepto por motivos de trabajo. En general las calles «ricas» de las ciudades europeas excluían sin cartel de «reservado el derecho de admisión», y los sectores populares ya sabían que ciertos barrios no eran suyos. Como ocurre ahora en los centros comerciales o locales de ocio que prohíben la entrada por el aspecto.

En España la extrema derecha ha intentado definir «zonas nacionales», para dejar fuera a gente de color e inmigrados en general, pero también a gays, vagabundos, etc. Y lo que es aún peor, pues forma parte del racismo y la xenofobia de cada día: la exclusión a la hora de alquilar vivienda, de entrar en un bar o en una discoteca, etc. Llevar la exclusión en la cara, en la ropa, en el acento, en el nombre, cuando se debe notificar el lugar de residencia... es quizás la más injusta y la más difícil de superar de todas las formas de marginación social.

[7] Los planos oficiales de las ciudades con demasiada frecuencia sólo indican el nombre de la zona que grafica o simplemente excluye el área si es periférica. Por ejemplo, se indican los morros de Río de Janeiro sin indicar las favelas, o en Buenos Aires se identifican con nombres administrativos como suelo no ocupado zonas con villas miseria.

[8] D. Harvey (1977).

[9] J. Borja y Z. Muxí (2001).

[10] J. Borja y M. Castells (1997).

[11] Véase el box sobre ámbitos comparativos entre Madrid y Barcelona en el capítulo 2.

Capítulo 2

[1] En esta sección se hace referencia a J. Monnet (2000), Le Bris (1996), J. Gottman (1961), O. Mongin (1995), F. Choay (1994) y J. Jacobs (1961-1967) y una referencia-homenaje a P. George (1952 y 1961).

[2] Guido Martinotti (1993) propone cuatro poblaciones urbanas (habitantes, pendularios, usuarios y visitantes) y tres actividades (residir, trabajar, consumir).

[3] Véase el box sobre ciudades metropolitanas y gobernabilidad.

[4] Véanse los boxes sobre las aglomeraciones francesas, sobre las regiones urbanas inglesas y sobre las políticas de descentralización administrativa en Italia.

[5] Véase el box sobre áreas metropolitanas españolas.

[6] Véase el box sobre los ámbitos comparativos Barcelona-Madrid.

[7] Véase el box sobre el sistema urbano europeo y también sobre ciudades transfronterizas en el capítulo 7.

[8] J. Gottman (1961).

[9] Véase el box sobre Tokio.

[9 bis] *Cities for Cititzens. Improving Metropolitan Governance*, OCDE, París, 2001.

[10] F. Ascher (2001a).

[11] Véase el box sobre la exclusión en las ciudades europeas en el capítulo 6.

[12] Véase el box sobre el caso de «La Mina» en el capítulo 6.

[13] Véase el box sobre «Proyecto urbano» en el capítulo 3.

[14] S. Sassen (2001c).

[15] Véase M. Castells (1995 y 1998-2000), E. Soja (1996 y 2000), W. Mitchell (2001), P. Veltz (1996), N. May (1998), J. M. Pascual (2002), J. Borja y M. Castells (1997) y J. Borja y Z. Muxí (2001).

[16] Véase F. Ascher (2001b) y otros autores ya citados, como Veltz, Sassen y Castells.

[17] Véase el box sobre utopía urbana en el capítulo 1.

[18] Paolo Perulli (1995), J. Leal (2003), J. Leal y L. Cortés (1995).

[19] Albert García Espuche y Salvador Rueda (1999) y F. J. Monclús (1998). Asimismo el box sobre los desarrollos residenciales periféricos en España en el capítulo 5.

[20] Véase el box sobre la ciudad multicultural en el capítulo 7.

[21] F. Ascher (2001a).

[22] Véase el box sobre el uso del espacio en el área metropolitana de Barcelona en el capítulo 4.

[23] Véase el box sobre los tiempos de la ciudad en el capítulo 6.

[24] Véase el capítulo 7.

[25] Véase el caso francés: Ley 2002-276 relativa a la democracia de proximidad (Francia, 2002). Establece la obligación por parte de los municipios de más de 80.000 habitantes de crear comités consultivos de barrio y alcaldías descentralizadas en los barrios de más de 100.000 habitantes.

[26] Véase el box sobre dialécticas urbanas en el capítulo 5.

[27] Véase el capítulo 7.

Capítulo 3

[1] La tipología que se expone a continuación utiliza algunos de los modos de intervención que propone Busquets (2000a). Sin embargo la conceptualización de éstos es responsabilidad del autor.
[2] Lynch (1960 y 1985) y Sitte (1989 y 1996).
[3] Véase box sobre el *New Urbanism*.
[4] *La Ville, six interviews d'architectes* (1994), donde se encuentran entrevistas con arquitectos relevantes del momento actual, entre otros Bohigas, Koolhaas, Krier, etc. Las obras clásicas de Cerdà, Haussmann, Le Corbusier y Sitte han sido reeditadas en diversas ocasiones, algunas muy recientemente (Haussmann).
[5] Véase el box sobre la tienda de Prada en Nueva York.
[6] Véase el box sobre la ordenación territorial en regiones urbanas europeas.
[7] Véase el box sobre los planes estratégicos.
[8] Hall (1988-1996 y 1998).
[9] Véase el box sobre el proyecto urbano.
[10] Masboungi. Véanse sus contribuciones en los libros del Club Ville Aménagement, en la revista *Urbanisme* y, especialmente, en la publicación periódica *Projet Urbain*, del Ministère de l'Équipement (Francia), que dirige y en la que se encuentran la síntesis de los debates sobre los proyectos urbanos en Francia y otros países, especialmente europeos, desde una perspectiva de «hacer ciudad». Para una visión distinta, más favorable a la «ciudad dispersa», Dubois-Taine y Chalas (1997).
[11] Busquets (1993 y 2000a).
[12] Portas *et al.* (2002) / (1999). En este mismo volumen véanse los textos de Paolo Caputo, Oriol Bohigas, Joe Coenen, etc.
[13] Busquets (2000b), que cita como ejemplo la propuesta de Le Corbusier (1933) al equipo del GATCPAC para promover un programa de vivienda popular.
[14] García Espuche y Navas (1999).
[15] Véase el box sobre las rondas de Barcelona y el nudo de la Trinitat.
[16] Secchi (1989 y 2000).
[17] Ingersoll (1996).
[18] Augé (1994).
[19] Ingerssoll (1996), y en el mismo número véanse los artículos de Rem Koolhaas y Carlos Sambrico. También las aportaciones de Ariella Masboungi en Projet Urbain, los de Dubois-Taine y Chalas anteriormente citados y los del IFA (Institut Français d'Architecture) (1997).
[20] Rowe y Koetter (1978).
[21] Secchi (1989 y 2000).
[22] Véase el box sobre el proyecto urbano.
[23] Rogers (1999 y 2001).
[24] Venturi (1994). En el mismo libro véanse otras contribuciones, en especial la de Amador Ferrer sobre Barcelona.
[25] Véase el box sobre el barrio de La Mina en el capítulo 6.
[26] Jordi Borja (1999b).
[27] Véase el box sobre Diagonal Mar, Barcelona.
[28] Véase el box sobre el complejo residencial de Santa Fe, México.
[29] François Ascher (2001a).
[30] Véase el box sobre la participación ciudadana en el capítulo 7.
[31] Roma. Paralelamente a la elaboración del plan director de la ciudad (1995-2000) se ha manifestado un interesante movimiento crítico entre los arqueólogos que por una parte consideran que hay que integrar la memoria histórica y el patrimonio físico en la trama urbana y la vida ciudadana modernas y por otra relativizan el valor de las épocas más antiguas y revalorizan la herencia de la ciudad generada por la Revolución Industrial. El Plan de Roma, coherente con estos planteamientos, define como histórica toda la ciudad existente, lo cual no conlleva el inmovilismo, sino el compromiso en toda la ciudad entre lo que debe conservarse y lo que debe transformarse. Sobre el plano de Roma véase también Marcelloni (2001).

El debate reciente sobre el Borne de Barcelona es otro ejemplo interesante: la aparición de la trama de la ciudad de principios del siglo XVIII y la voluntad de conservar la magnífica estructura metálica del antiguo mercado central, obra de Fontseré, han cuestionado el proyecto público de edificar encima la gran biblioteca de Catalunya. Véase el box sobre el Borne.

[32] Congress for «New Urbanism Basis». www.cnu.org/newurbanism.html.
[33] Joel Garreau (1991): *Edge City. Life on the New Urban Frontier*, Nueva York, Doubleday.
[34] J. M. Montaner: «La calle privada», *El País Cataluña*, 31 de marzo de 1998.
[35] Denominación dada en México, sinónimo de chabola.

Capítulo 4

[1] M. Augé (1994).
[2] R. Sennett (1975).
[3] I. Wirth (1938-1962).
[4] R. Sennett (1992).
[5] J. Habermas (1993).
[6] Henri Lefebvre (1968).
[7] P. Barcellona (1992).
[8] M. Llardi (1988 y 1989).
[9] A. Vidler (1992).
[10] M. Castells (2001b).
[11] Véase el box sobre la ciudad emocional.
[12] Jane Jacobs (1961 y 1967).
[13] Françoise Choay (1994).
[14] Todo lo que es sólido se desvanece en el aire, argumenta Marshall Berman (1991). Es la dinámica objetiva del capitalismo urbanicida que necesita destruir para acumular, explica David Harvey (1996). Es la ciudad fragmentada de Jonathan Barnett (1996); la ciudad de cuarzo, de las distopías y las pesadillas de Mike Davis (1990); la ciudad en los bordes como sumatoria de funciones interpretada por Joel Garreau en *The Edge City* (1991) o en la exposición del Instituto Francés de Arquitectura «Les entrées de la ville» (1997). La ciudad difusa o sin límites de Francesco Indovina (1991) o Michele Sernini (1996). La *Metápolis* de François Ascher (1995), quien probablemente sea el que mejor ha sintetizado la cuestión como una situación compleja que propone nuevas relaciones, nuevas formas que se suman y superponen a lo prexistente.
[15] Expresión francesa: recuperación de formas de arquitectura de las épocas pasadas.
[16] Véase el box sobre uso del espacio en el área metropolitana de Barcelona.
[17] L. Lees (1998).
[18] A. Batista (2002).
[19] Véase el box sobre el espacio público en Nueva York.
[20] Ph. Panerai y D. Mangin (1999).
[21] Véase el box sobre la ampliación de la Castellana, Madrid.
[22] M. Solà-Morales (1984 y 1997).
[23] H. Muschamp (1995).
[24] J. Hannigan (1998).
[25] R. Koolhaas (1997).
[26] Richard Sennett (1975).
[27] Allan Jacobs (1993).
[28] A. García Espuche y T. Navas (1999).
[29] Véase el box sobre la rehabilitación de los Champs-Élysées.
[30] Véase el box sobre la reconversión de la línea de ferrocarril de la Bastilla en paseo al Bois de Vincennes o también el box sobre la recalificación de la Estación Termini de Roma.
[31] M. Herce y F. Magrinya (2002).
[32] Véase el box sobre equipamientos culturales y espacio público.
[33] Véase el box sobre la auditoría urbana.

Capítulo 5

[1] J. M. Montaner (1997). Véase también M. Augé (1994).
[2] Nicholas R. Fyfe (1998).
[3] J. Borja y M. Castells (1997). J. Borja (1999a).
[4] Véase el box sobre las dialécticas urbanas.
[5] M. Cohen (2000).
[6] J. M. Áuregui (2002).
[7] Véase el box sobre requisitos para el éxito urbano. La literatura sobre los requisitos para la eficiencia y la productividad de los sistemas urbanos actuales es muy numerosa. Un precedente interesante es Jane Jacobs (1984/1986), Manuel Castells (1995 y 1998-2000). También entre otras las obras de Saskia Sassen, Michael Cohen, M. Storper, François Ascher, etc. (citadas en J. Borja y M. Castells [1997]). Véase también los trabajos del Planeamiento Estratégico de Barcelona (1988-1998), en especial de F. Santacana, M. De Forn, F. Raventós, J. Trullén y otros.
[8] Véase el box sobre la ordenación territorial en el capítulo 3.
[9] Nuno Portas (1996).
[10] Véase el capítulo 6.
[11] Véase el box sobre barrios cerrados en Buenos Aires.
[12] Véase el box sobre desarrollos residenciales periféricos en las ciudades españolas.
[13] Oriol Nel·lo (1998 y 2002).
[14] F. Monclús (1998).
[15] Regina Meyer, Marta Grostein y Ciro Biderman (2001).
[16] Urban Land Institute (1999), Peter Calthorpe y William Fulton (2001).
[17] Véase el box sobre los espacios públicos centrales en la ciudad de São Paulo.
[18] Véase el box sobre Randstad.
[19] Véase el box de «Hacer ciudad sobre la ciudad».
[20] Véase el box sobre la rambla del Raval.
[21] L. Mignaqui (1998).
[22] J. Gracq (1965).
[23] F. Jameson (1991).
[24] La legislación urbanística puede imponer cuotas de vivienda social en las operaciones de desarrollo urbano. Véase por ejemplo la reciente legislación francesa. F. Ampe y C. Neuschwander (2002).
[25] M. Davis (2001).
[26] Véase el box sobre el proyecto Rio-Cidade en Río de Janeiro.
[27] María Ángeles Durán (1998) y Carlos Hernández Pezzi (1998).
[28] Véase el capítulo 6.
[29] Coloquio de Carros-Francia, de las intervenciones de Roland Castro y Jordi Borja (1997).
[30] Véase el box sobre las nuevas ramblas.
[31] A. García Espuche y Teresa Navas (1999).
[32] O. Lafontaine y C. Muller (1998): *No hay que temer a la globalización*, Biblioteca Nueva.
[33] La sostenibilidad de las áreas urbanas es obviamente uno de los grandes retos actuales. Las pautas actuales de consumo energético y de agua, los impactos ambientales del uso intensivo del automóvil, las formas de desarrollo urbano que acentúan la congestión en áreas centrales y el despilfarro de suelo en las áreas de baja densidad, la creciente dificultad para controlar, eliminar o reciclar los residuos, etc., son problemáticas ampliamente estudiadas y debatidas. En este trabajo no nos proponemos tratar las temáticas económicas y ambientales, sino los desafíos políticos, sociales y culturales del urbanismo. Sobre la sostenibilidad urbana, entre la abundante y reciente bibliografía, pueden citarse el catálogo de la exposición: *La ciutat sostenible / The Sustainable City* (Centre de Cultura Contemporánea, de Barcelona 1997) y los libros de Herbert Giradet, *Creando ciudades sostenibles,* Valencia, Ed. Tilde, colección Gorgona, 2001; Virginia Bettini, *Elementos de ecología urbana,* Madrid, Ed. Trotta. Serie Medio Ambiente, 1998; Salvador Rueda, *Ecología urbana,* Barcelona, Beta Ed., 1995; también la revista *Ecología política* nº 17, sobre movilidad en las ciudades y sostenibilidad urbana, Barcelona, Ed. Icaria, 1999.

[34] Localización y características de la residencia de alto y medio-alto estándar en diez ciudades argentinas. Estudio realizado por Aydet, Análisis y desarrollo económico territorial, Buenos Aires, Argentina, 1999.

[35] Para el presente análisis la región metropolitana de Buenos Aires incluye a los partidos integrantes, según la definición censal del Gran La Plata.

[36] Fuente: Elaboración propia en base a Censos Nacionales del INDEC. Estudio realizado por Aydet.

Capítulo 6

[1] S. Sánchez y S. Biagini (1993).

[2] De un programa de la televisión francesa *(Sagacités)* sobre los barrios difíciles y los jóvenes de origen inmigrante en las ciudades europeas.

[2 bis] Z. Muxí (2003).

[3] Véase el box sobre la exclusión en las ciudades.

[4] P. Virilio (1989).

[5] R. Sennett (1975).

[6] J. Garreau (1991).

[7] W. Mitchell (1995 y 2001).

[8] J. Barnett (1996).

[9] Véase el box sobre delincuencia o inseguridad.

[10] Forum Européen Sécurité Urbaine, La Villette (1996).

[11] Véase el box sobre la pobreza en las ciudades europeas.

[12] Véase el box sobre La Mina.

[13] Véase el box sobre Favela-Bairro.

[14] Véase el box sobre los invisibles.

[15] J. Delarue (1991). Pero también se ha constatado que estas áreas marginadas pueden desarrollar una interesante cohesión interna (*Le Monde* 8-10-1998, «Coeur des cités»).

[16] Véase la experiencia de la Asociación de Jóvenes de la Villette de París o del Ateneo Popular y su Escuela de Circo de Barcelona (Nou Barris).

[17] Véase Guy Aznar *et al.*(1997) y el debate sobre la cuestión del salario ciudadano en la revista *Transversales* (París), a partir de 1996.

[18] Véanse los cahiers VECAM (París 1996-1998); J. Borja, G. Dourthe, V. Kleck y V. Peugeot (2001); box sobre TIC y red ciudadana en el capítulo 7 y J. Borja *et al.*, *Informe sobre la ciudadanía Europea, participación social y derechos cívicos* (1998).

[19] Darío es el Noi del Sucre, y la novela *El nacimeinto de nuestra fuerza* de V. Serge (1931) es un documento sobre la Barcelona obrera de 1917. La siguiente novela de Serge, precisamente, se titula *La ciudad conquistada*: se trata de Petrogrado, hoy San Petersburgo.

[20] R. E. Park, E. W. Burguess y R. D. MacKenzie (1925-1967).

[21] Gavroche, el adolescente de las calles de París en *Los miserables*, de Victor Hugo. Guillermo Brown: el personaje de Richmal Crompton.

[22] J. Borja y M. Castells (1997).

[23] M. Ángeles Durán (1998).

[24] Marta Román (1997).

[25] María Prats Ferret, Mª Dolors García Ramón y Gemma Cánoves Valiente (1995).

[26] María Prats Ferret, Mª Dolors García Ramón y Gemma Cánoves Valiente (1996).

[27] Véase el box sobre los tiempos de la ciudad.

[28] Ana Bofill, Isabel Segura y Rosa Dumenjò (1998).

[29] O. Segovia y M. Saborido (1997).

[30] Esto se advierte en diversos estudios sobre el barrio de la Mina en Barcelona CIREM/ GES/TRS (1998). Fundació Pere Tarrés (2001); J. Borja, L. Brau, M. Fiori y J. Mas (2002).

[31] Françoise Collin (1993-1995).

[32] O. Segovia y M. Saborido (1997).

[33] Véase el box sobre las mujeres y la ciudad.
[34] M. Castells (1983) y A. Massolo (1992), citado en J. Borja y M. Castells (1997).
[35] Lily Hutjes (1995).
[36] M. Hillman, J. Adams y J. Whitelegg (1990), citado por Marta Román (1997).
[37] Marta Román (1997).
[38] F. Tonucci (2002).
[39] Véase también el epígrafe de este mismo capítulo sobre aventura iniciática.
[40] Véase el box sobre niños y adolescentes.
[41] F. Frabboni (2002).
[42] R. Sennett (1996).
[43] R. Hart (2001).
[44] Hay un 12,3 por ciento de analfabetismo (mayores de 16 años) (1996), paro sobre población activa: 1.544 habitantes (54,64 por ciento) (1996) y 78 por ciento de población no tiene la titulación mínima necesaria para entrar en el mercado laboral: Fundació Pere Tarrés, *Estudi de base social i antropologic del barri de la Mina* (2001).
[45] Pobreza (se entiende por pobreza las familias receptoras o receptoras en potencial de PIRMI): Mina Nova: 11,7 por ciento, Mina Vella: 0,5 por ciento (1997), 3,1 por ciento de heroinómanos (1995), CIREM/GES/TRS (1998).
[46] Equipo redactor: Jornet-Llop-Pastor, SCP, col. M. Balliano.

Capítulo 7

[1] Un «lugar» donde es especialmente interesante la aparición de contradicciones entre los valores éticos o morales reflejados en los principios generales del derecho, en las constituciones, etc., y el derecho positivo y sus formas habituales de aplicación es precisamente el ámbito jurídico, que no siempre es conservador, como se tiende a creer. La doctrina, como la jurisprudencia, contribuye a renovar la política reconociendo derechos tanto a las instituciones locales como a los ciudadanos en temáticas novedosas, por ejemplo medio ambiente, derecho al empleo, espacio público, vivienda (caso okupa), privacidad, etc.

[2] La aparición de fenómenos políticos-locales tiene signos muy diversos. En algunos casos es una regresión evidente de los valores ciudadanos-universalistas, como el segregacionismo municipal de los suburbios ricos en Estados Unidos que dan lugar al triunfo de «movimientos cívicos» que se independizan política y fiscalmente y privatizan los servicios colectivos para su uso exclusivo (en California la mitad de los municipios han visto triunfar estos movimientos excluyentes). Hay regresiones peores, como las que conducen a la «depuración étnica». Hay fenómenos de populismo local, con fuertes connotaciones conservadoras, pero que de todas formas introducen una cierta innovación en la política local poniendo encima del tablero problemáticas sentidas por la población sobre seguridad, empleo, eficacia de los servicios sociales, etc. Es el caso de los alcaldes electos fuera del sistema de partidos que empieza a ser frecuente en América Latina (ya lo era en Estados Unidos). En Europa los gobernantes electos a nivel local y regional, aunque tengan una etiqueta partidaria, tienden a actuar con mucha autonomía, cuando no confrontación, respecto a las direcciones partidarias estatales.

[3] Por intelectuales entendemos no únicamente los productores de oficio de discurso teórico, sino todos aquellos que desde un rol político o de liderazgo social, desde una concepción comprometida con valores universales de su profesión, o desde su capacidad para producir elementos significantes (es decir, cargados de «sentido», de suscitar ideas o emociones) y para incidir en los medios de comunicación y de intercambio simbólico, pueden contribuir a la renovación de la cultura política. No hay izquierda política y social sin izquierda moral, aunque no siempre coincidan.

[4] M. Castells (1998-2000), vol. II. J. Borja y M. Castells (1997), cap. IX. Véase también Informe sobre Autoridades Locales y Organismos Internacionales (1994).

[5] Por ejemplo, la OCM (Organización Mundial del Comercio) o la reciente negociación sobre el AMI (Acuerdo Multilateral de Inversiones) entre la OCDE (25 países representados) y los principales grupos económicos mundiales (las «multinacionales»).

[6] Véase, por ejemplo, Plan Estratégico de Barcelona, que define una macrorregión estratégica que incluye dos regiones del sur de Francia (Languedoc-Rousillon y Midi-Pyrénées). En zonas menos desarrolladas y urbanizadas también emergen estos ejes urbanos transfronterizos. Por ejemplo, en el Mercosur el eje Valparaíso-Santiago-Mendoza-Córdoba-Buenos Aires-Montevideo. Véase también el box sobre ciudades transfronterizas.

[7] Véase el box sobre el resurgimiento de las ciudades.

[8] Véase el box sobre ideas para la innovación política local.

[9] Véase el box sobre el derecho a la ilegalidad para conquistar los derechos.

[10] J. Borja, M. Castells, I. Quintana *et al.* (1990). J. Borja (1995).

[11] Véase el box sobre participación ciudadana.

[12] J. Borja y M. Castells (1997).

[13] J. Borja, G. Dourthe, V. Kleck y V. Peugeot (2001). En este libro se proponen tanto medidas para reforzar la presencia de las instituciones locales y regionales en la Unión Europea como una ampliación de los derechos de participación, cívicos y sociales a escala europea para todos los residentes en los países de la Unión. En este marco se propone la adquisición de la ciudadanía europea por el hecho de residir en un país de la UE, sea cual sea la nacionalidad de origen, la cual no se pierde. Los «ciudadanos europeos», sea cual fuera su nacionalidad, tendrán los mismos derechos, incluidos los políticos, que los nacionales del país en que residen.

[14] Véase el box sobre nacionalidad y ciudadanía.

[15] Véase el box sobre la ciudad multicultural.

[16] Véase el box sobre TIC y participación ciudadana y sobre TIC y redes ciudadanas.

[16 bis] El caso de las Tierras del Ebro es ejemplar. Una zona casi marginal en Cataluña y poco estructurada por las ciudades principales se ha convertido en el sustrato territorial de un amplio movimiento social, mayoritario, por su oposición al Plan Hidrológico Nacional. Paralelamente han desarrollado iniciativas positivas, como la universidad, programas económico-territoriales alternativos, elaboración de una nueva cultura del agua, etc. Hoy las Tierras del Ebro han adquirido una relativa centralidad, son una referencia incluso a escala europea.

[17] Además de las bibliografías citadas, véanse los siguientes documentos: Charte Européenne de la Citoyenneté (1996), Charte Urbaine Européenne (1993), Charte Européenne des femmes dans la Cité (1994), box sobre la Carta Europea de Salvaguarda de los Derechos Humanos en la Ciudad (2000), la Declaración de los Derechos Humanos de la ONU (1948) y el Informe sobre los Derechos Económicos, Sociales y Culturales de Porto Alegre (Observatorio DESC, Barcelona 2003).

[18] D. Harvey (2003).

[19] J. Borja (2003).

[20] M. Castells (2003). Véase también el box sobre legitimidad política e identidad territorial.

[21] El grupo de trabajo sobre derechos emergentes del IDHC se ha constituido para elaborar una propuesta de diálogo por encargo del Forum Universal de las Culturas (Barcelona 2004). Este grupo está presidido por el director del IDHC, José Manuel Bandrés, y por Victoria Abellán, Jordi Borja, Victoria Camps, Ignasi Carreras, Montserrat Minobis, Daniel Raventós, Xavier Vidal Foch y Joan Subirats, siendo Rosa Bada la secretaria técnica del grupo.

[22] Además de las referencias bibliográficas ya citadas, sigue una breve relación de documentos que nos han servido para establecer el listado de 21 puntos: Ascher (2001a); Ampe y Neuschwander (2002); Borja y Castells (1997); Borja y Muxí (2001 y 2003); Busquets (1993 y 2000a); Cervellati (2000); Forn y Borja (1992). Incluye textos de Joaquín Leguina, Pasqual Maragall, Eduardo Leira, Jesús Gago, Michael Parkinson y François Ascher; Duany, Plater-Zyberk y Speck (2000); Herce (1998); Hiss (1991); Masbounghi (ed.) y Club Ville Aménagement (2001). En esta misma publicación, véanse las colaboraciones de François Ascher, Jean Michel Roux y Agnès Desmarest, Thérèse Cornil, Domenico Cecchini, Bernardo Sechi, Jordi Borja, Jean Frébault, Francis Godard y otros; Mongin (1995); Montaner *et al.* (2000). Incluye también textos de R. Rogers, R. Piano, E. Reese, V. Andreatta, M. Herce, Z. Muxí, J. Borja, E. Hernández Cros y R. Folch; Pascual (1999); Pavillon de l'Arsenal (1994-1998). Textos de las conferencias de C. Devillers, R. Castro, P. Chemetov, C. Portzamparc, C. Parent, V. Gregotti, J. L. Cohen, A. Grumbach y otros; Savitch y Vogel (1996); Sennett (1975).

[23] Del informe presentado al Congreso de Municipios de Catalunya, 2001.

Epílogo ciudadano

[1] Cita de Cansino Assens, en la exposición *Cosmopolis, Borges y Buenos Aires,* CCCB, Barcelona 2002.

[2] D. Harvey (2003).

[3] M. Castells (2001b), capítulo 9, «La cultura de las ciudades en la era de la información».

BIBLIOGRAFÍA GENERAL

AA.VV. (1999): *La Arquitectura del espacio público. Formas del pasado, formas del presente.* Junta de Andalucía y la Trienal de Milán, Consejería de Obras Públicas y Transportes, Sevilla.

AGENDA 21 BCN (2002): *Compromís ciutadà per la sostenibilitat.* Ayuntamiento de Barcelona, mayo.

AMENDOLA, Giandomenico (2000): *La Ciudad Postmoderna.* Celeste Ediciones, Madrid.

AMPE, Francis (2001): *Les agglomérations.* La Documentación Française, París.

—, y Claude NEUSCHWANDER (2002): *La république des villes,* L'Aube, Datar, París.

ANGOTTI, Thomas (1993): *Metropolis 2000, planning, poverty and politics.* Routledge, Nueva York.

Annuales de la recherche urbaine 83/84. QUERRIEN, Anne (ed.) (1999): *Au risque des espaces publics.* Éditions Recherches, París.

ANSAY, Pierre, y René SCHOONBRODT (1989): *Penser la ville. Choix de textes philosophiques.* Archives d'Architecture Moderne, Bruselas.

ANTOLINI, André, e Yves Henri BONELLO (1994): *Les villes du désir.* Galileé, París.

ARANTES, Otília, Carlos VAINER y Hermínia MARICATO (2000): *A cidade do pensamento único. Desmanchando consensos.* Vozes, Río de Janeiro.

ASCHER, François (1995): *La Metapolis. Ou l'avenir des villes.* Odile Jacob, París.

— (1998): *La République contre la ville. Essai sur l'avenir de la France urbaine.* L'Aube, La Tour d'Aigües.

— (2000): *Essai sur la société contemporaine*. L'Aube, París.

— (2001a): *Les nouveaux principes de l'urbanisme*. L'Aube, París (traducción española en Alianza Editorial, Madrid, 2003).

— (2001b): «La nouvelle révolution urbaine: de la planification au management straté-gique urbain», pp. 21-32, en A. Masboungi (ed.), *Fabriquer la ville, outils et métho-des: les aménageurs proposent*. La Documentation Française, París.

Aula Barcelona. Colección Model Barcelona. Quaderns de gestió.

AUGÉ, Marc (1994): *Los no lugares. Espacios del anonimato. Una antropología de la mo-dernidad*. Ed. Gedisa. Barcelona.

AZNAR, Guy, Alain CAILLE, Jean-Louis LAVILLE, Jacques ROBIN y Roger SUE (1997): *Vers une Économie plurielle. Un travail, une activité, un revenu pour tous*. Syros, París.

BAGNASCO, Arnaldo, y Patrick LE GALÈS (dirs.) (1997): *Villes en Europe*. La Découverte, París.

BAIROCH, Paul (1985): *De Jéricho à Mexico. Villes et économie dans l'histoire*. Arcades, París.

BARBER, B. (1998): *A Place for us*. Hill and Wang, Nueva York.

BARCELLONA, Pietro (1992): *Postmodernidad y comunidad. El regreso de la vinculación so-cial*. Editorial Trotta, Madrid.

BARNETT, Jonathan (1996): *The Fractured Metropolis. Improving the New City, Restoring the Old City, Reshaping the Region*. Icon Editions, Harper Collins Publisher, Nueva York.

BATISTA, Antoni (2002): *Okupes: La mobilització sorprenent*. Plaza Janes Editores, Barce-lona.

BAUDRILLARD, Jean, *et al.* (1991): *Citoyenneté et urbanité*. Esprit, París.

BAUMAN, Z. (1999): *La società dell'incertezza*. Il Mulino, Bolonia.

BELIL, Mireia - INITS S.A. (1991): *Cities and Social Policies in Europe*. Colección Euro-ciudades.

— (coautora) (1998): *Racism, xenophobia and minority policies in the European city*. In-ternational Centre of Comparative Urban Policies Studies, Rotterdam.

BELIL, Mireia (2001): *La ordenación de las áreas metropolitanas europeas*. UIMP, Barcelona.

— (2002): «La ciudad diversa». En *Ciudad, Identidad y Cohesió Social*. Jornada EUDEL, San Sebastián, 24 octubre.

— (2003): *The development of territorial capital: social transformation of the city of Barce-lona*, URBAN RENAISSANCE, Glasgow: lessons for innovation and implementation OECD.

—, y A. SERRA (2001): *Diversitat i món local*. Diputación de Barcelona, Barcelona.

—, y Alfred VERNIS (1997): *La excelencia en el sector asociativo, una comparación regional*. Dossiers Barcelona Associacions.

BENEVOLO, Leonardo (1993): *La Città europea*. Laterza, Roma.

BENJAMIN, W. (1989): *Paris capitale du XIXème siècle: le livre des passages*. Les Éditions du Cerf, París.

BERG, Leo van den, Erik BRAUN y Alexander OTGAAR (2002): *Citty and Enterprise. From common interests to joint iniciatives!* European Institute for urban comparative urban research, Erasmus University Rotterdam.

BERMAN, Marshall (1991): *Todo lo que es sólido se desvanece en el aire.* Ed. Siglo XXI. Madrid.

BERNARD, Philippe (1993): «L'immigration». *Le Monde.*

BODEMER, Klaus, José Luis CORAGGIO y Alicia ZICCARDI (1999): *Las Políticas Sociales Urbanas al inicio del nuevo siglo. Documento Base para la creación de la Red-Urbal n.º 5 Políticas sociales urbanas.* Municipalidad de Montevideo-Unión Europea.

BODY-GENDROT, Sophie (1993): *Ville et violence. L'irruption de nouveaux acteurs.* Presses Universitaires de France, París.

BOFILL, Ana, Isabel SEGURA y Rosa DUMENJIÓ (1998): *Las Mujeres y la Ciudad.* Fundació Maria Aurelia Capmany, Barcelona.

BOHIGAS, Oriol (1985): *Reconstrucció de Barcelona.* Edicions 62, Barcelona.

—, Andrea BRANZI, Rem KOOLHAAS et al. (1994): *La Ville, Six interviews d'architectes.* Le Moniteur, Centre Pompidou, París.

BORJA, Jordi (1986): *Descentralización y Participación ciudadana.* INAP, Madrid.

— (1988a): *Estado y ciudad.* PPU, Barcelona.

— (1988b): *Democracia Local: Descentralización del Estado, Políticas Económico-Sociales en la Ciudad y Participación Popular.* Ajuntament de Barcelona, Col. Documents d'Autonomia Municipal, Barcelona.

— (1994): «Ciudades, Gobiernos locales y Movimientos Populares». Foro Reforma Urbana - Foro Integral, Río 1992. *Revista Eure*, Chile.

— (ed.) (1995): *Barcelona, un modelo de transformación urbana.* PGU, Quito.

— (1999a): *La ciudad del deseo.* República, São Paulo, y Rebeca, Bogotá.

— (1999b): «Los desafíos del territorio y los derechos de la ciudadanía», en *Por una ciudad comprometida con la educación.* Volumen 2. Institut d'Educació de l'Ajuntament de Barcelona, Barcelona.

— (1999): *Modas, modismos y modernismo de las políticas urbanas.* Sociedad de Arquitectos de Buenos Aires.

— (2001): «Grandes projetos metropolitanos: mobilidade e centralidade», en *Os Centros das Metrópoles. Reflexões e propostas para a cidade democrática do século XXI.* Editora Terceiro Nome, Viva o Centro, Imprensa Oficial do Estado, São Paulo.

— (2003): Actas de la Asamblea del Cideo, Quito.

—, Mireia BELIL, Maja DRNDA, Mirela FIORI y Francesc MUÑOZ (2002): *Informe sobre la gobernabilidad de las áreas metropolitanas en el mundo.* Ayuntamiento de Barcelona.

—, Lluis BRAU, Mirela FIORI y Jordi MAS (2002): *Informe sobre el desarrollo urbanístico de la Mina.* UTC, Barcelona.

—, Joan BUSQUETS, Juli ESTEBAN, Manuel HERCE y Josep ROIG (1991): *Planejament estratègic i actuació urbanística.* Papers Regió Metropolitana de Barcelona, Intitut d'Estudis Metroplitans de Barcelona.

—, y Manuel CASTELLS (1997): *Local y global: la gestión de las ciudades en la era de la información.* Taurus Ediciones, Grupo Santillana, Madrid.

—, Manuel CASTELLS, I. QUINTANA et al. (1990): *Las grandes ciudades en la década de los 90.* Ed. Sistema, Madrid.

—, Geneviève DOURTHE y Valérie PEUGEOT (coords.) (1998): *Informe sobre la ciudadanía europea, participación social y derechos cívicos*. Comisión Social de Eurocidades, Barcelona, febrero.

—, Geneviève DOURTHE, Veronique KLECK y Valérie PEUGEOT (2001): *La ciudadanía europea.* Ed. Península, Barcelona.

—, y Zaida MUXÍ (2003): *L'Espai pùblic: ciutat i ciutadanía*. Diputación Provincial de Barcelona 2001 (edición castellana Ed. Electa).

BRANDES GRATZ, Roberta, y Norman MINTZ (1998): *Cities Back from the Edge. New Life for downtown*. Preservation Press, Nueva York.

BRUGUÉ, Q., y R. GOMÀ (1998): *Gobiernos locales y políticas públicas*. Ariel, Barcelona.

BUSQUETS, Joan (1993): «Perspectiva desde las ciudades». *Ciudad y Territorio* n° 95-96. MOPT, Madrid.

— (1994): *Barcelona*. Mapfre, Madrid.

— (2000a): *Urbanism at the turn of the century*. 5ª Vaneesteren/Vanlohuizen Lecture, Rotterdam.

— (2000b): *L'urbanisme a Catalunya. El cas de Barcelona*. Societat Catalana d'Ordenació del Territori, Barcelona.

CALDERÓN, Fernando, y Alicia SZMUKLER (2000): *La política en las calles*. CERES, UASB, Plural, La Paz.

CALTHORPE, Peter, y William FULTON (2001): *The Regional City. Planning for the end of Sprawl*. Island Press, Washington DC.

CAMPOS VENUTI, Giuseppe (1971): *La administración del urbanismo*. Gustavo Gili, Barcelona (Giulio Einaudi, Turín, 1967).

— (1981): *Urbanismo y auteridad*. Siglo XXI, Madrid.

— (1987): *La terza generazione dell'urbanistica*. Franco Angeli, Milán.

— (2000): *Territorio*. CLUEB. Museo Morandi, Bolonia.

— (2002): *Adottare il piano per Roma*. Comune di Roma, Roma.

CARRIÓN, Fernando (1995): *En busca de la ciudad perdida*. Edimpres, Quito.

— (ed.) (2001): *Centros históricos de América Latina y el Caribe*. UNESCO, BID, FLACSO, Ministerio de Cultura y Comunicación de Francia, Quito.

—, y Dörte WOLLRAD (comps.) (1999): *La ciudad, escenario de comunicación*. FLACSO Ecuador, Quito.

Carta Europea de Salvaguarda de los Derechos Humanos en la Ciudad (2000): Saint-Denis, 18 de mayo.

CASTELLS, Manuel (1983): *The City and the Grasssroots: A Crosscultal Theory of Urban Social Movements*. University of California Press, Berkeley.

— (1995): *La ciudad informacional. Tecnologías de la información, reestructuración económica y desarrollo urbano regional*. Alianza Editorial, Madrid.

— (1998-2000): *La era de la información* (tres volúmenes). Alianza Editorial, Madrid.

— (2001a): *La Galaxia Internet*. Areté, Barcelona.

— (2001b): *La Sociología urbana de Manuel Castells*, Ida Susser (ed.). Alianza Editorial, Madrid.

— (2003): *La crisis de legitimidad política: un análisis comparativo*, UOC 2003, resumido en *El País*, 18 de febrero.

CERVELLATI, Pier Luigi (2000): *L'arte di curare la città*. Il Mulino, Italia.

CHALAS, Yves, *et al.* (1997): *Urbanité et Périphérie. Connaissance et Reconnaissance des territoires contemporains*. Plan Construction et Architecture, París.

Charte Européenne de La Citoyenneté (1996): Maison Grenelle, París.

Charte Européenne des femmes dans la Cité (1994): Eurocultures, Bruselas.

Charte Urbaine Européenne (1993): Conseil d'Europe, Estrasburgo.

CHEMILLIER-GENDREAU, Monique (2001): *Le droit dans la mondialisation*. Actuel Marx. Presses Universitaries de France.

— (2002): *Droit internacional et démocratie mondiale: les raisons d'un échec*. Éditions Textuel, París.

— (2002): «Droits civils et politiques et immigration dans les villes». En *Tercera Conferencia de la Carta Europea de Salvaguarda de los Derechos Humanos en la Ciudad*, Venecia, diciembre.

CHOAY, Françoise (1965): *L'urbanisme. Utopies et réalités, une anthologie*. Éditions du Seuil, París.

— (1994): «Le règne de l'urbain et la mort de la ville», en *La ville. Art et Architecture en Europe 1870/1993*. Éd. Centre George Pompidou, París.

CHOMSKY, Noam, Dolores COMAS D'AGEMIR *et al.* (2002): *Los límites de la globalización*. Ariel, Barcelona.

CIREM (Centro d'iniciatives i Recerques a la Mediterrània), GES (Gabinet d'Estudis Socials), TRS (Tractament i Recerca de Sistemes SA) (1998): *Plan de transformación socioeconómica del Barrio de la Mina*. Sant Adrià del Besòs.

CLOS, Joan (2002): *Convivència, Seguretat i Justicia a Barcelona*. Fundació Pi i Sunyer. Barcelona.

Club des Maîtres d'ouvrage et d'opérations complexes (1997): *L'Aménageur urbain face à la crise de la ville*. La Tour d'Aigües, L'Aube.

COHN-BENDIT, Daniel, y Thomas SCHMID (1995): *Ciudades de Babel. Apostando por una democracia multicultural*. Talasa, Madrid.

COHEN, Michel (2000): Conferéncia de cloenda máster «La Ciutat – polítiques, projectes i gestió». *La Factoría*, Barcelona, junio-septiembre.

— (2002): «Vulnerabilidades Gemelas. Anticipando lo Urbano dentro de lo Global». Conferencia con motivo del 20 aniversario de EUDEL, Bilbao.

—, *et al.* (1991): *Política urbana y desarrollo económico: Un programa para el decenio de 1990*. Banco Mundial, Washington.

—, y Margarita GUTMAN (2003): «El debate ciudadano sobre el futuro urbano». En *Nueva York: la ciudad tras el 11S*, La Factoría, n.º 19, Barcelona.

—, Peter REES, Saskia SASSEN *et al.* (1997): *Hacia una estrategia para Buenos Aires*, Coloquio Internacional 28-29 julio 1997. Gobierno de la Ciudad de Buenos Aires, Programa de Descentralización y Modernización, Buenos Aires.

—, B. A. RUBLE, J. S. TULCHIN y A. M. GARLAND (1996): *Preparing for the Urban Future*. Wilson Center-Smithsonian Instiute, Washington D.C.

COLLIN, Françoise (1995): «Espacio doméstico. Espacio público. Vida privada». *Urbanismo y mujer, nuevas visiones del espacio público y privado.* Seminario Permanente Ciudad y Mujer, Málaga.

CORAGGIO, J. L. (1991): *Ciudades sin rumbo. Investigación urbana y proyecto popular.* SIAP-CIUDAD, Quito.

—, Klaus BODEMER y Alicia ZICCARDI (1999): *Las políticas sociales urbanas a inicios del nuevo siglo.* Programa URB-AL, Red nº 5, Montevideo.

— (1999): *Política social y economía del trabajo. Alternativas a la política neoliberal para la ciudad.* Miño y Dávila Editores, Madrid.

CORBOZ, A. (1983): «Le territoire comme palimpseste». En *Diogène,* p. 121, enero-marzo.

CORTI, Marcelo. *Café de Ciudades.* Publicación Digital mensual. Buenos Aires.

CRAHAN, Margaret E., y Alberto VOURVOULIAS-BUSH (eds.) (1997): *The city and the world. New York's global furture.* Council on Foreign Relations, Nueva York.

DAVIS, Mike (1990): *City of Quartz.* Vintage/Random House, Nueva York.

— (2001): *Control urbano: La ecología del miedo.* Virus, Barcelona.

DELARUE, J. (1991): *Banlieus en difficulté: la rélégation.* París.

DELBENE, G., G. CARNEVALI y V. PATTEEUW (1003): *Developing & rebooting city.* Nai Publishers, Rotterdam.

DELGADO, Manuel (dir.) (1997): *Ciutat i immigració.* Centre de Cultura Contemporània de Barcelona. Col. Urbanitats.

DEMATTEIS, G., F. INDOVINA, A. MAGNAGHI, E. PIRODDI, E. SCANDURRA y B. SECCHI (1999): *I Futuri della città. Tesi a confronto.* Franco Angeli, Milán.

DUANY, Andres, Elizabeth PLATER-ZYBERK y Jeff SPECK (2000): *The rise of sprawl suburb and the decline of Nation.* North Point Press, Nueva York.

DUBOIS-TAINE, Geneviève, e Yves CHALAS (dirs.), Gabriel DUPUY (pref.) (1997): *La ville émergente.* L'Aube, La Tour d'Aigües.

DURÁN, M. Ángeles (1998): *La Ciudad Compartida, Conocimiento, Afecto y Uso.* Colegio Superior de Arquitectos de España, Madrid. Vol. 1 (Vol. 2: Carlos Hernández Pezzi).

DUPUY, Gabriel (1991): *L'urbanisme des réseaux. Théorie et Méthodes.* Armand Colin, París.

Equip Anàlisi Política UAB (2000): *Un mapa d'experiències participatives locals,* Informe para l'Escola d'Administració Pública de Catalunya.

ESPRIT. Revue Internationale. Oliver Mongin (dir.) *Dans la jungle des villes,* n.º 202, artículos de Richard Sennett, Paulo Sergio Pinheiro *et al.* París, junio 1994; *Quand la ville se défait.* n.º 258, artículos de François Ascher, Francis Godard, Cynthia Ghorra-Gobin *et al.* París, noviembre 1999.

ESTEBAN, Juli (1999): «El projecte urbanístic. Valorar la perifèria i recuperar el centre». *Quaderns de gestió* n.º 2, Aula Barcelona.

FENÁNDEZ, Roberto (1999): *La naturaleza de la metrópolis.* Facultad de Arquitectura, Diseño y Urbanismo de la Universidad de Buenos Aires.

FISHKIN, J. (1995): *Democracia y deliberación. Nuevas perspectivas para la reforma democràtica.* Ariel, Barcelona.

FONT, Núria (1998): *Democràcia i participació ciutadana.* Barcelona, Fundació J. Bofill.

FONT, Joan (2001): *Ciudadanos y decisiones públicas.* Ariel, Barcelona.

FORN, Manuel de, y Jordi BORJA (1992): «Políticas para las ciudades europeas». *Revista Estudios Territoriales* nº 39, MOPT, Madrid.

—, J. BORJA, J. M. PASCUAL, A. SEGURA y A. SABARTÉS (1991): *Ciudad, estrategia y territorio*. Ayuntamiento de Barcelona, Barcelona.

—, y J. Mª PASCUAL I ESTEVE (1995): *La planificación estratégica territorial: aplicación a los municipios*. Diputación de Barcelona, Barcelona.

FORTIER, Bruno (1994): *L'amour des villes*. Mardaga, Lieja.

Forum Européen Sécurité Urbaine (1996): Colloque Équipements culturels et sécurité urbaine, La Villette, París.

— (1995): *Nouvelles formes de criminalité urbaine, nouvelles formes de justice*. Col. Sécurité & Démocratie.

— (1996): *Justices, Villes, Pauvretés*. Col. Sécurité & Démocratie.

— (2000): *Secu. Cites Femmes*. Col. Sécurité & Démocratie.

— (2000): *Manifiesto de las ciudades «Seguridad y Democracia»*. Col. Sécurité & Démocratie, Reunión de 250 ciudades, Nápoles, diciembre.

FRABBONI, Franco (2002): *El libro de la pedagogía y la didáctica: Lugares y tiempos de la educación*. Colección PROA. Ed. Popular, Madrid.

FRAMPTON, Kenneth (1998): *Historia crítica de la arquitectura moderna*. Gustavo Gili, Barcelona.

FREIRE, Mila, y Richard E. STREN (eds.) (2001): *Los retos del gobierno urbano*. Alfaomega, Banco Mundial, México.

FRIEDMAN, J. (1990): «Being in the World: Globalization and Localization». En M. Featherstone (ed.), *Global Culture. Nationalism, Globalization and Modernity*, pp. 311-328. Sage, Londres.

— (1994): *Cultural Identity and Global Process*. Sage, Londres.

Fundació Jaume Bofill (2002): *Anuari de la immigració a Catalunya, 2001*. Editorial Mediterrània, Barcelona.

Fundació Pere Tarrés (2001): *Estudio Social y Antropológico del barrio de La Mina*. Barcelona.

FYFE, Nicholas R. (1998): *Images of the Street: Planning, Identity, and Control in Public Space*. Routledge, Londres.

GANDELSONAS, M. (1999): *X-Urbanisme: Architecture and the American City*. Princeton Architectural Press, Nueva York.

GARCÍA ARÁN, Mercedes (2000a): «La política represiva del tràfic de drogues: hipòcrita, inútil i contraproduen». En *La justicia i la necessitat d'un canvi. Revista nous horitzons*, n.º 158, Fundació nous horitzons, Barcelona.

— (2000b): «Despenalización y privatización: ¿Tendencias contrarias?», en *Crítica y justificación del derecho penal*. Seminario Toledo, Universidad de Castilla-La Mancha.

GARCÍA ESPUCHE, Albert, y Teresa NAVAS (1999): *La reconquista de Europa, 1980-1999: espacio público urbano*. Diputación Provincial de Barcelona, Instituto de Ediciones, Barcelona.

—, y Salvador RUEDA (eds.) (1999): *La ciutat sostenible*. Centro de Cultura Contemporànea de Barcelona, Barcelona.

GARCÍA, Soledad, y Steven LUKES (1999): *Ciudadanía, Justicia Social, Identidad y Participación*. Selección de textos, Siglo XXI Editores, Madrid.

GARREAU, Joel (1991): *Edge City. Life on the New Urban Frontier*. Ed. Doubleday, Nueva York.

GENRO, Tarso, y U. DE SOUZA (1999): *Presupuesto participativo: la experiencia de Porto Alegre*. Ediciones del Serbal, Barcelona.

GEORGE, Pierre (1952): *La ville, le fait urbain à travers le monde*. PUF, París.

— (1961): *Précis de geographie urbaine*. PUF, París.

GLASGOW, Biss 95. *Transformations and Resistence - Changing social relations in the production of the built environment*. University of Strathclyde, Glasgow, 1997.

GODARD, Francis (2001): *La ville en mouvement*. Gallimard, París.

GOMÀ, R., y J. SUBIRATS (1998): *Políticas Públicas en España. Contenidos, redes de actores y niveles de gobierno*. Ariel, Barcelona.

GORELIK, Adrián (1998): *La Grilla y el Parque. Espacio público y cultura urbana en Buenos Aires, 1887-1936*. Universidad Nacional de Quilmes, Buenos Aires.

GOTTMAN, Jean (1961): *Megalopolis: the Urbanized Northeastern Seaboard of the United States*. MIT Press, Cambridge, Massachusetts.

GRACQ, Julien (1965): *La forme de la ville*. Éd. A. Corti, París.

GRAAFLAND, Arie (ed.) (2001): *Cities in Transition*. 010 Publishers, Rotterdam.

GREGOTTI, V. (1966): *Il territorio dell'architettura*. Feltrinelli, Milán.

HABERMAS, Jürgen (1993): *The Structural Transformation of the Public Sphere. An Inquiry into Category of a Bourgeois Society*. MIT Press, Cambridge, Massachusetts.

Habitat International Coalition (1998): *Construyendo la ciudad con la gente. Nuevas tendencias en la colaboración entre las iniciativas comunitarias y los gobiernos locales*. Habitat International Coalition, México.

HAENTJENS, Jean (1998): «Stratégies urbaines et estratégies d'entreprises». En *Futuribles, analyse et prospective,* marzo.

HALL, Peter (1996, e.o. 1988): *Ciudades del mañana: historia del urbanismo en el siglo XX.* Ediciones del Serbal S. A., Barcelona.

— (1998): *Cities in Civilization. Culture, innovation, and Urban Order*. Phoenix Giant, Londres.

— (2000): «Planificación y gestión de la ciudad para la sociedad emergente». En Fernando Terán (dir.), *Planeamineto urbano territorial en el siglo XXI*. Revista *Urban* n.º 4, Tanais, Madrid.

HANNINGAN, John (1988): *Fantasy City, Pleasure and Profit un the Postmodern Metropolis*. Routledge, Londres-Nueva York.

HART, Roger A. (2001): *La participación de los niños en el desarrollo sostenible* UNICEF P.A.U. Education, Barcelona.

HARVEY, David (1977): *Urbanismo y desigualdad social*. Siglo XXI, Madrid.

— (1990): *The Condition of Postmodernity*. Basil Blackwell, Nueva York.

— (1996): *Cities or Urbanization. City, Analysis of Urban Trends*.

— (2003): *Espacios de Esperanza*. Ediciones Akal, Madrid.

HEEREN, Stefanie von (2002): *La remodelación de ciutat vella. Un análisis crítico del modelo Barcelona.* Veïns en Defensa de la Barcelona Vella, Barcelona.

HERCE, Manuel (1998): «Proyecto de Infraestructuras y transformación urbana». Revista *OP* nº 43, Barcelona.

—, y Francesc MAGRINYÁ (2002): *La ingeniería en la evolución de la urbanística,* UPC, Barcelona.

—, y Joan MIRÓ (2002): *El soporte infraestructural de la ciudad.* Edicions UPC, Barcelona.

HERNÁNDEZ PEZZI, Carlos (1998): *La ciudad compartida. El género de la Arquitectura.* Colegio Superior de Arquitectos de España, Madrid, vol. 2 (vol. 1: M. Ángeles Durán).

HILLMAN, M., J. ADAMS y J. WHITELEGG (1990): *One False Move: A Study of Children's Independent Mobility,* Policy Studies Institute, Londres.

HIRSCHMAN, A. O. (1982): *Shifting Involvements: Private Interest and Public Actino.* Princeton University Press, Princeton.

HISS, Tony (1991): *The experience of place.* Vintage Books, Nueva York.

HUTJES, Lily (1995): «VAC, Made in Holland». En Liesbeth Ottes: *Gender and the built environment: emancipation in planning, housing and mobility in Europe.* Van Gorcum, Assen, Holanda.

IEMB-Institut d'Estudis Metropolitans de Barcelona (J. Alemany, J. Borja, M. Belil, O. Nel·lo y A. Serra) (1998): *Ciudades. Información Estadística, Administrativa y Gráfica de las Mayores Aglomeraciones Urbanas del Mundo.* IEMB.

IFA (Institut Français d'Architecture) (1997): *Les entrées de la ville.* Exposición, París.

INDOVINA, Francesco (1991): *Città di fine milenio.* Franco Angeli, Milán.

—(2002): «La scommessa della città». En *Il Manifesto,* 1 de septiembre.

—, *et al.* (1990): *La Città diffusa.* Daest, Venecia.

Informe G4 (IULA, FMCU, Metrópolis y Summit ante la Asamblea de organizaciones internacionales de ciudades) (1994): PNUD, Nueva York.

INGERSOLL, Richard (1996): «Tres tesis sobre la ciudad». *Revista de Occidente* nº 185. Madrid.

JACOBS, Allan (1993): *Great streets.* MIT Press, Cambridge, Massachusetts.

JACOBS, Jane (1967): *Vida y muerte de las grandes ciudades americanas.* Ed. Península, Barcelona (Random House, 1961).

— (1986): *Las ciudades y la riqueza de las naciones.* Ariel, Barcelona (Random House, 1984).

— (1999): «Le renouvellement urbain», *Revue Urbanisme* nº 308, pp. 16-25, París.

JACKSON, Peter (1998): «Domesticating the Street, the contested spaces of the High Street and the Mall». En N. R. Fyfe (ed.), *Images of the street: planning, identity and control in public space,* pp. 176-191. Routledge, Londres.

JALABERT, Guy (coord.) (2001): *Portraits de grandes villes. Société, pouvoirs, territoires.* Le Mirail, Toulouse.

JAMESON, Fredric (1991): *El postmodernismo o la lógica cultural del capitalismo avanzado.* Paidós Ibérica, Barcelona.

JÁUREGUI, Jorge Mario (2002): *Estrategias de desarrollo e intervenciones urbanas para enfrentar la crisis*. Facultad de Arquitectura, Diseño y Urbanismo de la Universidad de Buenos Aires.

KOOLHAAS, Rem (1997): «La ciudad genérica». Domus 791, Milán.

La Ville. Art et Architecture en Europe 1870/1993 (1994): Éd. Centre Pompidou, París.

LAGRANGE, Hugues (2001): *De l'affrontement à l'esquive. Violences, Délinquances et usages de drogues*. Syros, París.

LE BRIS, Émile, y Gustave MASSIAH (1996): «Des villes aux mégapoles». En Thierry Paquot (dir.), *Le Monde des villes. Panorama Urbain de la planète. Complexe*, pp. 29-43. Bruselas.

LE CORBUSIER (1963): *Manière de penser l'urbanisme*. Gonthier, Ginebra.

— (1975): *Principios de Urbanismo (La carta de Atenas)*. Ariel, Barcelona (París, 1957).

— (1980): *Urbanisme*. Arthaud, París.

LE GOFF, Jacques (1997): *Pour l'amour des villes*. Textuel, París.

LEAL, J. (2003): «Segregación social y mercados de vivienda en las grandes ciudades», *Revista Española de Sociología* nº 2.

—, y L. CORTÉS (1995): *La dimensión de la ciudad*. Editorial CIS, Madrid, noviembre.

LEES, Loretta (1998): Urban renaissance and the street: spaces of control and contestation. En N. R. Fyfe (ed.), *Images of the street: planning, identity and control in public space*, pp. 236-253. Routledge, Londres.

LEFEBVRE, Henri (1968): *Le droit à la ville*. Anthropos, París.

— (1970): *La révolution urbaine*. Gallimard, París.

LIESBETH, Ottes, Erica POVENTUD, Marijke van SCHENDELEN y Gertje von BANCHET (eds.) (1995): *Gender and the built environment: emancipation in planning, housing and mobility in Europe*. Van Gorcum, Assen, Holanda.

LINS, Sonia Correia, Maria do Pilar COSTA SANTOS, Murilo DA COSTA SANTOS y Maria Adélia A. DE SOUZA (1999): *Metrópole e Globalizaçao. Conhecendo a Cidade de Sao Paulo*. CEDESP, São Paulo.

LLARDI, M. (1988): «Identità in movimento», en *Il Manifesto*, 28 de junio.

— (1989): «Individuo e metropolis», *Democrazia e Diritto*, 4-5.

LYNCH, Kevin (1985): *La imagen de la Ciudad*. Editorial Gustavo Gili, 2ª ed., Barcelona (MIT Press, 1960).

MARAGALL I MIRA, Pasqual (ed.) (1999): *Europa próxima. Europa, regions i ciutats*. Edicions UB, Edicions UPC, Barcelona.

MARCELLONI, Maurizio (1982): *La Casa. Mercato e programmazione*. Einaudi PBE, Turín.

— (2001): «Ragionando del planning by doing», *Urbanistica* nº 116.

— (2001): «La Metamorfosi di Roma», *Urbanistica* nº 116.

MARSHALL, T. H., y Tom BOTTOMORE (1998): *Ciudadanía y Clase Social*. Alianza Editorial, Madrid.

MARTINOTTI, Guido (1993): *Metropoli. La nuova morfologia sociale della città*. Il Mulino, Bolonia.

— (1999): *La dimensione metropolitana*. Il Mulino, Bolonia.

MASBOUNGI, Ariella (ed.): *Colección Projet Urbain*. Ministère d'Équipement, París.

— (dir.) (2001): *Bilbao, la culture comme projet de ville.* Projet urbain n.º 23, Ministère d'Équipement, París.
— (dir.) (2002): *French Urban Strategies. Projets Urbains en France.* Éditions du Moniteur, París.
— (dir.) (2002): *Penser la ville par le paysage.* La Villette, París.
— (dir.) y Club Ville Aménagement (2001): *Fabriquer la ville. Outils et méthodes: les aménageurs proposent.* La Documentation Française, París.
MASSIAH, Gustave, y Jean-François Tribillon (1988): *Villes en développement. Essai sur les politique urbaines dans le tiers monde.* La Découverte, París.
MASSOLO, Alejandra (1992): *Amor y coraje. Las mujeres en los movimientos urbanos en la ciudad de México.* El Colegio de México, México D.F.
MAZZA, Luigi (dir.) (1988): *Le città del mondo e il futuro delle metropoli.* XVII Triennale di Milano. Electa, Milán.
MAY, Nicole, Pierre VELTZ, Josée LANDREE y Thérèse SPECTOR (1998): *La ville éclatée.* Éditions de l'Aube, col. Mondes en cours, La Tour d'Aigües.
MAYOL, Imma (1999): «Barcelona, Quotidiana i Sostenible», en *El pensament i l'acció.* Quaderns de la Fundació Nous Horitzons, Barcelona.
MCCARNEY, Patricia (ed.) (1996): *Cities and Governance, New Directions in Latina America, Asia and Africa.* Centre for Urban and Community Studies, Toronto.
MERINO, A. (1997): «Democràcia i Participació: Una Visió des de l'Àmbit Local», Revista *Cifa* nº 6.
— (2003): *Desde la proximidad democrática.* Ed. Serbal, Barcelona.
MEYER, Regina (org.) (2001): *Os Centros das Metrópoles.* Editora Terceiro Nome. Imprensa Oficial do Estado (IMESP), São Paulo, nov.
— (2003): *São Paulo Metropole.* São Paulo.
—, Marta GROSTEIN y Ciro BIDERMAN (2001): *Aspectos Relevantes do Quadro Metropolitano Brasileiro.* Metrópolis em Revista – Coordenação da Região metropolitana de Curitiba (COMEC). Curitiba.
MICHAUD, Yves (dir.) (2000): *Qu'est-ce que la société?* vol. 3. Odile Jacob, París.
MIGNAQUI, Lliana (1998): «El barrio cerrado y su impacto local», en *Barrios cerrados, nuevas formas de urbanización del Gran Buenos Aires.* Seminario 9-13 noviembre 1997. Buenos Aires.
Ministère de l'Équipement, des Transports et du Logement (1999): *Intervenir en quartiers anciens.* Le Moniteur, París.
MITCHELL, William (1995): *City of Bits. Space, Place and the Infobahn.* MIT Press, Cambridge, Massachusetts.
MITCHELL, William (2001): *E-topia: vida urbana, Jim pero no la que nosotros conocemos.* Editorial Gustavo Gilli, S.A., Barcelona.
MONCLÚS, Francisco Javier (ed.) (1998): *La Ciudad dispersa.* Ed. CCCB, Barcelona.
MONNET, Jérôme (2000): «La mégapolisation: le défi de la ville monde». En *Qu'est-ce que c'est la société?* Université de tous les savoirs. Éditions O. Jacob, París.
MONGIN, Olivier (1995): *Vers la troisième ville?* Prefacio de Christian de Portzamparc, Hachette, París.

376 LA CIUDAD CONQUISTADA

MONTANER, Josep Maria (1997): *La modernidad superada. Arquitectura, arte y pensamiento del siglo XX.* Ed. Gustavo Gili, Barcelona.

—, *et al.* (2000): *Els carrers de la democracia. L'espai públic de les noves ciutats.* Diputació de Barcelona, Oficina tècnica de Cooperació, Barcelona.

MUMFORD, Lewis (1938): *The Culture of Cities.* Harcourt, Brace & Co, Nueva York.

— (1961): *The City in History: Its Origins, Its Transformations, and Its Prospects,* Harcourt, Brace & World, Nueva York.

MUÑOZ, Francesc: *Urbanalización: Common Places, Global Landscapes.* Barcelona, Gustavo Gili (en prensa).

MUSCHAMP, Herbert (1995): «Remodelling New York for the Bourgeoisie». *New York Times,* 24 de septiembre.

MUXÍ, Zaida (2003): *La arquitectura de la ciudad global.* Ed. G. Gili, Barcelona.

NAVALES, Carles, *et al.* (2002): «Tres documentos sobre inmigración». *La Factoría* n.º 18, Barcelona.

NEL·LO, Oriol (1998): «Los confines de la ciudad sin confines. Estructura urbana y límites administrativos en la ciudad difusa», en F. J. Monclús (ed.), *La ciudad dispersa.* Ed. CCCB, Barcelona.

— (2002): *Cataluña, Ciudad de ciudades.* Milenio, Lérida.

NUSSBAUM, Martha (1999): *Los límites del patriotismo. Identidad, pertenencia y «ciudadanía mundial».* Paidós, Barcelona.

Observatorio DESC (2003): *Informe sobre los derechos económicos, sociales y culturales de Porto Alegre,* Barcelona.

OCDE (2001): *Cititzens for cititzens. Improving Metropolitan Governance.* París. Existe versión francesa.

PAJARES, Miguel (1998): *La inmigración en España. Retos y propuestas.* Icaria, Barcelona.

PANERAI, Philippe, y David MANGIN (1999): «Projet urbain». Éditions Parenthèses, pp. 29-51.

Papers. Colección «Papers. Regió Metropolitana de Barcelona», Institut d'Estudis Metroplitans de Barcelona.

PAQUOT, Thierry (dir.) (1996): *Le monde des villes. Panorama urbaine de la planète.* Complexe.

— (dir.) (2001): *Le quotidien urbain. Essais sur les temps des villes.* La Découvert & Syros, París.

—, Michel LUSSAULT y Sophie BODY-GENDROT (dirs.) (2000): *La ville et l'urbain l'état des savoirs.* La Découverte, París.

PARK, Robert E. (1999): *La ciudad y otros ensayos de ecología urbana.* Ediciones del Serbal, Barcelona.

—, E. W. BURGUESS y R. D. MACKENZIE (1967, e.o. 1925): *The City.* The University Press, Chicago.

PASCUAL I ESTEVE, Josep Mª (1999): *La estrategia de las ciudades, los planes estratégicos como instrumentos: métodos, técnicas y buenas prácticas.* Diputación de Barcelona, Barcelona.

— (2002): *La gestión estratégica de las ciudades. Un instrumento para gobernar las ciudades en la era info-global.* Consejería de Gobernación, Junta de Andalucía.

Pavillon de l'Arsenal (1994-1998): Colección Les mini PA. Textos de las conferencias de C. Devillers, R. Castro, P. Chemetov, C. Portzamparc, C. Parent, V. Gregotti, J. L. Cohen, A. Grumbach y otros, París.

PERULLI, Paolo (1995): *Atlas metropolitano. El cambio social en las grandes ciudades.* Alianza Editorial, Madrid.

PETRILLO, Agostino (2000): *La città perduta. L'eclissi della dimensione urbana nel mondo contemporaneo.* Dedalo, Bari.

PEUGEOT, Valérie (2002): «L'internet citoyen, de la fracture numérique au projet de société», *Les cahiers du numérique Nord et Sud numériques.* Éd. Hermès.

— (2002): «Militantismo y TIC: ¿hacia un laboratorio de cambio societal?», *America Latina en movimiento*, nº 353, Ed. ALAI, mayo.

— (2002): «Quand le numérique bouscule démocratie et économie», *Transversales science culture*, nº 3 nouvelle série, tercer trimestre.

— (ed.) (2001): *Réseaux humains, réseaux électroniques, de nouveaux espaces pour l'action collective.* Ed. Charles Léopold Mayer.

Plan Estratégico Económico y Social de Barcelona (2000): Ayuntamiento de Barcelona.

Plan Urbain (1990): *L'Espace du public. Les compétences du citadin.* París.

— (1991): *Les raisons de l'urbain*, Colloque Internacional 19-20-21 oct. 1988, Éd. Lares Université Rennes 2.

POLÈSE, Mario, y Jeanne M. WOLFE (eds.) (1995): *L'urbanisation des pays en développement.* Economica, París.

POLESSELLO, Gianugo (1999): «Espacio, espacio público, arquitecturas», en AA.VV., *La Arquitectura del espacio público. Formas del pasado, formas del presente.* Junta de Andalucía y la Trienal de Milán. Consejería de Obras Públicas y Transportes, Sevilla.

PORTAS, Nuno (1996): *A políticas das ciudades.* Conselho Economico e Social, Lisboa.

— (1998): *L'emergenza del progetto urbano.* Urbanística 110, Roma.

— (1999): «Espacio público y ciudad emergente», en AA.VV., *La Arquitectura del espacio público. Formas del pasado, formas del presente.* Junta de Andalucía y la Trienal de Milán. Consejería de Obras Públicas y Transportes, Sevilla.

—, *et al.* (2002): *Políticas Urbanas.* Informe del Centro de Estudios de Arquitectura de la Universidad de Porto.

POUZOULET, Catherine (2000): *New York, New York. Espace, pouvoir, citoyenneté dans une ville-monde.* Berlín, París.

PRATS FERRET, María, Mª Dolors GARCÍA RAMÓN y Gemma CÁNOVES VALIENTE (1995): *Las mujeres y el uso del tiempo.* Instituto de Estudios Metropolitanos de Barcelona, nº 41, Barcelona y Ministerio de Asuntos Sociales. Instituto de la Mujer, Madrid, pp. 7-192.

—, Mª Dolors GARCIA RAMÓN y Gemma CÀNOVES VALIENTE (1996): «Els temps de la vida quotidiana de les dones de Barcelona», *Barcelona Societat* nº 5, Ayuntamiento de Barcelona 1996.

PRZEWORSKI, Adam, *et al.* (1998): *Democracia sustentable.* Paidós, Buenos Aires.

Quaderni di Città sicure (1999): *Differenza di genere e politiche di sicurezza nelle città europee*. Col. Quaderni di Città sicure n.º 17, Bolonia.

REBORATTI, Carlos (1987): *Nueva capital, viejos mitos. La geopolítica criolla o la razón extraviada*, Sudamérica, Buenos Aires.

Revista *Diálogo* (1998): *El gobierno local ¿puente democrático hacia la utopía?*, n.º 24 OPI/LAC-UNESCO, julio.

Revista *Mètode* (2001): *Existeix la ciutat somiada?* Revista de Difusió de la Investigació de la Universitat de València, n.º 31, Tardor.

Revista de Occidente: Ciudades, n° 51, Madrid 1985; *La ciudad hacia el año 2000*, n° 185, Madrid 1996; *Viejas / Nuevas Ciudades: Europa y America Latina*, n.º 230-231, Madrid, 2000.

Revue Urbanisme. Le XXᵉ siècle: de la ville à l'urbain. Chronique urbanistique et architecturale de 1900 à 1999, n° 309, París, 1999; *Les nouvelles frontières de l'aménagement*, n° 326, París, 2002; *Tranquilité, Securité*, n° 323, París, 2002.

ROCA, Joan, y Magda MESEGUER (coords.) (1994): *El futur de les perifèries urbanes*. Institut de Batxillerat «Barri Besòs», Barcelona.

ROCHÉ, Sebastien (2002): *Tolérance zéro? Incivilités et insécurité*. Odile Jacob, París.

RODRÍGUEZ, Alfredo (1983): *Por una ciudad democrática*. Ediciones Sur, Santiago.

—, y Lucy WINCHESTER (eds.) (1997): *Ciudades y Gobernabilidad en América Latina*. Ediciones Sur, Santiago.

RODRÍGUEZ VILLASANTE, T. (1995): *Las democracias participativas*. Hoac, Madrid.

ROGERS, Richard, Great Britain Urban Task Force (coord.) (1999): *Towards an Urban Renaissance*, Londres.

—, Great Britain Urban Task Force (cor.) (2001): *Towards an Urban Renaissance*, Final Report, Londres.

ROLNIK, Raquel (1997): *A cidade e a lei*. Livros Studio Nobel, São Paulo.

—, Nadia SOMEKH y Lucio KOWARICK (orgs.) (1990): *São Paulo crise e mudança*. Brasiliense, São Paulo.

ROMÁN, Marta (1997): «¡Peligro, Niños! La movilidad infantil en la ciudad», en *Infancia y Vida Cotidiana*, Ministerio de Fomento, Universidad Autónoma de Madrid.

—, y Begoña PERNAS (coords.) (2002): *De Sur a Norte. Ciudades y medio ambiente en América Latina, España y Portugal*. Catálogo de la exposición «De Sur a Norte». La Casa Encendida, del 11/2002 a 1/2003, Caja Madrid Obra Social, Madrid.

ROMERO, José Luis (2001): *Latinoamérica: las ciudades y las ideas*. Siglo XXI, Buenos Aires (Siglo XXI, 1976).

RONCAYOLO, Marcel (2001, e.o. 1985): *La Ville aujourd'hui. Mutations urbaines, décentralisation et crise du citadin*. Seuil, París.

ROWE, Colin, y Fred KOETTER (1993): *Collage City*. Centre Pompidou, París (MIT Press, 1978).

SACHS, Ignacy (dir.) (1996): *Quelles villes, pour quel développement*. PUF, París.

SACHS-JEANTET, Céline (1997): *Démocratie et Citoyenneté dans la ville du XXIᵉ siècle*. MOST Document de Politiques Sociales 5. United Nations Educational, Scientific and Cultural Organization, París.

SÁNCHEZ, S., y S. BIAGNINI (1993): *Mujer y extranjería. La inmigración femenina en Cataluña*. Institut de la Dona, Barcelona.

SASSEN, Saskia (2000): *Cities in a World Economy*. Thousand Oaks, Columbia (reedición).

— (2001a): *Global Networks, Linked Cities*. Edición coordinada por S. Sassen. Routledge Press, Nueva York.

— (2001b, e.o. 1996): *¿Perdiendo el control? La soberanía en la era de la globalización*. Ed. Bellaterra, Barcelona.

— (2001c): *The Global City. New York, London, Tokyo*. Princeton, Princeton University Press (reedición).

— (2002): «El Estado y la nueva geografia del poder», en M. Gambrill (coord.), *La Globalización y sus manifestaciones en América del Norte*. UNAM, México D.F.

SAVITCH, H. V., y R. H. VOGEL (1996): «Regional Politics. America in a Post City Age. Urban Affairs» nº 45. Page Publications.

SEBRELLI, J. (1974): *Buenos Aires, vida cotidiana y alineación*. Siglo XX, Buenos Aires.

SECCHI, Bernardo (1989): *Un progetto per l'urbanistica*. Einaudi, Turín.

— (2000): *Prima Lezione di Urbanistica*. Laterza, Bari-Roma.

SEGOVIA, Olga, y M. SABORIDO (1997): *Espacio público barrial. Una perspectiva de género*. Sur, Santiago de Chile.

SENNETT, Richard (1975): *Vida urbana e identidad personal*. Ed. Península, Barcelona.

— (1992): *La conscienza dell'occhio. Progetto e vita sociale nelle città*. Ed. Saggi/Feltrinelli, Milán.

— (1996): *Carne y piedra*. Alianza Editorial, Madrid.

SERRA MARTÍN, Albert (1997): «Los servicios a las personas», en Informe Pi i Sunyer sobre Gobierno Local en España. VVAA. Barcelona.

— (1993): «L'associacionisme en l'àmbit local», *Revista del CIFA* nº 12.

—, y Jordi BORJA (1997): «Les services publiques en Espagne», en *Un service public pour les européens?* La Documentation Française, París.

—, y Txema CASTIELLA I VIU (1998): «Análisis de políticas locales de bienestar: el caso de Barcelona», en *Gobiernos locales y políticas públicas. Bienestar social, promoción económica y territorio*. Editorial Ariel, Barcelona.

— «Risc de ruptura social. Som solidaris?», en Observatori del Risc de Catalunya. Informe 2002. Institut d'Estudis de la Seguretat 2001. Beta Editorial, Barcelona.

SERNINI, Michele (1996): *Terre sconfinate: citta, limiti, localismo*. Franco Angeli, Milán.

SETA DE, Cesare (1990): *Città verso il 2000*. Arnoldo Mondadori Editore, Milán.

SILVESTRI, Graciela (2002): «Un sublime atardecer. El comercio simbólico entre arquitectos y filósofos», *Punto de Vista*, diciembre.

SITTE, Camillo (1996): *L'art de bâtir les villes*. Seuil/Points, París (Viena, 1889).

SOJA, Edward (2000): *Postmetropolis: Critical Studies of Cities and Regions*. Basil Blackwell, Oxford.

—, y A. J. SCOTT (eds.) (1996): *The City: Los Angeles and Urban Theory at the End of the Twentieth Century*. University of California Press, Berkeley.

SOLÁ-MORALES, Ignasi (1995): *Diferencias. Topografías de la arquitectura contemporánea*. Ed. Gustavo Gili, Barcelona.

— (1984): *L'art del ben establir*. Edicions UPC, Barcelona.

— (1997): *Las formas de crecimiento urbano*. Edicions UPC, Barcelona.

— (con J. Llobet, J. Bellmunt, J. Carné, O. Clos, C- Fiol, M. Roa) (1999): *El projecte urbà. Una experiència docent*. Edicions UPC, Barcelona.

SORKIN, Michel (1992): *Variation on a Theme Park. The New American City and the End of Public Space*. Hill and Wang, Nueva York.

STORPER, M. (1994): «Desenvolvimento territorial na economía global do aprendizado: O desafio dos países em desenvolvimento», en *Globalização, fragmentação e reforma urbana*. Editora Civilização Brasileira, Río de Janeiro.

STREN, Richard E., y Judith M. KJELLBERG (1995): *Urban research in the developing world Volume 4: Perspectives on the City*. Centre for Urban & Community Studies, Toronto.

SUBIRATS, Joan (1999): *¿Existe sociedad Civil en España? Responsabilidades colectivas y valores públicos*. Fundación Encuentro, Madrid.

— (2002): *Quina gestió pública? Per a quina societat? Una mirada prospectiva sobre l'exercici de la gestió pública a les societats actuals*. Primer Congrés Català de gestió pública, Barcelona 26-27 septiembre.

TONUCCI, Francesco (2002): *Se i bambini dicono: adesso basta!* Laterza, Roma-Bari.

TRULLÉN, Joan (2001): «El territori de Barcelona cap a l'economia del coneixement». *Elements de debat territorial* n.º 15. Diputació de Barcelona.

TSCHUMI, B. (1996): *Event-Cities*. MIT Press, Cambridge, Mass.

Urban Land Institute (1999): *Smart Growth. Myth and Fact*. ULI, Washington D.C.

URRUTIA, V. (1992): «Transformación y persistencia de los movimientos sociales urbanos», en *Política y Sociedad,* nº 10, pp. 49-56.

VECAM www.vecam.org

VELTZ, Pierre (1996): *Mondialisation, villes et territoire: l'économie d'archipel*. PUF, París.

— (2002): *Des Lieux des Liens. Politiques du territoire à l'heure de la mondialisation*. L'Aube, La Tour d'Aigües.

VENTURI, Marco (1994): *Grandi Eventi, la festivalizzazione della politica urbana*. Il Cardo, Venecia (véase la introducción: «La resistibile ascesa dei grandi progetti urbani»).

VENTURI, Robert, Steven IZENOUR y Denise SCOTT BROWN (1998): *Aprendiendo de Las Vegas. El simbolismo olvidado de la forma arquitectónica*. Gustavo Gili, Barcelona (MIT Press, 1977).

VERGÉS ESCUÍN, Ricard (ed.) (1997): *La edad de emancipación de los jóvenes*. Centre de Cultura Contemporània de Barcelona, Col. Urbanitats.

VIDLER, Anthony (1992): *The Architectural Uncanny*. MIT Press, Cambridge, Mass.

VIRILIO, Paul (1989): *Esthétique de la disparition*. Galilée, París.

VIVERET, Patrick (2002): *Reconsidérer la richesse*. Secrétaire d'État à l'Économie Solidaire, París.

WACQUANT, Loïc (2001): *Parias Urbanos, Marginalidad en la ciudad a comienzos del milenio*. Manantial, Buenos Aires.

WIHTOL DE WENDEN, Catherine (1997): *La citoyenneté européenne*. Presses de Sciences Po, París.

WILHEIM, Jorge (1982): *Projeto São Paulo. Propostas para a melhora da vida urbana*. Paz e Terra, Río de Janeiro.

—, Peter HALL, R. STREN *et al.* (1996): «Cities of the future», *International Social Science Journal* nº 147, UNESCO París, marzo.

WILLIAMS, Raymond (2001): *El campo y la ciudad*. Paidós, Buenos Aires.

WIRTH, Louis (1938): «Urbanism as way of life», *American Journal of Sociology* 41 (en castellano *El urbanismo como modo de vida*, Ediciones 3, Buenos Aires, 1962).

ZAPATA-BARRERO, R. (2001): *Democracia y Ciudadanía*. Anthropos, Rubí.

ZICCARDI, Alicia (coord.) (1995): *La tarea de gobernar: Gobiernos locales y demandas ciudadanas*. Instituto de Investigaciones Sociales UNAM, México DF.

— (1998): *Gobernabilidad y Participación Ciudadana en la Ciudad Capital*. M.A Porrúa-IISUNAM, México.

— (2002): *La demora de la democracia local: el difícil tránsito de vecinos a ciudadanos*. FLACSO, México.

— (coord.) (2002): *La Planeación Urbana participativa en el espacio local. El caso del D.F. 1997-2000*. UNAM, México.

—, y Sergio REYES LUJÁN (coords.) (1998): *Ciudades Latinoamericanas: Modernización y Pobreza*. UNAM, México.

ZIMMERMAN, J. (1988): «Civic Strategy for Community Empowerment», *National Civic Review*, May/June.

76.
79
71. La Cuidad como fenta.

101. Zaida Muxí. New urbanism
104 Privitización.
109. Las Rondas.
116. El Borne
129. movimientos cuidanos
132. Urbanismo del espacio público.
146. Uso del espacio en el área metropolitana.
194. La Rambla del Raval
248 Los invisibles.
258. La Mina
260. Poverty en cuidades Europeas.
269. Cuidades / globalización.
339. Cuidad transfronterizas.